本书由大连市人民政府资助出版

● 王瑞恒/著

人身伤亡司法鉴定研究

RENSHEN SHANGWANG SIFA JIANDING YANJIU

中国政法大学出版社

2014·北京

图书在版编目（ＣＩＰ）数据

人身伤亡司法鉴定研究 / 王瑞恒著. —北京：中国政法大学出版社，2014.4
ISBN 978-7-5620-5303-3

Ⅰ. ①人…　Ⅱ. ①王…　Ⅲ. ①伤害鉴定－司法鉴定－研究－中国　Ⅳ. ①D923.84

中国版本图书馆CIP数据核字(2014)第064006号

出 版 者　中国政法大学出版社

地　　址　北京市海淀区西土城路25号

邮寄地址　北京100088信箱8034分箱　邮编100088

网　　址　http://www.cuplpress.com（网络实名：中国政法大学出版社）

电　　话　010-58908285(总编室)　58908334(邮购部)

承　　印　固安华明印业有限公司

开　　本　720mm×960mm　1/16

印　　张　20.0

字　　数　330千字

版　　次　2014年4月第1版

印　　次　2014年4月第1次印刷

定　　价　44.00元

序

司法鉴定是司法活动的有机环节，直接关系到司法正义的实现，关系到当事人合法权益的保护。司法鉴定意见是我国三大诉讼法中均规定的证据种类之一，是诉讼中一项极为重要的证据，不仅与诉讼进程、诉讼结果之间有密切关系，而且极易引起社会的广泛关注。司法鉴定的结果和程序，对提高司法公信力具有极大的影响作用。近年来备受关注的薄谷开来案、杨佳袭警案、邱兴华特大杀人案等均与司法鉴定具有极大的联系。

长期以来，我国司法鉴定制度存在着较大的弊端，具体来讲：一是立法缺失，司法鉴定工作在法律定位、管理体制、鉴定程序、鉴定标准等方面缺乏具体可行的相关规定，至今没有统一司法鉴定法。二是鉴定机构设置重复，司法鉴定管理机构混乱，形成四套司法鉴定机构，除司法行政机关以外，检察机关、公安机关、国家安全机关亦行使司法鉴定管理权。三是鉴定人资格认定混乱，司法行政部门、公安机关、检察机关和国家安全机关都各自行使管理权，对鉴定人进行管理和资质认定。这些问题的存在，严重影响了司法鉴定的客观性、科学性、合法性和严肃性，并在一定程度上妨碍了司法公正，降低了诉讼效率。

2005 年 2 月 28 日全国人大会常委会颁行了具有“司法鉴定宪法”意义的《关于司法鉴定管理问题的决定》，我国司法鉴定立法工作进入了一个新的春天。2005 年至今，已有《司法鉴定机构登记管理办法》、《司法鉴定人登记管理办法》、《司法鉴定程序通则》、《精神疾病司法鉴定管理办法》、《职工工伤与职业病致残程度鉴定标准》等一系列法规相继出台或被修订。这些法规的出台和修订对建立符合社会主义法制建设要求的新型司法鉴定制度具有极其重要的意义。特别是 2013 年 1 月 1 日起实施的《民事诉讼法》和《刑事诉讼法》对司法鉴定亦进行了大面积的修改，为我国司法鉴定制度的建设指明了方向。

人身权的保护历来是法律保护的重点。人死、人伤的案件不仅对受害人的生命和健康造成不可挽回的损害，而且会不可避免地对加害人、社会公众产生影响，一个严重刑事案件甚至可能会破坏几个家庭。人身损害的伤残鉴定也是正确妥善地处理各种人身伤残赔偿案件，依法保护公民的人身权利、财产权利、维护社会安定，促进经济发展的重大社会热点问题。

通过司法鉴定形成的鉴定意见是重要的诉讼证据，直接影响案件的审判结果，与当事人的切身利益有直接的关系，科学、完善的司法鉴定制度是案件公正审理、实现公平正义的必要保障措施。

作者在近年来主持的10项省级以上科研课题研究的基础上，结合自己多年来的实践、教学、科研心得，对建立我国符合社会主义法治建设要求的新型司法鉴定制度进行了大量的研究和探讨。作者提出的司法鉴定相关制度，如我国司法鉴定三级（次）鉴定终结制度、我国司法鉴定援助制度、我国司法鉴定管理制度等具有创新性和新颖性。

作者结合新出台和修订的法律、法规、部门规章，对司法鉴定基本理论进行了研究，形成了著作的第一编；在人体活体司法鉴定方面，主要围绕“伤残鉴定”这个理论界和实务界最为关注的中心展开讨论，形成了“人体活体司法鉴定”编；物证作为最重要、最客观的证据，对案件的侦破、诉讼具有不可替代的作用，作者重点对最新的人体物证DNA鉴定和指纹鉴定进行了探讨，形成了“人体物证司法鉴定”编。

本书是中国法学会2012年度部级法学研究课题项目［CLS（2012）D209］辽宁省社会科学规划基金项目（L12BFX008）成果，本书获得大连市人民政府出版资助。

及时、妥善地处理社会矛盾和纠纷，维护社会稳定，保障社会主义市场经济建设顺利进行，提高全民对司法鉴定工作的认识，思考不断完善司法鉴定制度，是本书的写作目的所在。

王瑞恒

2013年3月15日

目 录

第三编　人体物证司法鉴定

第一编 司法鉴定基本理论

第一章　司法鉴定概述

第一节　司法鉴定的概念和特征

一、司法鉴定的概念

在办理各种诉讼案件和非诉讼案件的过程中，为了查明或证明某个事实，经常会遇到需要利用专门知识才能解决的专门性问题。为了解决这些专门性问题，办案人员可以根据问题的性质采用不同的措施：可以向行家咨询，可以请专家协作，也可以请行业鉴证，还可以委托鉴定。

向行家咨询，是指就某个专门性问题向有相应专门知识和经验的行家请教。请专家协作，是指在进行某一活动（例如：对出事现场进行勘验）时，请有专门知识和经验的专家协助。请行业鉴证，是指当专门性问题涉及某种行业业务时，请有关行业内的专家根据行业标准进行鉴别和证明。委托鉴定，是指当案件中的某些专门性问题必须利用法科学专业知识才能解决时，委托专门的法科学鉴定机构对涉案客体进行科学检验，并作出鉴定意见。可见，并非凡是利用专门知识解决案件中专门性问题，都叫“鉴定”。

2005 年《全国人大常委会关于司法鉴定管理问题的决定》(以下简称《决定》）中第 1 条对司法鉴定给予了界定：司法鉴定是指在诉讼活动中鉴定人运用科学技术或者专门知识对诉讼涉及的专门性问题进行鉴别和判断并提供鉴定意见的活动。

鉴定活动的科学性主要表现在：鉴定人必须是某一门法科学学科的专家；鉴定人为了解决专门性问题，必须对涉案客体进行实验室检验，并在对检验结果进行论证的基础上作出鉴定意见。鉴定不是一般的科学活动，而是有很大特殊性的科学活动，其特殊性，主要表现在以下几个方面：

其一，鉴定主体特殊。鉴定主体不是一般的具有专门知识的专家，而是经过审查批准，有鉴定执业资格的专家。

其二，鉴定问题特殊。通过鉴定解决的专门性问题，都是一些特殊的问题。在诉讼案件中进行的鉴定，这一点表现得尤其明显。鉴定解决的问题或者涉及侦查方向问题，或者涉及是否立案问题，或者涉及排除或证实嫌疑人是否犯罪问题；在这些问题中，有一些是有关人员死亡或物被破坏的因果关系问题，有一些是涉案客体的同一认定或种属认定问题，而且各方当事人对鉴定的结果往往持对立的观点。

其三，鉴定方法特殊。通过鉴定解决专门性问题的方法是一些由特殊的学科研究的专门检验方法，包括法医学检验方法、物证技术检验方法、法精神病学检验方法、法会计学检验方法等。

其四，鉴定结果特殊。鉴定人必须以鉴定书形式提出鉴定意见，鉴定书必须由鉴定人签名，并由其所在鉴定机构加盖鉴定专用章；在诉讼案件中鉴定人有出庭作证的义务，只要法院发出出庭通知，鉴定人就必须参加庭审，接受控辩双方或民事双方当事人及法官的审查和质询；经过查证属实的鉴定意见可以作为定案或认定事实的证据。

鉴定必须由办案单位或者由当事人、被告人（通过律师）依法委托，并送交鉴定所必需的材料，才能进行；鉴定人有依法回避的义务，鉴定人有权勘查现场和查阅有关案卷材料，也有权就与鉴定有关的问题询问当事人、证人和现场勘验人员；经过查证属实的鉴定意见是法律上的证据。这一切都表明，鉴定是具有法的性质的活动。

“法的性质”和“司法”，是两个不同的概念。一项工作具有法的性质，不一定就可以称之为“司法工作”。众所周知，行政执法工作有法的性质，但不是司法工作。鉴定有法的性质，但不是司法工作，其理甚明。

根据以上分析，鉴定的科学定义可以表述如下：鉴定是在诉讼活动或非诉讼活动中，专门鉴定机构中具有法科学专门知识的鉴定人，根据办案单位或当事人（通过律师）的委托，以解决某些专门性问题为目的，运用专门业务知识，对涉案客体进行科学检验，作出鉴定意见，并根据受理诉讼法院的通知，出庭作证，接受审查和质询的一种法科学活动。[1]

这个定义有以下特点：①这个定义明确限定鉴定只是为了解决某些专门性问题而进行的活动，避免了把凡是利用专门知识解决专门性问题的活动，特别是形形色色的“行业鉴证”活动，看作是鉴定。②这个定义没有使用“司法鉴定”这个术语，而且明确指出，鉴定是“在诉讼活动或非诉讼活动中”运用的，这就开阔了鉴定的适用范围。有的学者附和“司法鉴定”这个用语，把鉴定解释为在诉讼中的一种活动，如果诉讼活动中的鉴定称为“司法鉴定”，那么，许多非诉讼活动中进行的鉴定，又该叫什么呢？③这个定义明确提出鉴定人出庭作证是鉴定活动的重要一环，这对加强鉴定人的责任感是十分必要的。它可以使鉴定人和鉴定机构的负责人意识到，检验涉案客体必须客观细致。提出鉴定意见必须有根有据，经得起庭审审查，绝非一纸鉴定书就能交差。不言而喻，这里是对诉讼案件中的鉴定而言。

二、司法鉴定的法律特征

作为科学技术鉴定中一种特殊的类型，司法鉴定具有自己独有的法律特征：第一，鉴定程序严格遵照诉讼法的规定，鉴定只能在诉讼过程中提起并由承办案件的司法机关决定和指定或聘请；第二，鉴定对象（或客体）仅限于案件中经过法律确认的某些专门性问题；第三，鉴定主体必须是具有鉴定人资格的自然人而不是鉴定组织或业务部门；第四，鉴定活动的性质属于以科学技术手段核实证据的诉讼活动。

三、鉴定的名称问题

我国有关部门在工作中，使用的鉴定名称，都带有部门色彩。公安部门使用的是“刑事科学技术鉴定”，检察部门使用的是“检察科学技术鉴定”，人民法院和司法行政部门使用的是“司法鉴定”。这种状况和鉴定的科学性是不相适应的，特别是“司法鉴定”这个名称，把“司法”和“鉴定”直接相连，很容易使人产生种种误解。例如，误认为：鉴定是一种司法工作，是一种司法权，鉴定只能由司法部门的鉴定机构进行；鉴定有上、下级之分，鉴定实行少数服从多数，下级服从上级原则等等。实际上，鉴定并不是司法工

---

〔1〕 徐立根：“鉴定的科学概念”，载《人民公安报》2005年7月26日。

作，鉴定也没有上下级之分，也不实行少数服从多数原则。鉴定可以为司法工作服务，也可以为各种行政执法工作服务，可以为诉讼活动服务，也可以为各种非诉讼活动服务。

十分明显，把鉴定称为司法鉴定，把鉴定局限于“司法之中”，不仅与目前实行的多元化鉴定体制不相适应，而且从字面上看，也人为地对鉴定适用范围作出了不必要限制。我国的“司法鉴定”一词是上世纪50年代从俄文翻译过来的，当时，我国司法部学习前苏联司法部经验，在上海建立了一所“司法鉴定研究所”。后来由于众所周知的原因，这个研究所被撤销了。改革开放以后，我国鉴定体制发生了变化，一元化的体制转变为多元化的体制。另一方面，一些学者对司法鉴定的解释也愈来愈扩大，不仅司法行政部门主管的鉴定机构叫“司法鉴定”，甚至公安机关、人民检察院的鉴定机构也被定性为“司法鉴定”。司法鉴定突出了“司法”两字，对鉴定的种种误解也不断产生。正是在这种背景下，人们开始对使用“司法鉴定”一词是否合适产生怀疑，并提出应当从学科领域的角度称呼鉴定，建议用“法科学鉴定”取代“司法鉴定”。据作者个人研究，俄文“司法鉴定”一词，实际上也是从外文“法科学鉴定”翻译而来的。

国际上通用的“法科学”这个名称，是上世纪40年代末开始使用的。最早被译成中文是“法庭科学”，后参考“法医学”译名，改译为“法科学”。

“法科学”是一个新的科学领域，包括法医学、物证技术学、法精神病学、法会计学等。据作者了解，尽管我国各部门所用的鉴定名称并不统一，但译成英文都使用“法科学”。例如，公安部的“刑事科学技术研究所”，司法部的“司法鉴定研究所”译名中都使用Forensic Science，这就说明，各部门都认同国际上通用的“法科学”。既然如此，当我们有必要在“鉴定”前加用定语时，为什么不来一次有意义的改革，不用“司法”，而用“法科学”，把“鉴定”的名称统一地改用“法科学鉴定”呢？当然，这只是指鉴定的总体名称，至于鉴定的分类名称，还是按所用学科专业定名。

“法科学鉴定”这个名称能全面地反映鉴定活动所具有的法和科学两方面的性质，有广泛的适用性。使用“法科学鉴定”这个名称，有利于防止把鉴定概念扩大化，这对完善和加强法科学鉴定的管理是十分必要的。

第二节　司法鉴定的种类

一、按照案件性质的不同分类

按照出现于不同性质的案件中，司法鉴定可以分为刑事诉讼中的鉴定、民事诉讼中的鉴定、行政诉讼中的鉴定和非诉案件中的鉴定等。各类案件中的鉴定在技术方法上并无不同，但由于不同诉讼或非诉案件的要求，在由谁决定鉴定等程序问题上有所区别。

1. 刑事鉴定是指按刑事诉讼法的规定，对刑事案件中的某些专门性问题的鉴定。我国刑事诉讼法关于刑事鉴定活动主要是规定了遇有专门问题时可以委托或聘请专家进行鉴定，以及在诉讼的不同阶段决定进行鉴定的机关。另外在刑事诉讼法的相关司法解释中也有若干规定。

2. 民事诉讼中的司法鉴定与刑事诉讼中的司法鉴定有很大区别，它有着特别的鉴定对象。我国的司法鉴定机制的建立是以刑事鉴定为基础的，随着社会主义市场经济的不断发展和民事审判科学化的要求，司法鉴定在民事诉讼中的应用日益增多，从传统的笔迹鉴定和文件真伪鉴定、文书材料鉴定，到如今的 DNA 亲子鉴定，在大量的民事案件中被应用。同样，民事诉讼有关司法鉴定的规定也相当简单和模糊，如何建立一种不同于刑事鉴定的民事司法鉴定制度是我国诉讼法学界面临的一个难题。

3. 行政诉讼中的司法鉴定在性质上与民事诉讼中的司法鉴定有很大的相似之处，一般是针对原告与被告行政机关之间的争议，就行政机关的具体行政行为中设计的专门性问题进行认定。如产品质量的检验，证件、证书、票证鉴定以及动、植物物质鉴定等等。

4. 非诉讼活动如民事仲裁中的司法鉴定从鉴定活动本身的性质上讲与其他鉴定没有很大的区别，只是其应用的具体领域不同。

二、按照科学基础的不同分类

按照鉴定学科的不同，司法鉴定可以分为物证技术鉴定、法医学鉴定、司法精神病鉴定、司法会计鉴定等。这种分类对于研究鉴定的方法及对证明作用的影响方面有一定的意义。随着司法鉴定活动的日益普及，引入司法鉴定领域的新学科、新成果正不断的充实着司法鉴定的内涵，并且逐渐形成一些新的分支学科。

1. 物证技术鉴定。物证技术学是研究发现物证、记录物证、提取物证、识别物证、鉴定物证的原理、手段、方法的科学，又可细分为痕迹学、文书鉴定学、司法化学、司法物理学、司法生物学等。物证技术学鉴定就是对这些学科领域内的各种专门性问题的鉴定。

2. 法医鉴定。狭义的法医学鉴定，包括以尸体为主要鉴定对象的法医病理学鉴定，以活体为主要鉴定对象的法医临床学鉴定和以鉴定人体物质为主要鉴定对象的法医物证学鉴定，以鉴定人体中毒和投毒物为主要对象的法医毒物学鉴定。鉴定的基本任务是确定人体伤亡原因与伤亡时间，判定伤害程度、过程、性质；判明致伤工具，认定致伤工具同一；确定性犯罪；认定亲子关系；判定人体物质的种属范围；认定人体同一等。

3. 司法精神病鉴定。司法精神病学鉴定是对涉及法律案件的当事人的精神状态、行为能力和责任能力作出判断。鉴定的主要任务是确定刑事被告人的责任能力，受审能力和服刑能力；确定民事案件当事人的行为能力和诉讼能力；确定刑事、民事、行政案件以及治安案件当事人的自我防卫能力和保护能力，以及有关证人的作证能力。

三、按照鉴定在司法程序中所处位置的不同分类

按照鉴定程序的要求，司法鉴定可分为初鉴定、复核鉴定、补充鉴定、重新鉴定、共同鉴定。

1. 初鉴定即一般意义上的“鉴定”，是鉴定人按照委托要求，在对鉴定课题进行科学检验、分析、研究的基础上，作出第一次鉴定意见。

2. 复核鉴定是司法鉴定机构内部的办案程序，分为同级鉴定机构的内部复核和上下级鉴定机构的分级复核。同级内部复核多由本鉴定机构技术职务较高、鉴定经验丰富、具有复核权和权威性的鉴定人担任，若两者鉴定意见一致，在鉴定书上共同署名，并注明各自的技术职务和在鉴定中的地位。鉴定人与复核人的权利、义务是相同的。分组复核有两种情况，一种是只具有初步鉴定权的基层鉴定机构的鉴定人须将其权限内作出的初步鉴定意见送达地、市级鉴定机构的鉴定人复核，出具正式鉴定书；另一种是具有正式鉴定权的地、市以上鉴定机构，对少数疑难问题经过鉴定未能作出结论或结论不

一致时，可按规定逐级呈送上一级鉴定机构复核，复核结果无论是维持原结论还是重新作结论，都须单独制作复核鉴定书。

3. 补充鉴定一般委托原鉴定人进行，是初鉴定的继续。补充鉴定在原鉴定基础上进行复查、修改、补充或解答，使原鉴定意见更加完备。需要进行补充鉴定的情况多为原鉴定书对鉴定要求答复不完备，鉴定意见作出后，委托机关又获取了新的可能影响原结论的鉴定资料；原鉴定书措辞有误或鉴定意见表述不确切；初鉴定时提出的鉴定要求有遗漏等。

4. 重新鉴定又称再鉴定，是委托机关对初鉴定或补充鉴定意见进行审查后认为不可靠，另委托原鉴定人以外的鉴定人对原专门性问题进行的鉴定。重新鉴定结束，必须出具正式鉴定书。提请重新鉴定的情况多为经过进一步侦查取得了新的鉴定资料；对原结论产生怀疑；发现原鉴定人不具备某方面的专门知识水平或原鉴定未按操作程序进行；原鉴定意见与案内其他证据之间有矛盾；或原鉴定的各个鉴定人之间意见分歧；被告人或当事人依法提出申请，要求另请鉴定人鉴定等。

5. 共同鉴定亦称“会诊”鉴定、会商鉴定。当鉴定人的鉴定结论不一致，经逐级复核后仍未解决鉴定分歧时，可由参加鉴定的最高主管部门聘请有权威的专家组织会商鉴定。如果取得一致结论，可共同出具鉴定书；如果鉴定意见不能取得一致，可在鉴定书中分别说明不同意见的人数和理由，或者分别出具鉴定书。会商鉴定是我国现阶段协调鉴定分歧的有效组织形式，其鉴定结果一般可以作为最终鉴定意见。

四、按照鉴定意见所确定的事实与案件关系的不同分类

按鉴定意见所确定的事实与案件的关系，可分为同一认定、种属认定、认定事实真伪的、确定事实有无的、确定事实程度的和确定事实因果的鉴定。

1. 同一认定鉴定是司法鉴定的一种主要形式，有其系统的鉴定原理、手段和方法。鉴定结果是直接确定与案件有关的具体人或物的同一。各种司法鉴定能否作出同一认定需要具体分析。如血型鉴定只能认定人的种属，而准确的 DNA 鉴定则可以直接认定人的同一。鉴定活动中，可以把同一认定分为认定人的同一和认定物的同一两种。其中认定人的同一是通过同一认定肯定或否定侦查、审判或非诉活动中所要证实的具体人是否为某一人。物的同一认定是以案件中需要确定的具体的物体、物品、物质为对象，多用于刑事侦

查活动中。通过物的比较检验，证明被认定的物与案件具有某种联系。

2. 与同一认定不同，种属认定的鉴定意见只能表明检材与样本种类属性相同，或单独确定被认定客体的种属范围、不能肯定认定客体与被认定客体的同一关系。种属鉴定意见既可以确定人的种属范围，又可以确定物的种类范围，还有涉及动物植物的种属范围等。种属鉴定的否定结论可以直接否定某种事实，甚至否定犯罪嫌疑人；肯定结论只能证明案件中某些事实可能存在，而不能证明其一定存在。鉴定意见所确定的种属范围越小，其证明作用越大。

3. 认定事实真伪的鉴定的目的在于确定案件中的某些争议事实的真假问题。如对可疑货币、证券、商标、印章印文真伪鉴定；商品质量及真伪的鉴定；各类证书、文书的鉴定等等。鉴定结果肯定的结论则可以直接证明被怀疑的某种事实的存在；否定结论则可以直接证明被怀疑的某种事实不存在。

4. 确定事实有无的鉴定，可以显示、恢复被损毁掩盖的事实，也可以确定物质中“有什么”、“没什么”。鉴定的肯定结论表明通过鉴定发现了所要求确定的事实，可以证明被怀疑的事实的存在；但否定结论表明在鉴定过程中未能发现被怀疑的情况，不能排除被怀疑事实的不存在。

5. 确定事实程度的鉴定是指通过鉴定确定案件中需要查明事实的危害程度或行为人责任能力、行为能力的大小等。这类鉴定意见有严格的法定标准，结论的证明作用也不能超过法定的范围。

6. 确定事实因果的司法鉴定是鉴定人利用专门知识和检验手段，对案件中某种事实造成的结果或对引起某种事实发生的原因进行分析和评断。这种鉴定既要根据案件的相关事实结合各种证据材料，以及依据现场的物质现象进行分析，有时还要考察现场及其周围的环境，通过仔细的分析研究与科学合理推断才能做出结论。多数情况下鉴定人要对现场进行实地勘验与检查，亲自搜查有关资料，鉴定方法可以采用技术检验、现场实验、对照比较、逻辑推理等多种方法，最后通过综合评断作出概念性结论。鉴定意见只证明案件中某种事实产生的原因，至于其他问题需要通过侦查调查确定。

第三节　司法鉴定的作用和意义

作为为正确行使裁判权服务的一种特殊方式，司法鉴定对于司法活动、准司法活动是必不可少的。它也是法律体系中的重要组成部分。基于司法鉴定内在的本质属性、法律定位、社会角色的要求，在一定立法目的的指引下，司法鉴定通过自己的鉴定活动所产生的客观结果，对其他活动、其他事物产生作用和影响，去体现自身在社会中的实际特殊地位，从而有利于法律价值的实现。简单地说，司法鉴定功能是指司法鉴定在司法活动、准司法活动中的功能与效能，它具有内在性、公益性、应然性和实然性统一的特点。

司法鉴定是实施侦查活动、审判活动、法律监督活动不可缺少的一项重要手段。办理刑事案件、民事案件、行政案件，证据都是核心问题，而多数证据的发现、提取、固定、鉴定、核实、审查评断都要依靠司法鉴定技术去实现。司法鉴定在司法活动的整个过程中都起着重要的、难以替代的作用。

随着社会的进步和科学技术的发展，以及犯罪分子和其他诉讼当事人智能水平的提高，各类案件中涉及的专门性问题更多，难度也更大，必须依靠科学技术手段才能解决，使之在定案中起到证据作用。尤其在我国社会主义法制日臻完善并进一步发展的新形势下，在侦查、审判活动中重视科学技术手段的运用，加强司法鉴定制度的建设，提高办案的科技含量，对于促进侦查、审判质量的提高，正确适用法律有着更为重要的意义。同时，鉴定活动涉及诉讼各方，不仅司法机关鉴定机构及其鉴定人，而且诉讼当事人及其代理人、律师在诉讼活动中都要运用鉴定手段。这些人掌握一定的鉴定科学知识，对于正确适用鉴定程序，维护各方的合法权益，提高诉讼质量，提高社会主义民主化程度都有重要意义。

第二章　司法鉴定管理权制度

随着我国社会主义法治建设的发展，司法鉴定的重要性越来越凸显无疑。在现代诉讼活动中，相对其他证据而言，司法鉴定作为科学技术手段，在查明事实、证明事实和认定事实的诉讼活动中，是一种客观化程度比较高的证据调查方法和司法证明手段。科学、权威的司法鉴定制度是促进司法公正、有效化解社会矛盾纠纷、实现社会公平正义的关键。[1]在司法实践中，近年来特别引人注目的邱兴华特大杀人案[2][3][4]、杨佳袭警

---

〔1〕 张军主编：《中国司法鉴定制度改革与完善研究》，中国政法大学出版社 2008 年版，第 1 页。

〔2〕 2006 年 7 月 16 日，邱兴华在陕西汉阴县平梁镇凤凰山山顶上的铁瓦殿持刀斧砍死 9 男 1 女，逃亡期间又杀死 1 人重伤 2 人。同年 10 月 19 日，邱兴华以故意杀人罪被判处死刑。11 月 14 日，邱兴华的妻子何冉凤致信陕西省高院，请求法院能给邱兴华做“司法精神病”鉴定。12 月 8 日二审庭审中，邱兴华的辩护律师向法院坚持应当对被告人进行司法精神病鉴定，公诉人认为：邱兴华多次到达铁瓦殿，杀人时先后顺序很清楚，杀人后将杀死的人用斧子再砍了一遍，后来多次重复自己的作案事实没有记忆模糊现象，当庭回答问题思维清晰，不存在精神问题，不应该进行精神鉴定。法院最终决定不予进行司法精神病鉴定。（耿学鹏：“汉阴 7.16 特大杀人案嫌疑人邱兴华落网”，载 http://www.chinacourt.org/article/detail/2006/08/id/215328.shtml。）

〔3〕 北京大学法学院教授贺卫方、中国政法大学法学院教授何兵、中国政法大学民商法学院教授龙卫球、清华大学法学院副教授何海波、中国青年政治学院副教授周泽于 2006 年 12 月 10 日发表了“关于请求司法部门为被告人邱兴华进行司法精神病鉴定的公开信”，呼吁对邱兴华进行司法精神病鉴定。（谭人玮：“法学家呼吁对邱兴华进行精神病鉴定”，载《南方都市报》，2006 年 12 月 12 日。）

〔4〕 2006 年 12 月 28 日，上午 9 时，陕西省高级人民法院刑事审判庭在安康市中级人民法院再次开庭，法庭当庭宣布省高级法院维持安康市中级法院一审刑事判决的终审裁定，决定判处被告人邱兴华死刑，剥夺政治权利终身。9 时 41 分宣判结束。9 时 50 分，经验明正身，邱兴华被押赴刑场执行枪决，速度之快令人惊讶。（徐爱民：“评邱兴华杀人案之感受”，载 http://www.china court.org/article/detail/2008/06/id/310176.shtml。）

案[1]、薄谷开来故意杀人案[2]等等均涉及到司法鉴定，司法鉴定影响案件审理的实体公正与程序正义也引发了不小的争议。与邱兴华案最终没有进行司法鉴定不同，杨佳案是公安机关基于职权委托进行了司法精神病鉴定，薄谷开来案则是根据被告人通过其辩护人的申请进行了司法精神病鉴定，并被

---

〔1〕 2008 年 7 月 1 日在上海市公安局闸北分局发生的警察遇袭导致六名警察身亡、五人（四名警察及一名保安）受伤的事件，袭警者杨佳随后在公安局内被制服并逮捕。杨佳案的审理过程中，关于律师委任、犯罪嫌疑人精神病鉴定等程序争议频出；经人民法院审理，杨佳以“故意杀人罪”被判处死刑，于 2008 年 11 月 26 日在上海执行。此事件是上海有史以来性质最严重的一次袭警事件，同时也是我近年最严重的袭警血案。2008 年 7 月 5 日，上海市司法鉴定科学技术研究所接受上海市公安局通过上海市司法局司法鉴定管理处的委托在看守所仅用一天的时间就对杨佳做出了司法鉴定：认定杨佳没有精神疾病，具有完全刑事责任能力，一审法院采信了该精神病鉴定报告。二审期间，辩护律师提出重新对被告人杨佳进行司法精神病鉴定的申请，但最终被法院驳回。杨佳的父亲 2008 年 11 月 12 日致信最高人民法院，希望法院在复核死刑过程中，对杨佳是否有精神病作出鉴定。关于此案司法精神病鉴定的鉴定机构资质、鉴定程序、鉴定依据的材料、鉴定时间仅仅为一天等均引发了关注和争议。（“杨佳辩护律师请求重做精神鉴定被当庭驳回”，载 http://news. sina. com. cn/c/2008 - 10 - 14/040816448625. shtml。）

〔2〕 薄谷开来故意杀人案中，在案件审查起诉阶段，薄谷开来聘请的律师向检察机关提出了对薄谷开来案发时的精神状态进行司法精神医学鉴定的申请。检察机关经审查，依法委托上海市精神卫生中心司法鉴定所对其进行鉴定。专家鉴定组在查阅病历、讯问笔录、证人证言，与被鉴定人薄谷开来单独交谈并进行讨论分析后认为，薄谷开来曾先后因“慢性失眠症”、“焦虑抑郁状态”、“偏执状态”等接受过治疗，使用过抗焦虑抑郁、镇静催眠药物，甚至合并使用过抗精神病药物治疗，但疗效并不持久，并且对镇静催眠药物也形成了一定的躯体和心理依赖，并致精神障碍。但是，被鉴定人本次作案有明确目的和现实动机，作案之前经过了预谋准备，如向他人索要并存放毒药、策划将被害人带到重庆、安排作案地点等；对作案环境辨认良好；存在较强的自我保护意识。综上，被鉴定人薄谷开来对本次作案行为性质和后果的辨认能力完整，控制能力削弱，应评定其具有完全刑事责任能力。

2012 年 8 月 20 日，安徽省合肥市中级人民法院对被告人薄谷开来故意杀人案作出一审判决，认定薄谷开来犯故意杀人罪，判处死刑，缓期二年执行，剥夺政治权利终身。合肥市中级人民法院认为，被告人薄谷开来伙同被告人张晓军采用投毒的方法杀害他人，其行为均已构成故意杀人罪。薄谷开来犯罪情节恶劣，后果严重，且在共同犯罪中起主要作用，系主犯，论罪应当判处死刑。鉴于本案被害人尼尔·伍德对薄谷开来之子薄某某使用威胁言辞，使双方矛盾激化；司法鉴定意见表明，薄谷开来有完全刑事责任能力，但患有精神障碍，对本次作案行为性质和后果的辨认能力完整，控制能力削弱；薄谷开来在归案后向有关部门提供他人违纪违法线索，为有关案件的查处起到了积极作用；薄谷开来当庭认罪、悔罪，故对薄谷开来判处死刑，可不立即执行。合肥市中级人民法院在充分考虑控辩双方意见的基础上，依法作出上述判决。判决结果宣布后，审判长询问被告人是否上诉，薄谷开来当庭表示不上诉。本案的鉴定程序、鉴定意见之所以并未引发太多的争议，作者认为，检察机关应被告人的申请依法进行了司法鉴定，保证了程序正义是重要原因之一。（李斌、杨维汉：“法律的尊严不容践踏——薄谷开来、张晓军涉嫌故意杀人案庭审纪实”，载 http://paper. people. com. cn/rmrb/html/2012 -08/11/nw. D110000renmrb_ 20120811_ 6 -04. htm。）

法院所采信。司法鉴定意见的重要性是毋庸多言的，无论是在刑事诉讼还是在民事诉讼。从案件审理的实体上说，司法鉴定意见可能直接影响甚至决定着案件最终的判决结果；从案件审理的程序上说，司法鉴定意见直接影响司法的公正性和公信力，毕竟“程序是看得见的正义”。

第一节 司法鉴定管理权概述

一、司法鉴定管理权的内涵

司法鉴定管理权是指负责、保障鉴定活动顺利进行的一切权力，主要包括鉴定机构审批权、鉴定人资格授予权、鉴定机构与鉴定人的管理权。[1]司法鉴定管理权作为司法行政管理权的一部分，是由国家有关部门，基于法律的授权，通过具体的部门规章及相应制度依法对司法鉴定实施监督和管理的权力。司法鉴定管理权中包含有相应的权力、责任和利益，司法鉴定管理权不仅表现为对鉴定机构和鉴定人的“准入”和“监督管理”的行政权力，同时也是一种政治权力。管理部门行使权力的同时也负有规范司法鉴定行为、理顺鉴定关系、完善鉴定准则、构建鉴定制度等责任。司法鉴定管理权还包含重大的经济利益。截至2011年底，全国经司法行政机关审核登记的司法鉴定机构有5014家，司法鉴定从业人员5万余人。[2]目前每个鉴定人每年缴纳至少300元年审费，每个鉴定机构每年每个鉴定项目缴纳3000元，其中的经济利益是不言而喻的。

司法鉴定管理权是司法鉴定改革所面临的核心问题，也是制定《司法鉴定法》所必须解决的首要问题。司法鉴定管理权在相关部门之间经过激烈的博弈与争夺后，形成目前由司法行政部门统一行使“形式”管理权、其他部门在各自范围内行使“实质”管理权的“两层皮”局面。通过研究司法鉴定管理权在部门间博弈的方式、过程和结局，作者提出消弭博弈合理配置司法鉴定管理权的制衡模式：通过与反垄断权的设置模式的对比研究，提出设立

---

〔1〕 王小华：“试论我国司法鉴定的立法”，载《现代法学》1993年第1期。

〔2〕 “中国正着手修订《人体损伤程度鉴定标准》”，载 http://www.chinanews.com/fz/2012/07-10/4022929.shtml。

国务院直属司法鉴定委员会，统一宏观行使司法鉴定管理权，组织协调司法鉴定各相关部门，建立制衡司法鉴定管理权的部门间博弈的司法鉴定管理权模式，由此最终实现司法鉴定管理权配置由“分权”向“集权”过渡，实现统一司法鉴定管理之目标，为《司法鉴定法》的顺利出台创造条件。

二、司法鉴定管理的困惑

在我国，传统的司法鉴定管理权是由公、检、法、司部门共同行使的，“多部门配置，多头管理”是我国传统的司法鉴定管理权的主要特点。公安机关、检察院、法院各自都有内设的鉴定机构，而司法行政部门作为行业主管，监管着众多面向社会的鉴定机构，由此形成的“自侦自鉴”、“自诉自鉴”、“自审自鉴”、“自管自鉴”后果长期受到指责。

2005 年 2 月 28 日，十届全国人大常委会第十四次会议通过了《关于司法鉴定管理问题的决定》（以下简称《决定》），并于同年 10 月 1 日起施行，这是目前我国司法鉴定领域最高层面的、唯一的专门法律性文件。制定该《决定》的主要目的在于消除我国司法鉴定领域长期以来存在的混乱与无序状态，通过对鉴定机构、鉴定人设定严格的准入制度等措施，力图建立起统一、规范的司法鉴定管理体制。但《决定》实施以来，司法鉴定管理权并未得到合理设置，未能实现《决定》的初衷。相反，《决定》实施以来，相关部门颁布了近 20 部司法鉴定相关部门规章，其中不乏交叉重叠和矛盾冲突，司法鉴定管理权在更大范围内引起“多极”博弈与争夺，除了传统的公、检、法、司部门以外，国家安全机关也成为了其中的一极，未来很可能出现更多的司法鉴定管理部门，司法鉴定的“多头管理”不仅如故，反而更甚，而且都是“依法”行使。目前我国的司法鉴定管理权仍然主要由公安部、最高检、司法部、国家安全局等部门各自行使，呈现出“多头管理、各自为政”的“分权”割据状态。

面对这种困局，2008 年 1 月 17 日中央政法委颁发《关于进一步完善司法鉴定管理体制遴选国家级司法鉴定机构的意见》（政法［2008］2 号）。这一文件规定：“检察、公安和国家安全机关所属鉴定机构和鉴定人实行所属部门直接管理体制和司法行政部门备案登记相结合的管理模式。”[1] 这种模式回

---

〔1〕 参见中央政法委《关于进一步完善司法鉴定管理体制遴选国家级司法鉴定机构的意见》（政法［2008］2 号）。

避了侦查机关的鉴定机构和鉴定人拒绝向司法行政机关登记的矛盾，由侦查机关行使“实质”管理权，但在“形式”管理权上做出一定的让步，即向司法行政机关进行“备案登记”。尽管现今侦查机关的鉴定机构和鉴定人需要向司法行政部门进行“备案登记”，但这种登记显然和社会鉴定机构和鉴定人的登记管理具有本质的区别，甚至可以说是相去甚远，是权宜之计，是暂时的妥协。

司法鉴定管理体制改革是司法体制改革的一个组成重要部分，司法体制改革的方向和格局直接影响并决定着司法鉴定管理体制的改革方向，同时，司法鉴定管理体制改革的成功与否也会直接影响到司法体制的改革。司法鉴定管理体制改革中的关键是确立管理机关以谁为主，司法鉴定管理权的设置解决的是“管理主体”、回答“谁有权进行管理”的基本问题，是不容回避的问题，是当今司法鉴定体制改革走入瓶颈的症结所在。目前的司法鉴定改革在一定程度上抑制了传统的“自侦自鉴”、“自诉自鉴”、“自审自鉴”和“自管自鉴”〔1〕弊端，取消了法院和司法部门下设的鉴定机构，但举步维艰。司法鉴定管理权在相关部门间展开了激烈的博弈和争夺，公、检、法、司、国家安全部均行使司法鉴定管理权，各个部门相继出台了相应的部门规章和鉴定标准，但却表现出一定程度上的不协调、不统一。究其根本原因就是没有解决好司法鉴定管理权这个司法鉴定改革应当首先解决的重点和难题，司法鉴定体制改革陷入新的混沌和纠结局面恐在所难免。司法鉴定管理权的争夺与博弈最终结果使得司法鉴定管理权“分权”局面走向“合法化”，公、检、法、国家安全部门均依据《决定》行使司法鉴定管理权，并出现了公安部、最高检、国家安全局、司法部管理的四套鉴定机构和鉴定人。甚至有学者担忧，基于当前各部门对《决定》第七条的解释，监狱也会因享有部分侦查权或存在侦查职能，也因“侦查工作的需要”设立鉴定机构，这就会出现新一套鉴定人和鉴定机构。司法行政部门因《决定》“不得设立鉴定机构”，又因其监狱属于内设部门存在侦查工作而获得“设立鉴定机构”的权力。〔2〕

---

〔1〕“自侦自鉴”、“自诉自鉴”、“自审自鉴”和“自管自鉴”是指在传统的司法实践中，司法鉴定均是有设立在公、检、法、司部门的鉴定机构进行鉴定，习惯上还被比喻为“既当运动员，又当裁判员”的现象。(郭勤、施昌虬：“完善我国刑事司法鉴定制度刍议”，载《公安学刊》2003 年第 2 期。)

〔2〕郭华：“再论我国司法场域的鉴定管理权问题——全国人大常委会《关于司法鉴定管理问题的决定》实施后的展开”，载《中国司法》2006 年第 11 期。

这种设置形成了巨大的冲突和紧张关系，“多头管理”的陈疾旧病似被《决定》合法化，《决定》也似有将司法鉴定存在的弊端合法化之嫌，甚至带上“恶法”之名。[1]

作者建议：参照反垄断权的设置模式，成立我国全国人大常委会直属的司法鉴定委员会，其组成机构和人员包含公、检、法、司和国家安全局、卫生部、劳动与社会保障部等部门。成立司法鉴定委员会，以统一行使宏观司法鉴定管理权、起草司法鉴定法、制定各类司法鉴定标准、完善司法鉴定制度、协调各部门关系，进而实现司法鉴定管理权由现今的“分权”到“集权”。在《反垄断法》的制定过程中，关于反垄断的立法权、调查权、处罚权的设置，在商务部、国家工商总局和国家发展与改革委员会之间进行了激烈的博弈，最终是成立了国务院直属的反垄断委员会，协调部门权力之争、对反垄断进行宏观管理，使的《反垄断法》得以顺利通过。基于这种思路和模式，作者以比较司法鉴定管理权与反垄断权的设置为视角，对我国司法鉴定管理权的设置模式进行探讨，提出统一行使司法鉴定管理权的具体构想。

第二节　传统司法鉴定管理权的配置

2005 年 10 月 1 日施行的《决定》是我国司法鉴定体制改革的一道分水岭。[2]因此，所谓的“传统”与“现今”即是以《决定》出台时间为分界线。在《决定》出台之前，我国司法实践中，能够行使司法鉴定管理权、设立鉴定机构的国家机关主要有以下几类：第一，公、检、法司法机关。新中国成立后，为满足侦查工作和打击罪犯的需要，在侦查机关内逐步建立了刑事侦查技术和检验部门，自 1978 年中国开始陆续在审判机关、公诉机关设立法医、物证类鉴定机构。[3]这些鉴定机构都成为其各自的内部机构，各自接受本部门的委托进行司法鉴定，形成长期被引以为诟病的“自侦自鉴”、“自诉自鉴”、“自审自鉴”局面。第二，司法行政机关，经其批准或者在内部下

---

〔1〕 郭华：“司法场域的鉴定管理权争夺与厮杀——以人大常委会《关于司法鉴定管理问题的决定》为中心”，载《华东政法学院学报》2005 年第 5 期。

〔2〕 盛学友：“司法鉴定之惑”，载《法律与生活》2008 年第 22 期。

〔3〕 霍宪丹：“中国司法鉴定管理体制改革的实践与展望”，载《中国司法》2011 年第 1 期。

设科研机构、或者在政法院校设立司法鉴定机构，由此形成“自管自鉴”，亦引起较大的争议。第三，卫生行政部门，经其批准设立医疗事故鉴定机构和一些医科大学中的鉴定机构。第四，国务院劳动与社会保障行政部门，由其会同国务院卫生行政部门，授权设立省级和市级劳动能力鉴定机构，制定劳动能力鉴定标准，至今依然存在并承担工伤劳动能力鉴定的职能。第五，省级人民政府，经其指定的一些医院，承担对人身伤害的医学鉴定有争议的重新鉴定、对精神病的医学鉴定以及因罪犯确有严重疾病需保外就医的司法鉴定。

由上可见，“多部门配置，多头管理”是我国传统的司法鉴定管理权的主要特点，由此导致具有鉴定权的机构既多且杂，公安局、检察院、法院各自都有内设的鉴定机构，而司法行政部门作为行业主管，监管着众多面向社会的鉴定机构，除此之外尚有很多的其他部门主管的鉴定机构，对如此多的鉴定机构又缺乏统一监管，对这些鉴定机构的授权、人才技术设备要求、资信程度考核等都缺乏统一的标准，各部门“各自为政”，再加上司法鉴定的立法相对滞后，诉讼中又长期实行超职权主义的诉讼模式，职权机关在诉讼制度安排上缺少必要的合理分工和权力制约。因此，一个案件出现多个不同的鉴定结果并引发“重复鉴定，多头鉴定”也就在所难免。同时，由于公检法有鉴定启动权，又各自设有鉴定机构，“自侦自鉴”、“自诉自鉴”、“自审自鉴”，使得当事人先入为主地认为出具的鉴定意见有失公平，就会找更高一级的鉴定机构。控辩双方如此往复，从市级，到省级，再到国家级，最终演变为“打官司变成了打鉴定”〔1〕。然而，司法鉴定在诉讼中的主要功能是从科学技术的角度或知识经验的层面发现真实或确认证据真伪，为诉讼活动提供服务，其性质决定了司法鉴定的管理职能应当独立于侦查职能、起诉职能和审判职能。〔2〕

需要指出的是，在传统的司法鉴定管理模式下，所有的鉴定人未实行鉴定资质管理，而是由鉴定机构的人事管理代替了鉴定人资质管理，也就是说，

---

〔1〕 许竟：“一案引出两个鉴定结果，打官司成了‘打鉴定’”，载《人民日报》2005年3月16日第13版。

〔2〕 郭华：“再论我国司法场域的鉴定管理权问题——全国人大常委会《关于司法鉴定管理问题的决定》实施后的展开”，载《中国司法》2006年第11期。

只要具有鉴定机构的人事资格，成为鉴定机构工作人员的一员，就自然获得了鉴定资质，这极其不利于对鉴定人的教育、培训和管理。而且，传统的司法鉴定意见被称为"鉴定结论"，具有强烈的"终局性、排斥性和优势感"，该"鉴定结论"又是以鉴定机构的名义出具，体现为鉴定机构的"意见"，并不体现鉴定人，外观上更谈不上鉴定人的责任与义务，因此使得本属于鉴定人主观意见的鉴定意见演变为貌似客观证明的"准书证"。

第三节 司法鉴定管理权的部门间博弈

一、《决定》出台前的博弈

如前文所述，我国传统的司法鉴定管理权以公、检、法部门行使为主，以司法部行使为辅，随着司法机关和诉讼模式的改革，由此带来的弊端逐渐凸现。1998 年国务院办公厅"关于印发《司法部职能配置内设机构和人员编制规定》的通知"（以下简称国办发［1998］90 号）中，赋予司法部负责"指导面向社会服务的司法鉴定工作"的相关管理职能。〔1〕司法部作为成为继公、检、法之后司法鉴定管理权的又一"主角"，再也不甘屈居次要地位。司法部表现活跃，规章频出，四年的时间内出台了 5 个部门规章和 1 个规范性文件。〔2〕由表一可见，司法部连续两年出台 5 个部门规章，彰显其勃勃雄心，2000 年"三箭齐发"：发布了《司法鉴定机构管理办法》、《司法鉴定人管理办法》、《司法鉴定执业分类规定（试行）》；2001 年"双彩连珠"：发布《司法鉴定许可证管理规定》、《司法鉴定程序通则（试行）》；2004 年"一飞冲天"，发布了《人体损伤程度鉴定标准》，适用于《中华人民共和国刑法》规定的"故意伤害他人身体的"、"致人重伤的"（含"造成严重残疾的"）、和《中华人民共和国治安管理处罚法》规定的"造成轻微伤害的"损伤程度的评定。与最高院、最高检、公安部、司法部 1990 年联合发布的《人体重伤

---

〔1〕 国务院办公厅《关于印发〈司法部职能配置内设机构和人员编制规定〉的通知》（国办发［1998］90 号）。

〔2〕 为了便于对比和参照，作者对最高人民法院、最高人民检察院、公安部、司法部、国家安全部有关司法鉴定的规章和规范性文件进行梳理，形成表一。

鉴定标准》、《人体轻伤鉴定标准（试行）》不同，该标准按照损伤严重程度由重到轻依次分为重伤一级、重伤二级、重伤三级，轻伤一级、轻伤二级、轻伤三级，轻微伤一级、轻微伤二级，共八级，此标准至今在鉴定实务中鲜有适用。该标准放弃了公、检、法、司联合发布的模式，大有“另立炉灶”之意。

以上六个法律文件内容涵盖了鉴定人和鉴定机构准入、资质管理、执业许可管理、鉴定程序设置、鉴定标准编制等各个方面，积极“进取”的态势明显。以此为契机，司法部开始小规模的批准设立鉴定机构。1999 年 7 月 14 日司法部发布《关于公告面向社会服务的司法鉴定机构的通知》［第 1 号］，确定司法部指导面向社会服务的司法鉴定工作。为履行此项职能，扩大面向社会服务的司法鉴定的司法地位和影响，逐步建立起独立、科学、规范、高效、公正的面向社会服务的司法鉴定的新体制，规范面向社会服务的司法鉴定机构，司法部决定从 1999 年起，凡是经司法部批准的面向社会服务的司法鉴定机构，必须由司法部统一向社会公告。参加首批公告的面向社会服务的司法鉴定机构共 8 家。2003 年 6 月 4 日，司法部公布了《关于公告面向社会服务的司法鉴定机构的通知》［第 2 号］，对 14 家通过 2002 年度检验的司法部批准设立的鉴定机构和 329 名鉴定人予以公告，其中以高校设立的鉴定机构和北京社会设立的鉴定机构为主，鉴定业务包含法医类、物证类、文书类、影像资料类、计算机类、建筑工程类、知识产权类、动植物基因类、环境监测等。从业机构和人员以及鉴定范围进一步扩大。[1]

面对司法部的“进逼”，最高法以“两个规定”和一个“标准”应对，由此揭开了司法鉴定管理权争夺的“序幕战”。忌惮于限制“自审自鉴”的强烈呼声，面对司法部的“态势”，最高人民法院 2001 年 11 月 16 日发布了《人民法院司法鉴定工作暂行规定》（法发［2001］23 号），其中不乏自行“设权”的规定。其中包括以下条款：“凡需要进行司法鉴定的案件，应当由人民法院司法鉴定机构鉴定，或者由人民法院司法鉴定机构统一对外委托鉴定”，“最高人民法院、各高级人民法院和有条件的中级人民法院设立独立的司法鉴定机构”，“司法鉴定机构接受委托后，可根据情况自行鉴定，也可以

〔1〕 参见《司法部关于面向社会服务的司法鉴定机构公告》(第 2 号)，载 http://www.moj.gov.cn/fzxcs/content/2003-06/04/content_29852.htm?node=375。

组织专家、联合科研机构或者委托从相关鉴定人名册中随机选定的鉴定人进行鉴定”，“除要求法院系统内部建立司法鉴定机构外，还对面向社会服务的司法鉴定机构进行管理，法院对于未进入其司法鉴定名册的司法鉴定机构和司法鉴定人出具的鉴定意见，不予认可”。这些条款可作如下解读：首先，法院仍然应当从事司法鉴定工作，而且是依据三大诉讼法和法院组织法的规定，有理有据；其次，法院审理的案件需要司法鉴定的，应当由人民法院的司法鉴定机构自行鉴定，如果有必要才由法院鉴定机构统一对外委托，这似乎是“肥水不流外人田”部门利益保护的典型；再次，接受委托后，法院司法鉴定机构可自行鉴定，也可以组织、联合其他人员进行鉴定，但是没有对鉴定人的资质予以明确，这与鉴定人应当实行资质管理发展趋势显然不符；最后，中级以上法院都得设立独立的鉴定机构。既然都是由法院设立，如何才能“独立”？“自审自鉴”的弊端何以规避？此规定完全是法院自设并强化司法鉴定管理权之举。

2002 年 2 月 22 日，最高人民法院公布了《人民法院对外委托司法鉴定管理规定》，对“统一对外委托司法鉴定”事项进行了规定，其制定依据正是《人民法院司法鉴定工作暂行规定》。其中规定：“人民法院司法鉴定机构负责统一对外委托和组织司法鉴定”，“人民法院司法鉴定机构建立社会鉴定机构和鉴定人名册”，“自愿接受人民法院委托从事司法鉴定，申请进入人民法院司法鉴定人名册的社会鉴定、检测、评估机构，应当向人民法院司法鉴定机构提交申请”，“以个人名义自愿接受人民法院委托从事司法鉴定，申请进入人民法院司法鉴定人名册的专业技术人员，应当向人民法院司法鉴定机构提交申请”，“经批准列入人民法院司法鉴定人名册的鉴定人，在《人民法院报》予以公告”，“已列入名册的鉴定人应当接受有关人民法院司法鉴定机构的年度审核”，“列入名册的鉴定人有不履行义务，违反司法鉴定有关规定的，由有关人民法院视情节取消入册资格，并在《人民法院报》公告”。此规定是对鉴定机构和鉴定人的“准入管理和监督管理”，是通过建立是由法院管理的“名册”制度来行使司法鉴定管理权：先由鉴定机构和鉴定人向法院的司法鉴定机构进行申请，通过其审核后列入法院的“名册”，还要进行“年检”等鉴定管理，并由法院进行公告。那么，法院的准入条件是什么？通过年检进行监督管理的依据是什么？对鉴定机构和鉴定人的管理权限从何而来？这些问题在该规定中并无答案。

2005 年 1 月 1 日，最高人民法院发布《人体损伤残疾程度鉴定标准（试行）》，“适用于人民法院审理刑事、民事和行政案件中涉及的人体损伤残疾程度的鉴定，属于工作与职业病和道路交通事故所致残疾程度的鉴定，不适用本标准”。由此可见，除法律规定工作与职业病和道路交通事故所致残疾程度适用专门的标准以外，法院审理的刑事、民事和行政诉讼中涉及人体损伤的鉴定均得适用该标准，适用范围相当广。该标准依据被鉴定人治疗后遗留的组织器官损害及功能障碍，工作学习、日常生活和社会交往能力丧失的程度，参照医疗和护理依赖的状况，将残疾分为十级，最重为一级，最轻为十级。此标准曾在部分省市法院鉴定机构适用，但在《决定》取消了法院的司法鉴定权后，其他鉴定机构目前也极少使用。

2004 年 6 月 29 日，依照《中华人民共和国行政许可法》和行政审批制度改革的有关规定，国务院第 412 号令公布了《国务院对确需保留的行政审批项目设定行政许可的决定》，赋予司法部面向社会服务的司法鉴定人执业核准和设立面向社会服务的司法鉴定机构审批两项行政许可事项。这项决定再次强化了司法部的司法鉴定管理权。但这并不意味着司法部在司法鉴定管理权的分配上“一家独大”，争夺才刚刚开始。

二、《决定》出台时的争夺

传统的司法鉴定制度是在过去五十多年的司法实践中形成的。司法鉴定管理职权归属不明，管理越位、错位、缺位现象严重，司法鉴定机构重复设置，鉴定机构欠缺中立性和独立性，公、检、法系统均自设鉴定机构，严重影响了司法鉴定的中立性、科学性和客观性，司法鉴定管理问题成了司法体制改革深入的瓶颈和障碍。国办发［1998］90 号文和国务院第 412 号令使得司法部获得了对司法鉴定更多的“参与权”和“管理权”。

随着司法部对司法鉴定管理权的“扩张”，传统的司法鉴定管理权配置的平衡状态似乎正在被打破，各部门通过部门规章，维护自己的权力“领地”。鉴定管理“政出多门”，各部门在坚守“领地”中各不相让，通过出台层次更高的法律予以规制成为必然选择。

九届全国人大内务司法委员会在深入研究的基础上，起草了《关于司法鉴定管理问题的决定》（草案），提请 2002 年 12 月 23 日开始举行的九届全国人大常委会第 31 次会议审议。这种以权力再分配为内容的司法鉴定体制改革在利益上也触动了一些部门敏感的神经，有关部门对司法鉴定的管理体制、管理内容等问题意见分歧较大。由于鉴定能够给设立鉴定机构的部门带来丰厚的利益，在立法过程中，公、检、法、司不断在司法鉴定场域争当“主角”，致使鉴定体制的改革困难重重，步履维艰，甚至存在一度搁浅的危险。〔1〕由于法院中立的诉讼地位和司法行政部门的管理地位，《决定》（草案）明确规定了法院和司法行政部门不得设立鉴定机构。这种改革消除了“自审自鉴”、“自管自鉴”积弊，使司法鉴定体制改革迈出了可喜的一步。

《决定》（草案）同时规定，“侦查机关所属的鉴定机构对外承担司法鉴定业务的，在本系统省级以上主管机关批准后，经过登记，编入司法鉴定机构名册并公告”。这种规定直接授予了侦查机关对外承担司法鉴定职能，对“自侦自鉴”不仅没有得到限制，反而得到了“法律”的确认，与司法体制改革的方向显然不符，这一规定受到多方反对和批评。侦查机关设立的鉴定机构对外承担司法鉴定是导致饱受争议的“自侦自鉴”、“自诉自鉴”的根本原因，侦查机关是否保留鉴定机构也就成为争夺的最主要的“制高点”。侦查机关最初是为了打击犯罪、为侦查犯罪提供技术支持而设立鉴定机构，经过长期发展，其鉴定人员已经成长为侦查机关不可或缺的力量。如若将其从侦查机关中剥离，成为独立于侦查机关的力量，侦查机关就无法行使领导权和管理权，无法及时调动其侦破案件。在传统型犯罪案件侦破中，现场勘查作为侦破案件的首要步骤，需要及时、全面、细致的勘验工作，因为很多侦破线索和微量物证稍纵即逝；现场勘验取得的证据必须立即投入检验鉴定，鉴定结果往往能为侦查破案提供有力的支持；在新型非接触性犯罪〔2〕案件的侦破中，更需要前期大量的技术鉴定力量进行破案线索收集、证据固定、线索追踪等工作，如果这些工作都要依赖于独立于侦查机关的第三方鉴定机构的力量，侦查机关在管理、监督、效率方面必然会受限，形成扯皮、推诿和不效率在所难免，因为在此种情况下侦查机关对鉴定机构失去了领导和监督权。

---

〔1〕 郭华：“司法场域的鉴定管理权争夺与厮杀——以人大常委会《关于司法鉴定管理问题的决定》为中心”，载《华东政法学院学报》2005 年第 5 期。

〔2〕 “非接触性犯罪”主要是指基于网络或电信实施的犯罪，与传统的犯罪形式不同，在犯罪过程中，犯罪嫌疑人与受害人并没有直接的身体接触，往往通过各种网络或信息通讯渠道来实现犯罪目的。

2004年12月《中共中央转发〈中央司法体制改革领导小组关于司法体制和工作机制改革的初步意见〉的通知》(中发［2004］21号)，根据其精神侦查机关保留鉴定机构，保留司法鉴定机构其目的是为侦查犯罪提供技术支持，其工作性质是侦查机关和侦查工作的组成部分。侦查机关虽然保留鉴定机构，但应否面向社会从事司法鉴定业务就成为下一个争议的焦点。立法机关在质疑和声讨中将《决定》(草案)的二次审议稿中相关内容修改为“侦查机关根据侦查工作的需要设立的鉴定机构，除办理自行侦查的案件时进行鉴定以外，不得面向社会接受委托从事司法鉴定业务”。〔1〕这种修改使得《决定》顺利高票通过表决。〔2〕尽管《决定》在多方博弈后最终通过，但司法鉴定管理权的争夺并未结束，相反，争夺渐近“白热化”。

三、后《决定》时期的割据

司法鉴定管理权的争夺经过《决定》出台前的“序幕战”、《决定》出台时的“前哨战”、进入后《决定》时代的“中场战”。2005年2月28日，《决定》颁布，并于同年10月1日实施。作为迄今为止唯一的一部规范司法鉴定的法律性文件，尽管只有短短的18个条文，但对于司法体制改革、消除司法鉴定陈年积弊，加强对鉴定机构和鉴定人员的管理，防治由于鉴定活动的不规范和缺乏有效的监督而产生“重复鉴定、冲突鉴定”，致使案件久拖不决，当事人频频上诉上访，进而影响司法公信力的现象，维护司法鉴定的独立性，保障司法审判的公正性，具有非常重要的意义。《决定》的出台被誉为规范司法鉴定工作的治本之举〔3〕。

《决定》对司法鉴定许多重大问题做出规定，比如，司法鉴定统一管理(国务院司法行政部门主管全国鉴定人和鉴定机构的登记管理工作)、鉴定人

---

〔1〕 郭华：“司法场域的鉴定管理权争夺与厮杀——以人大常委会《关于司法鉴定管理问题的决定》为中心”，载《华东政法学院学报》2005年第5期。

〔2〕 九届全国人大内务司法委员会起草《决定》(草案)并提请九届全国人大常委会第31次会议审议的两年后，全国人大法律委员会对原草案进行了逐条审议并提出修改意见，形成新的草案修改稿，经十届全国人大常委会第13次会议审议，最终在2005年2月28日第14次会议审议后最终获得通过。(吴坤：“关于司法鉴定管理问题的决定高票通过”，载 http://legal. people. com. cn/GB/42735/3209742. html。)

〔3〕“规范司法鉴定工作的治本之举”，载 http://www. legaldaily. com. cn/zt/2005 - 03/01/content _ 191006. htm。

和鉴定机构的准入和“名册”制登记管理（对鉴定机构和鉴定人的资质条件予以明确，省级司法行政部门负责对鉴定人和鉴定机构的登记、名册编制和公告）、鉴定机构的独立性和设立禁止（法院和司法行政部门不得设立鉴定机构）、侦查机关设立的鉴定机构执业禁止（不得面向社会接受委托从事司法鉴定业务）、鉴定机构的地位平等和执业自由（各鉴定机构之间没有隶属关系；鉴定机构接受委托鉴定不受地域限制）、鉴定人负责制度（司法鉴定实行鉴定人负责制度）、鉴定人应依法回避和出庭作证的义务等等。《决定》对司法鉴定场域的权力系谱作出了前所未有的重大调整，场域内的主体因权力的减损动用已有的解释资源，通过该决定的模糊条款对司法鉴定管理权进行争夺，以扩张自己的权力领地，司法场域出现了司法鉴定管理权力的一场“厮杀”。〔1〕《决定》涉及的问题众多，作者只就司法鉴定管理权进行探讨。

权力部门化，部门利益化，利益法规化常在用于概括部门间的权力、利益之争。〔2〕动用各自的立法权和解释资源出台部门规章，做出设权性规定是保障部门利益最大化的有效手段。在司法鉴定管理权的争夺中，相关部门亦沿用此法，部门规章和规范性文件相继发布（见表一）。后《决定》时期经过数轮争夺，几度出手，几个部门都通过出台规章和规范性文件争夺司法鉴定管理权，作者以此为线索，进行归纳和讨论。

1. 第一极——“积极”的司法部。一个《通知》。《决定》颁布后，司法部于 2005 年 4 月 28 日下发了《关于学习贯彻〈决定〉的通知》（司发通［2005］30 号），重申了《决定》明确规定建立“统一”的司法鉴定管理体制，将司法鉴定管理工作纳入到法制化、规范化的发展轨道，符合司法鉴定工作规律，对于建立符合中国国情、适应诉讼活动需求的司法鉴定管理体制具有重要意义。要求司法部和省级司法行政主管部门切实负起责任，统一做好现有司法鉴定机构和司法鉴定人重新审核以及统一登记、名册编制和公告工作，对现有的司法鉴定机构和司法鉴定人进行重新审核、统一登记、名册编制和公告工作。对现已登记，为司法审判提供司法鉴定服务的司法鉴定机

〔1〕 郭华：“司法场域的鉴定管理权争夺与厮杀——以人大常委会《关于司法鉴定管理问题的决定》为中心”，载《华东政法学院学报》2005 年第 5 期。

〔2〕 王信贤：“论中国政策过程中的部门关系——以《反垄断法》为例”，载杨光斌、寇健文主编：《中国政治变革中的观念和利益》，中国人民大学出版社 2012 年版。

构和司法鉴定人，原则上将统一审核，纳入统一名册并予以公告。并且要求于2005年9月30日前完成对司法行政机关设立的各类司法鉴定机构管理体制调整工作。[1]

一个《意见》。2005年7月18日，《关于司法行政部门所属司法鉴定机构管理体制调整的意见》（司发通［2005］58号）。《意见》强调《决定》赋予司法行政部门管理司法鉴定工作的重要职责，并规定“司法行政部门不得设立鉴定机构”。要求在2005年9月30日前，完成对各级司法行政部门设立的司法鉴定机构管理体制的调整任务。在具体调整方式上，可以转制为独立的事业法人，可以与有关科研单位、高等院校、医院、社团组织等单位采用合作、合并和共建申请设立新的司法鉴定机构，也可以根据实际情况对人员分流撤销所属鉴定机构。《决定》生效后，不再受理与司法行政部门在人、财、物方面有直接、间接隶属关系的司法鉴定机构的设立申请。[2]2005年9月22日司法部批复司法部司法鉴定科学技术研究所，同意该所撤销“司法部司法鉴定中心”的请示，完成了对司法部直属鉴定中心的调整。

表一：政法五部门发布的司法鉴定相关规章和规范性文件

阶段	发布机关	发布日期	法规名称及文号
《决定》颁布前	公安部	1980-05-07	公安部刑事技术鉴定规则
		1992-04-04	道路交通事故受伤人员伤残程度评定 GA35-1992，2002年12月1日修订
		1996-07-25	人体轻微伤的鉴定标准 GA/Tl46-1996
		2004-11-19	人身损害受伤人员误工损失日评定准则 GA/T 521-2004
	最高检、最高法 公安部、卫生部	1989-07-11	精神疾病司法鉴定暂行规定（卫医字(89)第17号）

〔1〕 参见司法部《关于学习贯彻〈关于司法鉴定管理问题的决定〉的通知》（司发通［2005］30号）。

〔2〕 参见司法部《关于司法行政部门所属司法鉴定机构管理体制调整的意见》（司发通［2005］58号）。

续表

阶段	发布机关	发布日期	法规名称及文号
《决定》颁布前	最高法、最高检公安部、司法部	1990-03-29	人体重伤鉴定标准（司发［1990］070号）
		1990-04-02	人体轻伤鉴定标准（试行）（法（司）发［1990］6号）
	司法部	2000-08-14	司法鉴定人管理办法（司法部令第62号）
		2000-08-14	司法鉴定机构登记管理办法（司法部令第63号）
		2000-11-29	司法鉴定执业分类规定（试行）（司发通［2000］159号）
		2001-02-20	司法鉴定许可证管理规定（司发通［2001］019号）
		2001-08-31	司法鉴定程序通则（试行）（司发通［2001］092号）
		2004-04-14	人体损伤程度鉴定标准
	最高人民法院	2001-11-16	人民法院司法鉴定工作暂行规定（法发［2001］23号）
		2002-03-27	人民法院对外委托司法鉴定管理规定（法释［2002］8号）
		2005-01-01	人体损伤残疾程度鉴定标准（试行）
界点	全国人大常委会	2005-02-28	关于司法鉴定管理问题的决定
《决定》颁布后	司法部	2005-04-28	关于学习贯彻《决定》的通知（司发通［2005］30号）
		2005-07-18	关于司法行政部门所属司法鉴定机构管理体制调整的意见（司发通［2005］58号）
		2005-09-22	关于撤销“司法部司法鉴定中心”的批复（司复［2005］7号）
		2005-09-29	司法鉴定机构登记管理办法（司法部令第95号）
		2005-09-29	司法鉴定人管理办法（司法部令第96号）
		2007-08-07	司法鉴定程序通则（司法部令第107号）

续表

阶段	发布机关	发布日期	法规名称及文号
《决定》颁布后	公安部	2005－04－20	关于贯彻落实《决定》，进一步加强公安机关刑事科学技术工作的通知（公通字［2005］19号）
		2005－12－29	公安机关鉴定机构登记管理办法（公安部令第83号）
		2005－12－29	公安机关鉴定人登记管理办法（公安部令第84号）
		2008－05－06	公安机关鉴定规则（公安部令［2008］第86号）
	最高人民检察院	2005－09－21	关于贯彻《决定》有关工作的通知（高检发办字［2005］11号）
		2006－11－30	人民检察院鉴定机构登记管理办法（高检发办字［2006］33号）
		2006－11－30	人民检察院鉴定人登记管理办法（高检发办字［2006］33号）
		2006－11－30	人民检察院鉴定规则（试行）（高检发办字［2006］33号）
	国家安全部 司法部	2005－11－10	贯彻落实《决定》，进一步加强国家安全机关司法鉴定工作的通知
	国家安全部	2007	国家安全机关司法鉴定机构管理办法（试行）
		2007	国家安全机关司法鉴定人管理办法（试行）
	最高人民法院	2005－07－14	关于贯彻落实《决定》做好过渡期相关工作的通知（法发［2005］12号）
		2006－09－25	关于地方各级人民法院设立司法技术辅助工作机构的通知（法发［2006］182号）
		2007－08－23	技术咨询、技术审核工作管理规定（法办发［2007］5号）
		2007－08－23	对外委托鉴定、评估、拍卖等工作管理规定（法办发［2007］5号）

续表

<table>
<tr><th>阶段</th><th>发布机关</th><th>发布日期</th><th>法规名称及文号</th></tr>
<tr><td rowspan="4">《决定》颁布后</td><td rowspan="3">政法五部门</td><td>2005－07－27</td><td>关于做好《决定》施行前有关工作的通知（司发通［2005］62号）</td></tr>
<tr><td>2008－11－20</td><td>关于做好司法鉴定机构和司法鉴定人备案登记工作的通知（司发通［2008］165号）</td></tr>
<tr><td>2013－08－30</td><td>人体损伤程度鉴定标准</td></tr>
<tr><td>中央政法委</td><td>2008－01－17</td><td>关于进一步完善司法鉴定管理体制遴选国家级司法鉴定机构的意见 政法［2008］2号</td></tr>
</table>

资料来源：作者自行整理。最高人民法院、最高人民检察院、公安部、司法部、国家安全部简称政法五部门。

两个《办法》。《决定》第3条规定："国务院司法行政部门主管全国鉴定人和鉴定机构的登记管理工作。"《决定》第16条规定："对鉴定人和鉴定机构进行登记、名册编制和公告的具体办法，由国务院司法行政部门制定，报国务院批准。"根据此授权，司法部积极开展了工作。2005年6月22日，司法部将《司法鉴定机构管理办法》和《司法鉴定人管理办法》征求意见稿，送交中央政法委及中央司法体制改革领导小组办公室、全国人大内务司法委员会、全国人大常委会法制工作委员会、最高人民法院、最高人民检察院、公安部、国家安全部和国务院法制办以及各省（区、市）司法厅（局）征求意见。2005年8月1日，司法部就报送《司法鉴定机构管理办法》，《司法鉴定人管理办法》和《关于〈司法鉴定机构管理办法〉和〈司法鉴定人管理办法〉的说明》致函国务院法制工作办公室。2005年8月11日，司法部就报请批准《司法鉴定机构管理办法》和《司法鉴定人管理办法》请示国务院。2005年9月21日，司法部再次就报请审批《司法鉴定机构管理办法》和《司法鉴定人管理办法》两件部颁规章请示国务院。2005年9月28日，国务院正式批准《司法鉴定机构管理办法》和《司法鉴定人管理办法》。2005年9月29日，《司法鉴定机构管理办法》和《司法鉴定人管理办法》正式颁布。2005年9月30日"两个《办法》"在《法制日报》全文刊登，同时公告《国家司法鉴定人和司法鉴定机构名册》第一批名单。[1]。

一个《通则》。为规范司法鉴定的实施程序，保障司法鉴定的质量，针对与《决定》不适应的地方和鉴定实践中存在的突出问题，对《司法鉴定程序通则（试行)》许多内容作了调整和补充后，司法部于2007年8月7日发布了《司法鉴定程序通则》(司法部令第107号)。《通则》明确规定了进行司法鉴定活动时应当遵循的方式、方法、步骤以及相关的规则和标准；明确规定了《通则》的适用范围：适用于从事各类司法鉴定的司法鉴定机构和司法鉴定人；对违反《通则》的行为，赋予了相应的处分权限。[2]

由上可见，司法部的态度是积极的。通过部门规章，对司法鉴定主体的准入、登记、公告、管理，对司法鉴定的范围、程序、鉴定人出庭、回避等实施了全方位的管理，取消了本系统附设的司法鉴定机构。建立统一的司法鉴定管理制度似乎“曙光初现”。《决定》规定：“国务院司法行政部门主管全国鉴定人和鉴定机构的登记管理工作。省级人民政府司法行政部门依照本决定的规定，负责对鉴定人和鉴定机构的登记、名册编制和公告。”对于这种授权，按照通常理解，既然由国务院司法行政部门主管“全国”鉴定人和鉴定机构的登记管理工作，这种授权是全面的，由司法部统一行使司法鉴定管理权似乎已经不应再成为讨论的问题，但事实并非如此。

2. 第二极——“强硬”的公安部。一个《通知》。2005年4月20日，公安部发出的《关于贯彻落实〈决定〉进一步加强公安机关刑事科学技术工作的通知》(公通字［2005］19号)。虽然肯定了《决定》的重要意义，但在司法鉴定管理的问题上却有截然不同的解释：第一，公安机关的鉴定机构及鉴定人完全不在《决定》规制的范畴。明确指出“《决定》所指的司法鉴定机构和司法鉴定人，是指在诉讼中面向社会提供司法鉴定服务的鉴定人和鉴定机构。公安机关所属的鉴定机构和鉴定人不属于《决定》规定的‘司法鉴定机构’和‘司法鉴定人’的范畴，不在司法行政机关登记之列”。第二，对公安机关的鉴定机构和鉴定人公安部将出台管理办法，自行登记管理，建立“名册”并抄送审判机关和检察机关。公通字［2005］19号《通知》规定

---

〔1〕“司法鉴定大事记”，载http://www.moj.gov.cn/zgsfjd/content/2005－12/19/content_238294.htm。

〔2〕参见《司法鉴定程序通则》(司法部令第107号)。

"公安部将进一步加强和规范公安机关鉴定机构和鉴定人登记管理工作，并出台相关管理办法。目前，《公安机关鉴定工作规则》、《公安机关鉴定机构登记管理办法》和《公安机关鉴定人登记管理办法》已列入公安部2005年度立法计划，各级公安机关以此对所属鉴定机构和鉴定人的资格进行登记管理。公安机关将实行统一的鉴定机构和鉴定人名册制度，准予登记的鉴定机构和鉴定人，将统一编入公安机关鉴定机构和鉴定人名册，公安机关鉴定机构和鉴定人名册抄送审判机关和检察机关"。第三，公安机关的鉴定机构和鉴定人不得到司法行政机关登记注册。"各级公安机关刑事科学技术主管部门要进一步加强对鉴定工作的管理、监督和指导，公安机关鉴定机构和鉴定人一律不准到司法行政机关登记注册。自2005年10月1日起，已在司法行政机关进行的登记注册将自动失效。"〔1〕公安部的反应是迅速而猛烈的，似有"势不两立"的架势。

如此一来对鉴定机构和鉴定人实行统一的准入和登记管理所遭遇的阻力是巨大的。究其根本原因，首先，在于《决定》对侦查机关鉴定机构与鉴定人的管理主体的规定若明若暗，给分散管理留下了可以灵活处置的余地。《决定》第2条、第3条规定国家对四类鉴定业务和鉴定机构与鉴定人实行统一登记管理，但在第6条中只规定"申请从事司法鉴定业务的个人、法人或者其他组织，由省级人民政府司法行政部门审核"。侦查机关鉴定机构与鉴定人究竟由谁管，前者清楚，后者模糊。虽然"法人"也可包括"机关法人"，但在此问题上侦查机关恐怕不会这么理解。因而，侦查机关的鉴定机构与鉴定人实施自管就显得并非没有依据，亦可解释。〔2〕其次，在于对《决定》的理解和解释。《决定》所指的鉴定机构和鉴定人到底是否包含公安机关的鉴定机构和鉴定人？这是无法回避的尖锐问题，《通知》对鉴定机构和鉴定人显然进行了限缩解释。《决定》第1条规定："司法鉴定是指在诉讼活动中鉴定人运用科学技术或者专门知识对诉讼涉及的专门性问题进行鉴别和判断并提供鉴定意见的活动。"如果说公安机关的鉴定机构和鉴定人是侦查力量的一部分，

---

〔1〕 参见2005年4月20日公安部《关于贯彻落实〈全国人民代表大会常务委员会关于司法鉴定管理问题的决定〉进一步加强公安机关刑事科学技术工作的通知》（公通字［2005］19号）。

〔2〕 邹明理："且盼司法鉴定管理尽快步入法治化轨道——《关于司法鉴定管理问题的决定》实施一周年侧视"，载http://www.legalinfo.gov.cn/moj/zgsfjd/content/2006-10/30/content_441448.htm?node=5149。

其鉴定活动是收集和固定证据为侦查破案服务，不是诉讼活动的话，但其出具的鉴定意见最终也会作为证据进入诉讼程序，况且，公安机关的鉴定机构在《决定》实施后仍可以接受人民法院、人民检察院、司法行政机关、国家安全机关、军队保卫部门、其他行政执法机关、仲裁机构委托的鉴定（《通知》中明确规定这类委托不在《决定》限制之列，公安机关鉴定机构应予受理）进行鉴定，其鉴定意见绝大多数要作为证据进入诉讼程序，因此说公安机关的鉴定机构和鉴定人不是《决定》调整的对象难以解释。再次，公安机关的鉴定机构和鉴定人到司法行政机关登记注册情感上难以接受。公安机关所属鉴定资源占全国的80%，承担的鉴定工作量占全国的95%，是我国鉴定工作的重要组成部分，是推进司法鉴定事业进步和发展、维护司法公正、为公安机关履行职责提供鉴定技术支撑的重要力量〔1〕。这是公安机关经过多年建设获得的成就，确实对侦查破案打击犯罪起到了极其重要的作用。如果让这样的力量去司法行政机关登记注册就好像“自己无法为自己的孩子提供安全庇护和执业资质”、“自己家养活多年的孩子交给别人家管”一样情感上难以接受，况且是向同级别的司法行政机关登记。最后，在实务上也不具有可行性。公安机关的鉴定机构其人、财、物权均受公安机关的制约，其鉴定人本身就是公安干警，即使在司法行政机关登记，也无法对其进行有效的管理和监督，难以实现对鉴定机构和鉴定人登记管理的初衷和目的。

《决定》第7条规定：“侦查机关根据侦查工作的需要设立的鉴定机构，不得面向社会接受委托从事司法鉴定业务。”侦查机关根据侦查工作的需要设立鉴定机构姑且不论，但对于如何解释本条后段内涵外延，却各执己见。全国人大常委会法制工作委员会刑法室编著的《〈全国人民代表大会常务委员会关于司法鉴定管理问题的决定〉释义》认为此段指的是“侦查机关设立的鉴定机构，不得接受社会上的企事业单位、其他组织和个人的委托，就各类诉讼中涉及的专门性问题出具鉴定意见。但又进一步强调：需要注意的是，这一规定并没有禁止侦查机关之间相互委托和接受司法机关委托从事司法鉴定业

〔1〕 参见2005年4月20日公安部《关于贯彻落实〈全国人民代表大会常务委员会关于司法鉴定管理问题的决定〉进一步加强公安机关刑事科学技术工作的通知》（公通字［2005］19号）。

务”〔1〕。但是，如果将侦查机关和司法机关解释为“其他组织”，这个解释是否前后矛盾？答案应当是肯定的。

但《通知》（公通字［2005］19 号）规定以下五种对象委托的鉴定不在《决定》限制之列，公安机关鉴定机构应予受理：公安机关内部委托的鉴定；人民法院、人民检察院、司法行政机关、国家安全机关、军队保卫部门、其他行政执法机关、仲裁机构委托的鉴定；纪律监察机关委托的鉴定；公证机关和公民个人委托的非诉讼鉴定；通过指纹、DNA 等数据库进行人体生物特征检索，提供有无犯罪记录查询等非诉讼鉴定。但第 3 条第 1 款又规定：自 2005 年 10 月 1 日起，公安机关鉴定机构将不再受理公民个人委托的与诉讼有关的鉴定。由此可见《通知》不仅采用了《释义》的解释，而且从相反方向又进行了扩大解释，扩大了可接受委托主体的范围，不可接受的仅限于“公民个人委托的与诉讼有关的鉴定”。

2005 年 6 月 20 日，人大法工委在给司法部的批复中指出：“公安机关设立的鉴定机构，在不面向社会提供鉴定服务的前提下，可以接受司法机关、监察、海关、工商等行政执法机关委托从事非诉或在诉讼中没有争议的鉴定业务。”〔2〕这个批复采用了《释义》的观点，与《决定》第 7 条的立法本意是相抵触的，实际上是同意公安机关鉴定机构可以面向社会从事鉴定服务。然而，在同一批复中，强调“公安机关鉴定机构及其鉴定人接受司法机关委托从事诉讼中有争议的鉴定事项需经过省级司法行政部门登记，列入鉴定人名册”〔3〕。可是，在公安部关于鉴定机构与鉴定人的“管理办法”中就对此避而不及。由此可以看出，相关部门对《批复》和《释义》所持的取舍角度，目的还在于司法鉴定管理权的归属。

邹明理教授认为：“面向社会从事司法鉴定业务”是一个行业用语，而非法律概念，所指范围不明确，用于界定鉴定机构的职责和限制受理鉴定的范围必然引起混乱。鉴定活动是为诉讼活动服务的科技实证活动，没有面向社

---

〔1〕 人大法工委刑法室编著：《〈全国人民代表大会常务委员会关于司法鉴定管理问题的决定〉释义》，法律出版社 2005 年版，第 21 页。

〔2〕 参见全国人大常委会法工委《关于司法鉴定管理问题的决定实施前可否对司法鉴定机构与鉴定人实施准入管理等问题的意见》（法工委发函［2005］52 号）。

〔3〕 参见全国人大常委会法工委《关于司法鉴定管理问题的决定实施前可否对司法鉴定机构与鉴定人实施准入管理等问题的意见》（法工委发函［2005］52 号）。

会与面向自己的区分，只有面向三大诉讼活动服务和面向侦查活动服务的限制。即社会鉴定机构的职责是面向三大诉讼活动和各类诉讼主体进行鉴定服务，侦查机关鉴定机构只能为侦查活动服务。用面向社会与否来区分不同性质鉴定机构的职责与受理鉴定业务的范围，立法上显得不准确、不严肃。[1]作者认为这种界定清晰明了，容易使广大公众理解和接受，能很好的解释《决定》第7条的指向。

两个《办法》。2005年12月29日，公安部发布了《公安机关鉴定机构登记管理办法》（公安部令第83号）和《公安机关鉴定人登记管理办法》（公安部令第84号），建立了公安机关鉴定机构和鉴定人登记管理制度，对公安机关的鉴定机构和鉴定人实行“自登自管”。“两个办法”设置了公安部和省级两级登记管理部门，规定登记管理部门的主要职责任务是“负责鉴定机构和鉴定人资格的审核登记，颁发证书，年度审验；负责资格的变更、延续、注销；负责编制、公告鉴定机构和鉴定人名册，监督检查鉴定工作等”。对两个《办法》中规定的符合登记条件的单位和个人，登记纳入公安机关的鉴定机构和鉴定人；对鉴定人和鉴定机构实行资质管理，要求必须取得鉴定资格方可开展鉴定工作；公安部登记管理部门编制《公安机关鉴定人名册》和《公安机关鉴定机构名册》并及时公告。[2]“两个办法”还规定了公安机关鉴定机构检验鉴定登记的项目。纳入公安机关登记管理的鉴定项目，仅限于两个《办法》中规定的法医类检验鉴定、痕迹检验鉴定、理化检验鉴定、文件检验鉴定、声像资料检验鉴定、电子证据检验鉴定、心理测试和警犬鉴别等检验鉴定项目，采用新的鉴定技术或者确因工作需要增加鉴定项目的，须经公安部鉴定机构和鉴定人登记管理部门批准；“两个办法”明确规定公安机关设立的鉴定机构可以接受司法机关及海关、工商等行政执法机关的委托从事非诉或在诉讼中没有争议的鉴定业务。

一个《规则》。2008年5月6日，公安部发布了《公安机关鉴定规则》（公安部令第86号），明确规定了适用范围为“根据《公安机关鉴定机构登记

---

〔1〕 邹明理：“且盼司法鉴定管理尽快步入法治化轨道——《关于司法鉴定管理问题的决定》实施一周年侧视”，载 http://www.legalinfo.gov.cn/moj/zgsfjd/content/2006-10/30/content_441448.htm?node=5149。

〔2〕 参见公安部《关于贯彻实施〈公安机关鉴定机构登记管理办法〉和〈公安机关鉴定人登记管理办法〉有关问题的通知》（公通字［2006］30号）。

管理办法》的有关规定，经公安机关登记管理部门核准登记，取得《鉴定机构资格证书》并开展鉴定工作的机构”和“根据《公安机关鉴定人登记管理办法》的有关规定，经公安机关登记管理部门核准登记，取得《鉴定人资格证书》并从事鉴定工作的专业技术人员”。该《规则》同时明确了受理范围包括：公安系统内部委托的鉴定；人民法院、人民检察院、国家安全机关、司法行政机关、军队保卫部门，以及监察、海关、工商、税务、审计等行政执法机关委托的鉴定；金融机构保卫部门委托的鉴定；政府有关部门调查事故、处置自然灾害等委托的鉴定。[1]

公安机关无论从鉴定机构和鉴定人的数量还是承担的鉴定业务量，均可谓“行业龙头”。“自登自管，自管自鉴”的模式，通过对《决定》的模糊条款进行选择性的解释，似乎也未能被完全否定。至此，公安部通过“一个通知，两个办法和一个规则”，建立了公安机关登记管理制度，形成独立运行的第二元登记管理体系。

3. 第三极——“温和”的最高检。相对于公安部的“强硬”，最高检似乎略显“温和”。

一个《通知》。2005 年 9 月 21 日，最高检发出《关于贯彻〈决定〉有关工作的通知》（高检发办字［2005］11 号）规定：《决定》生效之日起，各级检察机关的鉴定机构不得面向社会接受委托从事鉴定业务，鉴定人员不得参与面向社会服务的司法鉴定机构组织的司法鉴定活动；检察机关的鉴定机构和鉴定人员不得在司法行政机关登记注册从事面向社会的鉴定业务。已经登记注册的事业性质鉴定机构，如继续面向社会从事司法鉴定业务，与人民检察院脱钩，否则应办理注销登记；检察机关鉴定机构可以受理案件范围是检察机关业务工作所需的鉴定，有关部门交办的鉴定，其他司法机关委托的鉴定；最高人民检察院将制定《人民检察院鉴定工作规则》、《人民检察院鉴定机构管理办法》、《人民检察院鉴定人管理办法》，进一步加强和规范人民检察院的鉴定工作。该《通知》预示着检察院的鉴定机构和鉴定人亦将实行“自登自管，自成体系”。

两个《办法》，一个《规则》。2006 年 11 月 30 日，最高检以相同的文号发布了《人民检察院鉴定机构登记管理办法》、《人民检察院鉴定人登记管理

---

〔1〕 参见《公安机关鉴定规则》（公安部令［2008］第 86 号）。

办法》和《人民检察院鉴定规则（试行）》（高检发办字［2006］33 号）。根据《办法》，最高人民检察院检察技术部门和各省级检察院检察技术部门是检察院鉴定机构、鉴定人的登记管理部门，具体负责鉴定机构、鉴定人的登记、审核、延续、变更、注销、复议、名册编制与公告、监督及处罚等。最高人民检察院统一编制《人民检察院鉴定机构名册》和《人民检察院鉴定人名册》并及时公告；检察机关的鉴定机构和鉴定人不得到司法行政部门登记注册，对在社会鉴定机构中登记注册的个人，必须在向检察机关申请资格登记的同时，将司法行政部门颁发的执业证书一并上交登记管理部门；对已在司法行政部门登记注册的鉴定机构必须作注销登记和公告后，才可申请登记。鉴定机构可以申请登记的鉴定业务主要包含：法医类鉴定、物证类鉴定、声像资料鉴定、司法会计鉴定、心理测试，以及根据检察业务工作需要，由高检院增加的其他需要登记管理的鉴定业务。根据《规则》，鉴定机构可以受理检察院、法院和公安机关以及其他侦查机关委托的鉴定。检察院内部委托的鉴定实行逐级受理制度，对其他机关委托的鉴定实行同级受理制度。

总之，这和司法行政部门的登记、管理是泾渭分明的。这意味着人民检察院鉴定机构、鉴定人登记管理将实行系统内统一管理制度。由此最高检亦通过“一个通知，两个办法和一个规则”，建立了检察机关登记管理制度，行使司法鉴定管理权，形成独立运行的第三元登记管理体系。

4. 第四极——“神秘”的国家安全部。国家安全部门具有侦查职能。在《决定》颁布以前，国家安全部门的司法鉴定问题极少被关注，更谈不上对其行使司法鉴定管理权研判，“自侦自鉴”主要是针对公安机关而言的。《决定》的实施引起公、检、法、司部门对司法鉴定管理权的“争夺”，国家安全部门又属于《决定》第 7 条涉及的“侦查机关”，因此在司法鉴定管理权的研究中又不得不涉及。

一个《通知》。2005 年 3 月 17 日，国家安全部有关部门与司法部就司法鉴定改革工作进行沟通，对司法鉴定体制改革及安全机关鉴定机构、人员调整问题交换了意见。2005 年 9 月 28 日，国家安全部、司法部征求关于《国家安全部 司法部关于贯彻落实全国人大常委会〈关于司法鉴定管理问题的决定〉进一步加强国家安全机关司法鉴定工作的通知》的意见而致函中央政法委、全国人大法工委、最高人民法院。2005 年 10 月 21 日，全国人大法工委复函国家安全部、司法部，提出修改意见。2005 年 10 月 24 日，中央政法委办公室复函司法部，赞成部门间通过协商，制定出认真贯彻落实中央指示和有关法律的具体规定。[1]2005年11月14日，国家安全部、司法部联合发出《贯彻落实〈决定〉进一步加强国家安全机关司法鉴定工作的通知》，共同规范国家安全机关司法鉴定机构和司法鉴定人的登记、名册、公告以及司法鉴定活动。这样一来，司法鉴定管理权主要表现出对国家安全机关的司法鉴定机构和鉴定人实行“双重管理”的特点：第一，国家安全机关设立相应的司法鉴定机构，主要为国家安全机关侦查工作服务，在不面向社会提供鉴定服务的前提下，可以接受司法机关、监察、海关、军队保卫部门以及行政执法机关委托的非诉或在诉讼中没有争议的鉴定业务。国家安全部对各省级国家安全机关司法鉴定人和司法鉴定机构负有业务领导、监督和管理职责。第二，司法部对经国家安全部依据决定和有关准入条件审查合格的司法鉴定人、司法鉴定机构进行核准登记，国家安全机关司法鉴定人和司法鉴定机构实行单独的名册管理制度，在审判机关备案，国家安全机关司法鉴定人和司法鉴定机构名册不向社会公告，犯罪嫌疑人及其律师、被告人及其辩护人可以向国家安全机关和审判机关提出申请，查阅名册中有关内容。第三，国家安全部将尽快制定国家安全机关司法鉴定人和司法鉴定机构的登记管理办法，并与司法部共同制定、颁发《国家安全机关司法鉴定人和司法鉴定机构名册管理办法》，同时尽快制定既符合国家司法鉴定工作的总体要求，又具有国家安全工作特色的司法鉴定技术标准和司法鉴定工作规则。[2]

该管理制度的主要特点是：其一，有保留的登记制。国家安全机关设立司法鉴定机构和核准司法鉴定人均由其自己负责，也就是说其实质从业资质由国家安全部门管理，但形式上在其核准后向司法部登记。其二，单独编册不完全公开制。国家安全机关的鉴定机构和鉴定人单独编撰成册但不完全公开，特殊情况下，限犯罪嫌疑人及其律师、被告人及其辩护人申请后可查阅。

两个《办法》，2007年国家安全部发布了《国家安全机关司法鉴定机构管理办法（试行）》和《国家安全机关司法鉴定人管理办法（试行）》，从规

---

〔1〕“司法鉴定大事记”，载http://www.moj.gov.cn/zgsfjd/content/2005-12/19/content_238294.htm。

〔2〕参见《国家安全部与司法部联合发出加强国家安全机关司法鉴定工作的通知》，载http://www.npc.gov.cn/npc/xinwen/fztd/yfxz/2005-11/14/content_342721.htm。

章的角度进一步确立和强化了“双重管理”制度，国家安全部行使“实质”司法鉴定管理权，司法部行使“形式”司法鉴定管理权，由此形成了第四元登记管理体系。

5. 第五极——“欲休还语”的最高法。长期以来，关于法院设立司法鉴定机构，从事司法鉴定工作颇受争议，“再审自鉴”一直被抨击为有违司法鉴定中立的原则。《决定》也明确要求“法院不得设立鉴定机构”，撤并法院的司法鉴定机构，退出“角逐”似乎是应然之举。

两个《通知》。2005 年 7 月 14 日，最高人民法院发布《关于贯彻落实〈决定〉做好过渡期相关工作的通知》（法发［2005］12 号），要求坚决贯彻执行《决定》第 7 条法院禁设鉴定机构的规定，积极稳妥地完成人民法院撤销司法鉴定职能；稳步、有序地做好司法鉴定人员的职能调整；法院对外委托鉴定工作时要委托省级人民政府司法行政部门登记和公告的鉴定人和鉴定机构；《决定》生效之日起，各级人民法院一律不得受理各种类型的鉴定业务；各级人民法院如有事业单位性质的鉴定机构，如继续从事司法鉴定工作的，应当同人民法院脱钩。[1]《通知》还指出，法院将组织开展加强人民法院司法技术工作的调研活动，并着手研究制定《人民法院司法技术工作管理规定》，争取在 2005 年 10 月 1 日前颁布实施，同时废止《人民法院司法鉴定工作暂行规定》和《人民法院对外委托司法鉴定管理规定》，但至今未见关于相关进展的报道。由此可见，法院已全面执行了《决定》的要求，撤销或剥离了鉴定机构，停止了鉴定工作，理顺了鉴定委托事项。但是难题在于对附设于法院的司法鉴定机构中的鉴定人的调整和安置。

2006 年 9 月 25 日，最高人民法院下发《关于地方各级人民法院设立司法技术辅助工作机构的通知》（法发［2006］182 号），要求与最高人民法院增设司法辅助工作办公室相对应，中级人民法院应根据实际工作需要设立独立建制的司法技术辅助工作机构，有条件的基层人民法院，可以根据工作需要设立相应的机构。其主要职责是：为审判工作提供技术咨询、审核服务；负责办理法院对外鉴定、评估、审计、拍卖等的委托工作；负责监督执行死刑

〔1〕 参见最高人民法院《关于贯彻落实〈决定〉做好过渡期相关工作的通知》（法发［2005］12 号）。

中的技术工作等。[1] 成立司法技术辅助工作机构一方面是因为司法实践中法院在某些方面审判和执行人员确需专业技术支持，比如死刑执行过程中没有法医的技术是不能完成的，另一方面也为法院合理、有序分流安置司法鉴定人建立了一条途径。

两个《规定》。为规范法院技术辅助工作机构的职责，2007 年 8 月 23 日，最高人民法院下发了《技术咨询、技术审核工作管理规定》（法办发［2007］5 号），对技术咨询、技术审核的涵义、作用、方式、效力等进行了规范。根据本《规定》法院技术辅助工作机构在必要的时候可以通过书面表达的方式提供咨询意见和审核意见，但"咨询意见"和"审核意见"均不可作为定案依据。但本《规定》赋予了技术辅助人员针对专门问题的建议权：其一，对于"当事人提出重新鉴定申请"是否有必要再次启动鉴定程序及启动何种程序的建议权；其二，多个鉴定意见不同或有矛盾，有如何从科学角度取舍或采信鉴定意见的建议权；其三，对鉴定中存在疑问，提出在质证中应当重点解决的问题，有进行补充鉴定的建议权；其四，对鉴定中存在严重差错，鉴定意见不能成立，有进行重新鉴定的建议权。[2] 这一规定，一来可以弥补法官因专业知识欠缺对鉴定意见难以把握的不足，二来也可以对多次鉴定、重新鉴定起到一定的规制作用。

同日，最高人民法院还下发了《对外委托鉴定、评估、拍卖等工作管理规定》（法办发［2007］5 号），明确规定对外委托鉴定由司法辅助部门统一对外委托，法院工作人员未经司法辅助工作部门，擅自对外委托的，依法追究责任；法院实行鉴定机构"名册"制度，法院根据申请从有资格的鉴定机构中审核筛选出鉴定机构，组合编撰成法院的鉴定机构"名册"，法院对外委托鉴定时只能委托该名册中的鉴定机构，法医、物证、声像资料三类鉴定的专业机构名册从司法行政管理部门编制的名册中选录编制。其他类别的专业机构、专家名册由相关行业协会或主管部门推荐，按照公开、公平、择优的原则选录编制；同一委托事项有多家相同鉴定机构时，如果当事人不能协商确定鉴定机构，由司法技术辅助部门抽签确定鉴定机构；司法辅助工作部门

---

［1］ 参见最高人民法院《关于地方各级人民法院设立司法技术辅助工作机构的通知》（法发［2006］182 号）。

［2］ 参见最高人民法院《技术咨询、技术审核工作管理规定》（法办发［2007］5 号）。

的监督、协调员对专业机构的鉴定有监督协调权。[1]法院在此建立了委托"名册制度"，也被称为"册内册"制度，通过该制度，法院对已经获得鉴定资质的鉴定机构再次进行筛选、监督和管理，此制度已经推广开来。比如，山东省高院2007年12月10日下发的［2007］47号文件指出："法医、物证、声像资料三类鉴定的专业名册，由各中级人民法院从司法行政管理部门的名册中选录向省高级人民法院推荐，经省高级人民法院审查后编制名册供全省法院使用"，"编制名册的法院每年要对名册中的司法鉴定专业机构、专业人员进行资质、资格、上年度受理委托工作等情况做年审，对年审不合格的，要从名册中除名"。[2]2006年浙江省宁波市中级人民法院发布了《宁波中级人民法院司法鉴定人名册入册公告》，要求法医学、文检学等司法鉴定人向其申请登记。[3]

综上所述，最高法执行《决定》的态度很明确，其取消了系统内设的司法鉴定机构，分流了司法鉴定人员。但法院在其内部又由司法技术辅助部门建立了用于对外委托的鉴定机构"名册"。由于诉讼法规定，法院为查明案情之目的，对专门性问题认为需要鉴定的，应当交由法定鉴定部门鉴定；没有法定鉴定部门的，由人民法院指定的鉴定部门鉴定。人民法院在指定鉴定机构时，就指定人民法院"名册"下的鉴定机构和鉴定人。这就使未进入法院"名册"的其他鉴定机构和鉴定人在鉴定市场上失去了平等竞争的机会。这当然远远不是法院"名册"制度唯一的、也不是最重要的后果。其最严重的后果在于即使是合法登记注册的司法鉴定机构，如果未进入法院名册，则法院实际上也不会委托或者指定其进行鉴定，甚至也不认可当事人自行委托其进行鉴定所得出的鉴定意见。法院的名册管理制度的本质是在司法行政机关进行登记注册后的二次筛选，对司法鉴定机构有"二次"管理之嫌，作者曾撰文进行过讨论。[4]这种制度按照法院的标准从有资质的鉴定机构中进行筛选后编制成册，但法院筛选的条件和鉴定机构获得鉴定资质的条件是否有差别

---

〔1〕参见最高人民法院《对外委托鉴定、评估、拍卖等工作管理规定》（法办发［2007］5号）。

〔2〕盛学友："司法鉴定之惑"，载《法律与生活》2008年第22期。

〔3〕王敏远、郭华："我国司法鉴定体制改革的检视与评价——《关于司法鉴定管理问题的决定》实施三年来的情况分析与评价"，载《中国司法》2008年第12期。

〔4〕王瑞恒、任媛媛："论当今我国法院对司法鉴定机构的'二次管理'——以民事诉讼为视角"，载李学军主编：《证据学论坛》（第17卷）法律出版社2012年版。

呢？如果没有差别就没有必要“筛选”了，直接“拿来”汇编即可，或者说“名册”根本就不需要了，应当说是有差别的。既然有差别，那么这种差别又是什么呢？获得鉴定资质就意味着已通过管理部门的审查，具备了鉴定资格，获得了鉴定许可。这种“册内册”的制度，法院不仅在编册中行使一定的管理权、审查权，限制了部分司法鉴定机构平等参与鉴定的机会，而且对入册的鉴定机构还要进行法院“年检”，体现了一种监督权。总之，在司法鉴定管理权方面，法院还“留一手”，通过建立“册内册”的方式行使“二次管理权”，显示“欲休还语”的特征。

6. 第N极——“观望”的其他侦查机关。司法鉴定实行统一管理是《决定》确立的基本原则。[1]司法鉴定体制的改革，应当是以在统一行使司法鉴定管理权、统一司法鉴定管理的体制下，统一鉴定名册、统一鉴定实施规范、统一鉴定技术标准为最终目标。但事实恰恰相反，目前是职能部门“分别统一管理司法鉴定”的局面：公安机关、检察院、国家安全机关依据对《决定》第7条的规定和解释，对自身的鉴定机构和鉴定人各自统一管理，司法行政部门对社会鉴定机构的统一管理；人民法院通过建立“册内册”，行使“二次管理权”，这种局面是否与《决定》的精神一致呢？

国家法制的统一性，从根本上决定了法律的统一性，决定了法律人职业资质的统一性、法律适用标准和司法程序的统一性。鉴定机构和鉴定人的身份部门化、行政化的设置，偏离了司法鉴定机构最根本的要求——中立地位和司法鉴定人应有独立的身份，致使司法鉴定活动不可避免地受到干扰和影响；多头管理体制导致鉴定技术和技术管理上的部门化，自成体系，这种状况不符合科学技术领域的专业化、标准化、通用化和国际化的客观要求；各诉讼参与机关自己设立的鉴定机构，在诉讼活动中与当事人之间存在可能的利害关系，其出具的鉴定决定，与其侦查职能、公诉职能和审判职能的行使存在内在矛盾和冲突。消除“政出多门，多头管理”一直是司法鉴定改革的总方向。

目前出现的司法鉴定管理权行使主体多极力量“对峙”的局面比传统的司法鉴定管理权设置更趋复杂，但不同的是或者能在《决定》中找到依据，或者能进行“解释”。但根据这种逻辑，司法鉴定管理中能否出现第六极、乃

---

[1] 纪念：“重塑司法鉴定公信力的重要举措”，载《中国司法鉴定》2005年第4期。

至第N极呢？已有学者担忧监狱作为承担部分侦查职能的机关，也许会成为下一极。[1]海关呢？军队保卫部门呢？军人违反职责犯罪案件发生在军队内部的其他刑事案件依法由军队保卫部门立案侦查，是不是凡是具有侦查权的机关就要建立一套司法鉴定管理制度？其必要性、可行性和现实意义又如何考量呢？对于鉴定机构的设置似乎有"有权者必设、不设者无权"之嫌，司法鉴定管理权似乎变成一种部门权力争夺的象征和符号。

《决定》颁布后司法鉴定管理权的"争夺"，出现多极"对峙"的"分权"局面。目前形成公、检、法、司、国家安全部"五龙抢珠"的割据状态。除传统的公、检、法、司外，国家安全部已成为第五极力量，未来能否出现更多的力量还将拭目以待，相比传统的司法鉴定管理权归属，现有格局显得更加复杂和混乱。建立统一司法鉴定制度、消除"多头管理，各自为政"，实现统一行使司法鉴定管理权的目标，目前恐怕还有很长的一段路要走。

第四节　司法鉴定管理权部门间的调和与妥协

一、五部门的"言"与"行"

2005年7月27日，最高人民法院、最高人民检察院、公安部、国家安全部、司法部下发《关于做好〈决定〉有关工作的通知》，肯定了《决定》是推动司法鉴定体制改革，规范和加强司法鉴定管理工作的重要法律依据，各级人民法院、人民检察院、公安机关、国家安全机关、司法行政机关要统一认识，加强沟通，密切协作。具体要求如下：第一，统一部署、协调行动、顾全大局、密切协作是最根本的要求；第二，司法部关于鉴定机构和鉴定人的登记管理办法是鉴定机构和鉴定人"准入"的依据，司法部是司法鉴定机构和鉴定人的登记主体，由其负责名册的编制和公告；第三，目前统一登记管理的鉴定业务范围为法医类、物证类、声像资料，根据诉讼需要增加的，由司法部与最高法、最高检依据《决定》规定协商确定；第四，人民法院、司法行政机关已经设立的司法鉴定机构应当分别由最高人民法院、司法部研

---

〔1〕 郭华："再论我国司法场域的鉴定管理权问题——全国人大常委会《关于司法鉴定管理问题的决定》实施后的展开"，载《中国司法》2006年第11期。

究制定具体措施，于9月30日前完成调整工作。[1]但结果却不尽如人意，公、检、法、司和国家安全机构各自根据对《决定》的规定和解释，出台部门规章和规范性文件，各自行使司法鉴定管理权，一段时间内形成“在各自的系统内独立运行”、“分别统一管理”的格局，司法鉴定管理权的出现“多极”所有的“割据”状态。

之所以出现这种“多极”“割据”状态，究其原因，存在着立法不明确、条文的内部冲突的现象，比如《决定》第3条、第7条的规定。这种现象致使职能部门对《决定》存在不同认识和理解，在执行《决定》时存在不同意见，采取不同的作法，没有形成一个整体的行动，执行《决定》时各自为政，使管理体制的统一性在改革之初就遭遇到重大的挑战，其基本架构被颠覆。但这只是表面原因，背后深层次的原因则是部门利益的冲突。[2]部门利益冲突是利益化的权力在不同相关部门之间配置时的冲突和牵制，其实质是职权部门利益化，即以狭隘部门团体利益为导向来巩固与争取有利于自己的职责。[3]相关政府职权部门都以本部门狭隘的团体利益为导向必将造成部门间利益冲突现象的发生。各部门对有利可图的事情，纷纷利用自己的职权或话语霸权加以争夺是部门利益冲突最主要表现。比如在涉及到有利可图的职权，如收费权、行政审批权、国家赔偿权、处罚权等，都不择手段的运用规章、规范性文件等手段来进行抢夺，以达到抢先占有的目的。导致部门利益冲突的制度原因是界定政府部门管理相关公共事务的法律法规模糊和互相冲突，或对同一事项的管辖权界定模糊。特别是部门立法制度，它是促使行政部门间依法争权的一个重要因素。各部门权力扩张的过程中，发生部门间的职权冲突，而各个部门都打着“依法办事”的幌子，去争夺本部门的利益，由于职能部门的所依照的“法律法规”本身就是冲突或模糊的，所以各个部门进行公共管理活动的时候必然造成部门利益的白热化冲突。例如：2006年，文化部与国家版权局亦掀起了一场利益博弈，2006年7月18日，文化部以“防止不健康歌曲进入KTV”为由，宣布建设“全国卡拉OK内容管理服务系统”，并交

---

〔1〕 参见最高人民法院、最高人民检察院、公安部、国家安全部、司法部《关于做好〈全国人大常委会关于司法鉴定管理问题的决定〉有关工作的通知》（司发通〔2005〕62号）。

〔2〕 祁建建：“完善统一司法鉴定管理体制的两个维度”，载《中国司法鉴定》2009年第4期。

〔3〕 金正帅：“遏制部门利益膨胀以加快向公共行政转型”，载《现代农业科技》2007年第24期。

由自己下属的事业单位“文化市场发展中心”负责。但是，就在2006年7月20日，“中国音像集体管理协会”、“中国音乐著作权协会”将KTV经营者使用音乐电视作品收取使用费的收费标准草案呈报自己的上司国家版权局。国家版权局于2006年7月27日宣布，“今后，卡拉OK收费将由‘中国音像集体管理协会’收取，协会归国家版权局监管”，又于8月21日公布《卡拉OK经营行业版权使用标准》，将部门利益法规化。一场关于卡拉OK的版权收费之争就此在部门间展开。[1]而此种因职能重叠、权责不明的部门竞争也不是特例，国家知识产权局成立二十余年，商标管理仍放在国家工商管理总局，著作权仍由国家版权局管理，这种局面是部门利益之争未能达成妥协的结局。

就论述的重心而言，在现今的司法鉴定管理体制上，虽然取消了法院的司法鉴定权，消除“自审自鉴”和“自管自鉴”，强化了司法部门的管理权，司法鉴定改革迈出可喜的一步，但各职能部门分别管理各自的司法鉴定，形成了职能部门“分别统一管理司法鉴定”的局面，即公安机关对自己内设鉴定机构和鉴定人的统一管理、人民检察院对自己内设鉴定机构进和鉴定人的统一管理、国家安全机关对自己内设鉴定机构和鉴定人的统一管理、司法行政部门对社会鉴定机构和鉴定人的统一管理、人民法院对鉴定机构实行的“二次管理”。这种“割据”的局面，相比较传统的司法鉴定管理而言，不但行使管理权主体更多，也有可能越来越多，而且是“合法”的多头管理，因为每一“极”管理者都是依据《决定》的规定，通过相应的部门规章而为的。对此，亦有学者表现出担忧：司法鉴定管理权的争夺有可能使司法鉴定管理体制改革陷入“进一步，退两步”的尴尬境地。[2]此结果也是职能部门利益冲突、权力博弈的暂时结果，这显然与司法鉴定改革的目标相距甚远。

二、中央政法委的“调和”

调和是解决利益冲突的最佳途径，妥协是利益冲突的再次平衡，积极的妥协能以最小的代价获得平衡。面对司法鉴定管理的“多极”局面，中央政法委及时进行了调和。2008年1月17日中央政法委颁发《关于进一步完善司

---

〔1〕 吴玉岭：“部门利益之争为何频频发生”，载《决策》2006年第10期。

〔2〕 郭华：“司法场域的鉴定管理权争夺与厮杀——以人大常委会《关于司法鉴定管理问题的决定》为中心”，载《华东政法学院学报》2005年第5期。

法鉴定管理体制遴选国家级司法鉴定机构的意见》（政法［2008］2号）。这一文件规定："检察、公安和国家安全机关所属鉴定机构和鉴定人实行所属部门直接管理体制和司法行政部门备案登记相结合的管理模式。""检察、公安、国家安全机关管理本系统所属鉴定机构和鉴定人。""对经审查合格的鉴定机构和鉴定人，由最高人民检察院、公安部、国家安全部和省级检察、公安、国家安全机关分别向同级司法行政部门免费备案登记。"司法行政部门"应及时备案登记，编制和更新国家鉴定人和鉴定机构名册并公告（具体公告范围由司法部商最高人民检察院、公安部、国家安全部确定）。""检察、公安、国家安全机关内设鉴定机构经司法行政部门备案登记并公告后，依法接受司法机关委托开展非营业性的司法鉴定服务。"〔1〕这种调和是侦查机关在不放弃"实质"管理权的基础上，对"形式"管理权做出的一定让步，形成一种外观形式统一的管理状态。尽管现今侦查机关的鉴定机构和鉴定人需要向司法行政部门进行"备案登记"，但这种登记显然和社会鉴定机构和鉴定人的登记管理具有本质的区别，甚至可以说是相去甚远，是权宜之计，是暂时的妥协。

三、五部门的"妥协"

2008年11月20日，五部门发布了《关于做好司法鉴定机构和司法鉴定人备案登记工作的通知》（司发通［2008］165号），对检察机关、公安机关、国家安全机关所属司法鉴定机构和司法鉴定人备案登记工作做出通知：管理权设置模式沿用政法［2008］2号《意见》的指示，采用"双重管理"的模式：即侦查机关所属鉴定机构和鉴定人实行所属部门直接管理和司法行政机关"备案登记"相结合的管理模式。具体来说，由侦查机关行使"实质"管理权，对本系统所属鉴定机构和鉴定人的资格审查、年度审验、资格延续与变更注销、颁发鉴定资格证书、系统内部名册编制、技术考核和监督检查等职责，即可以对其鉴定机构和鉴定人说"是"和"不"；司法行政机关行使"形式"管理权，对经侦查机关审查合格的所属鉴定机构和鉴定人免费进行备案登记，编制和更新国家鉴定机构、鉴定人的名册并公告。司法部负责按系统分别汇编和公布《国家司法鉴定人和司法鉴定机构名册》（检察机关卷、公

〔1〕参见中央政法委《关于进一步完善司法鉴定管理体制遴选国家级司法鉴定机构的意见》（政法［2008］2号）。

安机关卷）。检察机关、公安机关所属鉴定机构经司法行政机关备案登记、编制名册和公告后，可以加挂“某某司法鉴定中心”的牌子，依法开展司法鉴定有关业务。[1] 之所以用“实质”管理权和“形式”管理权进行界分，根本原因在于司法机关的“形式”管理权并非行使司法鉴定管理中的“准入管理”权，无法对侦查机关的鉴定机构和鉴定人实施“审查”和“核准”的行政许可权；也不能对侦查机关审查合格的鉴定机构和鉴定人说“不”，不具有“拒绝权”，更不能对其实施“监督管理权”，对其相应的违反鉴定职业道德和执业纪律的行为不具有相应的“处罚权”，完全是“实质”管理权的附庸，这实际上就形成了“实质”管理权和“形式”管理权的“两层皮”的状态。

有学者对这种“备案登记”制的正当性和合法性提出质疑，认为“备案登记”是一种特殊的“变体”，其特殊性超越了法律的规定形式，可能会对统一司法鉴定管理体制带来的负面影响。[2] 作者认为虽然三侦查机关并未放弃自行管理的体制，对于司法鉴定机构和鉴定人而言最重要的执业资格审查管理权依然属于侦查机关，但在外观形式上终于也采取了向司法行政部门备案登记的管理制度。这意味着司法行政部门仅就登记名册管理权而言，成为唯一的管理主体。这是在《司法鉴定管理法》未出台、现行司法鉴定管理体制较为混乱的条件下，对部门权力冲突进行的调和，也是部门间的权力妥协的结果。部分的妥协也未尝不是局部的进步，要彻底的理顺关系，还期待更完整的立法规定，尤其是期待《司法鉴定法》的出台规制。在该法未出台的情况下，由“政法五部门”联合出台相关的法规也是必要的选择，比如：2013年8月30日五部门联合发布《人体损伤程度鉴定标准》（2014年1月1日生效），废止了《人体重伤鉴定标准》（司法［990］070号）、《人体轻伤鉴定标准（试行）》（法（司）发［1990］6号）和《人体轻微伤的鉴定》（GA/T146－1996）。目的在于加强人身损伤程度鉴定标准化、规范化工作。还有两点可以支持这个结论：第一，公安部的“一个《通知》（公通字［2005］19号），两个《办法》（公安部令第83号、84号）和一个《规则》（公安部令

---

〔1〕 参见最高人民法院、最高人民检察院、公安部、国家安全部、司法部《关于做好司法鉴定机构和司法鉴定人备案登记工作的通知》（司发通［2008］165号）

〔2〕 郭华：“侦查机关所属鉴定机构和鉴定人备案登记问题的探讨”，载《中国司法鉴定》2009年第1期。

第86号)”无论是标题还是内容始终没有提及“司法”二字，仅仅以“鉴定”作为称谓，并对“鉴定”定义为“为解决案（事）件调查和诉讼活动中某些专门性问题，公安机关鉴定机构的鉴定人运用自然科学和社会科学的理论成果与技术方法，对人身、尸体、生物检材、痕迹、文件、电子数据、物品等进行检验、鉴别、判断，并出具鉴定意见的科学实证活动。”这个定义与《决定》对“司法鉴定”的界定有较为明显的区别，似乎在竭力撇清与“司法鉴定”的界限，检察机关的相应规章亦是如此。而司法五部门司发通［2008］165号《通知》首次采用了“司法鉴定”的提法，侦查机关的鉴定机构也加挂了“司法鉴定中心”的称谓。在实践中已有多省市的司法行政机关对公安机关和检察机关的鉴定机构和鉴定人进行了“备案登记”并在网上公告，如2012年12月13日湖南省司法厅对备案登记的全省检察机关内设15个鉴定机构名册予以公告〔1〕、2012年4月28日山东省司法厅对备案登记的全省检察机关内设18个鉴定机构名册予以公告〔2〕、2011年12月20日贵州省司法厅对备案登记的全省检察机关内设8个鉴定机构名册和公安机关内设的90个鉴定机构以及全部的鉴定人予以公告〔3〕等等。第二，2010年10月14日，首次评出了10家“国家级司法鉴定机构”含：公安类4家：公安部物证鉴定中心，北京市公安司法鉴定中心，上海市公安司法鉴定中心，广东省公安司法鉴定中心；检察类1家：最高人民检察院司法鉴定中心；国家安全类1家：北京市国家安全局司法鉴定中心；社会类4家：司法鉴定科学技术研究所司法鉴定中心，法大法庭科学技术鉴定研究所，中山大学法医鉴定中心，西南政法大学司法鉴定中心。〔4〕有作者认为，“遴选国家级司法鉴定机构在制度上会加速司法鉴定机构行政等级化、国家级司法鉴定机构在证据制度上会导致鉴定结论存在预定的效力等级等弊端”〔5〕。但我们认为，遴选国家级鉴定机构，当前对司法鉴定实务能起到一种疏导作用，是部门利益冲突后暂

---

〔1〕 载 http://hns. fzwgov. cn/Html/Article/151_ 55550. html。

〔2〕 “山东省检察机关内设司法鉴定机构名册”，载 http://www. sdsft. gov. cn/channels/ch00019/201204/4FE8FC8C5B264476981B213C4CD231FD. html。

〔3〕 载 http://www. gzsft. gov. cn/gzsft/78531518502273024/20111220/5495. html。

〔4〕 周斌、卢杰：“10家国家级司法鉴定机构公布 国家级司法鉴定机构遴选委员会办公室负责人就遴选工作答记者问”，载《法制日报》2010年10月22日第1版。

〔5〕 郭华：“对我国国家级鉴定机构功能及意义的追问与反省——评我国国家级司法鉴定机构的遴选”，载《法学》2011年第4期。

时平衡的结局。各部门为此做出了必要的妥协，在各个职能部门均不放弃司法鉴定管理权且缺乏更高层次的法律规范制约的条件下，部分的妥协也未尝不是局部的进步，要彻底的理顺关系，还期待更完整的立法规定，尤其是期待《司法鉴定法》的出台与规制。行文至此，作者意识到，司法鉴定管理权的部门间博弈与反垄断权的争夺极其相似，通过二者的对比研究，或许能得到一些相应的启示。

第五节 反垄断权设置的智慧与启示

反垄断权主要包括立法主导权、反垄断执法权两项基本权力。反垄断执法权主要包含调查权、审查权、监督权、检查权、处罚权等。

一、反垄断权在部门间的争夺

反垄断权的设置是《反垄断法》立法过程中所必须面临的首要难题。说到底就是反垄断的主管单位究竟属何部门？从历史沿革上看，此项权力的角逐由国家经贸委与国家工商总局之间的“两虎相争”逐渐演变为商务部、工商总局和发改委三部门的“三龙抢珠”。在2003年的机构改革中，国家经贸委的部分职权与外经贸部结合组建成商务部，国家计委改组为国家发展和改革委员会，同时合并了国家经贸委的部分职权。这使得立法主导权争夺愈加复杂化，竞争者演变成商务部、工商总局与发改委。各部门都企图取得《反垄断法》的“立法主导权”，不仅如此，反垄断执法权更是成为三个部门角逐的最重要的目标。从传统的部门职责而言，商务部是“规范市场运行秩序”的执法者，其职权包括打破市场垄断、地区封锁，反对不正当竞争，开展反倾销、反补贴等公平贸易工作等，由其主导制订《反垄断法》似乎“顺理成章”；而国家工商总局不仅在《反不正当竞争法》中扮演最主要角色，而且在机构设置上，早已在公平贸易局下设了“反垄断处”，每年都要进行执法检查；然而，任何垄断问题几乎都离不开“价格”这个核心点，而此方面又是国家发改委的“管辖范围”。[1]由此形成三部门“三龙抢珠”的竞争局面似

---

〔1〕 王信贤：“论中国政策过程中的部门关系——以《反垄断法》为例”，载杨光斌、寇健文主编：《中国政治变革中的观念与利益》，中国人民大学出版社2012年版。

乎也不意外，竞争的主要焦点就是争夺反垄断权，发布部门法律文件依然是权力博弈的最直接、最有效、最经济的手段。

2004年3月，商务部率先完成了《反垄断法（送审稿）》的起草工作，并提交国务院法制办公室，草案中将反垄断的执行权划归自身所有。同年9月商务部成立“反垄断调查办公室”，直接将职能定义为“承担有关反垄断的国际交流、反垄断立法及调查等相关工作”。而国家工商总局早已在公平贸易局下设“反垄断处”，并多有执法活动。2004年5月，国家工商总局也迅速出台《在华跨国公司限制竞争行为表现及对策》，以宣示其对跨国企业在中国出现垄断行为的管理权。极为明显的是，商务部与工商局不论是在对市场秩序的维护或是对跨国企业的规范都宣称具有“管辖权”。而国家发改委也依据自订的《制止价格垄断行为暂行规定》明确赋予自己对价格垄断行为的认定、处罚、解释等权力，在2004年底发布的权威报告《当前经济形势及2005年的政策取向》中，也呼吁全国人大“尽快制定和出台《反垄断法》”。[1]而“三龙抢珠”的根本目标是为了获取反垄断执行权，是部门利益冲突权力博弈的集中体现。因为反垄断权涉及庞大的市场权力与利益，不仅能约束国内大型企业集团以及跨国公司的垄断行为，而且对政府滥用行政权力限制竞争的行为也有权力进行节制，因此谁掌控到了垄断权，谁就有可能把部门利益最大化、法规化。

二、反垄断权的设置模式

三部门的权力竞争是明显的，但竞争的最终结果不一定是“你死我活”，通过调和各自取得权力“蛋糕”的一角，并形成妥协、达成新的平衡也未尝不是一种理性选择。面对三部门反垄断权的争夺与博弈，首先设立了直属国务院的由国务院副总理牵头的“反垄断委员会”，层级位于三部门之上，虽然“反垄断委员会”不拥有反垄断权的“实权”，并非权力中心，但层级在相关部门之上，起到协调和制衡的作用。其次将三部门定义为“反垄断执法机构”，各自成立相应的机构：国家工商总局设立反垄断与不正当竞争执法局[2]、商

〔1〕孙熹：“行政性垄断的法定意义及构成：《反垄断法》立法思考”，载《法制与社会》2007年第4期。

〔2〕参见《国家工商行政管理总局主要职责内设机构和人员编制规定》，载 http://www.gov.cn/gzdt/2008－07/26/content_1056531。

务部设立反垄断局和市场秩序司〔1〕、发改委设立价格监督检查司〔2〕。由反垄断执法机构各自行使反垄断相关的部分权力：商务部负责监管企业并购行为，国家工商总局负责监管市场垄断行为，国家发改委负责物价和滥用支配地位方面的执法。这种设置无疑是一种部门利益冲突的平衡机制，是在部门权力争夺白热化的条件下体现出的一种制衡的智慧。在“反垄断委员会”的协调下，各部门达成一种新的妥协。

三、反垄断权设置的启示

（一）成功方面的借鉴

反垄断权设置最成功的一面就是设置了“反垄断委员会”。这个机构虽然没有正式编制，只是一个议事机构，但其层级却在各部门之上，属于国务院直属机构，能起到沟通、协调的作用。正因为这个机构的存在，利益冲突的各方就有一个充分表达诉求的平台，能形成一个在“反垄断委员会”主持下的“圆桌会议”，能充分表达各自的主张，各方利益能在这个平台上进行充分的博弈和交换，加之这个机构的直接负责人又是国务院副总理，主要成员又是各部门的主要负责人，经过几轮意见交换就可能达成利益平衡。“反垄断委员会”作为一个权力更高的调和机构，能够在听取各方利益诉求的基础上进行充分的协调和沟通，平衡各方利益，形成一致行动。事实证明，这种将冲突“前置”，即将各方的利益矛盾在上一级机构进行协商、以求平衡的方式，有利于法律的顺利实施，使得酝酿二十年的《反垄断法》得以顺利通过并实施。反垄断权的这种设置模式，不能不说体现了一种制衡的智慧。但正所谓成也萧何败也萧何，“反垄断委员会”的设置既有值得借鉴的成功之处，也有引以反思的不足之处。

（二）不足方面的启示

就权责而言，“反垄断委员会”只是个“组织、协调、指导”的议事协调机构，负责协调国务院不同部门间的反垄断合作，并非“反垄断”的权力

---

〔1〕参见“商务部新‘三定’方案获批 成立反垄断局”，载 http://big5.xinhua-net.com/gate/big5/news.xinhuanet.com/fortune/2008-08/25/content_9702666.htm。

〔2〕参见“国家发改委新‘三定’方案获批”，载 http://news.xinhuanet.com/politics/2008-08/22/content_9599963.htm。

中心,“反垄断委员会”的主要成员均是各反垄断执法机构的负责人,由主管这方面工作的副总理牵头,“反垄断委员会”仅是协调机构,而委员会办公室将设在商务部。而真正的权力则是集中在所谓的“国务院反垄断执法机构”。其职责包括:对垄断行为的认定权、申报管理权、调查权、处罚权等。换言之,相较于反垄断委员会的协调功能,反垄断执法机构所具有的都是“实权”,且明显都是可寻租(rents)的权力。“反垄断”真正的权力为国家工商总局、商务部、发改委三部门共享,具体而言,形成了国务院直属“反垄断委员会”协调下的国家工商总局的反垄断与不正当竞争执法局、商务部的反垄断局和市场秩序司以及国家发改委的价格监督检查司“三驾马车、四匹马”的格局。〔1〕也有学者认为中国反垄断的执法体制可以概括为“3+X”模式,其中的“3”表示商务部、国家发改委、国家工商总局,“X”则表示与“反垄断”相关的职权部门,包括电力监管委员会、信息产业部、铁道部、民航局、证监会、银监会、保监会等与各产业相关的部门。〔2〕“有权负责竞争执法的机关不下十几家,世界上没有一个国家像中国这样,由如此多的行政执法部门来负责竞争执法。”〔3〕

以上分析可见,攸关反垄断成效最关键的执法权可以说是被肢解了,按现有工作职能划分给了不同政府部门,其执法效果一定会被大大削弱,因为垄断现象往往是各种情形交叉混合的,一旦执法权分解,就很容易出现重复执法或执法空白的问题,甚至引发新一轮的部门利益冲突。如果将反垄断比作“车”,执法机构比作“马”,实际上就是“多驾马车”,那么承担协调作用的反垄断委员会就是“驭手”,只有技艺高超、握“鞭”在手的“驭手”才能协调好所有“马匹”的方向和节奏,而这里的“鞭”就是反垄断立法主导权。因此,缺乏实质权力的反垄断委员会就像无“鞭”在手的“驭手”,虽获得名义上具有较高的层级地位,但实则“威慑”有限。因此,只有赋予“反垄断委员会”统一的立法主导权、宏观行使反垄断权才能真正起到应有的作用,也是关于反垄断权设置不足方面的重要启示。

---

〔1〕 王信贤:“论中国政策过程中的部门关系——以《反垄断法》为例”,载杨光斌、寇健文主编:《中国政治变革中的观念与利益》,中国人民大学出版社2012年版。

〔2〕 吴玉岭:“部门利益之争为何频频发生”,载《决策》2006年第10期。

〔3〕 转引自王晓晔:“我国反垄断法草案中的几个问题”,载《中国工商管理研究》2007年第6期。

综上所述，反垄断权与司法鉴定管理权的部门间博弈颇有相似之处：首先，都涉及到多个部门间的权力博弈。反垄断权的争夺主体主要涉及商务部、国家工商总局、发改委，不排除电力监管委员会、信息产业部、铁道部、民航局、证监会、银监会、保监会等与各产业相关的部门；司法鉴定管理权的争夺主体主要涉及司法部、公安部、最高人民检察院、最高人民法院、国家安全部，不排除监狱、军队保卫部门等。其次，都是相关法律出台所必须首先明确的问题。反垄断权的归属是《反垄断法》必须予以明确的首要问题；而不理顺司法鉴定管理权《司法鉴定法》的出台将是遥遥无期的。再次，相应法律的出台经历了或正经历着漫长的曲折过程。《反垄断法》是反对垄断和保护竞争的法律，它是规范市场行为、维护竞争秩序的基本法，在实行市场经济的国家中享有崇高地位，甚至被誉为“经济宪法”或“自由企业的大宪章”。我国《反垄断法》的出台是极其艰辛的，前后历经 20 年才得以颁布，部门权力博弈是其出台艰难的主要原因之一；而《司法鉴定法》从 1993 年最早的学术研究提出，到 2001 年有代表提案，再到 2005 年作为权宜之计的《决定》的出台，直到 2007 年列入立法规划，[1][2][3]期间虽然经历多次反复，但何日出台至今依然遥遥无期。最后，各个涉权部门都出台了相应的规章等法律性文件，甚至都进行了自我设权。前文已经详述了各个部门在权力博弈过程中的法规化手段，有的出台了法律草案，有的出台了部门规章，有的出台了相应的法律性文件，目的就是要使各自的权力博弈“合法化”。

第六节 司法鉴定管理权的制衡与重构

一、出台《司法鉴定法》以制衡

作者以为，《反垄断法》出台既是制衡部门权力博弈的手段，也是权力博弈的妥协结果。《反垄断法》的出台之所以反复了 20 年，关键就在于立法起

---

〔1〕 王小华：“试论我国司法鉴定的立法”，载《现代法学》1993 年第 1 期。

〔2〕 “诉讼证据和司法鉴定亟须立法规范——二百余名代表提出制定《证据法》和《司法鉴定法》议案”，载《检察日报》2001 年 3 月 1 日第 1 版。

〔3〕 戴颖敏：“司法鉴定法有望 5 年内出台”，载 http://news.sina.com.cn/c/2007-12-07/152314472317.shtml。

草依然没有摆脱“部门立法”的范畴，而导致各部门持续竞争且相持不下。一旦立法层级超越一般部委，在各部门的“势力”重叠处便会发生无止境的利益冲突与竞争。不论就《反垄断法》立法过程、反垄断执行权的设置来看，部门利益与权力竞争于其中均扮演关键的角色，[1]冲突只是利益暂时的失衡，妥协才能达到法律的平衡。不论就立法版本抑或组织制度安排来看，最终此法的出台依然是权力博弈后妥协的结果。法律是制衡利益冲突和权力博弈的最佳手段，任何一项法律的出台都是重大利益团体博弈和妥协的结果。如果没有博弈就会产生专断，如果没有妥协只能是各方受损。诚如美国国务院国际信息局《美国参考》杂志的一篇文章所说：“美国宪法是激烈辩论与重大妥协的产物。”[2]可以预言，在《司法鉴定法》的出台过程中，必然存在更为复杂的部门权力博弈，如果不能形成妥协，《司法鉴定法》的出台可能也要20年或更长。

就我国司法鉴定管理权而言，目前面临的博弈和竞争依然是激烈的，《决定》对此显得无能为力，并未实现《决定》出台的初衷。颁布统一的《司法鉴定法》对司法鉴定相关问题予以规制是必然选择，理由如下：

在司法实践层面，司法鉴定作为案件获得证据的主要一环，近年来多起特别引人注目的案件均引起强烈的社会反响，比如前文提到的邱兴华特大杀人案、杨佳袭警案、薄谷开来故意杀人案等等。司法鉴定成为影响案件审理的实体公正与程序正义争议的中心点。从2008年至2012年的五年，司法鉴定工作取得重大进展，共办理司法鉴定案件600多万件。[3]司法鉴定已成长为一个庞大的领域，在司法实践中发挥着极其重要的作用。

在理论研究层面，经过五十多年的发展，司法鉴定的理论研究经历了“冷冻时期”、“创立时期”、“争论时期”及“成熟时期”，司法鉴定在我国从概念翻译演变为法律定义，其理论研究也渐自从微观的“部门工作”探讨延伸到宏观的国家法制建设的设计，其学科与学术地位也走出其他学科的附庸，

---

〔1〕 王信贤：“论中国政策过程中的部门关系——以《反垄断法》为例”，载杨光斌、寇健文主编：《中国政治变革中的观念与利益》，中国人民大学出版社2012年版。

〔2〕 “美国宪法——激烈博弈与重大妥协的产物”，载 http://www.mzyfz.com/cms/minzhuyufazhishibao/zhongdian/-huanqiu/html/1253/2011-08-01/content-119529.html。

〔3〕 崔清新：“我国将全面推进司法鉴定机构认证认可和能力验证工作”，载 http://www.legaldaily.com.cn/locality/content/2013-01/10/content_4120660.htm。

成长为具有独立硕士、博士研究方向的重大理论研究领域。[1]司法鉴定成就了一批司法鉴定的专业人员，形成了一支以专家、学者为主体的理论队伍，尽管司法鉴定理论的研究未能完全脱离诉讼法的附属，但也取得了丰硕的成果，《司法鉴定学》也正式成为法学一级学科下属的三级学科。最早在1993年就有学者提出进行单独的司法鉴定立法，[2]经十多年的理论研究，尽快出台《司法鉴定法》已经成为众多法学专家理论研究的共识。[3][4][5][6]

在立法建议层面，自2000年九届全国人大三次会议以来，每次代表大会期间都有要求制定司法鉴定法的议案。2000年九届全国人大三次会议就有160多位全国人大代表签名要求制定司法鉴定法。2001年在九届全国人大四次会议代表议案中关于“制定证据法”和“司法鉴定法”的议案分别居全国人大法律委员会和全国人大内务司法委员会负责处理的议案之首。2002年九届全国人大五次会议上又有7个代表团的234名代表提出了该议案。[7][8][9]从2001年5月开始，全国人大内务司法委员会就司法鉴定的法律定位、管理体制等方面存在的一些亟待解决的问题进行了广泛调查研究。全国人大内司委委托中国社会科学院法学所王敏远研究员主持《中华人民共和国司法鉴定法立法》的课题，并提出了司法鉴定法的专家建议稿。[10]2007年，司法部司法鉴定管理局已经将制定《司法鉴定法》的提案向国务院法制办提交，并已经被列入全国人大立法的5年规划。[11]

---

〔1〕郭华：“司法鉴定理论研究的五十年历程回顾与评价”，载《中国司法》2008年第8期。

〔2〕王小华：“试论我国司法鉴定的立法”，载《现代法学》1993年第1期。

〔3〕杜志淳：《司法鉴定法立法研究》，法律出版社2011年版。

〔4〕郭华：“论司法鉴定法的体系结构与框架安排”，载《法学》2009年第8期。

〔5〕徐静村、颜飞：“司法鉴定统一立法要论”，载《中国司法鉴定》2009年第6期。

〔6〕程军伟：“司法鉴定的立法思考”，载《中国司法鉴定》2010年第4期。

〔7〕“诉讼证据和司法鉴定亟须立法规范——二百余名代表提出制定《证据法》和《司法鉴定法》议案”，载《检察日报》2001年3月1日第1版。

〔8〕沈荣：“曹义孙委员建议制定司法鉴定法”，载《人民法院报》2010年3月15日第5版。

〔9〕刘兴元：“司法鉴定不能让当事人感到困惑肖建章委员建议尽快出台司法鉴定的立法”，《全国政协十届二次会议专题》，2004年3月4日。

〔10〕王敏远：《刑事证据法中的权利保护》，中国人民大学出版社2006年版。该专著第五部分为《中华人民共和国司法鉴定法立法建议稿》与论证。

〔11〕戴颖敏：“司法鉴定法有望5年内出台”，载 http://news.sina.com.cn/c/2007-12-07/152314472317.shtml。

立法实务层面上，2005 年 2 月 28 日，十届全国人大常委会第十四次会议通过了《关于司法鉴定管理问题的决定》，并于同年 10 月 1 日起施行。这是目前我国司法鉴定领域最高层面的、唯一的专门法律性文件。与此形成鲜明对比的是部门规章却层出不穷，《决定》实施以来，公安部、最高检、最高法、司法部、国家安全局、国家发展与改革委员会等颁布的司法鉴定相关部门规章接近 20 部，其中却不乏交叉重叠和矛盾冲突（具体内容后文讨论）。制定该《决定》的主要目的在于消除我国司法鉴定领域长期以来存在的混乱与无序状态，通过对鉴定机构、鉴定人设定严格的准入制度等措施，力图建立起统一、规范的司法鉴定管理体制。《决定》实施至今已将近 7 年，虽然取得了一定的效果，但引发的冲突和争夺却从未停止，甚至愈演愈烈。〔1〕原因在于《决定》与现行的诉讼体制、证据规则之间存在诸多衔接不密，而且对诸如鉴定管理权的行使、司法鉴定权的配置、鉴定实施程序、各类鉴定标准的规范和统一等问题并未作出明确的规定，以致实践中依然“各行其是”，未能实现《决定》的目的。〔2〕尽管全国司法鉴定形势已经发生了巨大变化，向着规范化的方向迈进了一大步，但在原来存在的问题和矛盾逐步得以化解之时，新的矛盾不断出现，启动司法鉴定的统一立法以延续司法鉴定的正向发展态势正当其时。“在《决定》的基础上起草制定《司法鉴定法》正符合当前社会需求和立法现实。”〔3〕与全国司法鉴定立法不同，司法鉴定立法在地方立法层面上却呈现出较快的发展态势。从 1998 年 12 月 12 日黑龙江省人大常委员通过《黑龙江省司法鉴定管理条例》（该条例已经废止）至今，我国目前已经有重庆、吉林、深圳、江西、四川、湖北、河南、河北、山西、宁夏、贵州、浙江、陕西等省（市）、市制定实施了司法鉴定（管理）条例。〔4〕对于建立新的司法鉴定制度，遏制司法鉴定中的混乱现象，规范当地司法鉴定工作，起到了重要作用。司法鉴定地方立法蓬勃发展，取得了良好的效果，积累了宝贵的立法经验。目前的局势符合“从局部到整体、从低级到高级”

〔1〕 比如关于司法鉴定管理权在不同部门间的争夺和博弈就是主要表现之一，这也正是作者讨论的核心议题。

〔2〕 徐静村、颜飞：“司法鉴定统一立法要论”，载《中国司法鉴定》2009 年第 6 期。

〔3〕 邱丙辉等：“我国司法鉴定立法现状及展望”，载《中国司法鉴定》2011 年第 6 期。

〔4〕 邱丙辉等：“我国司法鉴定立法现状及展望”，载《中国司法鉴定》2011 年第 6 期。

这种大国立法中经常采用的步骤的要求。

在司法鉴定执业层面上，截至2011年底，全国经司法行政机关审核登记的司法鉴定机构有5014家，司法鉴定从业人员5万余人。〔1〕经国务院批准，2006年10月，司法部成立了司法鉴定管理局。各省（区、市）设立了专门的司法鉴定管理机构，依法履行司法鉴定的管理职能；22个省（区、市）成立了司法鉴定协会，逐步建立司法行政机关与司法鉴定行业协会相结合的管理机制。〔2〕面对如此庞大的执业机构和执业人员，如果未能合理、有效的予以管理和规制，那么司法鉴定的质量、信誉、公信力是难以保证的。

在司法鉴定标准层面上，有的鉴定领域标准多而杂，但有的新型鉴定领域尚无统一的鉴定标准。以人身损伤的相关司法鉴定为例，鉴定标准主要有：司法部、最高人民法院、最高人民检察院和公安部制定的《人体重伤鉴定标准》（司发［1990］070号），最高人民法院、最高人民检察院、公安部和司法部制定的《人体轻伤鉴定标准（试行）》（法（司）［1990］6号），公安部制定的公共安全行业标准《人体轻微伤的鉴定标准》（GA/Tl46－1996），劳动和社会保障部制定《职工工伤与职业病致残程度鉴定》（GB/T 16180－2006），公安部制定《道路交通事故受伤人员伤残程度评定》（GB/T 18667－2002），原劳动部制定《事故伤害损失工作日标准》（GB/T15499－1995），中国残疾人联合会制定的《中国实用残疾人评定标准（试用）》（［1995］残联组联字第61号），司法部 于2004年4月14日制定《人体损伤程度鉴定标准》，2005年1月1日最高人民法院制定《人体损伤残疾程度鉴定标准》（试行），国家技术监督局制定《事故伤害损失工作日标准》（GB/T 15499－1995）和公安部制定《人身损害受伤人员误工损失日评定准则》（GA/T 521－2004）等等。这些鉴定标准在司法实践中的适用和解释较难，适用不同的标准鉴定结果差距很大，而且也比较粗疏，有些损伤未能列入，导致实践中有些损伤无标准可以适用，某些条款设置粗糙、笼统，跨度较大，在实践中难以把握。因此，鉴定标准的统一归口和细化发布就显得非常重要。况且，随着科学技术的进

〔1〕“中国正着手修订《人体损伤程度鉴定标准》”，载 http://www.chinanews.com/fz/2012/07－10/4022929.shtml。

〔2〕“我国司法鉴定机构逾4900家”，载 http://www.moj.gov.cn/zgsfjd/content/2011－04/19/content_2604115.htm?node=6856。

步，新型案件层出不穷，各类专门问题的司法鉴定必将越来越多，比如电子证据的司法鉴定、环境污染的鉴定、知识产权的司法鉴定、农业生物司法鉴定等等，因此，统一归口、制定新的鉴定标准是配套司法鉴定制度改革的必然取向。

总之，无论从司法实践、理论研究、鉴定执业层面还是从立法建议、立法实务等层面，司法鉴定统一立法是必然趋势。“从根本上讲，受我国司法鉴定领域落后的立法局面与现实立法需求之间的矛盾及对司法鉴定所存在的诸多现实问题的破解的需要两大因素的影响，司法鉴定统一立法已成为大势所趋。”〔1〕

二、司法鉴定管理权重构模式选择

作者认为，应成立全国人大常委会直属、层级位于相关部委之上的“司法鉴定委员会”，统一行使司法鉴定管理权。这种设置不仅能制衡部门间的博弈，而且有利于在《司法鉴定法》出台过程中减少部门间的牵制，协调部门间的关系，以求尽快出台这部在司法实践中至关重要的法律，并配套相关的法律制度，以科学规制快速发展的司法鉴定实务。

司法鉴定委员会的行权方式有两种，第一种是协调制下的“分权”模式。也就是维持现有的司法鉴定管理权格局不变，仍然由司法行政部门行使统一的“形式”管理权，侦查部门行使“实质”的管理权，而司法鉴定管理委员会的性质属于“议事机构”，非权力中心，仅仅是一个强有力的调停者，主要是为消除各相关部门的博弈，起到一个协调和制衡的作用。试想一下，如果没有前文所述的中央政法委的调和，司法鉴定管理权目前依然是“各不相让”的激烈的“割据”状态，尽管侦查机关的“备案登记”形成属于“形式”上登记管理，也不可能实现目前统一管理的局面。

司法鉴定管理委员会虽然并非权力中心，但其依然有非常重要的意义。在实践中，由于相关部门的层级是平等的，各部门发生分歧时往往是“各行其是，互不相让”，最后只能是使问题久拖不决。比如，在是否实行除《决定》规定的“法医类、物证类、声像资料”三类鉴定事项的登记管理的问题

〔1〕邱丙辉等：“我国司法鉴定立法现状及展望”，载《中国司法鉴定》2011年第6期。

上，各部门就出现了不同的意见，致使该问题至今“悬而未决”。根据《决定》规定，对于“三类”以外的其他鉴定事项、鉴定人和鉴定机构根据诉讼需要实行登记管理的，由国务院司法行政部门商最高人民法院、最高人民检察院确定。然而实践中各部门的步调并不能协调一致：一方面公安机关根据自己的需要在其登记管理办法中增加了“三类”以外的鉴定登记事项，如警犬识别、心理测试、司法会计、电子证据等鉴定事项。另一方面，最高人民法院、最高人民检察院对司法部商请确定其他鉴定事项时却持保留态度。司法部、最高人民法院和最高人民检察院《关于商请确定司法鉴定登记管理事项的函》（司发函［2005］254 号）中，提出扩大《决定》鉴定登记管理事项；最高人民法院《关于确定司法鉴定登记管理事项问题的函》（法函［2005］87 号）“建议暂缓扩大司法鉴定登记管理的范围”；最高人民检察院《关于对〈司法部关于确定司法鉴定登记管理事项的函〉的复函》（高检法办字［2005］18 号）认为：“司法鉴定登记管理的范围不宜随意扩大。”至此，该问题至今悬而未决。如果有“司法鉴定委员会”这样的议事机构存在，各相关部门可以在议事机构组织下成立一个“圆桌会议”，并在这个平台上充分进行“事前”博弈，最终必然能达成一种妥协，因为“司法鉴定委员会”的层级在各部门之上，不仅能起到沟通协调作用，更能起到“以权力制约权力”的作用，从而尽快促成妥协。

这种协调制下的“分权”模式在我国是有先例可循的。在《反垄断法》的出台过程中，反垄断权的角逐是由国家经贸委与国家工商总局之间的“两虎相争”逐渐演变为商务部、工商总局和发改委三部门的“三龙抢珠”。竞争的根本目标是为了获取反垄断执行权，因为反垄断权涉及庞大的市场权力与利益，不仅能约束国内大型企业集团以及跨国公司的垄断行为，而且对政府滥用行政权力限制竞争的行为也有权进行节制，因此谁掌控到了反垄断权，谁就有可能把部门利益最大化、法规化。而发布部门法律文件依然是权力博弈的最直接、最有效、最经济的手段。2004 年 3 月，商务部率先完成了《反垄断法（送审稿）》的起草工作，并提交国务院法制办公室，草案中将反垄断的执行权划归自身所有。同年 9 月商务部成立“反垄断调查办公室”，直接将职能定义为“承担有关反垄断的国际交流、反垄断立法及调查等相关工作”。国家工商总局早已在公平贸易局下设“反垄断处”，并多有执法活动。2004 年 5 月，国家工商总局也迅速出台《在华跨国公司限制竞争行为表现及对策》，以宣示其对跨国企业在中国出现垄断行为的管理权。而国家发改委也依据自订的《制止价格垄断行为暂行规定》明确赋予自己对价格垄断行为的认定、处罚、解释等权力，在2004年底发布的权威报告《当前经济形势及2005年的政策取向》中，也呼吁全国人大"尽快制定和出台《反垄断法》"。[1]

三部门的权力博弈是明显的，但博弈的最终结果并非"你死我活"，通过调和各自取得权力"蛋糕"的一角，达成新的妥协也是一种理性选择。最终结果是设立了直属国务院的由国务院副总理牵头的"反垄断委员会"，层级位于三部门之上。虽然"反垄断委员会"不拥有反垄断权的"实权"，并非权力中心，但层级在相关部门之上，起到协调和制衡的作用；同时将三部门定义为"反垄断执法机构"，各自成立相应的机构：国家工商总局设立反垄断与不正当竞争执法局[2]、商务部设立反垄断局和市场秩序司[3]、发改委设立价格监督检查司[4]。由反垄断执法机构各自行使反垄断相关的部分权力：商务部负责监管企业并购行为，国家工商总局负责监管市场垄断行为，国家发改委负责物价和滥用支配地位方面的执法。

有了"反垄断委员会"这个议事机构，作为调和者，能够在听取各方利益诉求的基础上进行充分的协调和沟通，利益冲突的各方能充分表达各自的主张，各方利益主体能在议事机构这个平台上进行充分的博弈，加之这个机构的直接负责人又是国务院副总理，主要成员又是各部门的主要负责人，经过几轮意见交换就可能达成妥协。事实证明，这种将冲突"前置"寻求妥协的方式，也有利于法律的顺利实施，使得酝酿20年的《反垄断法》得以顺利通过并实施。反垄断权的这种设置模式，无疑是一种部门利益冲突的平衡机制，是在部门权力争夺白热化的条件下体现出的一种制衡的智慧，是各部门达成的一种权力妥协。可以预言，如果不能很好的解决司法鉴定管理权这个基本的问题、不能有效的制衡各个部门的权力博弈的话，《司法鉴定法》的出

---

[1] 孙熹："行政性垄断的法定意义及构成：《反垄断法》立法思考"，载《法制与社会》2007年第4期。

[2] 参见《国家工商行政管理总局主要职责内设机构和人员编制规定》，载 http://www. gov. cn/gzdt/2008 -07/26/content_ 1056531。

[3] 参见"商务部新'三定'方案获批 成立反垄断局"，载 http://big5. xinhua - net. com/gate/big5/news. xinhuanet. com/fortune/2008 -08/25/content_ 9702666. htm。

[4] 参见"国家发改委新'三定'方案获批"，载 http://news. xinhuanet. com/politics/2008 -08/22/content_ 9599963. htm。

台会遥遥无期，从学者首次提出司法鉴定立法已有20年，首次有人大代表提出立法至今也有13年，到最终出台要经历的时间可能会远远超过20年。

第二种是统一制下的“集权”模式。即整合相关部门的司法鉴定管理职能和职权，成立全国人大常委会直属的司法鉴定委员会，其层级位于各部门之上，并将其设为司法鉴定管理的最高权力中心而并非议事机构，由其统一行使司法鉴定管理权，行使立法主导权，制定相应的鉴定规则、鉴定标准、鉴定程序等法规，实现司法鉴定管理权的“集权”。这种模式有利于弥补“反垄断委员会”设置的不足。“反垄断委员会”只是个“组织、协调、指导”的议事协调机构，负责协调不同部门间的反垄断合作，并非“反垄断”的权力中心。而真正的权力则是集中在所谓的“反垄断执法机构”，其职权包括对垄断行为的认定权、申报管理权、调查权、处罚权等。这样的实权为国家工商总局、商务部、发改委三部门共享，具体而言，形成了国务院直属“反垄断委员会”协调下的国家工商总局的反垄断与不正当竞争执法局、商务部的反垄断局和市场秩序司以及国家发改委的价格监督检查司“三驾马车、四匹马”的格局。〔1〕攸关反垄断成效最关键的执法权可以说是被肢解了，执法权的分解，就很容易出现重复执法或执法空白的问题，甚至引发新一轮的部门利益冲突。如果将反垄断比作“车”，执法机构比作“马”，实际上就是“多驾马车”，那么承担协调作用的反垄断委员会就是“驭手”，只有技艺高超、握“鞭”在手的“驭手”才能协调好所有“马匹”的方向和节奏，而这里的“鞭”就是反垄断立法主导权，因此，缺乏实质权力的反垄断委员会就像无“鞭”在手的“驭手”，虽获得名义上具有较高的层级地位，但实则“威慑”有限。因此，只有赋予“反垄断委员会”统一的反垄断权才能使其更好的发挥作用，这也是关于反垄断权设置不足方面的重要启示。

司法鉴定管理权这种模式的优点在于：第一，有利于《司法鉴定法》的出台。由司法鉴定委员会行使立法主导权，制定法律草案，为《司法鉴定法》的尽快出台创造条件。第二，有利于消除“多头管理”，抑制部门间的权力博弈，统一行使司法鉴定管理权。司法鉴定管理之所以出现剧烈的博弈和艰难的妥协，以至于至今仍然是“两层皮”的状态，很大的一个原因就是各部门

〔1〕王信贤：“论中国政策过程中的部门关系——以《反垄断法》为例”，载杨光斌、寇健文主编：《中国政治变革中的观念与利益》，中国人民大学出版社2012年版。

是平级的，无法实现统一管理。本属于其他部门的鉴定人和鉴定机构却要向司法行政部门进行登记，由于他们彼此的级别是平级的，没有行政权力的制约，所以即使登记也无法行使“完全”的司法鉴定管理权，因为司法行政部门无法对其他部门的鉴定人和鉴定机构行使“监督权”和“处分权”。相反，如果将司法鉴定管理权归属于“司法鉴定委员会”，由于其层级在各个部门之上，对相关各部门司法鉴定实施统一的管理则成为应有之义。第三，有利于消除司法鉴定相关部门规章间的冲突和间隙，构建科学合理的司法鉴定制度。我国现有的司法鉴定制度中，有很多是由各部门以部门规章或部门规范性文件形式设立的，在许多方面有重叠、冲突或间隙，比如鉴定程序、鉴定人和鉴定机构的管理、鉴定标准、鉴定范围等等。统一行使司法鉴定管理权后，司法鉴定制度相关所有的规范性文件都可以由司法鉴定委员会统一发布，可以有效的防止多部门出台相应的规定形成的冲突和不协调，更有利于构建统一、科学的司法鉴定制度。第四，有利于“事前”充分博弈。司法鉴定委员会整合相关部门的司法鉴定管理职能和职权，吸收相关部门的代表，在制定各种规则的时候可以进行充分的交流和博弈，但最终由司法鉴定管理委员会在综合各家意见的基础上，统一行使司法鉴定管理权，发布相应的“规则”，就有充分的理由相信由此形成的“规则”能得到彻底的贯彻和执行，不会出现“各执一词，各自为政”的局面。第五，有利于形成最终意见，及时解决相关问题。如果经过各部门的意见交换和协商，仍然未能达成妥协，就需要一个更有力的“定夺”者。比如对上文提到的“司法部、最高人民法院和最高人民检察院关于商请确定司法鉴定登记管理事项”一事，如果有司法鉴定委员会这个实权机构存在的话，即使三部门意见不一致，这时由于司法鉴定委员会是权力机构，完全可以依行政权进行“拍板”定夺，形成最终意见并公布实施。

第三章　司法鉴定援助制度

第一节　司法鉴定援助的价值分析

一、司法鉴定援助制度的概念和特征

（一）司法鉴定援助的概念

司法鉴定援助制度这一概念有广义和狭义之分，广义的司法鉴定援助不仅包括为经济困难的当事人提供有效的司法鉴定服务，还包括人民法院对于经济困难的当事人无力支付司法鉴定费的，由人民法院决定减收、免收或暂缓缴纳鉴定费用的制度，即司法救助。在司法鉴定援助方面，人民法院鉴定机构曾经进行过探索，但在全国人民代表大会常务委员会《关于司法鉴定管理问题的决定》施行后，人民法院不再设立鉴定机构，这种司法救助也随着人民法院司法鉴定权的社会化而消失。本书司法鉴定援助采用狭义的概念，仅指面向社会服务的司法鉴定机构所提供的鉴定援助，又叫司法鉴定救助、扶助制度。它是指“在诉讼活动过程中，国家或政府为保证法律赋予公民的各项权利在现实生活中切实得以实现，对需要采用司法鉴定举证以维护自己法定权利不受非法侵犯，但又因经济困难无力支付鉴定费用或由于支付鉴定费用而明显加重其经济负担的当事人提供减、免措施以保障其合法权益得以实现，从而维护司法公正的制度”〔1〕。

所谓援助，也就是救济、帮助；然而，司法鉴定的援助则是法律意义上的救济，即帮助提供证据。司法鉴定的救济是依赖鉴定技术获取的科学证据

---

〔1〕 王瑞恒、马敬：“司法鉴定援助价值分析”，载《中国司法鉴定》2008 年第 6 期。

来完成的，法律给予当事人的途径就是申请启动司法鉴定。根据“谁主张、谁举证”的基本诉讼构架和原理，当事人在诉讼中由于对专门性问题的认知不足，他需要借助司法鉴定机构和司法鉴定人运用自身的科学技术和专业知识提供的意见，从而使当事人的诉讼权利能够得以主张。然而，在诉讼实践中，当事人可能因为经济原因无法支付该鉴定意见的对价，或者因为地位显失对等等原因，丧失了获取司法鉴定意见支撑以实现自己合法权益的机会。在这种情况下，司法就可能因为经济、地位等外在原因失去公正性，社会正义变成了部分人的“正义”或有钱人的“正义”，司法公正也就难以真正实现。司法文明的重要标志就是公平、平等，在诉讼中，诉讼主体都应当享有基于事实、证据，依据法律获得胜诉的平等权。因此，经济的欠缺、地位的悬殊不应当成为享有这种平等权的障碍，如果在现实中因经济或地位的不平等足以影响这种平等权的实现，国家就有义务进行救济。这就是必须创建司法鉴定援助制度的根本原因。

（二）司法鉴定援助的特证

1. 司法鉴定援助是一种司法救济行为。在诉讼中，弱势群体需要鉴定但却缴不起鉴定费用的情况比比皆是。更有因支付鉴定费用而加重经济负担，甚至放弃法定权利者，自身的合法权益无法得到维护。司法鉴定援助正是适应这一客观情况而建立起来的，旨在通过行政性的行为设立救济方式，要求面向社会服务的司法鉴定机构提供救济，从而保障当事人合法权益的一项法律制度。

2. 鉴定人和鉴定机构是司法鉴定援助义务的主要承担者。虽然司法鉴定援助是全社会应支持的公益活动，但并不是所有的人都可以直接实施援助。只有面向社会服务的司法鉴定机构及其具有相应鉴定资格的鉴定人才能具体提供司法鉴定援助。

3. 司法鉴定援助行为具有必要性和有限性。面向社会服务的司法鉴定机构及其鉴定人在一般情况下实施的是有偿服务，因为只有有偿服务才能体现鉴定人的价值，才能不断地提高司法鉴定的水平。所以凡需要进行司法鉴定援助的，必须符合司法鉴定援助的法定条件，并且每个鉴定机构及其鉴定人每年所承担的援助案件应限制在一定数量以内，从而保证司法鉴定机构及鉴定人有必要的经济收入，以维护其正常的运转。[1]

---

〔1〕 贾治辉、柯昌林：“论我国司法鉴定援助制度”，载《江西公安专科学校学报》2006年第3期。

二、司法鉴定援助制度的价值与功能

1. 人权保障是司法鉴定援助制度的价值源泉。人权是一个人与生俱来的权利，即“人依其自然属性和社会本质享有和应当享有的权利”。人权保障是对人应享有的权利的保障，追求的是人的应然权利不受伤害。“从一般意义上说，人权是人的价值的社会承认，是人区别于动物的观念上的、道德上的、政治上的、法律上的标准”。我国已将“国家尊重和保障人权”写进宪法，从国家根本大法的高度确立了人权保障的根本宗旨，这是社会主义法治国家法制建设的必然选择。平等权，即在法律面前人人平等的权利是基本的人权之一，这一基本人权是一种原则性、概括性的权利，司法鉴定援助制度也正是源于这一原则性人权的理念而提出的，这一原则性权利体现在诉权上则要求当事人平等的享有诉权。现阶段，在我国贫困地区的农民、城市的下岗职工仍然存在因交不起鉴定费而无法维护自己合法权益的情况，这正说明了我国存在诉权不平等的司法现实。没有诉权的保障，公民就根本没有进入司法程序的机会，何谈其权利的进一步救济与保障。因此，司法鉴定援助是实现法律面前人人平等的必要制度。与此同时，尽管人权保障已经明文载入宪法，而且国务院第15次常务会议也通过了《法律援助条例》，该条例自2003年9月1日起施行（这是我国第一部关于法律援助的全国性立法），但接受法律援助者在“谁主张，谁举证”的证据规则下，如果没有充足的资金进行司法鉴定，则被援助者最终也会因此而无力接受法律援助。因此，司法鉴定援助为人权保障以及法律援助的具体实施起到了保障作用，司法鉴定援助已成为人权保障及法律援助不可或缺的保障制度。

2. 司法公正是司法鉴定援助的目标价值。“正义是给予每个人他应得的部分的这种坚定而恒久的愿望”[1]。而正义恰体现为司法的公平、公正，这也正是司法活动的价值目标。司法公正是司法活动的基本原则，其内容既应当包括保障双方当事人享有应有的权利，履行相应的义务，也应包括扶弱助贫。司法鉴定援助制度的出现就是为了保证符合条件的受助者在司法程序上“司法鉴定”的平等，而不受其自身经济贫困的限制，防止不能打官司或打不

---

〔1〕 陈云：“试论市场经济条件下弱势群体法律援助的政府责任”，载《黑河学刊》2005年第7期。

起官司的情形的出现。罗尔斯认为“财富和权利的不平等，只有在他们最终能对每一个人的利益，尤其是地位最不利的社会成员的利益进行补偿的情况下才是正义的”〔1〕。那些所谓的“最不利的社会成员”指的是弱势群体，弱势群体是指由于某些自然或社会原因导致其社会资源占有的不利从而使得其权利处于不利地位的特定人群，包括城镇失业人员，生活困难的农民，农民工，妇女，儿童，老人，残疾人，社会边缘群体以及其他困难人员。他们往往因经济上的原因在诉讼中处于不利地位，这个本来处于社会不利地位的群体尽管经过司法活动但其权利仍然得不到救济。因此，司法鉴定援助是保障司法公正的一个重要前提，是国家保障司法公正的不可或缺的重要手段。

3. 司法鉴定援助有利于提高诉讼效率。迟到的正义即是非正义。在司法实践中，因当事人经济困难无力支付司法鉴定费用而无法举证，使案件久拖不决、从而导致诉讼周期无限期延长的现象屡见不鲜。“过长的诉讼周期对当事人来说是一种难以忍受的精神和经济上的负担，并造成取证困难和证据的可信度降低，由此削弱了当事人求诸诉讼的动机，损害了法律秩序的威望以及社会对司法程序的信心。”国家握有公共成本与私人成本之间关系的主动权，它可以通过采取调整私人成本与公共成本的负担分配等措施来影响诉讼效益的实现，以换取民众对司法的信赖。因此，作为国家应尽的职责，司法鉴定援助制度可以使无力获得相应鉴定证据的当事人获得或者尽快地获得证据，从而使诉讼程序得以顺利进行，避免由当事人的举证困难引起案件的久拖不决，从而提高诉讼效率，建立良好的法律秩序。

4. 司法鉴定援助制度有利于平衡当事人诉讼力量的不对等。本书以刑事诉讼为例说明这一问题。我国刑事诉讼的审判方式既吸收了当事人主义的控诉式内容，同时也带有浓厚的职权主义色彩，我国诉讼庭审方式改革强调的是实现控辩双方均衡对抗，法官居中裁判。然而，我国的司法现实是辩方往往处于不利地位，控方举证证明被告有罪，而当被告人不服控方通过司法鉴定得出的鉴定意见时，只有申请重新鉴定。如果被告人属于弱势群体，往往会因承担不起鉴定费而屈从于控方得出的司法鉴定意见。这样的状况不仅在刑事诉讼中存在，民事诉讼、行政诉讼中也存在因当事人双方的鉴定能力不

〔1〕［美］昂格尔：《现代社会中的法律》，吴玉章、周汉华译，中国政法大学出版社1994年版，第78页。

对等，从而导致弱势一方丧失了诉权。因此，只有对处于诉讼不利地位的弱势群体进行司法鉴定援助，才能平衡这种诉讼力量的不对等，使“法律面前人人平等”的理念真正得到实现。

5. 司法鉴定援助有助于树立“以人为本”的法治理念。随着政治民主化、经济市场化及法治理念的普及，我国现阶段的诉讼观念已由“国家本位”、“权力本位”向“个人本位”、“权利本位”转变，“以人为本”的法治理念为建立司法鉴定援助制度提供了良好的文化土壤。尤其党的十六届三中全会提出将坚持“以人为本”作为党的工作的总体要求和发展目标，这表明“以人为本”已经成为我国的基本价值观。另外，法律上对人权的保护也日益凸现了“以人为本”的价值观，法律无论对弱势群体的权益保护还是对社会保障制度的不断完善都表达了这样一种观念。在“以人为本”的价值观的指导下，法律是平等、公平的，从此意义上讲司法鉴定援助制度也是人本社会不可或缺的一项制度。通过向贫者、弱者提供低价或者免费的鉴定服务，帮助他们平等地维护自己的合法权益，可以说是最直接、最集中地体现了“以人为本”的基本理念。

无救济则无公平，法律应当注视弱者的合法权益的保护。司法鉴定援助为法律援助的实施提供了制度上的保障，是实现司法公正的重要前提，也应当是我国法制建设的重要课题。同时，司法鉴定援助的出现也正体现了我国司法的人道主义色彩。通过加强对司法鉴定制度价值分析、认识从而能为更好的建立，健全该制度提供理论参考，最终达到司法公平、公正，最大限度地实现正义才是本书的题中之意。

第二节　司法鉴定援助人的权利义务责任分析

司法实践中，许多弱势群体由于无力支付相对高额的鉴定费用，以至于难以通过司法鉴定获取关键证据并进而维护自己的合法权益，有时甚至不得不放弃自己的诉权。为了实现司法公平、公正与社会稳定、和谐，由政府实施的司法鉴定援助势在必行。在政府实施司法鉴定援助的大前提下，司法鉴定援助任务的具体承担者和责任者——司法鉴定援助人，虽然性质上仍然属于司法鉴定人，但由于承担了司法鉴定援助任务，其权利、义务、责任方面又有一定的特殊性。本书对司法鉴定援助人的概念、权利、义务、责任等方面作了具体分析，以期对构建司法鉴定援助制度、促进和谐社会发展有所裨益。

一、司法鉴定援助人的内涵

司法鉴定是在诉讼活动中鉴定人运用科学技术或专门知识对案件涉及的专门性问题进行鉴别判断并提供鉴定意见的活动。[1] 司法鉴定援助人是指在诉讼活动中，接受司法鉴定援助行政主管部门委托或指派，直接承担司法鉴定援助任务，为因经济困难或者其他因素不能通过一般意义的司法鉴定手段来获取关键证据保障自身权利的弱势群体，完成司法鉴定援助工作的具体司法鉴定责任人。司法鉴定援助人虽然性质上仍然是司法鉴定人中的一部分，但由于承担了司法鉴定援助任务，所以其权利、义务、责任方面又有一定的特殊性。

目前，我国司法鉴定援助还处于起步阶段，部分省市已经开始探索进行司法鉴定援助。四川省是我国第一个开展司法鉴定援助省份，2006 年 8 月《四川省司法鉴定援助暂行办法》的出台，标志着司法鉴定援助制度在四川省正式建立。将司法鉴定援助作为政府法律援助的组成部分予以实施，使许多受援人通过司法鉴定援助获得了关键的证据从而维护了自己的合法权益。仅 2007 年，四川省达州市司法鉴定援助案件就高达 872 件，减免收费达 12 万多元。接受援助的对象主要是农民工，占援助案件总数的 85% 以上，援助主要集中在工伤赔偿、交通事故人身损害赔偿等事关当事人切身利益的案件上。随后，我国的南京市、厦门市、合肥市也开展了司法鉴定援助制度的建设。部分省市司法鉴定援助制度建设的有益探索，为我国司法鉴定援助制度的建设提供了借鉴，但由于缺乏全国统一的司法鉴定援助制度，同样是弱势群体，如果身处没有建立司法鉴定援助制度的地区就可能得不到鉴定援助。因此，作为政府司法救济途径之一，建立全国统一的司法鉴定援助制度是社会主义法治建设的必然选择。

二、司法鉴定援助人的权利和义务

司法鉴定援助人作为司法鉴定援助的具体实施者，其享有的权利和应当

---

〔1〕 樊崇义：《司法鉴定法律知识导读》，法律出版社 2001 年版，第 254 页。

承担的义务，对于构建司法鉴定援助制度具有重要的意义。

（一）司法鉴定援助人的权利

第一，了解案情，获取当事人案卷的权利。大陆法系国家一般都有这一规定，只有当司法鉴定援助人了解了案件的情况，他才能够客观、准确地做出鉴定，从而保证审判的顺利进行。在鉴定的过程中，如果发现鉴定的材料不齐全或不足时，具有要求补充鉴定材料的权利。

第二，独立进行鉴定并出具鉴定意见的权利。即司法鉴定援助人可以按照自己的意志作出鉴定意见，而不受他人的影响。独立鉴定是鉴定意见客观、公正、科学的保证。它包括两个方面，一方面是对外：司法鉴定本身的客观科学性要求司法鉴定援助人根据自己掌握的专业知识作出科学的判断，不受行政隶属关系、人情、金钱等外部因素影响而失去客观、公正、科学性；另一方面是对内：在共同鉴定的情况下，如果几个鉴定人意见一致则共同写出鉴定意见，鉴定人意见不一致时，有权要求写出自己意志下的鉴定意见，即有单独提出个人鉴定意见的权利。

第三，询问当事人或证人的权利。作出能够被采纳的鉴定意见需要经过大量的研究，由于当事人或证人对案件的了解相对于办案人来说更为直接，所以直接对当事人或证人的询问可以使案情更加清晰化，更加有利于发现事实真相，进而为司法鉴定援助人提供更多的有利条件。

第四，因鉴定受到侮辱、诽谤、诬陷、殴打或其他方法打击报复时，有请求法律保护的权利。在司法实践中，对于司法鉴定援助人的打击报复和引诱威胁，以及利用权势逼人就范的情况屡屡发生，及时对司法鉴定援助人进行合理的保护，不仅对维护鉴定援助人本身的合法权益具有重要意义，而且能使司法鉴定援助人更加坚定客观、公正地进行鉴定，进而对维护司法鉴定援助制度也具有不可低估的价值。在司法鉴定援助人受到侮辱、诽谤、诬陷、殴打或其他方法打击报复时，应当积极维护自己的合法权益，及时请求法律保护。

第五，拒绝解释、回答与鉴定无关问题的权利。司法鉴定援助人可以应邀参与和协助有关司法机关的勘验、检查和模拟实验。但是对于那些与鉴定无关的问题，他们有拒绝回答的权利，这也充分体现了司法鉴定工作的专业性，避免了无所谓的浪费以及对援助人的保护。

第六，拒绝鉴定的权利。鉴定援助人认为该鉴定超出自己的鉴定范围或有需要回避的情形时，鉴定人有拒绝进行鉴定的权利。

（二）司法鉴定援助人的义务

第一，完成鉴定援助的义务。对于那些确因经济困难无力支付鉴定服务费用的，例如被告人是盲、聋、哑人或者未成年人而没有委托辩护人的，或者被告人可能被判处死刑而没有委托辩护人的等确需援助的，并且其司法鉴定援助资格条件已通过司法鉴定援助主管机构的审查并作出援助决定的当事人，司法鉴定援助人就应当进行鉴定，而且应当独立鉴定。

第二，按时、保质完成鉴定的义务。一些大陆法系的其他国家（法国、德国等）都规定了这一条。不但要保证在规定的期限内完成，而且还需要保证其质量，以免偏离案件事实，否则就难以维护他人的合法权益。如果司法鉴定援助人不积极进行鉴定工作，遇到困难就推诿或故意拖延，就会造成侦查、起诉乃至审判活动难以及时进行，按时作出客观、公正、合法的鉴定意见是对司法鉴定援助人基本的也是必然的要求。

第三，不得向援助申请人收取报酬的义务。司法鉴定援助人还是不同于司法鉴定人的。为了救助那些弱势群体，司法鉴定援助制度才得以产生。这一义务也是司法鉴定援助制度中的核心问题。司法鉴定所需的相关费用，由司法鉴定援助主管机构从专项经费中拨付，而不得向援助申请人收取。

第四，保守在执业活动中知悉的国家秘密、商业秘密和个人隐私的义务。这对于司法鉴定援助人是一项根本义务。司法鉴定援助人在进行鉴定的过程中必定会接触到一些案内秘密，这些秘密受法律的保护，关系着国家的安全、社会的稳定、他人的合法利益，因此，对于司法鉴定援助人来说，未经批准、许可不得泄露。

第五，依法出庭，参加庭审质证的义务。《全国人民代表大会常务委员会关于司法鉴定管理问题的决定》中规定："在诉讼中，当事人对鉴定意见有异议的，经人民法院依法通知司法鉴定人应当出庭作证。"司法鉴定人的出庭体现公正、平等的原则。司法鉴定援助人是司法鉴定人，当然也有依法出庭、参加庭审质证的义务。在司法鉴定援助中，援助人的出庭质证也有其必要性。司法鉴定援助人是否出庭参与诉讼直接影响法庭对鉴定意见的采信。

第六，回避的义务。我国《刑事诉讼法》规定："审判人员、检察人员、侦查人员有下列情形之一的，应当自行回避，当事人及其法定代表人也有权要求他们回避：本案的当事人或者是当事人的近亲属的；本人或者他的近亲属与本案有利害关系的；担任过本案的证人、鉴定人、辩护人、诉讼代理人；与本案当事人有其他关系，可能影响公正处理案件的。”司法鉴定援助人作为鉴定人，当然也应适用这一回避规定。

第七，恪守从业范围、遵守职业道德和职业纪律的义务。这是指司法鉴定援助人要在自己的专业范围内进行鉴定。也就是说司法鉴定援助人应在鉴定人名册上注明的业务范围内从事鉴定工作，不能超越该范围进行工作。而且在执业过程中，应当遵守司法鉴定相应的职业道德和职业纪律。

第八，法律、法规规定的其他义务。例如妥善保管提交鉴定的物品、材料，不徇私受贿或者弄虚作假，对有意陷害他人故意作虚假鉴定的，应承担刑事责任。司法鉴定援助人对于鉴定材料应保管好，如果损毁会造成鉴定工作无法顺利进行。如果是故意的损毁、更换鉴定材料，则必然导致鉴定意见失实，对诉讼也会有很大的影响，应追究其行政责任甚至刑事责任。

三、司法鉴定援助人的责任

（一）司法鉴定援助人应当承担责任的情形

在实施司法鉴定援助的过程中，司法鉴定援助人如果具有以下情况之一的，则应当承担相应的责任：①司法鉴定援助人故意拖延鉴定时限，给诉讼活动造成影响的；②违反出庭作证义务，无正当理由拒不出庭的；③故意泄漏案内秘密，造成不良影响的；④工作严重不负责任造成鉴定资料遗失、变质、失去鉴定条件的；⑤违反司法鉴定程序和操作规程导致错误鉴定的；⑥工作不负责任，导致鉴定意见错误的；⑦明知自己不具备相关知识和经验，轻信自己能够做出正确结论而未能完成鉴定的；⑧故意损毁、更换鉴定材料的，致使鉴定意见错误的。

（二）司法鉴定援助人的责任方式

毫无疑问，司法鉴定援助人是司法鉴定援助的责任主体，但本书认为，司法鉴定援助机构也应当是责任主体，因为对司法鉴定援助人追究责任的同时，对司法鉴定援助机构进行责任追究，既是对鉴定机构管理不负责任的惩处，也是对其他鉴定援助人的教育，但显然二者的责任方式是不同的。

1. 司法鉴定援助机构的责任方式。鉴定机构作为法人，无论是因为其自身的疏忽还是机构内部的具体责任人作出了错误的鉴定，都应给予行政处罚。司法行政部门负责监督本辖区内各级司法鉴定援助机构和人员，由司法行政部门给予相关的责任人以相应的处罚是合情合理的。拒不履行司法鉴定援助义务或办案草率的，视其情节轻重，由司法行政机关依照有关规定给予通报批评，降低诚信等级，直至撤销登记的处理。而且应给所有的鉴定机构划出一定的界限，例如在一年内由两次或两次以上的错误鉴定，就可以取缔该鉴定机构。

2. 司法鉴定援助人的责任方式。司法鉴定援助人如果主观上有过错，有侵权损害事实的存在，行为与损害结果存在因果联系，那么具体责任人的责任分为三个方面，即行政责任、民事责任、刑事责任。首先，具体责任人因其自身过错出具错误鉴定应给予相应的行政处分，如责任人有上述列举的第①到⑦种情形之一的，应当视情节给予相应的行政处分。其次，司法鉴定援助人由于出具错误鉴定导致当事人损失的，如责任人有上述列举的第⑤到⑥种情形之一的，应承担相应的民事责任，赔偿当事人的损失，受损的当事人可以要求侵权赔偿。第三，我国《刑法》第 306 条规定，在刑事诉讼中，司法鉴定人对案件有重要关系的情节故意作虚假鉴定的构成伪证罪。在司法鉴定援助中，责任人如有上述列举的第⑧种情形，并致使当事人受到刑事追究的，相应责任人就应承担刑事责任，追究其伪证罪。

总之，司法鉴定援助制度在我国正处于初级阶段，司法鉴定体制改革势在必行。为了进一步完善司法鉴定援助制度，政府各个部门应相互配合，制定相应的配套措施，建立科学、公正、规范、高效的司法鉴定援助制度，维护公平正义、社会稳定，构建社会主义和谐社会。

第三节　我国司法鉴定援助制度的构想

在诉讼案件中，对贫困的当事人实行司法鉴定援助制度是司法救助的一个方面，也符合中央有关司法体制和工作机制改革的精神。司法鉴定援助的范围、程序可参照法律援助制度进行。

一、司法鉴定援助的管理

当前我国的司法鉴定工作由司法行政主管机构统一实施管理的。由于司法鉴定的承担者是鉴定机构和鉴定人，他们是由司法鉴定行政主管机构管理的，因此，将司法鉴定援助交由司法鉴定行政主管机构统一管理，既符合国家关于司法鉴定相关的规定，又便于管理并实施司法鉴定援助。

二、司法鉴定援助的范围

司法鉴定援助的范围可初步定为以下五个方面：①刑事诉讼中需司法鉴定的；②请求给付赡养费、抚养费、抚育费案件中需司法鉴定的；③盲、聋、哑和其他残疾人、未成年人、老年人追索侵权赔偿案件中需要司法鉴定的；④请求发给抚恤金、救济金法律事项中需要司法鉴定的；⑤其他确需司法鉴定援助事项的。

三、司法鉴定援助的对象

对司法鉴定援助对象的规定，可参照《最高人民法院关于对经济确有困难的当事人予以司法救助的规定》的第 3 条，其范围包括：①追索赡养费、抚养费、抚育费、抚恤金的当事人；②追索养老金、社会保障金、劳动报酬而生活确实困难的当事人；③交通事故、医疗事故、工伤事故或者其他人身伤害事故的受害人，追索医疗费用和物质赔偿，本人确实生活困难的当事人；④生活困难的孤寡老人、孤儿或者农村“五保户”的当事人；⑤没有固定生活来源的残疾人；⑥国家规定的优抚对象，生活困难的当事人；⑦正在享受城市居民最低生活保障或者领取失业救济金无其他收入，生活困难的当事人；⑧因自然灾害或者其他不可抗力造成生活困难，正在接受国家救济或者家庭生产经营难以为继的当事人；⑨起诉行政机关违法要求农民履行义务，生活困难的当事人；⑩正在接受有关部门法律援助的当事人；⑪福利院、孤儿院、敬老院、优抚医院、精神病院、SOS 儿童村等社会公共福利事业单位和民政部门主管的社会福利企业。

司法鉴定援助的范围和对象的确定既不能太严格使援助之门难进，也要防止援助泛滥牺牲公众利益。立法机关可结合我国国情与社会现实状况，适当、适时的调整司法鉴定援助的范围和对象。

四、司法鉴定援助专项经费的来源

司法鉴定人在解决诉讼中的专门问题时，不仅需要用技能和知识，付出脑力劳动，对作为成本的鉴定仪器设备和耗材的消耗也是很大的。在市场经济中，司法鉴定机构每天都面临着生存竞争的考验，要求鉴定机构和鉴定人完全不计成本的免费鉴定是不符合市场经济规律的。要建立和完善司法鉴定援助制度首先必须需要一定的途径解决鉴定费用，作者认为，根据我国的发展现状，有以下几种解决的方案：

1. 以政府财政拨款为主。目前司法鉴定援助的经费来源主要是政府财政拨款。政府应将提供司法鉴定援助作为政府的一项义务，列入年度财政预算。同时，还可以从鉴定事务所业务收费中提取一定比例，对需要司法鉴定的弱势群体开展司法鉴定援助。由司法鉴定援助中心统一组织司法鉴定援助，对实施司法鉴定援助的司法鉴定机构和人员给予适量的经济补助，以确保司法鉴定援助的效率和司法鉴定机构及人员的积极性。

2. 社会捐赠。目前，我国正处于社会经济的发展时期，社会捐赠在司法鉴定援助经费保障中起着举足轻重的作用。就像我国政府每年拨付的法律援助经费平均每人每年不足一毛钱，连发展中国家的平均水平都达不到，所以很难能够保障政府给司法鉴定援助充足的拨款。但我们可以另辟蹊径，广纳社会基金。借鉴法律援助的成功经验，可以在全国建立各个级别的司法鉴定援助基金会，其基金来源为企业单位、个人的捐赠、基金会的存款利息、基金会的各项收益等等。这不仅为政府分担了一定的经济负担，也使社会更加了解司法鉴定援助制度，为人民谋福利。

3. 建立司法鉴定援助费用的偿还和监管制度。对司法鉴定援助的案件实施全程跟踪监督，对经过司法鉴定援助后，出现受助人取得了足以免除司法鉴定援助的财产、有新的证据证明给予司法鉴定援助的理由已不成立、提供虚假证明以骗取司法鉴定援助、受助人被确定为恶意诉讼人的应当中止司法鉴定援助，并追偿已经发生的司法鉴定费用。收到追偿的有关费用后应及时返还司法鉴定机构。

4. 税收优惠。一项制度的建立是个系统工程，司法鉴定体制的改革需要相关诉讼制度、证据制度的配套改革。同样，建立司法鉴定援助制度也是需要政府各个部门的支持、配合，需要制度的相关配套改革，尤其是在我国法律援助走上规范化、法制化轨道时，建立司法鉴定援助制度已成为当务之急。

总之，经费的使用要坚持高效和监督原则，保证鉴定援助经费真正落到实处，真正用于人民群众。司法鉴定援助制度的建立，有助于完善我国司法鉴定制度。司法鉴定援助制度对保障经济困难的诉讼当事人不因经济的外在原因丧失公平诉讼的权利，真正实现司法公正和社会公平、正义具有不可忽视的重要作用。

五、司法鉴定援助程序

1. 申请。司法鉴定援助申请是指受援主体向司法鉴定行政主管机构请求给予司法鉴定援助的意思表示。申请人应当提交书面申请和足以证明确有困难的证据材料，包括所在乡镇街道出具的有关经济状况的书面证明等；经济因素以外的援助申请，应当提供案件性质等方面的证明，如属于国家赔偿、公伤案件等。由于司法鉴定的启动目前主要是根据司法机关决定，因此，对诉讼中的鉴定援助申请，还需要有案件所在程序的司法机关，如侦查阶段的公安机关、起诉阶段的检察院、审判阶段的人民法院的同意。当事人请求司法鉴定援助的，应当提交书面申请和足以证明确有经济困难的证据材料，其中因生活困难或者追索基本生活费用申请援助的，应提供本人及其家庭经济状况符合当地政府有关部门规定的公民经济困难标准的证明。当事人骗取司法鉴定援助的，要依法追究其责任。申请援助由司法行政部门受理后，自受理之日起 15 日内该部门根据当事人提交的书面申请和证明材料将决定是否给予援助；若决定给予援助将书面指派相关司法鉴定机构承担援助职能，鉴定费视情况减半或免收。司法鉴定机构办理司法鉴定援助事项后，持司法鉴定援助登记表和司法鉴定书等相关材料到审批司法鉴定援助的司法行政部门结案，然后由司法行政部门从司法鉴定援助专项经费中对司法鉴定机构给予适当补贴。

2. 司法鉴定援助申请的审查。司法鉴定行政管理机构对申请人的申请应当进行审查。司法鉴定行政管理机构主要应从申请人的经济能力方面进行审查，以确定申请人是否确属无力支付有关司法鉴定费用。审查以书面审查为主，辅之以必要的调查访问。审查中，司法鉴定行政管理机构负责审查的人员，如果是申请人的近亲属或者与申请事项有直接利害关系的，应当自行回避。

3. 司法鉴定援助申请的批准。司法鉴定行政管理机构在收到申请人申请并对有关情况调查核实后，应依照具体情况，对司法鉴定援助申请做出批准或不批准的决定。如果申请人申请援助事项是属于可以给予援助的诉讼案件以及财务资源没有超过可授予司法鉴定援助的最高限额，司法鉴定行政管理机构应及时给予批准，向其颁发司法鉴定援助证明文件，证明申请人有权获得司法鉴定援助。对不符合法律援助条件的，应当书面告知申请人理由。

申请人对法律援助机构做出的不予援助决定有异议的，可以向作出该决定的司法行政机构提出，司法行政机构应当在收到异议之日起5个工作日内进行审查，经审查认为申请人符合司法鉴定援助条件的，予以改正，对不符合援助条件的，书面说明理由。

4. 司法鉴定援助的实施。司法鉴定的实施是指司法鉴定援助申请人的申请得到批准后，由司法鉴定援助机构和鉴定人进行司法鉴定的过程。其程序首先是司法鉴定援助机构人员的选任与指派。司法鉴定行政管理机构对决定进行援助的，应通知申请人或者案件所在的司法机关。根据诉讼法可以自行委托司法鉴定的当事人或者司法机关持司法行政机关的司法鉴定援助决定，委托具有资质的鉴定机构进行鉴定。鉴定机构如为社会中介性质的非官办的鉴定机构，则凭司法鉴定委托受理合同向做出决定的司法行政机关申请费用。司法行政机关对费用审查后认为符合有关标准的，在援助专项经费中予以划拨。也可以考虑由司法行政机关直接指派鉴定机构的方式即决定予以援助的，直接由司法行政机关将鉴定事项指派给某一鉴定机构，司法机关应当予以配合。[1]其次是司法鉴定援助的实行。在与受援人签订委托书后，由司法鉴定机构或人员按照委托书的目的、事项在约定的时间内出具鉴定意见，并按约定的方式送达。最后是司法鉴定援助的结案。司法鉴定援助机构和人员经过严格程序，出具司法鉴定意见后，按照约定送达给当事人，并把有关鉴定意见及司法鉴定援助结案报告报司法鉴定援助管理机关后的过程。司法鉴定援助管理机构应将结案报告及鉴定意见归档存放，作为司法鉴定援助办案经过及质量的重要指标。

---

〔1〕 蒋奎：“论我国司法鉴定援助制度的构建”，载《中国司法鉴定》2006年第1期。

第四章 司法鉴定质量保证制度

司法鉴定意见是一种法定证据和证据调查方法，具有特殊的证明效力，在证据体系中处于核心地位，发挥着关键作用。司法鉴定的质量不仅是查明案件事实的保证，也是实现司法公正的基础。司法鉴定作为一种要求最严、效力最高和客观程度最高的可量化、可检测的证明手段和方法，也是各种纠纷解决机制的核心要素之一。司法鉴定质量是司法鉴定工作的生命线，直接关系到诉讼中案件事实的认定，关系到司法公正的实现和人民群众合法权益的保护。《全国人大常委会关于司法鉴定管理问题的决定》（以下简称《决定》）实施以来，经过几年的努力，司法鉴定机构的技术条件逐步改善，技术能力不断增强，司法鉴定行业开始走上规范化、法制化和科学化的发展轨道。但从总体上看，司法鉴定的能力和水平与司法机关和人民群众的鉴定需求相比，还存在一定的差距，必须采取措施，切实提升司法鉴定质量，维护司法鉴定的公信力和权威性。

第一节 司法鉴定认证认可制度

认证认可制度最早主要是在生产领域中尤其是产品制造过程中被广泛运用。随着社会进步和时代发展，认证认可的适用领域不断拓展和延伸，逐步进入公共管理和社会服务领域，这一点是与高度的专业化分工与广泛的社会化协作相统一的社会发展规律的演变历程相适应的。由于司法鉴定提供的是一种公共产品，司法鉴定管理具有公共管理和公共服务相统一的突出特点。[1]因此，在司法鉴定领域开展认证认可具有特殊的重要意义，在司法鉴定领域推

[1] 霍宪丹："认证认可是司法鉴定科学性、可靠性的重要保障"，载《中国司法鉴定》2008 年第5 期。

动开展认证认可是提高司法鉴定意见科学性、可靠性的重要保障和实现手段。

一、认证认可是提高司法鉴定质量的保证

鉴定意见作为法定证据种类之一，不仅要满足我国诉讼法律对证据的合法性、客观性和关联性要求，而且作为一种科学技术实证活动，还应当符合科学规律和技术规范要求，具备科学性、客观性和可靠性。[1]

随着经济社会的发展、民主法治建设和科技进步，司法活动日益专业化、综合化、复杂化，这对司法鉴定工作提出了新的更高要求。随着人民群众的公民意识、法律意识、维权意识不断增强，司法机关和当事人对司法公正的要求越来越高。这就在客观上要求鉴定意见必须既可靠、又可信，既经得住证真、也经得住证伪，要求鉴定活动既要追求实体公正，又要实现程序公正。

认证认可是质量管理和质量保证的重要手段。司法鉴定机构根据认证认可的要求，建立并运行质量管理体系，对影响鉴定质量的所有因素进行全过程、全方位的有效控制和管理，使所有鉴定活动有章可循、有据可查，全面提升司法鉴定机构的技术能力和管理水平，从而确保司法鉴定"行为公正、程序规范、方法科学、数据准确、结论可靠"，为司法活动的顺利进行提供技术保障和专业化服务。通过全面推进认证认可工作，促使鉴定机构提高技术条件和技术能力，为推进规范化、法制化、科学化建设，持续提高司法鉴定的科学性、可靠性和公信力提供重要保障。[2]

二、司法鉴定认证认可是司法鉴定行业可持续发展的重要基础

通过几年的努力，我国司法鉴定行业已经步入规范提高、稳步有序的发展阶段。一方面，司法鉴定公共服务体系基本覆盖全国，布局结构不断优化，执业类别不断健全，鉴定机构、鉴定人以及鉴定业务量稳步增加，基本满足了诉讼活动的需要。但另一方面，一些鉴定机构的管理水平、技术能力和资质条件还不能适应司法鉴定实践需求，鉴定能力和鉴定质量也有待进一步提高。

---

[1] 霍宪丹："关于全面推进认证认可持续提升司法鉴定可靠性的几点思考"，载《中国司法鉴定》2013 年第 1 期。

[2] 霍宪丹："关于全面推进认证认可持续提升司法鉴定可靠性的几点思考"，载《中国司法鉴定》2013 年第 1 期。

司法行政机关作为司法鉴定登记管理机关，国家认证认可监督管理委员会（国家认监委）作为实验室和检查机构资质的管理机关，依法共同推进司法鉴定认证认可工作，不仅是履行法定职责，依法行政的必然要求，也是促进司法鉴定行业健康顺利发展的必要途径；不仅是实现司法鉴定科学管理的有力举措，也是共同实施认证认可的有益探索。

通过开展司法鉴定机构认证认可工作，规范鉴定活动，完善鉴定制度，保障鉴定质量，将认证认可的结果作为司法鉴定机构准入和执业过程中保持准入条件的重要依据，实现对鉴定机构规范一批、做强一批、淘汰一批之目标，有力推进司法鉴定的规范化、法制化和科学化建设，加强对司法鉴定机构的规范化指导，促进司法鉴定行业又好又快地发展。

以认证认可工作为载体和动力，推动鉴定机构的资质建设、能力建设和规范建设，建立和有效运行司法鉴定质量管理体系，推动司法鉴定行业实现可持续发展。通过认证认可的技术手段，对鉴定质量、技术能力、技术条件和管理水平进行有效管理、控制和评价，逐步建立形成优胜劣汰的运行机制，不断优化鉴定行业的布局结构和鉴定机构的执业结构，主动适应司法审判日益增长的鉴定需求，推动司法鉴定行业实现可持续发展。〔1〕

三、我国开展司法鉴定认证认可的路径

根据《决定》的有关规定，司法部、国家认证认可监督管理委员会于2008年7月联合印发了《关于开展司法鉴定机构认证认可试点工作的通知》（司发通［2008］116号）。根据该通知，自2008年10月1日起，在北京、江苏、浙江、山东、四川、重庆六省（市）开展司法鉴定机构认证认可的试点工作，试点期限为2年。鼓励其他有条件的省（区、市）按照试点要求同步进行。据2011年底统计数据，全国通过认证认可的司法鉴定机构已经达到了354家，其中试点地区279家。〔2〕

在深入总结上述试点工作经验的基础上，2012年4月12日，司法部国家

---

〔1〕 霍宪丹："关于全面推进认证认可持续提升司法鉴定可靠性的几点思想"，载《中国司法鉴定》2013年第1期。

〔2〕 霍宪丹："关于全面推进认证认可持续提升司法鉴定可靠性的几点思考"，载《中国司法鉴定》2013年第1期。

认监委发布了《关于全面推进司法鉴定机构认证认可工作的通知》(司鉴通[2012] 114号)，为全面启动我国司法鉴定认证认可工作提供了法律依据。2013年1月9日，全国司法厅局长会议召开，正式推进司法鉴定机构认证认可和能力验证工作[1]。

按照司法部、国家认证认可监督管理委员会的通知要求，从事"三大类"(即法医类、物证类和声像资料类) 司法鉴定业务的司法鉴定机构必须在2015年12月以前通过认证认可。对不开展认证认可工作，或不能通过认证认可评审的司法鉴定机构，将被清退出司法鉴定领域，司法鉴定机构的认证认可成为未来决定司法鉴定机构生死存亡的关键活动。

2013年新《刑事诉讼法》和新《民事诉讼法》实施，多处涉及到司法鉴定，同时对司法鉴定工作也提出了更高的要求。此次司法鉴定机构认证认可工作的开展，势必大力促进司法鉴定机构的规范化建设和科学管理，为提高司法鉴定质量打下坚实的基础。

第二节　当事人对司法鉴定机构的选择权制度

一、当事人对司法鉴定机构选择权的渊源

当事人对司法鉴定机构选择权是司法鉴定权的重要组成部分。传统的司法鉴定过程中，由于司法鉴定机构是司法机关的附属机构，当事人极少能参与司法鉴定机构的选择。在2005年《全国人大常委会关于司法鉴定管理问题的决定》出台之前，我国对司法鉴定机构的设置和管理一直不统一，公安局、检察院、法院内部均设有自己的鉴定机构，当事人对司法鉴定机构基本不存在选择的问题。鉴定机构均设在公检法部门，对于需要鉴定的案件直接由司法机关提交鉴定机构，当事人也无法对司法鉴定机构进行选择。这种局面使司法鉴定的中立性、客观性颇受质疑，一定程度影响了司法公信力。

2005年2月28日，全国人大常委会出台了第一部关于司法鉴定管理的专门性法律《关于司法鉴定管理问题的决定》(以下简称《决定》)。《决定》的

---

[1] 崔清新："我国将全面推进司法鉴定机构认证认可和能力验证工作"，载 http://news.xinhuanet.com/legal/2013-01/09/c_124210207.htm。

出台标志着我国司法鉴定向正规化、法治化迈进。《决定》实现了对司法鉴定人员及司法鉴定机构的统一管理，为司法鉴定的中立性与客观性提供了法律保障。更为重要的是《决定》使司法鉴定走向了社会化，鉴定机构成为中立的专门机构，取消了附属于检法机关的鉴定机构和侦查机关鉴定机构的民事司法鉴定权。《决定》第7条规定："侦查机关根据侦查工作的需要设立的鉴定机构，不得面向社会接受委托从事司法鉴定业务。人民法院和司法行政部门不得设立鉴定机构。"至此结束了公检法部门"自侦自鉴"、"自诉自鉴"和"自审自鉴"的局面，这是我国司法鉴定制度的一大进步，但是，对于鉴定机构选择权《决定》并未明确。2006年9月25日，最高人民法院发布《关于地方各级人民法院设立司法技术辅助工作机构的通知》（以下简称《通知》），将原来法院内部的鉴定机构变更为司法技术辅助部门，它们不再直接从事司法鉴定工作，而是从事着技术咨询和技术审核的工作，并承担组织当事人选择司法鉴定机构的工作。因此，在司法行政部门对司法鉴定机构管理的同时，法院也行使着对鉴定机构的"二次管理"权。

2012年8月31日，十一届全国人大常委会第二十八次会议表决通过《关于修改民事诉讼法的决定》，修订后的《民事诉讼法》将于2013年1月1日起实施。本次修订的《民事诉讼法》第76条对以上问题给出了明确的规定：当事人可以就查明事实的专门性问题向人民法院申请鉴定。当事人申请鉴定的，由双方当事人协商确定具备资格的鉴定人；协商不成的，由人民法院指定。当事人未申请鉴定，人民法院对专门性问题认为需要鉴定的，应当委托具备资格的鉴定人进行鉴定。这一规定不仅赋予了法院依职权的司法鉴定启动权，也给予当事人司法鉴定启动申请权和对鉴定机构的选择优先权，体现了现代民法"意思自治"的原则，契合了现代民法的发展趋势。需要指出的是，目前在我国，鉴定人只能在鉴定机构执业，并不存在独立的司法鉴定人，因此，对无论是"双方当事人协商确定具备资格的鉴定人"，还是法院委托"具备资格的鉴定人"，实际上是通过选择或委托鉴定机构来实现的，均体现为对鉴定机构的选择或委托。因此，当事人对鉴定机构的选择是以民事诉讼为代表设立的，目前我国刑事诉讼和行政诉讼中当事人对司法鉴定机构的选择权还远未实现。尽管修订后《民事诉讼法》对司法鉴定机构的选择做出了原则性的规定，但关于当事人如何具体实现对鉴定机构的选择权未有详细说明，作者结合当今司法鉴定管理的相关制度，在此对民事诉讼中当事人的司法鉴定机构选择权制度进行探讨。

二、当事人司法鉴定机构的选择

（一）司法鉴定及其启动模式

《决定》中第1条对司法鉴定给予了界定：司法鉴定是指在诉讼活动中鉴定人运用科学技术或者专门知识对诉讼涉及的专门性问题进行鉴别和判断并提供鉴定意见的活动。由鉴定人对专门性问题出具的意见传统上被称作“鉴定结论”，本次修订的《民事诉讼法》将第63条、第124条、第171条中的“鉴定结论”修改为“鉴定意见”。这种修改是值得肯定的，因为从证据理论分类来看，鉴定报告属于言辞证据，具有一定的主观色彩。而在中国，结论一词具有强烈的终局性和排他性色彩，因此把鉴定报告作为具有终局性和排他性的“结论”，作为这种特殊证据的名称，实有不妥。《决定》已将诉讼法规定的“鉴定结论”先行改为“鉴定意见”，本次《民事诉讼法》作了以上修改，实现了法律上的对接。

关于我国司法鉴定的启动模式，我国《民事诉讼法》第76条做出规定，共有两种启动模式：其一是当事人申请启动模式。基于民事诉讼“谁主张，谁举证”的基本证据制度，当事人对自己的诉讼主张有提出证据予以证明的权利和义务。对于一些专门性的问题，无论是当事人还是法官，都无法判明的情况下，通过司法鉴定，由鉴定人出具鉴定意见予以判明是一个有效的选择，这种模式将司法鉴定启动权在一定程度上赋予了当事人，严格来说，当事人仅有司法鉴定申请权，通过当事人申请，法院审核来决定是否启动司法鉴定，当然，在一般情况下，法院对于当事人正当的司法鉴定申请会予以支持的，因此，这种模式在一定程度上体现了英美法系的当事人主义的诉讼模式和理念。其二是法官主动启动模式。法官在审理案件的过程中，为了查明案件事实，即使当事人未申请司法鉴定，法官也可以依据职权对专门性问题直接交由有资质的司法鉴定人进行鉴定从而启动司法鉴定，这种模式更多的是体现了大陆法系的职权主义诉讼模式和制度。应当说，这两种模式的设计，融合了两大法系的各自的优点，足以满足启动司法鉴定的要求。

（二）当事人实现司法鉴定机构选择权的价值

对鉴定机构的选择实质上是对鉴定人的选择。尽管根据我国目前司法鉴定管理的制度设计，司法鉴定是通过选择或委托鉴定机构来实现的，但毫无疑问，鉴定人是司法鉴定的主角，鉴定机构只是一种形式上的依托，对鉴定机构的选择实质上是对鉴定人的选择。罗马法中有所谓“鉴定人是关于事实的法官”这样一句古老的法谚，可见司法鉴定人的重要性。〔1〕在实践中，不同的鉴定人因其知识水平、经验能力、所用技术和设备等的不同，对同一专门技术问题有可能给出不同的鉴定意见，而不同的鉴定意见将直接影响甚至左右着案件的最终的诉讼结果。因此，对当事人而言，选择哪一个鉴定机构不仅在程序上而且在实体上都具有重要意义，正因为如此，当事人很重视鉴定机构的选择，往往在鉴定机构的选择上分歧很大，难以弥合，只有通过设计科学合理的鉴定机构选择制度，才能消除当事人对鉴定机构选择的疑虑。

赋予当事人鉴定机构选择权是诉权自由原则的体现。民法通说认为，所谓诉权是指当事人请求人民法院对其民事财产权和人身权进行司法保护的权利。诉权是当事人进行民事诉讼的基本权利，当事人有了诉权，才能向人民法院提出保护其民事权益的请求，才能有诉。诉权有程序意义上的诉权和实体意义上的诉权。前者是指当事人在程序上向法院请求行使审判权，以保护自己合法民事权益的一种权利。正是因为程序意义上诉权的存在，民事诉讼程序的启动才成为可能；而后者是指当事人请求法院通过审判强制实现其民事实体权益的权利。这种权利是基于民事实体法的规定产生的，当事人行使诉权的最终目的是为了保护自己的民事实体权益。当事人有权选择和处分自己的诉权即诉权自由原则是最重要的现代民事诉讼原则之一。具体到司法鉴定的过程中，当事人对鉴定机构的选择权是程序意义上的诉权，当事人可以根据自己的意愿选择不同的鉴定机构，选择这家鉴定机构或那家鉴定机构，是当事人自由行使诉权的体现和要求，人民法院应当尊重当事人的这种选择。

赋予当事人鉴定机构选择优先权是当事人意思自治原则的体现。意思自治原则是民法主体在法律规定的范围内，按照自己的意志从事民事活动，管理自己的事务，创设自己的权利和义务，不受国家和他人的非法干涉。意思自治作为近代民法的基本原则之一，是近现代私法制度的重要基石。意思自治原则在整个以意思为核心的法律行为支配的私法领域内均普遍适用，意思自治原则的最可贵之处在于当事人具有选择自由。在当事人对鉴定人或鉴定

---

〔1〕［日］谷口安平：《程序的正义与诉讼》，王亚新、刘荣军译，中国政法大学出版社 1996 年版，第 270 页。

机构的选择上，《民事诉讼法》第76条规定：当事人申请鉴定的，由双方当事人协商确定具备资格的鉴定人；协商不成的，由人民法院指定。该条设定了当事人的选择优先权：先由双方当事人在协商的基础上进行选择，如果不能协商一致选出鉴定人，则由人民法院指定。尊重当事人的选择，当事人能自己协商一致的由其自由行使选择权，并承认其选择具有优先性，人民法院依职权的“指定”作为双方自由选择的补充，充分体现了当事人意思自治原则。

尊重当事人的选择优先权有利于提高其对鉴定意见的信赖程度。鉴定意见往往直接影响甚至左右着案件的诉讼结果，原被告双方的利益多数是对立的。因此在实践中，败诉一方往往经常不认可鉴定意见，甚至迁怒于鉴定结果，还有的申请重新鉴定，因此出现了反复鉴定、重新鉴定现象。有的案件经过了多次鉴定，且每次鉴定的结果均不完全相同，导致当事人对鉴定机构、鉴定人、鉴定结果的不信任、不信服。尊重当事人的选择优先权，由于该鉴定机构是经双方协商一致选择的结果，更容易使当事人认可或信服鉴定结果，提高诉讼效率。

（三）现今我国鉴定机构的选择方式

2002年4月1日起施行的最高人民法院《关于民事诉讼证据的若干规定》（以下简称《规定》）第26条规定：当事人申请鉴定经人民法院同意后，由双方当事人协商确定有鉴定资格的鉴定机构、鉴定人员，协商不成的由人民法院指定。由此可见，当事人对鉴定机构的选择优先权的规定并非在《民事诉讼法》中最先规定。但尽管如此，现今我国司法鉴定机构的选择并非以当事人协商为主，甚至完全没有通过当事人协商确定鉴定机构的程序。

根据全国人大常委会《决定》的规定，侦查机关根据侦查工作的需要设立的鉴定机构，不得面向社会接受委托从事司法鉴定业务。人民法院和司法行政部门不得设立鉴定机构。由此，原来附属于法院的鉴定机构不再从事司法鉴定工作。根据最高人民法院《通知》精神，原来附属于法院内部的司法鉴定机构变更为司法技术辅助部门，在从事技术咨询与技术审核的同时，负责组织当事人选择司法鉴定机构。具体而言，由司法技术辅助部门事先选定一些备选的鉴定机构，作为当事人的候选机构，再由当事人通过“摇号”的方式选定具体的鉴定机构。如果双方当事人均不参加摇号的，由司法技术辅助部门指定鉴定机构。这种方式排除了法官和当事人在更大范围内对鉴定机构的选择，实际上部分控制了对鉴定机构的选择权，形成了事实上对司法鉴定机构的“二次管理”。

该“二次管理”是相对于司法行政部门对鉴定机构的管理而言的，《决定》第3条规定：国务院司法行政部门主管全国鉴定人和鉴定机构的登记管理工作。省级人民政府司法行政部门依照本决定的规定，负责对鉴定人和鉴定机构的登记、名册编制和公告。由此可见，鉴定机构和鉴定人实行的是“名册公告”制度，由省级人民政府司法行政部门负责对其资质进行管理。所谓的法院“二次管理”就是案件受理后，遇有当事人申请鉴定以及法官依职权认为需要进行鉴定时，不是由当事人或法官在所有具有鉴定资质的鉴定机构中进行选择，而是将鉴定材料交给司法技术辅助部门，由其审核决定是否送检，并只能在其安排的备选鉴定机构中通过摇号的方式选择鉴定机构。此时，法院的司法技术辅助部门对鉴定机构的管理形象的称之为法院的“二次管理”。〔1〕

司法技术辅助部门是法院内部统一对外委托司法鉴定事项的机构，它的职责是为法官提供技术咨询与技术审核。当法官遇到一些由于其自身知识所无法解决的专业性和高科技性问题时，无论是大陆法系的“法官辅助人”制度还是英美法系的“专家证人”制度，均是由具有一定专业知识与技能的人来协助法官“将深奥的只有专业人员才能理解的专业知识转化为一般人能理解的知识”。〔2〕因此，从鉴定到认定事实的过程中，只存在鉴定人的协助与法官对事实的认定，二者之间无需第三方的介入。

本书认为，目前法院“二次管理”模式与《规定》和《民事诉讼法》的价值取向和立法思想不相符。首先，在鉴定机构的选择权问题上，“合意”优于“指定”既是现代国际民事法发展的趋势，也是我国当今的立法价值取向。大陆法系国家主要实施法官指定鉴定主体模式，鉴定为司法服务。由于鉴定意见是法定证据种类的一种，举证责任在双方当事人，法官这样做难免有越俎代庖之嫌；同时，鉴定意见不经质证、认证，也会导致双方当事人对鉴定结果的不信任。英美法系在传统对抗制模式下，当事人双方自行选择专家证

---

〔1〕 王瑞恒、任媛媛：“论我国法院对司法鉴定机构的‘二次管理’”，载李学军主编：《证据学论坛》（第17卷），法律出版社2012年版。

〔2〕 郭华：《鉴定结论论》，中国人民公安大学出版社2007年版，第70页。

人。此时的专家证人需要“忠于”委托人意愿，可能会有意识的提供有利于委托人的意见，其意见可信度可能使当事人产生不信任。两大法系均认识到自身制度的不足，逐渐走向融合的趋势。大陆法系开始注重当事人的“合意”，以德国为例，德国将当事人的合意意见作为约束法院选择的方法。德国《民事诉讼法》第404条规定：法院可以要求当事人指定适合作为鉴定人的人；当事人一致同意某特定人为鉴定人时，法院应即听从该一致意见。英美法系为了防止鉴定意见多样导致鉴定资源浪费，赋予法官一定权限。1942年美国模范证据法典这样规定“无论民事诉讼抑或刑事诉讼中，法院认为必要时，得依职权或当事人申请，选一人或数人为专家证人。当事人合意指定专家者，法院应依其合意选任之。”我国的《规定》第26条和《民事诉讼法》第76条也明确规定了当事人协商选择优先权，在当事人协商选择不能的条件下，才由法院“指定”。

其次，由人民法院“指定”鉴定机构实质体现了法官的鉴定启动权。依照我国法律的规定，对于当事人申请鉴定的案件，是否进行鉴定的启动权应该在法官。但是，由于司法技术辅助部门的存在，其在履行“技术审核”的过程中，法官的决定权不再是最终决定权。即使法官同意当事人的申请，仍然需要将案件移送司法鉴定技术部门再次审核，由该部门最终决定是否需要送检以及如何送检。因此，在实践中，法官对于当事人申请鉴定的事项一般不予以审核，而直接送至司法技术辅助部门并由其决定，因此，事实上将鉴定决定权由法官转移给了司法技术辅助部门，这与我国立法初衷是相违背的。

再次，法官在审理案件过程中会遇到依职权认为需要进行司法鉴定的事项。此时，法官将该鉴定事项交由司法技术辅助部门后，该部门可能将案件直接委托鉴定机构进行鉴定，从而剥夺法官对鉴定机构的选择权。如果司法技术辅助部门工作人员认为该问题是一般专业性问题时，也可以履行“技术咨询”职责，直接就该问题为法官作解释。但是，问题在于，司法技术辅助部门的人员并不一定具有鉴定人资格，他们的资格管理也并不统一，那么，他们向法官提供的意见是否能够作为法院采信的证据使用，如果提供的意见有错误导致案件错误，司法技术辅助部门又将承担什么样的责任，这些问题法律并未作进一步规定。

最后，司法技术辅助部门作为一个固定的法院内部机构，拥有全院乃至下级法院全部的鉴定案件，即使为了公平而设立的“摇号”制度，也难免会由于法院的“二次管理”而人为缩小机构选择范围，因为在司法技术辅助部门视野下的“备选鉴定机构”仅仅是有鉴定资质的鉴定机构中的一部分。再者鉴定机构为盈利性质的法人，其与司法技术辅助部门难免会有千丝万缕的联系。由于缺乏上位法强制性的规定，当事人难免会对鉴定的中立性、客观性产生怀疑。

三、完善我国鉴定机构选择权的构想

（一）完善鉴定机构名册公告制度

要保证当事人对鉴定机构的选择权，首先就要由管理机关提供可供选择的鉴定机构，这是前提和基础。《司法鉴定机构登记管理办法》第 29 条、第 30 条规定省级司法行政机关负责编制本行政区域的司法鉴定人和司法鉴定机构名册，报司法部备案后，在本行政区域内每年公告一次。司法部负责汇总省级司法行政机关编制的司法鉴定人和司法鉴定机构名册，在全国范围内每 5 年公告一次。司法鉴定人和司法鉴定机构名册分为电子版和纸质版。电子版由司法行政机关负责公告，纸质版由司法行政机关组织司法鉴定机构在有关媒体上公告并正式出版。但在实践中，鉴定机构的信息公告不及时、不完整、难查询等情况时有发生。因此，由司法部出台相应的细则，对鉴定机构的公告制度予以明确和细化，各省级司法行政管理部门切实及时做好公告，在政府门户网站上专设司法鉴定机构名册查询栏目，方便当事人及时了解、选择在册的有资质的鉴定机构。

（二）构建法官主导下的当事人鉴定机构选择制度

毫无疑问，当事人对鉴定机构的选择具有“优先权”，当然这种选择是以双方协商的“合意”为前提。但在实践中，由于当事人双方利益本身是冲突的，使二者达成“合意”有时是很困难的。为防止因双方无法达成一致而贻误诉讼进程，同时充分保障当事人的选择优先权，需要一种制度对双方的协商选择进行规制。本书对此进行以下制度构想：在进入诉讼阶段后，一方当事人向法院申请司法鉴定，在主审法官许可后，由主审法官在首次庭审过程中或庭审前主持原告方和被告方当事人选择司法鉴定机构。如果原告方或被告方为多人的，先由他们进行协商或抽签选出各方的代表，由各方代表行使选择权。为了最大限度地保障当事人自由选择的权利，可以赋予双方当事人各三次选择鉴定机构的机会。由提出司法鉴定的一方当事人第一次选择鉴定机构，对方当事人可以行使无条件否决权，并且由其提出一个鉴定机构，此时，对方当事人也可以行使否决权并再次提出一个鉴定机构。以此类推，双方各有三次选择权，而对于否决权来说，每一方当事人只享有两次否决权，也就是说双方当事人可以不同意对方前两次的选择，但最后一次选择的鉴定机构对方必须同意。这样，双方当事人在行使选择权与否决权的过程中，最终可能选择出同一所鉴定机构，即为最终送检机构。当然也可能出现两个不同的鉴定机构，当出现两个不同鉴定机构时，由于双方当事人之前已充分行使选择权，对两个鉴定机构都一定程度认同，此时，可以由主审法官主持在选出的两个鉴定机构中，通过抽签确定一个鉴定机构，成为最终选择的鉴定机构。另外，一方当事人不能按时到场选择鉴定机构的，按照放弃选择权处理，而另一方当事人提出的鉴定机构为最终送检机构。值得说明的是所有的鉴定机构必须是机构名册中具有鉴定资质的机构。

以上制度设计，最大限度的尊重双方意愿，使双方当事人充分行使了鉴定机构选择权，有利于提高其对鉴定意见的信服程度。同时，相对于通过“司法技术辅助部门”确定鉴定机构而言，可以提高诉讼效率。限期审理是各国法律的普遍规定，但根据我国法律规定，鉴定时间不计算在审理期限内，而现今的鉴定机构选择模式，一般情况下，由各级法院将拟进行鉴定的案件报送“司法技术辅助部门”，并由其组织当事人选定鉴定机构后送交鉴定机构，期间需要约一至两个月的时间。如果由主审法官直接主导双方当事人选定鉴定机构，则效率要高的多。

由于司法鉴定及鉴定意见在民事案件中发挥着越来越大的作用，因此就必须努力完善司法鉴定制度。充分理解并落实《民事诉讼法》第 76 条的规定，保障当事人的鉴定机构选择优先权，建立法官主导下的鉴定机构选择制度，将鉴定选择权回归于当事人，提高诉讼效率，只有让当事人充分享有鉴定机构选择权，才能使其更大程度的认可鉴定意见，从而信任法院的裁决，更好地树立司法威信。

第三节　构建诚信司法鉴定体制

司法鉴定在司法实践中有着重要作用，办理各种诉讼案件和非诉讼案件的过程中，为了查明或证明某个事实，经常遇到需要利用专门知识才能解决的专门性问题。是解决这些问题的必要途径，司法鉴定是司法实践中解决专门问题、审查案件真实的不可或缺的环节。

一、司法鉴定是司法实践不可或缺的环节

司法鉴定延伸了审判者的认知能力。罗马法中有所谓“鉴定人是关于事实的法官”这样一句古老的法谚，可见司法鉴定的重要性。在一个涉及司法鉴定的案件中，审判者本应是事实审理与认定的主体。但由于当今社会技术的不断发展，各类新型案件频发，使得审判者据以判决的事实难以认定，因为裁判者的非法律专业知识毕竟是有限的。当审判者遇到一些由于其自身知识无法解决的专业性和高科技性问题时，需由具有一定专业知识与技能的人来协助法官“将深奥的只有专业人员才能理解的专业知识转化为一般人能理解的知识”。在审判活动中遇到审判者由于专业知识难以认定的事实时，通过司法鉴定人专业知识的帮助，才可使审判者对事实进一步认识、了解，从而对案件进行判定。司法鉴定的过程事实上延伸了审判者的认知能力，用先进的技术、方法帮助审判者认定事实，提高审判者认知的水平，更好的进行案件事实认定。

司法鉴定解决了审判中的专业问题。司法鉴定是实施侦查活动、审判活动、法律监督活动不可或缺的环节。无论是办理刑事案件还是民事案件、行政案件，证据都是核心问题，而多数证据的发现、提取、固定、鉴定、核实、审查评断都要依靠专业司法鉴定技术去实现。司法鉴定在司法活动的整个过程中都起着重要的、难以替代的作用。随着社会的进步和科学技术的发展，各类案件中涉及的专门性问题会越来越多，必须依靠科学技术手段才能解决这些问题，进而使之在定案中起到证据作用。这些专业性问题往往是认定案件事实并进而做出正确裁判的基础，其解决只能依赖于司法鉴定，借助专业的司法鉴定人的专业知识去解决这些专门性的问题。重证据、重调查研究是我国社会主义法治建设的基本要求，在侦查、审判活动中重视司法鉴定技术手段的运用，加强司法鉴定制度的建设，提高办案的科技含量，对于促进侦查、审判质量的提高，正确适用法律有着更为重要的意义。

司法鉴定是探究案件事实的本来面目必要途径。公正是司法追求的首要价值，要实现司法公正就必须以案件事实为依据进行裁判，探究案件事实真相就成为裁判者面临的必要和首要任务。对审判者而言，依据当事人所提供

的各种证据材料而复现出的案件事实，据此裁判才能达到法律上的公正。通过司法鉴定提供必要的证据，还原案件的事实情况，探究事物本来的面目，尽最大可能帮助审判者还原案件事实真相，据此裁判，实现法律公正与实质公正最大程度的吻合。因此，司法鉴定的目的是解决被鉴定对象是什么的问题。一切审判活动的基础是对涉案鉴定对象确认，当鉴定对象本来面目被确定后审判者才可能对事实进行正确的认识和判断。因此，作为正确行使裁判权的特殊方式，司法鉴定对于司法活动、准司法活动中探究案件事实本来面目是必不可少的，也是法律体系中的重要组成部分。基于司法鉴定内在的本质属性、法律定位、社会角色的要求，在一定立法目的的指引下，司法鉴定通过自己的鉴定活动所产生的客观结果，对其他活动、其他事物产生作用和影响，去体现自身在社会中的实际特殊地位，从而促进法律价值的实现。

二、构建诚信司法鉴定体制是提高司法公信力的必然途径

司法是在政府出现后，用国家代替个人实施“报复”，以达到定纷止争、惩治犯罪的目的。公信力是指在社会公共生活中，公共权力面对时间差序、公众交往以及利益交换所表现出的一种公平、正义、效率、人道、民主、责任的信任力。司法公信力是司法人员长期以来在司法执法过程中始终以正义、公平、可信、权威、高尚为准则，使人们认为司法是诚实守信、公正、值得信赖的。司法公信力不可能一蹴而就，是长期以来司法人员在执法过程中积累而来，是在公众心目中的权威性和信誉度。司法公信力的建立有利于提升司法权威，唤起人们对法律的信仰，最终达到人人守法，构建社会主义和谐社会的最终目的。诚信司法鉴定是通过客观、权威、真实的司法鉴定实现司法公平、公正，是提高司法公信力的有效途径。

（一）司法公信力是案件当事人息诉服判的前提

司法的作用在于定纷止争、惩治犯罪，人们之所以放弃私力救济，通过国家司法权力解决纠纷，一方面是因为国家公权力的威慑力使人们无法再回到“以血还血、以牙还牙”的时代，更重要的是长期以来司法权力的公正、公平的行使，使人们对司法产生一种信赖感，这就是司法公信力的来源。诉讼需要通过当事人双方提供证据材料最大限度的重现案件事实，但它无法完全还原客观事实，因此诉讼中的事实是经过证据认定的法律事实，与客观事实一定存在或大或小的差距。审判者并非当事人，在无法查明客观事实的情

况下，只能通过经证据证明的法律事实来定纷止争。作为当事人一定是追求客观事实的实质正义的，如若让当事人在无法还原客观事实的情况下欣然接受可能与客观事实不符的判决，他们内心中的司法公信力必然是前提。所以，司法机关要在诉讼过程中严格按程序进行，让当事人通过“看得到的程序公正”达到对诉讼结果的认可，从而建立起司法公信力，当事人基于司法公信力而相信司法的裁判是公正的，是符合其诉求的，由此更好的维护了司法权威的同时，使当事人息诉服判，实现社会和谐。

（二）司法公信力是公民法治教育的途径

公民法治教育是一项长期、系统的工作，其最终目的是为了培养人们对法律的信仰并且能够积极守法。司法公信力强，人们更愿意相信法律，对司法裁判更加信服和遵守，更加认可司法是有效解决矛盾纠纷的重要途径，这时法律就会在人们心目中内化并上升为一种传统和精神。当大多数人都对法律予以认可并奉为一种内在精神时，他们会自觉按照法律精神指引自己的行为，法律在国家中的地位也将会升高。

司法公信力的建立也是公民积极守法的基础。在现代法治条件下，强调和要求社会成员普遍遵守法律，既是每个公民的义务也是基本的道德要求。可以试想，司法公信力低下，司法人员自身都不尊重法律、不严格依法办事，那么司法的公正性难以得到保证，人们即丧失对法律的信仰，法律将不再是解决纠纷的有力手段，要求公民严格遵守法律只能是纸面规定，也难以实现对公民的法治教育。只有在司法公信力良好状态下，人们才会把司法作为解决纠纷的主要途径，参与诉讼的当事人才会认真遵循程序规范、接受法律约束，尊重法律、维护法律才可能成为人们内心的一种意识，使守法成为每一个公民的一种自觉行为，实现普及法律和对公民进行法治教育的目的。

（三）司法公信力是构建法治社会的当然条件

当人们对于司法裁判完全信服，法律已成为一种信仰，人们能够自觉守法时，法律在一国的地位已显而易见，人们平等、公平的信奉法律，以法律至上，法治社会的形态已基本形成。同时，司法与政治、经济、文化和社会生活的各个方面都紧密相连，政治、经济、文化和社会生活与司法相互影响，当司法公信力处于良好状态时，无疑会对政治、经济、文化和社会各方面产生巨大的辐射、带动作用，最终形成全社会法律至上局面，为构建社会主义法治社会提供必要的有利条件。司法公信力的建立，会使全社会形成知法、守法、尚法的社会氛围，使得立法、执法、司法变得通畅，使得法律的实施成为一种当然的社会行为，进而为构建社会主义法治社会奠定基础。相反，如果没有司法公信力，司法对于公民而言成为一种被动的强制，而不能成为一种主动的遵守和服从。因此可以说，司法公信力是建设法治社会的当然条件。

三、构建司法鉴定诚信体系提高司法公信力的思考

上文论述了司法公信力的重要性，司法鉴定作为提升司法公信力的重要手段，它肩负着延伸审判者认知能力、解决审判中专业问题、探究事实真相的重任，因此，司法鉴定机构自身诚信体系的建立对于司法公信力的提升有着极其重大意义。

（一）构建司法鉴定机构的诚信体系

1. 实行严格准入资格审查，防止不具备条件的鉴定机构进入司法鉴定领域。首先，要严格按照司法部《司法鉴定机构登记管理办法》的规定，对司法鉴定机构准入进行审查，对鉴定机构的设立的硬件条件进行审核的同时，对其软件条件亦要进行严格审查。其次，要按照司法部《司法鉴定机构仪器设备配置基本标准》组织专家进行严格评审，以保证司法鉴定机构仪器配置符合鉴定所需的最低要求。最后，通过公开招标的程序，对本地区司法鉴定机构申请人进行审查，择优授予司法鉴定资格，以提高整体司法鉴定机构的质量和水平，并平衡各地区的司法鉴定机构分布。

2. 加强执业监管，提升管理水平。司法鉴定机构在准入之后需要由省级司法行政管理部门持续的后续严格的监督和管理，才能保证其鉴定意见的客观、真实，才能保证其鉴定质量。在此方面，第一，要加强司法鉴定规章制度的建设，尽快出台相关技术标准和技术规范，使管理有规可依。第二，要依法行政，依法规范监督行为，既要防止放任自流的不监管、又要杜绝频繁、随意对司法鉴定机构进行检查。第三，与审判机关建立信息反馈机制，通过对鉴定意见采纳率、重鉴率、错改率等指标的考核，预防鉴定机构或鉴定人徇私舞弊或错误鉴定，加强对对鉴定机构执业水平管理。通过与审判机构的沟通与协调，及时发现司法鉴定中存在的问题，有针对性的解决问题，从而达到提高司法鉴定执业水平和对司法鉴定机构监管的目的。第四，建立奖惩机制，严格按照《全国人大常委会关于司法鉴定管理的决定》对司法鉴定机

构设立奖惩机制，对那些信誉好、严格按照规范执业的司法鉴定机构要进行奖励、宣传，而对司法鉴定执业活动存在违法、违规行为的，要对其进行调查处理，对严重违规、违纪的鉴定机构依法注销，通过优胜劣汰保证司法鉴定机构健康发展。

3. 规范司法鉴定机构内部管理。司法鉴定机构的内部管理对于司法鉴定机构的鉴定质量控制起着十分重要的作用。司法鉴定机构内部控制主要包括以下制度：制度公示、内部流程管理、司法鉴定人的聘用、内部责任、鉴定复核、财务管理、收费项目、档案管理及投诉处理等。通过内部管理的进一步规范，在内部流程方面可建立起统一受理、登记、鉴定、档案管理的制约机制；在鉴定人聘用方面，不仅严格执行法律、法规的规定，而且对鉴定人违反执业纪律的追究内部责任；在司法鉴定档案管理方面，原始材料的积累、分析、保存，有利于积累案例材料，进一步提升鉴定机构水平；内部责任制的建立，利于分工负责，将责任追究制落到实处。

（二）构建司法鉴定人诚信体系

司法鉴定人是实施司法鉴定的主体，是司法鉴定活动中必不可少的要素，德国学者埃·施密特曾给鉴定人下如下定义："所谓鉴定人，就是根据审判官在诉讼上的委托，根据某一专门知识提出带有经验性的报告，或者对法院提供的事实材料以及在法院委托下调查的事实材料，运用他的专门知识和法律上的重要事实的推论相结合的方法帮助法院的认识活动的人。"[1] 从定义可以看出司法鉴定人是贯穿整个司法鉴定活动的实施者，是自然科学与社会科学的联结者，他们在诉讼中的特殊地位要求其必须具有科学性、中立性、独立性特征，所以有必要对鉴定人管理制度进行研究，以保障鉴定意见的客观性、真实性、科学性。具体而言：

首先，严格执行司法鉴定人准入制度。《全国人大常委会关于司法鉴定管理的决定》和司法部《司法鉴定人登记管理办法》对司法鉴定人员的资格条件做了明确的规定：要求具有与所申请从事的司法鉴定业务相关的高级专业技术职称；具有与所从事的司法鉴定业务相关的专业职业资格或者高等院校相关专业以上本科学历，从事相关专业五年以上；具有与所申请从事的司法

〔1〕［日］上野正吉等：《刑事鉴定的理论和实践》，徐益初、肖贤富译，群众出版社1986年版，第11~12页。

鉴定业务相关工作十年以上经历，具有较强的专业技能的人员可以申请登记从事司法鉴定业务。这是对我国司法鉴定人从严要求的体现，鉴于司法鉴定的专业性，要求司法鉴定人不仅要具有相应的专业知识和技术职称，更应该具有相关的业务工作经历，以满足理论结合实践、从理论到实践、再从实践到理论的循环提高鉴定水平和技术的要求。

其次，要建立严格的司法鉴定人员考试制度。目前我国从事司法鉴定的鉴定人大多数都是从原来的相近的专业人员中分离出来的，甚至有的鉴定人只是挂名的鉴定人，实际上并不亲自参加鉴定。为了培养一支具有现代专业技术水准的鉴定人队伍，有必要参照司法职业资格考试的模式，建立全国统一的鉴定人考试制度，通过考试将符合现代司法鉴定要求的人员选聘到司法鉴定队伍中来，不断提高司法鉴定队伍的整体水平。建立起一支职业化、专业化的鉴定人队伍，以保证司法鉴定的水准。

再次，建立司法鉴定人的考核、培训制度。鉴于司法鉴定对于司法公信力的重大作用，必须加强司法鉴定人员的培训和考核。每年对司法鉴定人进行至少一次的业务考核，既要进行业务考核，又要进行执业素养的考核，建立鉴定人的业务考核机制，通过鉴定量、采信率、重鉴率、投诉率、错改率等业务指标的考核，对不符合考核指标的鉴定人进行重新培训，直至吊销从业资格，由此促进鉴定人不断提高业务能力和职业素质。同时，由于目前鉴定人在从业资格上看基本符合要求，但实际的执业水平与司法鉴定职能要求还有一定的差距，职称与实际业务能力不相匹配等情况的存在，应定期对在册司法鉴定人员进行业务培训，保持鉴定人知识水平、技术水平及时更新，随时掌握司法鉴定工作前沿技术与理论，以适应司法鉴定工作日益发展的需要。

最后，建立全国统一的鉴定人诚信档案制度。鉴定人应当本着客观、真实、实事求是的态度完成鉴定委托事项，并出具鉴定意见书，为司法裁判提供证据。如果鉴定人不能如实、诚信地完成委托事项，或者徇私故意出具虚假、有失公允的鉴定意见，必将对司法公正产生不利影响，因此，建立全国统一的鉴定人诚信档案制度就显得非常有效而必要了。该诚信档案应当包含执业状况、考核情况、遵守执业纪律情况、投诉情况、奖励、处罚等相关内容。执业情况主要记录年度完成的鉴定工作量、采信率、重鉴率、投诉率、错改率等业务指标，作为年度考核的依据；根据执业情况对鉴定人进行考核，并形成年度考核结果，作为诚信档案记录；对于违反执业纪律的情况要进行记录，比如接受委托人或有利害关系人吃请、馈赠及谋取其他私利，无故损坏或遗失委托人提供的鉴定资料和检材，未遵守回避制度，鉴定内容和鉴定中涉及的商业秘密等情况都应当进行记载，并以此为依据结合投诉情况实行奖励或处罚。对于严重违纪的鉴定人可以设立一定年限的禁入期，在禁入期内禁止其从事司法鉴定工作。如果建立了全国统一的鉴定人诚信档案制度，就能防止鉴定人异地再从事鉴定业务，将不符合现代司法理念的鉴定人彻底清除出鉴定人行列。

总之，司法鉴定对审判活动中还原法律事实、解决专业问题起到决定性的作用。作为证据的一种，司法鉴定意见往往是审判者据以进行判决的依据。长久以来，司法鉴定意见成为程序正义的一种体现方式，一些案件中正是依据司法鉴定意见进行判决，才使得诉讼中的双方当事人对判决结果认可，司法公信力才不断得以提高，司法权威进而更好的维护。鉴于司法鉴定工作在司法审判活动中的重要作用，我们有必要进一步加强司法鉴定的诚信管理工作，从司法鉴定机构的准入、考核到司法鉴定人员的资格准入、执业考核、诚信记录等，都需要从整体上进行提升，以保证司法鉴定意见的科学性、客观性、真实性。这样才能更好地服务于司法实践工作，进而使司法公信力在人们心目中的地位不断增强。

第二编 人体活体司法鉴定

第五章　人体损伤程度司法鉴定

我国的《刑法》、《民法通则》、《侵权责任法》、《治安处罚法》等均有对人身权保护的法律规定。人体损伤检验的对象是伤害案件中的原告人或者被告人。法医学鉴定的目的是确定损伤的程度，为司法审判、适用法律提供科学的证据。损伤程度的评定是为了解决与法律有关的医学问题，根据伤残程度的不同，或者适用不同的法律，或者处以不同的刑罚。涉及损伤程度评定的案件常见种类主要有：故意伤害刑事犯罪之损伤；违反公共安全造成的损伤；重大交通事故损伤；工矿企业重大事故损伤等。除此之外，非法拘禁和殴打造成的损伤；司法及监管人员对被监管人造成的损伤；伪劣商品或食品造成的损伤；因破坏婚姻或对家庭成员的损伤；医疗过错及非法行医造成的损伤等案件也时有所见。

第一节　概述

一、“罪”与“非罪”的界限

一个故意伤害案件，只有经过人体伤残程度的鉴定，才能确定是否达到“轻伤”，是否需要追究刑事责任，轻伤与轻微伤二者实质是故意犯罪中“罪”与“非罪”分界线。一旦鉴定为“轻伤”，意味着构成犯罪。如果一个故意伤害案件的被害人经鉴定没有达到“轻伤”，则不能追究加害人的刑事责任，只能给予治安处罚，并承担民事责任。但对于过失犯罪，则要求达到“重伤”才能被追究刑事责任。值得注意的是，追究了刑事责任，并不能免除民事责任，仍应当按照相应的伤残等级给予民事赔偿。

二、“罪轻”与“罪重”判定

《侵权责任法》第16条规定：侵害他人造成人身损害的，应当赔偿医疗费、护理费、交通费等为治疗和康复支出的合理费用，以及因误工减少的收入。造成残疾的，还应当赔偿残疾生活辅助具费和残疾赔偿金。造成死亡的，还应当赔偿丧葬费和死亡赔偿金。《治安管理处罚法》第43条规定：“殴打他人或者故意伤害他人身体的，处五日以上十日以下拘留，并处二百元以上五百元以下罚款。”第45条规定：“有下列行为之一的，处五日以下拘留或者警告：（一）虐待家庭成员，被虐待人要求处理的。”

我国《刑法》第234条规定了故意伤害罪：“故意伤害他人身体的，处三年以下有期徒刑、拘役或者管制。犯前款罪，致人重伤的，处三年以上十年以下有期徒刑；致人死亡或者以特别残忍手段致人重伤造成严重残疾的，处十年以上有期徒刑、无期徒刑或者死刑。”由此可见，在故意伤害罪的法律规定中，如果说“轻伤”与“轻微伤”鉴定实质是“罪”与“非罪”的区别，那么“轻伤”与“重伤”鉴定解决的是“罪轻”和“罪重”的问题，如果造成“重伤”的，最高可以判处死刑。

第二节 “轻伤”鉴定

轻伤鉴定的依据是《人体轻伤鉴定标准（试行）》（最高人民法院、最高人民检察院、公安部、司法部发布法（司）发［1990］6号）。该标准的第2条规定：轻伤是指物理、化学及生物等各种外界因素作用于人体，造成组织、器官结构的一定程度的损害或者部分功能障碍，尚未构成重伤又不属轻微伤害的损伤。人体轻伤的上限接近于重伤，但尚不构成重伤，其下限接近于轻微伤，但尚不属于轻微伤。殴打他人造成轻微伤害的，造成轻微的组织结构破坏或短暂的器官功能障碍，经治愈或自愈后可不遗留明显的后遗症，不引起全身反应，诊治时间亦短，其损伤程度达不到轻伤标准。

损伤程度的鉴定，应该以外界因素对人体直接造成的原发性损害及后果为依据，包括损伤当时的伤情、损伤后引起的并发症和后遗症等，全面分析，综合评定。《刑法》所规定的伤害他人致人轻伤的情形，涉及的罪名主要有：投毒罪、交通肇事罪、故意伤害罪、过失致人重伤罪、强奸罪、奸淫幼女罪、非法拘禁罪、故意伤害罪、故意杀人罪等。凡犯罪嫌疑人在实施上述犯罪行为的过程中，导致他人轻伤害并需要进行人体损伤程度鉴定的，均适用于以上标准。

第三节　“重伤”鉴定

重伤鉴定依据是《人体重伤鉴定标准》（司法部、最高人民法院、最高人民检察院、公安部司发［1990］070号），现行《刑法》第95条规定：“本法所称重伤，是指有下列情形之一的伤害：使人肢体残废或者毁人容貌的；使人丧失听觉、视觉或者其他器官机能的；其他对于人身健康有重大伤害的。”该条与1979年《刑法》第85条规定完全一致，《人体重伤鉴定标准》的第2条亦作了类似的规定。

听觉系统的结构与功能异常，致使听力不同程度的减退，严重听不清或听不到外界声响时称为聋；听觉丧失应指听觉系统结构或功能病变致听力严重减退致全聋，显著影响就学、就业和社交。人类60%～70%信息源于视觉，视觉丧失即为损伤致一眼或双眼永久性视力严重减退至丧失或视野严重缩小，不能用普通眼镜或角膜接触镜或人工晶体等矫正，严重影响被鉴定人学习、工作、生活以及社会活动。毁人容貌是指毁损他人面容，致容貌显著变形、丑陋或者功能障碍者。故意伤害他人健康权中，毁容是一种野蛮和残酷的犯罪，虽没有夺去被害人的生命，但面容毁损限制了参与其年龄、性别、文化背景和社会地位相当的社会活动，使之社会适应能力、工作、生活受到显著影响，部分或全部丧失专业性劳动能力。容貌包括前额发际下，两耳根前与下颌下缘之间，包括额部、眶部、鼻部、口唇部、颏部、颧部、腮腺咬肌部和耳廓部。

刑法中，其他对于人身健康有重大损害的损伤，主要是指在受伤当时原发性损伤危及生命或者在损伤过程中引起威胁生命等并发症，危及生命的损伤是指损伤及相应的并发症，造成人体生命体征、意识状况、水电解质长时间显著改变，如失血性休克失代偿期、创伤致严重脑、心、肝、肾功能不全、胸部创伤致呼吸困难、呼吸窘迫综合征，严重创伤引起多器官功能障碍。肢体残废是指由于各种致伤因素所致肢体缺失或者肢体虽完整但已丧失功能，如拇指缺失致手功能丧失40%以上，或任何三趾缺失属重伤，肢体功能丧失可因关节、神经血管或肌肉瘢痕造成四肢大关节活动丧失 50% 以上，或前臂及手腕部损伤后遗手、腕功能严重障碍。

《刑法》所规定的伤害他人致人重伤的情形，涉及的罪名主要包括：爆炸罪、投毒罪、故意伤害罪、过失致人重伤罪、强奸罪、奸淫幼女罪、非法拘禁罪、拐卖妇女、儿童罪、虐待罪、交通肇事罪、故意杀人罪。根据刑法规定，重伤分一般重伤和严重残疾的重伤，实践中，凡涉及到刑法所规定的重伤情形，均应按照本标准鉴定伤情。

第四节 “轻微伤” 鉴定

轻微伤的鉴定依据是《人体轻微伤的鉴定标准》（公安部中华人民共和国公共安全行业标准 GA/Tl46 - 1996 ）。该标准根据《民法通则》和《中华人民共和国治安管理处罚条例》（现改为《治安处罚法》）的有关规定，以医学和法医学的理论及技术为基础，结合我国法医工作的实践经验，为鉴定轻微伤提供科学依据。轻微伤是指使人肢体或者容貌轻微损害；听觉、视觉或者其他器官功能轻微或者短暂障碍；其他对于人身健康有轻微损害。由此可见，轻微伤鉴定主要是为损害没有达到“轻伤”，不需要追究刑事责任的情况下，对行为人给予制裁时的提供法律依据。

无论“轻伤”还是“重伤”鉴定，既要坚持具体伤情、具体分析的原则，又要坚持全面分析、综合鉴定的原则。既要考虑到分析致伤因素与损伤后果，还要考虑到个体反应的特殊性。在对原发性病变（即原发性损伤）、与原发性损伤有直接联系的并发症和后遗症进行全面分析的基础上，综合鉴定。换言之，原有伤（病）以及医疗不当所引起的医源性损伤或与医源性损伤有直接联系的并发症和后遗症都不是鉴定损伤程度的依据。同样，由于个体特质或心理不健全所引起的损害后果都不是鉴定损伤程度的依据。

在实践中多见的是多部位伤，在一个案件中，人体多部位受到同一类致伤物的损伤称为多部位伤，对于 2 个以上部位同时遭受同一致伤因素所致体表损伤可以累计，比照相关部位数值规定高的条款做出评定。关于轻微伤，两种接近本标准以上的损伤，可综合评定；同类损伤可以累计（附加说明 A3）。就轻伤而言，多种损伤均未达本标准的，不能简单相加作为轻伤。若三种（类）损伤均接近标准的，可视具体情况综合评定（轻伤鉴定标准第 53

条)。重伤的情况下，三处（种）以上损伤均接近本标准有关条文规定，可视具体情况综合评定为重伤或者不评定为重伤（重伤鉴定标准第93条)。

对于在鉴定标准中没有做出规定的损伤，可以适用“比照”的方法。轻微伤:《人体轻微伤的鉴定标准》未作规定的轻微损伤，可以比照本标准相应的条款作出鉴定（《人体轻微伤的鉴定标准》A1)。轻伤:《人体轻伤鉴定标准（试行)》未作规定的“故意伤害他人身体的”损伤，致人体组织、器官结构轻度损害或者部分功能障碍的，可以比照本标准相关条文（《人体轻微伤的鉴定标准》第52条)。重伤：符合《刑法》第95条的损伤，《人体重伤鉴定标准》未作规定的，可以比照本标准相应的条文作出鉴定（《人体重伤鉴定标准》第92条)。

第五节　最新人体损伤程度鉴定标准

人体损伤程度是我国法律实施过程中需要解决的专门性问题，鉴定意见对于案件的判决具有至关重要的作用。

上世纪80年代，根据当时刑法85条之规定，最高人民法院、最高人民检察院、公安部、司法部制定了《人体重伤鉴定标准》（试行)，经3年试行后，于1990年7月正式使用，即《人体重伤鉴定标准》（司发［1990］070号)，同年最高人民法院、最高人民检察院、公安部、司法部颁布了《人体轻伤鉴定标准》(试行)，法（司）［1990］6号。1991年7月，由最高人民检察院牵头，又制定了《人体重伤鉴定标准》释义，之后公安部发布《人体轻微伤的鉴定标准》(GA/T146－1996）于1997年1月1日实施。

2013年8月30日，最高人民法院、最高人民检察院、公安部、国家安全部、司法部颁布了《人体损伤程度鉴定标准》，自2014年1月1日起施行。《人体重伤鉴定标准》（司发［1990］070号)、《人体轻伤鉴定标准（试行)》，法（司）发［1990］6号和《人体轻微伤的鉴定》(GA/T 146－1996）同时废止。《人体损伤程度鉴定标准》（以下简称损伤鉴定标准）正式颁布实施。该标准经过长期实践，几经论证最终出台，逐渐解决长期以来因鉴定标准不统一、不完善带来的一系列定案不准的问题。

一、既往损伤鉴定标准存在的问题

既往标准在司法鉴定中起到了举足轻重的作用，结束了涉及人身损害案件量刑及赔偿时无据可依的局面。但也因为标准本身存在一定的缺陷和不足，或对因标准理解不够导致的鉴定失误层出不穷。

例如《人体轻伤鉴定标准》（试行）规定：头部损伤确证出现短暂的意识障碍和近事遗忘。其内容几乎就是指临床医学当中的脑震荡。在实践中，双方对打，没有第三人在场，一方坚持说昏迷了，另一方说没有。加上对昏迷、近事遗忘的判断差异较大，由这一条做出轻伤鉴定对方不服而引发的重复鉴定成为各地普遍存在的问题，最终在实践中不再使用。

在诸多重复鉴定案例中，肋骨骨折、鼓膜穿孔也当仁不让，成为引发重复鉴定缠诉上访的导火索之一。单根肋骨线性骨折不伴移位为轻微伤，有移位则构成轻伤。在临床诊断中，由于肺纹理叠影误读骨折并不罕见，这类骨折并不需要特殊治疗，但对量刑影响较大。

鼻骨骨折也是既常见又争议较大的一条轻伤标准。鼻骨单纯线性骨折伴明显移位才可评为轻伤。但在临床治疗时，医生可借助器械直接将这类移位复原，很多有经验的医生看一眼就可以操作。而事后补拍的 X 线片仅显示骨折。是否存在移位，只能依据病历记载或事后对医生的调查取证。

重伤鉴定中，普遍存在轻伤重定的状况，如休克这一条，释义中强调本条规定的重伤是指临床医学中进入休克抑制期的重度危及生命的情形，但经验不足的法医仅从字面理解将早期休克列入重伤范围，背离了重伤鉴定的本意。〔1〕

二、新标准损伤程度等级的划分

新标准将损伤程度等级分为重伤、轻伤、轻微伤。具体划分为：

重伤：使人肢体残废、毁人容貌、丧失听觉、丧失视觉、丧失其他器官功能或者其他对于人身健康有重大伤害的损伤，包括重伤一级和重伤二级。

轻伤：使人肢体或者容貌损害，听觉、视觉或者其他器官功能部分障碍

〔1〕 李卓凝："浅析人体损伤程度鉴定标准"，载《人民法院报》（理论版）2014 年 1 月 22 日，第 6 版。

或者其他对于人身健康有中度伤害的损伤，包括轻伤一级和轻伤二级。

轻微伤：各种致伤因素所致的原发性损伤，造成组织器官结构轻微损害或者轻微功能障碍。

三、新标准对鉴定时机的规定

以原发性损伤为主要鉴定依据的，伤后即可进行鉴定；以损伤所致的并发症为主要鉴定依据的，在伤情稳定后进行鉴定。

以容貌损害或者组织器官功能障碍为主要鉴定依据的，在损伤 90 日后进行鉴定；在特殊情况下可以根据原发性损伤及其并发症出具鉴定意见，但须对有可能出现的后遗症加以说明，必要时应进行复检并予以补充鉴定。

四、新的损伤鉴定标准对鉴定结果的影响

1. 部分程度上消除了原标准模糊的界限。旧标准使用时，由于重伤和轻伤之间有时界限模糊，司法实践中，鉴定人不得不加上偏轻偏重的字眼。在审判工作中，对法官量刑起到了很好的引导作用。而新的损伤标准，正是借鉴了这种做法，将损伤程度分为重伤一级、重伤二级，轻伤一级、轻伤二级，轻微伤五级标准，各级之间达到上下限存在衔接。分级的细化既便于鉴定人操作，又对量刑规范化起到促进作用。

如前所述的鼻骨骨折，除鼻骨粉碎性骨折外，新的标准仅评定为轻微伤，合并上颌骨额突骨折或鼻中隔骨折，以及双侧鼻骨骨折等情形构成轻伤二级；旧标准可定为轻伤的外伤性鼓膜穿孔仅定为轻微伤，六周穿孔不能自行愈合才可构成轻伤二级。肋骨骨折单根无论是否伴移位，均构成轻微伤；两根才可构成轻伤二级。

2. 新标准具有特色的鉴定原则。

伤病关系处理原则：如对伤病共存的情形强调，本次损伤为主要作用的，既往伤/病为次要或者轻微作用的，应依据本标准相应条款进行鉴定。损伤与既往伤/病共同作用的，即二者作用相当的，应依据本标准相应条款适度降低损伤程度等级，重伤可鉴定为轻伤，轻伤可鉴定为轻微伤。既往伤/病为主要作用的，不宜进行损伤程度鉴定，只说明因果关系。

医疗因素排除原则：不因及时就医减轻损伤程度评定，而有医疗损害因素介入不得加重原发损伤程度的评定。

例外性原则：反应性精神病、癔症等，均为内源性疾病，不宜鉴定损伤程度。原发性损伤及衍生情况为主原则：如“伤后因其他原因死亡的个体，其生前损伤比照本标准相关条款综合鉴定”，“移植器官损伤参照相应条款综合鉴定”。器官离断（包括牙齿脱落），经再植、再造手术成功的，按损伤当时情形鉴定损伤程度。

五、现今新标准法律适用

损伤行为发生在2014年1月1日之后，自然采用新的标准。

损伤发生在2014年1月1日之前的，遵循从旧兼从轻原则。其中，未经审判或者正在审判的案件鉴定时仍适用旧的标准。但如用新的标准不构成损伤或损伤程度较轻的，可采用新颁布的标准。

已发生法律效力的判决或裁定，未见明显错误的，但当事人及其代理人以新的标准对自己有利提起重新鉴定的，不予受理。但对旧标准使用提出质疑，经依法审查确实存在问题的，人民法院可依据旧的标准委托重新鉴定。技术部门应对目前审理案件涉及损伤鉴定标准使用问题向委托机构提出意见。

第六节 损伤与疾病共存的鉴定

司法实践中，经常会遇到当事人自身有一定的疾病，在案发过程中又受到了伤害，这就涉及到损伤和疾病之间的关系问题。如果不考虑当事人疾病的存在笼统的以损伤后果进行鉴定，必然会导致对致害人的不公平。因此，损伤和疾病共存的情况下，如何进行损伤程度的鉴定，就显得尤为重要。

损伤与疾病共存时涉及到损伤参与度的问题，关于二者的关系，目前比较一致的观点是五等级划分方法，即损害的现成后果，单纯由损伤引起，与疾病无关；单纯由疾病引起，与损伤无关；损伤是主要原因，疾病为辅助因素；损伤是次要原因，疾病为主要原因；损伤和疾病为对等原因。对于前两种情况，没有争议。具体到后三种情况损伤程度的鉴定，学术界有三种观点，第一种是按现存的损害的后果评定损伤程度，在鉴定书中说明伤与病的因果关系。支持这一观点的人认为现有的损伤程度鉴定标准只有损害后果的条款，而且具体到单个损伤的损伤参与度太复杂，没有公认的标准作依据，不易掌握，而且如此鉴定出庭作证时容易应付。不足的是司法机关只会根据损伤程度来处理，构成重伤的为公诉案件，对被告处予刑罚，而无法考虑伤与病的因果关系，特别是当疾病为主要原因，损伤仅为诱因和促发因素时，这一缺陷更突出。第二种是按损害的后果，降低一个级别（即构成重伤的鉴定为轻伤，构成轻伤的鉴定为轻微伤）进行评定，支持这一观点的考虑到伤与病之间的关系，但笼统地一律降低一个级别未能判定伤与病究竟在损害后果中所起的作用。第三种是涉及伤与病的因果关系时，一律不评定损伤程度，只分析损伤和疾病与现存损害后果之间的因果关系，其不足是不利于司法机关处罚当事人。〔1〕本书认为以上三种观点各有利弊，建议在涉及损伤与疾病关系时，依照损伤参与度来评定损伤程度，损伤为主要原因的，以现存后果评定损伤程度，说明因果关系；损伤与疾病为对等原因的，降低一个级别评定损伤程度（即构成重伤的评定为轻伤，构成轻伤的评定为轻微伤）；损伤为次要原因的，不评定损伤程度，仅说明损伤与现存后果的因果关系。这一问题的难点在于损伤参与度目前尚无权威性的标准，有待于今后在法医学鉴定实践中完善。

第七节 损伤程度的评定时机

损伤程度的评定时机，视损伤评定主要依据的不同情况而区别对待。对于以损伤当时的原发性损伤为主要评定依据的，损伤程度评定时机无大的争议。对于以损伤的后果或者结局为主要评定依据的，应当在医疗终结，状态稳定后进行。难点在于如何确定是否医疗终结。本书认为应把握以下几点：治疗情况应以当地县市级医院现有平均的正常诊疗水平为准，特殊治疗，如美容、整形手术、康复治疗、非必需的二期手术治疗，不能作为尚未医疗终结的依据；骨折内固定术后，确定涉及关节功能状况的，应以骨折内固定取出术后经一月功能锻炼作为治疗终结时间；涉及功能障碍的，应有病理解剖学基础，不能把因长期固定缺少活动所致的关节僵硬当成关节强直；对治疗终结时间意见不一致时，可组织临床相关专业进行讨论，确定其是否医疗终结；对于损伤当时确已达到轻伤以上程度，但医疗尚未终结，无法确定是否

〔1〕 苏立言：“损伤程度法医学鉴定有关问题探讨”，载 http://jianding.chinacourt.org/public/detail.php? id =719。

构成重伤的，因处理案件需要，可先出具目前构成轻伤的鉴定，是否构成重伤，待医疗终结后再鉴定。

第八节　有医疗因素参与的损伤程度的鉴定

当事人受伤后，必然要进行医疗救治，这就会在损伤中加入医疗因素，如果医疗过程中出现了医疗差错乃至医疗事故的，该如何评定？对于有医疗因素参与的损伤程度的鉴定，不能因临床治疗好转，预后良好而减轻原损伤程度，也不能因医疗护理处置失当而加重原损伤程度，这是一个基本的原则。难点在于具体操作过程中，如何掌握。因临床治疗好转，预后良好的损伤，如在损伤当时危及生命的损伤（休克、心肺等损伤）、损伤可能遗留严重后果的损伤（如断肢断指）经再植或再造而功能恢复较好的、特殊治疗（如整形、美容、择期的二期手术）预后良好的，依据损伤当时的原发性损伤评定损伤程度没有什么争议。

对于因患者不配合治疗、拒绝治疗、消极治疗而致损害后果加重的损伤程度评定意见也比较一致，即不能以现存后果，应以正常治疗的结局为依据。关键是在损伤的诊疗过程中遇到医疗护理处置失当，可能存在医疗纠纷时，损伤程度如何评定。本书认为应把握以下几点：判断医疗护理处置是否失当应以就诊医疗单位实际现有的平均正常诊疗水平为依据，不能忽视目前我国医疗机构条件水平参差不齐、尚有老少边穷山区就医困难的实际情况，单纯以教科书和二甲、三甲医院的条件水平为标准；应判断现存的损害后果是诊疗失当造成还是损伤的并发症。具体而言：一是把握有无诊疗失当，而且此诊疗失当是否可以造成现存的后果。二是即使有前述的诊疗失当，还应考虑损伤当时的伤情，是否可能造成现存后果（并发症）的出现，这也可能涉及损伤与医疗护理失当对现存后果参与度的问题。三是把握并发症的两个基本特征，并发症是由损伤或疾病直接引起的；并发症是能够预见但难以避免和防范的。若依据现有的医疗条件和水平能够避免和防范的，则不属于并发症。

第六章　工伤事故劳动能力鉴定

20世纪是人类发展史中一个灿烂辉煌的时代。人类的智慧在科学与技术上得以淋漓尽致的发挥，人类的生产方式和生活方式发生了根本变化。然而，技术是一把双刃剑，在给人们带来舒适、高效、快捷和财富的同时，也带来了人们在生产中的生命风险、环境危害、生态破坏、火灾和交通事故等一系列负面影响。全世界每年死于工伤事故和职业病危害的人数约为110万（其中约25%为职业病引起的死亡）。这比媒体所报道的每年交通事故死亡99.9万人、暴力死亡56.3万人、局部战争死亡50.2万人和艾滋病死亡31.2万人都要多，因此职业工伤和职业病成为人类的最严重的死因之一。在人类职业领域，每天有3000人死于工作，每分钟有2人因工伤导致死亡。国际劳工组织估计劳动疾病到2020年将翻一番。在这些工伤事故和职业危害中，发展中国家所占比例甚高，如中国、印度等，事故死亡率比发达国家高出1倍以上。[1]

第一节　工伤概述

在我国，每年由于人为技术导致的意外事故（工伤事故和交通事故）每年有10多万人丧生。其中最严重的是道路交通事故，每年死亡8万多人，其次是矿山事故，特别是煤矿事故，每年矿山因工死亡1万多人，其中煤矿占90%以上。随着社会改革和经济快速发展，很多用工单位的安全生产问题，

---

〔1〕段淼、吴宗之："我国工伤事故现状分析及工伤预防对策研究"，载《中国职业安全健康协会2007年学术年会论文集》，2007年11月版。

已经成为当前生产问题中的突出矛盾，成为全社会关注的热点。

一、工伤的基本概念

工伤，顾名思义，因工负伤。“伤”是指由于生产和工作的不安全、不卫生等因素，造成雇员负伤、残疾和死亡。其中对“负伤”、“残疾”和“职业病”都有比较严格的界定。“负伤”是指因生产事故造成雇员的器官和生理功能受到部分损害。“残疾”为永久性的部分或全部丧失劳动能力，它是指遭受损害之后，虽经医疗，仍不能完全康复，以致身体或智力功能部分或全部丧失。“职业病”是指雇员在生产过程中，由于职业性毒害而引起的疾病，它有两个比较明显的特征：一是在较长时间内逐渐形成，属于缓发性伤残；二是多数表现为较长时间的体内器官生理功能的损伤，很少有痊愈的可能，属于不可逆性损伤。

根据国际劳工大会历年来通过的有关公约，概括地讲，工伤是指“由于工作直接或间接引起的事故”。在国际劳工大会最初讨论的工伤概念中，工伤的范围并不包括职业病，但随着对劳动者权益的重视程度加强，各国逐渐将职业病纳入工伤的范围，并以国际公约的形式确定了现在的工伤的概念。[1]

《中国职业安全卫生百科全书》中，将中国法律中所规定的“工伤”概括为：“企业职工在生产岗位上，从事与生产劳动有关的工作中，发生的人身伤害事故、急性中毒事故。职工即使不是在生产劳动岗位上，但是由于企业设施不安全或劳动条件、作业环境不良而引起的人身伤害事故，也属于工伤。”

二、工伤的法律界定

广义的“工伤”，是指雇员在受雇佣期间因事故而受伤，狭义的“工伤”只强调在工作过程中雇员直接受到伤害，间接损害不包括在工伤范围内。我国现行立法中没有对工伤的概念进行具体的界定，仅仅采用列举式的方法对工伤的范围作出了规定。立法种对工伤的规定分为三种情况：

（一）应当认定为工伤的情形

《工伤保险条例》（2003 年 4 月 27 日中华人民共和国国务院令第 375 号公

〔1〕 孙明秋主编：《工伤事故索赔指南》，中国法制出版社 2009 年版，第 4 页。

布，根据2010年12月20日《国务院关于修改〈工伤保险条例〉的决定》修订，2011年1月1日起施行）（以下简称《工伤保险条例》）第14条规定：职工有下列情形之一的，应当认定为工伤：

- 在工作时间和工作场所内，因工作原因受到事故伤害的；
- 工作时间前后在工作场所内，从事与工作有关的预备性或者收尾性工作受到事故伤害的；
- 在工作时间和工作场所内，因履行工作职责受到暴力等意外伤害的；
- 患职业病的；
- 因工外出期间，由于工作原因受到伤害或者发生事故下落不明的；
- 在上下班途中，受到非本人主要责任的交通事故或者城市轨道交通、客运轮渡、火车事故伤害的；
- 法律、行政法规规定应当认定为工伤的其他情形。

2010年12月20日，国务院第136次常务会议通过了《国务院关于修改〈工伤保险条例〉的决定》。《决定》对2004年1月1日起施行的《工伤保险条例》作出了修改，扩大了上下班途中的工伤认定范围，同时还规定了除现行规定的机动车事故以外，职工在上下班途中受到非本人主要责任的非机动车交通事故或者城市轨道交通、客运轮渡、火车事故伤害，也应当认定为工伤。

（二）视同工伤的情形

《工伤保险条例》第15条规定：职工有下列情形之一的，视同工伤：

- 在工作时间和工作岗位，突发疾病死亡或者在48小时之内经抢救无效死亡的；
- 在抢险救灾等维护国家利益、公共利益活动中受到伤害的；
- 职工原在军队服役，因战、因公负伤致残，已取得革命伤残军人证，到用人单位后旧伤复发的。

此外，全国总工会劳动保险部（65）险字第760号文件及劳动部的一些复函规定了某些伤害虽不同于工伤，但可比照工伤处理，主要有：在本单位的食堂就餐，因食物中毒致病残或死亡的；参加本单位或上级单位举行的体育运动比赛时负伤、致残或死亡的；因医疗事故导致伤残、死亡的；因工作调动在往返途中非本人原因造成的责任事故；在前单位已医疗终结的工伤，调往新单位后旧伤复发的；职工在工作中由于特殊原因（如加班加点等）犯病而死亡的。[1]

（三）不得认定或视同工伤的情形

《工伤保险条例》第16条的规定：职工符合本条例第14条、第15条的规定，但是有下列情形之一的，不得认定为工伤或者视同工伤：

- 故意犯罪的；
- 醉酒或者吸毒的；
- 自残或者自杀的。

从以上规定来看，有关法规对工伤从正反两个方面用列举的方式界定了工伤的概念，具有很强的操作性和可适用性。

第二节 工伤事故

工伤事故是指职工在从事劳动生产过程中，由于操作不当、违反安全生产规程、机械故障或意外事件等，导致发生生产事故，进而引发人身伤亡或财产损失。一般来说，发生生产事故都是过失事件或意外事件，但对受伤的职工而言，给予必要的救济是社会保障的基本义务。

一、工伤事故的概念

关于工伤事故，不同的国家有不同的称谓。第13次国际劳动统计会议使用了雇用事故的定义，它是指由雇用引起或在雇用过程中发生的事故（工业事故和上下班事故）。我国国家标准《企业职工伤亡事故分类标准》（GB6441－86）中指出，伤亡事故指企业职工在生产劳动过程中发生的人身伤害、急性中毒。

根据《企业职工伤亡事故分类标准》的规定及《工伤保险条例》的基本

---

〔1〕 孙明秋主编：《工伤事故索赔指南》，中国法制出版社2009年版，第4页。

精神，工伤事故应该是指适用《工伤保险条例》的所有用人单位的职工在工作过程中发生的人身伤害和急性中毒事故。即职工在本岗位工作，或虽不在本岗位工作，但由于其所在单位的设备和设施不安全、管理不善，以及本单位领导指派到本单位以外从事工作时，所发生的人身伤害和急性中毒事故。其本质特征是由于"工作原因"直接或间接造成的伤害和急性中毒事故。

在我国工伤事故又被称为劳动事故，有广义、狭义之分。从狭义上讲，工伤事故是指企业职工和个人雇工在工作时间、工作场所内，因工作原因所遭受的人身损害，以及罹患职业病的意外事故。[1]《工伤保险条例》第1条规定："为了保障因工作遭受事故伤害或者患职业病的职工获得救治和经济补偿，促进工伤预防和职业康复，分散用人单位的工伤风险，制定本条例。"根据该《条例》的基本精神，我国工伤事故赔偿中所指称的工伤事故采用的是广义，既包括突发性伤害事故，又包括罹患职业病。

职业病就是指《职业病防治法》中授权卫生部会同劳动保障部制定的职业病目录中的疾病。按照职业病防治法的规定，职业病是指企业、事业单位和个体经济组织（以下统称用人单位）的劳动者在职业活动中，因接触粉尘、放射性物质和其他有毒、有害物质等因素而引起的疾病。根据职业病防治法的这一规定，结合工伤保险条例中关于适用范围的有关规定，条例中规定的患职业病的，主要是指条例覆盖范围内的所有用人单位的劳动者在职业活动中，因接触粉尘、放射性物质和其他有毒、有害物质等因素而引起的疾病。

二、工伤事故的类型

根据损伤原因划分，工伤事故类型可以分为物体打击、车辆伤害、机械伤害、起重伤害、触电、淹溺、灼烫、火灾、高处坠落、坍塌、冒顶、透水、放炮、火药爆炸、瓦斯爆炸、锅炉爆炸、容器爆炸、其他爆炸、中毒、窒息以及其他伤害。

根据伤害程度，工伤事故可以分为轻伤事故、重伤事故和死亡事故。轻伤事故是指一般伤害不太严重，造成职工肢体伤残或某些器官功能性或器质性轻度损伤，表现为劳动能力轻度或暂时丧失的伤害。轻伤事故经过短暂的休息和治疗即可恢复工作能力，不会留有不良后果。

---

〔1〕 孙明秋主编：《工伤事故索赔指南》，中国法制出版社2009年版，第6页。

关于重伤事故，按照劳动部《关于重伤事故范围的意见（试行）》（[60]中劳护久字第56号）的规定，有下列情形之一的均为重伤事故：①经医生诊断为残废或可能成为残废的。②伤势严重，需要进行较大的手术才能挽救的。③人体要害部位严重的灼伤、烫伤或非要害部位的灼伤、烫伤占全身面积的1/3以上。④严重骨折（胸骨、肋骨、脊椎骨、锁骨、肩脾骨、腕骨、腿骨和脚骨等因受伤引起骨折、严重脑震荡等）。⑤眼部受伤较剧，有失明可能。⑥手部伤害。大拇指轧断一节，食指、中指。无名指、小指任何一只轧断两节或任何两只各轧断一节的；局部肌腱受伤甚剧，引起机能障碍，有不能自由伸曲的残废可能的。⑦脚部伤害。脚趾轧断3只以上的；局部肌腱受伤甚剧，引起机能障碍，不能行走自如，可能残废的。⑧内部伤害。内脏损伤，内出血或伤及腹膜等。⑨凡不在上述范围内的伤害，经医生诊断后，认为受伤较重，可根据实际情况参考上述各点审查确定。

死亡事故包括当时死亡或伤后一个月内死亡的事故，多人事故是指同时伤亡3人或3人以上的事故。

三、工伤事故的法律特征

工伤事故的法律特征是评定工伤事故性质、确定工伤事故责任的必要要件，具有如下特征：[1]

1. 工伤事故是发生在各类企业（包括私人雇工）中的事故。工伤事故存在于各类企业之中。所谓企业，准确的概念应当是“用人单位”。《工伤保险条例》使用“用人单位”这个概念，但是没有具体界定，2010年12月20日，国务院第136次常务会议通过了《国务院关于修改〈工伤保险条例〉的决定》第2条中规定：“中华人民共和国境内的企业、事业单位、社会团体、民办非企业单位、基金会、律师事务所、会计师事务所等组织和有雇工的个体工商户（以下称用人单位）应当依照本条例规定参加工伤保险，为本单位全部职工或者雇工（以下称职工）缴纳工伤保险费。”“中华人民共和国境内的企业、事业单位、社会团体、民办非企业单位、基金会、律师事务所、会计师事务所等组织的职工和个体工商户的雇工，均有依照本条例的规定享受工伤保险待遇的权利。”因此，现行的“用人单位”是指我国境内企业、事业

[1] 杨立新：“工伤事故的责任认定和法律适用”，载《法律适用》2003年第10期。

单位、社会团体、民办非企业单位、基金会、律师事务所、会计师事务所等组织和有雇工的个体工商户。企业应当包括全民所有制企业和集体所有制企业单位、私营企业、三资企业。换言之，只要雇用职工为自己提供劳务，与自己有劳动关系的企业或者个体工商户、个人合伙，都属于本条例“用人单位”，都应当按照本条例的规定，保障职工的权利，都是《工伤保险条例》所调整的范围。

不属于企业的国家机关、事业单位、社会团体的职工也应受到相应的保护。因此，本《工伤保险条例》第 62 条规定：“国家机关和依照或者参照国家公务员制度进行人事管理的事业单位、社会团体工作人员遭受事故伤害或者患职业病的，由所在单位支付费用。”“其他事业单位、社会团体以及各类民办非企业单位的工伤保险等办法，参照本条例另行规定。”可见虽然不属于企业职工，但是也应当按照相应规定享受工伤待遇。

2. 工伤事故是各类企业、个体工商户雇用的职工遭受人身伤亡的事故。在各类企业以及个体工商户的经营中，会经常发生各类事故。工伤事故指的是职工即劳动者的人身伤亡事故，而不是财产遭受损害的事故。这里的职工即劳动者，指的是各类企业和个体工商户以及合伙所雇佣的职工，包括工人和职员。

判断职工的标准，就是《工伤保险条例》第 61 条所规定的职工概念：“是指与用人单位存在劳动关系（包括实施劳动关系）的各种用工形式、各种用工期限的劳动者。”确定一个人是不是职工，就是要确定用人单位与职工之间是不是存在劳动法律关系，也就是确认他们之间是不是存在劳动合同关系。确立劳动合同关系，应当签订书面劳动合同，凡是有书面劳动合同的，应当认定其有劳动关系。如果没有书面劳动合同，但是在事实上构成了劳动合同关系的，也应当视为有劳动关系，是事实上的劳动关系，按照劳动关系同等对待。至于用工的种类和用工的期限，都不是特别考虑的因素。应当注意的是，劳动关系与加工承揽关系是有严格区别的。加工承揽关系是承揽合同关系，是以交付劳动成果为标的合同关系，而不是以劳动力的交换为标的的劳动合同关系。例如，在个人按照约定的时间提供劳动服务的小时工，并不是雇用合同关系，而是与雇用小时工的保洁公司签订的定作合同，是以交付劳动成果为标的承揽合同关系，因此，雇用小时工的个人并不承担小时工的工伤保险责任，该责任应当由小时工所属的公司承担。

3. 工伤事故是职工因工作原因发生的事故。各类企业的职工都是民事主体，都享有身体权、健康权和生命权。这些权利在任何场合都有遭受伤害的可能性。工伤事故在发生的时间和场合上有明确的限制，只限于企业职工在工作中因工致伤致死的范围，其他时间和场合发生的事故，即使是侵害了职工的上述权利，也不在工伤事故范围之中。判断工伤事故，应当掌握最基本的三个因素，即工作时间、工作场合和工作原因。因此，凡是职工在工作时间、工作场合因工作原因所遭受的人身损害，就是工伤事故。工伤事故还包括患职业病。无论是患何种职业病，均与工作有关，都是在工作时间、工作场合和因工作原因所造成的损害，因此，都属于工伤事故的范围。根据《工伤保险条例》的规定，把“因工作原因”作为认定工伤的核心。认定为工伤的情形在把握时应主要考虑是否因工作原因，视同工伤的情形在把握时应严格掌握法律的规定，在作出不得认定为工伤的决定时应有充分的证据。对于职工在工作时间和工作场所内受到的伤害，是否属于履行工作职责所致，在工伤认定过程中，应对各方面情况进行综合分析，没有证据否定职工所受到的伤害与履行工作职责有必然联系的，在排除其他非履行工作职责的因素后，应认定为履行工作职责。

4. 工伤事故是在企业与受害职工之间产生权利义务关系的法律事实。工伤事故一经发生，就在工伤职工与用人单位之间产生相应的法律上的后果，构成一种损害赔偿的权利义务关系，工伤职工或者工伤职工的亲属有要求赔偿损失的权利，企业有赔偿受害人及其亲属损失的义务。按照《工伤保险条例》规定，工伤事故的救济办法是按照保险的形式进行，这其实是转嫁工伤风险，将用人单位的责任转嫁给工伤保险机构。用人单位向工伤保险经办机构交纳保险费，职工遭受工伤事故造成人身损害，由保险机构向工伤职工提供劳动保险待遇。这种工伤保险的权利义务关系，就是工伤事故发生后产生的基本的法律关系。

四、现行我国工伤事故处理程序

最高人民法院《关于审理人身损害赔偿案件适用法律若干问题的解释》和国务院《工伤保险条例》对工伤事故的范围、处理程序、赔偿标准作了比较具体的规定。这些规定明确了因工伤事故赔偿产生的纠纷均属于劳动争议范畴，一律适用劳动争议处理程序，劳动仲裁是其前置程序，不再适用一般侵权赔偿的标准和程序。

根据《工伤保险条例》的规定，工伤事故发生后，企业或工伤职工及其亲属应向当地劳动行政部门提出工伤报告或工伤保险待遇申请，申请劳动行政部门作出工伤认定，向劳动鉴定委员会申请伤残鉴定。如对劳动行政部门作出的工伤认定不服，可按照行政诉讼程序处理；对劳动鉴定委员会伤残鉴定不服的可申请复查，向上一级劳动鉴定委员会申请重新鉴定，以省级劳动鉴定委员会的结论为终局结论。从以上规定可看出，工伤事故认定和处理属于行政程序。

立法建立工伤保险制度，本意是为了更好的保护劳动者的利益，使劳动者在工伤事故发生后能及时获得救济。但立法与我国社会状况和经济条件尚有距离，现实生活中，很多用人单位、个体经济组织都未参加工伤保险。加之某些工作具有短期性、临时性特征，指望用人单位和个体经济组织都为职工或雇工缴纳工伤保险基金既不可能也不现实。而对没有参加工伤保险的用人单位和个体经济组织，在发生工伤事故后工伤保险机构并不承担责任，劳动者亦不能从工伤保险机构获得救济，所有的赔偿和补偿均来自于用人单位。工伤事故既然也是侵权行为，其处理程序当然应该按民事诉讼程序处理，因此我国现行工伤事故处理程序并不完全相同。用人单位参加了工伤保险的，因为受伤职工要从工伤保险机构享受工伤待遇，在发生工伤事故后应当按《工伤保险条例》规定的程序处理。而对于没有为职工办理工伤保险的用人单位和个体经济组织，在发生工伤事故后，劳动者并不能从工伤保险机构享受到工伤待遇，所有的赔偿和补偿均来自于用人单位。由受伤职工或其家属以雇佣关系或劳务关系直接按民事诉讼程序直接向人民法院提起民事诉讼，案由是提供劳务者受害纠纷，无需申请劳动行政机构作工伤认定，也不必将劳动仲裁作为起诉的前置程序。

第三节　劳动关系

一、概述

劳动关系是指国家机关、事业单位、企业、社会团体和个体经济组织（统称为用人单位）与劳动者个人之间，依据劳动法律规范，签订劳动合同，劳动者接受用人单位的领导和管理，从事用人单位安排的工作，成为用人单位的成员，从用人单位领取报酬和受劳动法律保护所产生的权利义务关系。劳动关系是用人单位和劳动者之间的一种稳定权利义务关系，对劳动者来说，稳定的劳动关系可以免除后顾之忧，对用人单位来说，稳定的劳动关系是企业长期发展所必需。

我国《劳动合同法》第 7 条规定："用人单位自用工之日起即与劳动者建立劳动关系。用人单位应当建立职工名册备查。"第 10 条规定："建立劳动关系，应当订立书面劳动合同。已建立劳动关系，未同时订立书面劳动合同的，应当自用工之日起一个月内订立书面劳动合同。用人单位与劳动者在用工前订立劳动合同的，劳动关系自用工之日起建立。"由此可见，劳动者从用工之日即与用人单位建立了劳动关系，劳动合同只是劳动关系存在的书面证明，是属于形式要件。

二、事实劳动关系的认定

劳动合同时劳动关系存在的有效证明，然而，在现实生活中，用人单位没有与劳动者签订书面劳动合同的现象很普遍，形成了事实上的劳动关系。事实上的劳动关系与劳动关系相比，仅欠缺了书面合同这一形式要件，并不影响劳动关系的成立。劳动者可以通过劳动仲裁的程序确认存在事实劳动关系。如何认定事实劳动关系呢？

认定事实劳动关系的主要依据是劳动和社会保障部《关于确立劳动关系有关事项的通知》（劳社部发［2005］12 号）的部门规章。该规章第 1 条规定："用人单位招用劳动者未订立书面劳动合同，但同时具备下列情形的，劳动关系成立：用人单位和劳动者符合法律、法规规定的主体资格；用人单位依法制定的各项劳动规章制度适用于劳动者，劳动者受用人单位的劳动管理，从事用人单位安排的有报酬的劳动；劳动者提供的劳动是用人单位业务的组成部分。"

存在事实劳动关系的证据包括：用人单位工资支付凭证或记录（职工工资发放花名册）、缴纳各项社会保险费的记录；用人单位发给职工的"工作证"、"派工证"、"上岗证"等能够证明其身份的证件；职工填写的用人单位招工、招聘"登记表"、"报名表"、其他劳动者的证言等招用记录；用人单位考勤记录（考勤表、出勤卡）以及其他能够证明劳动者与用人单位存在事实劳动关系的证据。

三、劳动关系和劳务关系

（一）二者的概念

劳动关系是指国家机关、事业单位、企业、社会团体和个体经济组织（统称为用人单位）与劳动者个人之间，依据劳动法律规范，签订劳动合同，劳动者接受用人单位的领导和管理，从事用人单位安排的工作，成为用人单位的成员，从用人单位领取报酬和受劳动法律保护所产生的权利义务关系。

劳务关系是指用人单位或个人与劳动者依据民事法律规范，口头或书面约定，由劳动者向另一方提供一次性的或者是特定的劳务，另一方依约向劳动者支付劳务报酬的一种有偿服务的权利义务关系。

（二）劳动关系和劳务关系的区别

1. 法律关系的主体资格不同。劳动关系中的一方应是符合法定条件的用人单位，包括国家机关、事业单位、企业、社会团体或个体经济组织，另一方只能是自然人，而且必须是符合劳动年龄条件，且具有与履行劳动合同义务相适应的劳动权利能力和劳动行为能力的自然人。

劳务关系的主体类型较多，如可以是两个用人单位，也可以是两个自然人，也可以一方是用人单位、另一方是自然人。法律法规对劳务关系主体的要求，不如对劳动关系主体要求的那么严格。劳动部《关于贯彻执行〈中华人民共和国劳动法〉若干问题的意见》在第一部分适用范围中对此进一步界定，其中第1条："劳动法第二条中的'个体经济组织'是指一般雇工在七人以下的个体工商户。"1994年劳动部办公厅《关于如何确认临时工用工主体的复函》（劳办发［1994］109号）中曾经指出，私人包工负责人也是用工主体，即私人个人也可能成为劳动关系中的用工主体。但是，2002年6月24日劳动和社会保障部在《关于废止原劳动部办公厅关于如何确认临时工用工主体两个复函的通知》（［2002］108号）中明确废除了上述复函。因此，自然人不能以个人名义成为劳动关系中的用工主体，最低限度的要求是必须为经过工商登记的个体工商户。

2. 双方当事人的关系不同。劳动关系当事人一方劳动者是用人单位中的一员，作为用人单位的员工，遵守用人单位的规章制度（如考勤、考核等），双方主体间不仅存在财产关系即经济关系，还存在人身关系，即行政隶属关系，反映的是一种持续性的生产要素结合关系。用人单位可以对员工严重违反劳动纪律和规章制度、严重失职、营私舞弊等行为进行处理，有权依据其合法的规章制度解除劳动者的劳动合同，或者给予警告、记过、降职等处分。

劳务关系当事人一方劳务提供者不是用人单位的成员，不受用人单位的规章制度的约束，双方之间不存在领导和被领导的隶属关系，而是一种平等主体之间的关系，反映的是一次性的商品交换关系。劳务关系的双方主体之间只存在财产关系，即经济关系，不存在行政隶属关系，没有管理与被管理、支配与被支配的权利和义务。劳动者提供劳务服务，用人单位支付劳务报酬，各自独立、地位平等。这是劳动关系与劳务关系最基本和最明显的区别。

3. 劳动支配权、劳动风险责任不同。劳动关系当事人一方用人单位组织劳动，享有劳动支配权，因而有义务承担劳动风险责任。在劳动者与用人单位之间存在附随义务，如用人单位应当为员工缴纳各项社会保险等。在劳动关系中，劳动风险由用人单位承担，如果劳动者在劳动过程中发生工伤事故或职业病，风险全部由用人单位来承担。

劳务关系当事人一方劳务提供者自行安排劳动，一般不存在附随义务，由劳动者自己承担劳动风险责任，如居民不必为其雇用的家政服务人员承担缴纳社会保险的义务。如果劳动者在劳动过程中受到意外伤害，就不能按照工伤来处理，只能依据民事法律规范来解决。

4. 劳动报酬的性质和支付方式不同。由劳动关系发生的劳动报酬称为工资，具有按劳分配的性质。分配关系通常包括表现为劳动报酬范畴的工资和奖金，以及由此派生的社会保险关系等。用人单位向劳动者支付的工资应遵循按劳分配、同工同酬的原则，工资支付方式为持续性的、定期的支付，一般是按月支付，有规律性。工资支付必须遵守当地有关最低工资标准的规定。

由劳务关系发生的劳动报酬称为劳务费，它具有劳务市场价格属性。劳务费由双方协商确定，当事人根据权利义务平等、公平等原则事先约定报酬。劳务关系多为一次性的即时清结或按阶段按批次支付，没有一定的规律。

5. 合同内容受国家干预程度不同。劳动合同的条款及内容，国家常以强制性法律规范来规定。如劳动合同的解除，除双方当事人协商一致外，用人单位解除劳动合同必须符合《劳动法》规定的条件等。而劳务合同受国家干预程度低，在合同内容的约定上主要取决于双方当事人的意思自治，除违反国家法律、法规的强制性规定外，由双方当事人自由协商确定。

6. 作息时间的规定不同。在劳动合同中，用人单位必须严格按照《劳动法》和国家有关规定合理安排劳动者的工作时间和休息休假，如果用人单位要求劳动者在法定休息休假时间劳动的，必须按照法律规定支付额外的加班工资，等等。对于劳务合同而言，除双方另有约定以外，劳务提供者可以自行安排提供劳务的时间。至于是否在法定节假日提供劳务，每天提供多少时间的劳务等问题，双方可以自行约定。劳务报酬的数量，由双方直接在劳务合同中约定，不因劳务提供的具体时间而改变。即使每天提供劳务的时间超过了八小时，或者每周超过四十小时，或者在法定节假日期间提供劳务的，劳务提供者不得据此要求额外的报酬。

7. 工具、设备等物质的提供不同。在劳动关系中，用人单位必须具备一定的厂房和办公场所、仪器、设备等物质条件，为劳动者的劳动提供必要的安全卫生保障和防护设备。这也是用人单位从事生产经营活动的前提，是其招用职工从事生产活动的基本条件。劳动者仅仅负责提供劳动力。在劳务关系中，工具、设备等物质条件的提供，如果合同中未做约定的，一般情况下应由劳务提供者提供。因为劳务关系中，劳务提供者的义务主要是提供符合约定的劳务成果，至于劳务的提供方式，由劳务提供者自行决定。

8. 内部规章制度的约束力不同。劳动合同是一种特殊的雇佣契约或者说从属的雇佣契约。企业对职工遵守内部规章制度的情况有进行奖惩的单方权力。用人单位经职工大会或者职工代表大会通过的规章制度，或未设职工代表大会的用人单位经股东大会、董事会等权力机构或依相应民主程序制定的规章制度，只要不违反国家法律、行政法规及政策规定，并尽到告知义务的，一旦发生劳动争议，这些规章制度将和劳动合同一起作为处理问题的依据。而劳务合同双方发生争议，只有劳务合同本身可以作为解决争议的依据，任何一方的内部规章制度不能成为双方权利义务的依据。

9. 违反合同产生的法律责任不同。劳动合同不履行、非法履行不仅产生民事责任，而且产生行政责任，如用人单位支付劳动者的工资低于当地的最低工资标准，劳动行政部门责令用人单位限期补足低于标准部分的工资，拒绝支付的劳动行政部门同时还可以给用人单位警告等行政处分。劳务合同所产生的责任只有民事责任——违约责任和侵权责任，不存在行政责任。

10. 履行合同中的伤亡事故处理不同。根据《企业职工工伤保险试行办法》的规定，作为劳动者的职工在为用人单位工作过程中发生伤亡事故的，只要不是劳动者的故意行为造成的伤害，即使是劳动者过失违章行为所致，都应认定为工伤。工伤事故的损害赔偿，适用的是无过错原则。也就是说，即使用人单位没有过错，仍然应当对遭受工伤的劳动者承担赔偿责任。

劳务关系不适用工伤事故处理的有关规定。劳务提供者在提供劳务过程中遭受人身损害的，只能按照《民法通则》的规定由过错方来承担赔偿责任，即过错原则。也就是说，损害事故的发生，全部是由于劳务提供者的过错（包括故意和过失）产生的，则由劳务提供者自己承担责任；劳务关系双方对事故的发生都有过错的，由双方按照各自的过错程度承担赔偿责任；对于事故的发生没有过错的，不承担赔偿责任。

11. 保护时效不同。作为一般民事案件，劳务争议当事人请求人民法院保护的时效适用《民法通则》第135条之规定，即2年。《中华人民共和国劳动争议调解仲裁法》第27条规定：劳动争议申请仲裁的时效期间为1年。仲裁时效期间从当事人知道或者应当知道其权利被侵害之日起计算。

12. 适用的法律和纠纷解决的途径不同。劳动关系中产生的纠纷是用人单位与劳动者之间的纠纷，劳动关系由《中华人民共和国劳动法》和《中华人民共和国劳动合同法》规范和调整。基于劳动关系发生的纠纷属于劳动争议纠纷，劳动争议仲裁委员会的仲裁程序是劳动争议诉讼的前置程序。劳务关系中产生的纠纷是平等主体的双方在履行合同中所产生的纠纷，劳务关系由《中华人民共和国民法通则》和《中华人民共和国合同法》进行规范和调整。建立和存在劳务关系的当事人之间是否签订书面劳务合同，由当事人双方协商确定，所发生的纠纷不属于劳动争议纠纷，当事人可以直接向人民法院起诉来解决。

第四节 工伤保险

一、工伤保险的概念及起源

工伤保险又称职业伤害保险。工伤保险是通过社会统筹的办法，集中用人单位缴纳的工伤保险费，建立工伤保险基金，对劳动者在生产经营活动中遭受意外伤害或职业病，以及由此造成死亡、暂时或永久丧失劳动能力时，给予劳动者及其实用性法定的医疗救治以及必要的经济补偿的一种社会保障制度。这种补偿既包括医疗、康复所需费用，也包括保障基本生活的费用。

1951 年 2 月 26 日，原劳动部颁布《劳动保险条例》，确立了中国的工伤保险制度。1996 年原劳动部根据劳动法的有关规定发布了《企业职工工伤保险试行办法》(劳部发［1996］266 号)。2003 年 4 月 27 日，国务院颁布了《工伤保险条例》，该条例共分 8 章 64 条，自 2004 年 1 月 1 日起施行。2010 年 12 月 12 日，国务院颁发 586 号令，对《工伤保险条例》若干条目进行了修改，并自 2011 年 1 月 1 日起施行。

二、工伤保险的特点

1. 工伤保险对象的范围是在生产劳动过程中的劳动者。由于职业危害无所不在，无时不在，任何人都不能完全避免职业伤害。因此工伤保险作为抗御职业危害的保险制度适用于所有职工，任何职工发生工伤事故或遭受职业疾病，都应毫无例外地获得工伤保险待遇。

2. 工伤保险的责任具有赔偿性。工伤即职业伤害所造成的直接后果是伤害到职工生命健康，并由此造成职工及家庭成员的精神痛苦和经济损失，也就是说劳动者的生命健康权、生存权和劳动权受到影响、损害甚至被剥夺了。因此工伤保险是基于对工伤职工的赔偿责任而设立的一种社会保险制度，其他社会保险是基于对职工生活困难的帮助和补偿责任而设立的。

3. 工伤保险实行无过错责任原则。无论工伤事故的责任归于用人单位、职工个人或者第三者，用人单位均应承担保险责任。

4. 工伤保险不同于养老保险等险种，劳动者不缴纳保险费，全部费用由用人单位负担。即工伤保险的投保人为用人单位。

5. 工伤保险待遇相对优厚，标准较高，但因工伤事故造成的职工伤残等级的不同而有所差别。

6. 工伤保险作为社会福利，其保障内容比商业意外保险要丰富。除了在工作时的意外伤害，也包括职业病的报销、急性病猝死保险金、丧葬补助(工伤身故)。

商业意外险提供的则是工作和休息时遭受的意外伤害保障，优势体现为时间、空间上的广度。例如上下班途中遭遇的意外，如果是机动车交通事故造成的伤害则可以由工伤赔偿，其他情况的意外伤害则不属于工伤的保障范围。2010 年 12 月 20 日，国务院第 136 次常务会议通过了《国务院关于修改

〈工伤保险条例〉的决定》。《决定》对2004年1月1日起施行的《工伤保险条例》进行了修改，在赔付方面，医疗费用通常是由工伤保险先报销后，商业保险扣除已赔付部分对剩下的金额进行赔偿。身故或残疾保险金则是分别按照约定额度给付，不存在冲突现象。通常建议将商业意外险作为社保的补充和完善。

三、工伤保险的作用

1. 工伤保险作为社会保险制度的一个组成部分，是国家通过立法强制实施的，是国家对职工履行的社会责任，也是职工应该享受的基本权利。工伤保险的实施是人类文明和社会发展的标志和成果。

2. 实行工伤保险保障了工伤职工医疗以及其基本生活、伤残抚恤和遗属抚恤，在一定程度上解除了职工和家属的后顾之忧、工伤补偿体现出国家和社会对职工的尊重，有利于提高他们的工作积极性。

3. 建立工伤保险有利于促进安全生产，保护和发展社会生产力。工伤保险与生产单位改善劳动条件、防病防伤、安全教育、医疗康复、社会服务等工作紧密相联。对提高生产经营单位和职工的安全生产，防止或减少工伤、职业病，保护职工的身体健康，至关重要。

4. 工伤保险保障了受伤害职工的合法权益，有利于妥善处理事故和恢复生产，维护正常的生产、生活秩序，维护社会安定。

四、工伤保险遵循的原则

工伤保险遵循以下十个原则：

1. 无责任补偿（无过失补偿）原则。该原则是指工伤保险在补偿工伤职工时，不追究受害人责任，就是无论职工在事故中有没有责任（除职工本人犯罪或严重失职外），都应依法得到补偿。根据我国《工伤保险条例》的规定，职工故意自残、自杀或犯罪、酗酒导致的伤亡，不认定为工伤，也得不到补偿。该原则是工伤保险最根本的原则，工伤保险之所以实行无责任补偿原则，原因有三个：

首先，工伤事故是意外发生的。每个劳动者都会在生产、工作时力求小心翼翼，确保自身安全，没有人愿意在工作中受伤。可以说，发生工伤事故都是意外的，所以工伤事故也被称做“意外伤害事故”。

其次，无责任补偿原则消除了劳动者的后顾之忧。无责任补偿原则使所有劳动者了解到，即使不幸发生了工伤，生活也是有保障的，这会激发他们工作的积极性。

最后，工伤保险是所有社会保险项目中适用条件最低、待遇水平最高的。正是由于工伤保险待遇水平较高、所以企业为此而缴纳的费用也较多，这会促使企业注意预防工伤事故的发生，保护劳动者的健康、安全。[1]

2. 国家立法、强制实施原则。该原则强调工伤保险的实施受到国家法律的规范，工伤保险的实施带有强制性质，所有的用人单位必须依法实行工伤保险。

3. 风险分担、互助互济原则。该原则是社会保险制度中的基本原则。首先，工伤保险是通过法律，强制征收保险费，建立工伤保险基金，采取互助互济的办法，分担风险。其次，在待遇分配上，国家责成社会保险机构对费用实行再分配。这种基金的分配使用，涉及人员之间、地区之间、行业之间的调剂。

4. 个人不缴费原则。用人单位应当按照统一规定的行业基准费率按时缴纳工伤保险费。职工个人不缴纳工伤保险费。

5. 因工伤残与非因工伤残区别对待原则。该原则强调对于由职业伤害引起的或与工作或职业病有直接关系的伤残，医疗康复、伤残补偿、死亡抚恤待遇均比其他保险水平高；只要是工伤，待遇上不受年龄、性别、缴费期限的限制。而对因病或非因工伤亡，与劳动者本人职业无关的事故补偿，国家规定的待遇水平比工伤待遇低得多。

6. 经济赔偿与事故预防、职业病防治相结合原则。该原则强调单位和职工个人应该做好事故预防和职业病防治，对于可以预见的工伤事故或可能引起职业病的情况，要采取相应的预防措施。

7. 一次性补偿与长期补偿相结合原则。对因工部分或完全丧失劳动能力，或是因工死亡的职工，职工和遗属在得到补偿时，工伤保险机构应支付一次性补偿金，作为对伤害者“精神”上的安慰。此外，对供养的遗属根据人数要支付长期抚恤金，直到他们不再符合供养条件为止。

8. 确定伤残和职业病等级原则。为了区别不同伤残和职业病状况，发放不同标准的待遇，各国在制定工伤保险制度时，都制定了伤残和职业病等级，

---

〔1〕 郑自文：《农民工法律援助指南：工伤事故篇》，中国经济出版社2004年版，第7页。

并通过专门的鉴定机构和人员对受职业伤害的职工受害程度予以确定。

9. 区别直接经济损失与间接经济损失原则。直接经济损失是指职工发生工伤事故后，个人所受的经济损失，与职工的直接经济收入相关，即职工的工资收入。直接经济损失必须给以及时的较优待的补偿。间接经济损失是指职工直接收入以外的其他经济收入的损失，包括兼职收入、业余劳动收入等。这部分收入不是人人都有，是不固定的额外收入，该部分损失不列入工伤保险的经济补偿范畴。

10. 集中管理原则。工伤保险是社会保险的一部分，无论从基金的管理、事故的调查，还是医疗鉴定，由专门、统一的非盈利的机构管理是各国普遍遵循的原则。

第五节 劳动能力鉴定

劳动者因工导致劳动能力不同程度的丧失，使劳动者可能因此不能再从事原本适合他的正常职业或工作，也可能造成其不能再从事任何工作的结果；当然还有另一种结果，那就是可能使劳动者本人恢复适合他的职业或工作。劳动能力鉴定的作用和职能是落实劳动者工伤待遇的基础和前提条件，也是工伤保险管理工作的一个重要环节。劳动能力鉴定是支付工伤保险待遇的主要依据。

劳动鉴定提供的正确结论，是确认、批准职工因工完全丧失劳动能力退出生产工作岗位（退休），以及对大部分丧失劳动能力或部分丧失劳动能力和未丧失劳动能力而进行不同程度的补偿、合理调换工作岗位和复工等工作的科学依据。确定职工致残后丧失劳动能力的程度，为保障他们享受国家《宪法》和《劳动法》规定的物质帮助权利和劳动就业的基本权利提供了依据，对保护劳动者的合法权益、维护社会稳定将起着极其重要的作用。

一、劳动能力鉴定的概念及法律依据

劳动能力鉴定，是指劳动者因工负伤或非因工负伤以及疾病等原因，导致本人劳动与生活能力产生不同程度的影响，由劳动能力鉴定机构根据用人单位、职工本人或者亲属的申请，组织劳动能力鉴定医学专家，根据国家制定的标准，运用劳动保障的有关政策，运用医学科学技术的方法和手段，确

定劳动者劳动功能障碍程度和生活自理障碍程度的一种综合评定的制度。

劳动能力鉴定又称工伤伤残鉴定，是指劳动者在工作生产中由于种种原因造成了劳动能力不同程度的损害，致使劳动者部分、大部分或完全丧失了劳动能力，由有关部门因此对劳动功能障碍程度和生活自理障碍程度的等级鉴定。伤残鉴定的意义不在确定是否构成工伤事故责任，而在于确定工伤事故责任的范围，确定工伤职工应享受何种工伤待遇。伤残鉴定与工伤认定一样都是进行工伤事故索赔的基础，关系到职工的切身利益。

根据《工伤保险条例》第 21 条的规定，职工发生工伤，经治疗伤情相对稳定后存在残疾、影响劳动能力的，应当进行劳动能力鉴定。根据《工伤保险条例》第 23 条的规定，劳动能力鉴定由用人单位、工伤职工或者其近亲属向设区的市级劳动能力鉴定委员会提出申请，并提供工伤认定决定和职工工伤医疗的有关资料。

二、工伤事故人身损伤类型

各种致残情况大致分为三类：器官损伤、功能障碍、职业病损伤。[1]

1. 器官损伤。器官损伤是工伤造成人体器官或肢体的直接损伤或者缺失，如手被机器绞断等；另外，由于器官功能严重衰竭，肢体严重损伤、感染而采取的器官切除和截肢手术也可以包括在器官损伤中。虽然器官的损伤、缺失较为直观和具体，评定伤残等级也有严格清晰的界定，在损伤发生或者器官切除、修补时就可以决定伤残等级，但是，对器官损伤的鉴定要等到临床手术后修复创伤、伤口愈合以后进行。一旦临床上治愈或好转（主要指伤口愈合），就可以进行伤残等级鉴定。

2. 功能障碍。《劳动能力鉴定职工工伤与职业病致残等级》在总则部分规定："对功能障碍的判定，应以评定伤残等级技术鉴定时的医疗检查结果为依据"，所以对功能障碍的鉴定时间应当是评定伤残等级技术鉴定时，这时功能恢复相对稳定。一般而言，功能障碍应在伤后半年以上评定，但最长不超过 18 个月。因为根据生理病理学知识，功能恢复需要一段时间，半年以上功能恢复才能相对稳定，但是经过 18 个月还不能恢复的，将留下后遗症不再进展。如果把技术鉴定时间无期限拖延下去，更加不利于职工利益的保护。

---

〔1〕 庄供胜、刘志新主编：《伤残鉴定与劳动事故》，人民法院出版社 1997 年版，第 28 页。

3. 职业病损伤。同意外事故造成的工伤致残不一样、职业病对人体的损害主要是内科伤害，而且病情可能在不同时间有变化，很难有准确的医疗终止期。所以，职业病没有一个最佳的评定时间，只有一个相对的评定时间，而且进行伤残评定之后外不像意外事故造成的工伤评残那样基本稳定。

三、劳动能力鉴定的标准

劳动能力鉴定的标准是劳动能力鉴定时所依据的尺度，是确定工伤职工伤残等级的标准，根据《工伤保险条例》的有关规定，劳动能力鉴定标准由国务院社会保险行政部门会同国务院卫生行政部门等部门制定。中国目前实施的工伤职工劳动能力鉴定标准是2006年国家发布的《劳动能力鉴定—职工工伤与职业病致残等级分级》（GB/T 16180 - 2006）。该标准是在国家技术监督局《职工工伤与职业病致残程度鉴定》（GB/T16180 - 1996）的基础上修订而成的，相对于旧标准，工伤偿付标准不变，评残的条文数则由过去的470条增加到572条，工伤职工致残等级鉴定有了新依据。另外该标准从器官损伤、功能障碍、医疗依赖及护理依赖4个方面，将工伤、职业病致残等级分解为5个门类，划分为10个等级共572个条目，条目增加了102条，使眼科、胸、腹外科等有了对号入座的评残条文。具体条文鉴于篇幅不再详述。该标准是工伤鉴定的国家标准，标准共分十级，其中，符合标准一级至四级的为全部丧失劳动能力，五级至六级的为大部分丧失劳动能力，七级至十级的为部分丧失劳动能力。

对伤残应进行比较客观的分级，以器官缺损、功能障碍、医疗依赖及护理依赖的程度为主要依据进行综合评定，适当考虑一些特殊情况造成的心理障碍或生活质量的损失。对职业病的评残应与职业病的分级诊断保持一致。现将鉴定标准分级的主要依据作以下说明：

1. 器官损伤。工伤事故往往会造成器官损伤，器官损伤的结局主要是器官的缺失和部分缺损，它可能是工伤直接造成某人体器官肢体的直接损伤或者缺失，如肢体直接缺失，也可能是由于器官功能严重衰竭、肢体严重损伤、感染而采取的器官切除和截肢手术。器官缺损是损伤的最严重的后果，因此，评定的伤残级别也较高。在构成一级伤残的12种情形中，因器官、肢体缺损的就有7种。职业病损害没有器官缺损，因此，职业病评残中没有一级伤残。器官的损伤缺失较为直观和具体，在标准的条款中规定得非常清晰，争议较少，很容易认定。

2. 功能障碍。任何损伤都会导致不同程度的功能障碍，根据导致功能障碍的原因，功能障碍分为两种情况：由于外伤性器官损伤造成的功能障碍和职业病等内科疾病造成的功能障碍。器官损伤（如被截肢）造成的功能障碍一般是永久性的，很难改变；而职业病等内科疾病造成的功能障碍往往是暂时的，随着时间的延长，会得到改善或恶化。工伤后功能障碍的程度与器官缺损的部位及严重程度有关，职业病所致的器官功能障碍与疾病的严重程度有关。对功能障碍的判定，应以医疗期满后的医疗检查结果为依据，根据评残对象逐个确定。需要注意的是：由于器官损伤造成的功能障碍一般是永久性功能障碍，所以致残程度的评定一次鉴定，终身不变；但是，对于职业病造成的功能障碍而言，这种功能障碍一般是暂时性的，在得到有效治疗和脱离有害环境以后，功能障碍能够得到恢复，或者由于工作环境长期得不到改善等原因，功能障碍也可能会恶化，因此需要重新鉴定。除此之外还有一种特殊情况，比如通过医疗科学技术的发展，如器官移植，人工器官可以代替器官功能，工伤职工进行了肢体再造或者器官移植以后，原已致残的器官功能得到恢复，伤残情况随之发生变化，在此之前进行的伤残等级评定已经不能如实反映职工现在的伤残情况，因此也需要重新评级鉴定。

3. 医疗依赖。指伤病致残后，工伤医疗期满后仍然未能脱离治疗的情况。一般情况下，常规的住院治疗结束以后，工伤医疗期满，但是工伤医疗期满并不等于完全治愈，伤者病情稳定，出院后还需维持治疗，但是这种医疗可以在家中自己或者由亲属协助完成，在家中的维持治疗就是医疗依赖。根据损伤评残后对医疗依赖的程度，分为需要特殊医疗依赖、需要一般医疗依赖、有医疗依赖、无医疗依赖四种情况。这种划分对于评定伤残等级是非常重要的客观标准。

4. 护理依赖。这主要是根据伤残后对基本生活内容能否自理来判断的。基本的生活自理内容主要有5项：进食；翻身；大、小便；穿衣；洗漱；自我移动。如果伤者自己不能完成5项生活内容之一，需要他人帮助的，就是护理依赖。护理依赖的程度分为三级：生活完全不能自理，上述5项均需护理的为完全护理依赖；生活大部分不能自理，上述5项中有3项需要护理的为大部分护理依赖；部分生活不能自理，上述5项中1项需要护理的为部分护理依赖。护理依赖程度也是评定伤残等级的重要指标。

四、鉴定机构

根据《工伤保险条例》的规定，伤残等级鉴定的机构是劳动能力鉴定委员会。伤残等级必须由劳动能力鉴定委员会鉴定，也就是说只有劳动能力鉴定委员会做出的伤残等级鉴定才能成为工伤职工享受相应工伤待遇的依据；只有法医鉴定机构的伤残鉴定意见，而没有劳动能力鉴定委员会所做的伤残鉴定，是不能作为享受相应工伤待遇依据的。

根据《工伤保险条例》的规定，劳动能力鉴定委员会分为两级，省级劳动能力鉴定委员会和设区的市级劳动能力鉴定委员会。伤残鉴定应首先由设区的市级劳动能力鉴定委员会组织进行，设区的市级劳动能力鉴定委员会的鉴定意见是第一级的鉴定意见；用人单位、职工或者其直系亲属对该鉴定意见不服的，可以向省级劳动能力鉴定委员会申请重新鉴定，省级的劳动能力鉴定委员会的鉴定意见是最终的鉴定意见。

五、工伤伤残鉴定的程序

工伤伤残程度鉴定，涉及劳动者、用人单位和国家的实际利益，伤残等级和伤残评定时间更是直接关系到劳动者的利益，因此，《工伤保险条例》中对伤残鉴定的程序、鉴定机构等都作出了原则性规定，各个地方也根据该条例制定了伤残鉴定的具体办法。一般程序如下：

1. 申报。申请人携带申报材料到市劳动能力鉴定委员会提出鉴定申请，经市劳动能力鉴定委员会办公室审核，申请人所报材料符合进行劳动能力鉴定（确认）条件的，签发《工伤职工劳动能力鉴定、确认受理通知书》，申请人提供材料不完整的，应当场或在10个工作日内签发《劳动能力鉴定、确认补正材料通知书》。

2. 鉴定。设区的市级劳动能力鉴定委员会收到劳动能力鉴定申请后，应从其建立的医疗卫生专家库中随机抽取3名或者5名相关专家组成专家组，并约请和安排专家鉴定的时间、地点，通知工伤职工届时前来接受鉴定。自出具受理通知书之日起，60日内作出劳动能力鉴定意见，因伤情复杂，涉及医疗卫生专业较多的，鉴定工作时限可以适当延长，但延长时限不得超过30日。劳动能力鉴定工作应当客观、公正。劳动能力鉴定委员会组成人员或者参加鉴定的专家与当事人有利害关系的，应当回避。

3. 送达鉴定文书。《工伤职工劳动能力鉴定（确认）结论通知书》于作出之日起20个工作日分别送达工伤职工（或其直系亲属）和用人单位。

六、申请劳动能力鉴定的时机

一般而言，伤残等级鉴定是在工伤医疗期满时进行。虽然医疗期尚未满，但是工伤职工的病情处于相对稳定阶段的，也可以进行伤残等级鉴定。工伤对人体致残的情况和结局千差万别，由于伤残性质、健康恢复状况、单位和个人的实际情况不同，对不同的个人、不同的伤残确定的医疗期限是不同的，因此进行鉴定的最佳时间也不尽一样。

七、伤残鉴定所需材料

评定任何一个器官的致残等级，都要有原始的病历记录作为依据，其中包括病历记录、手术记录、病理报告等，这些材料由申请人在提出伤残鉴定申请时提供。此外，必要时，劳动能力鉴定委员会还要安排被鉴定人到指定的医院进行诊断，该诊断结果也是进行伤残评定的依据。因工伤残职工在医疗终结后应携带如下资料到当地社保机构申请伤残等级评定：

- 身份证原件；
- 工伤认定书；
- 社保部门出具《工伤职工劳动能力鉴定、确认受理通知书》；
- 身份证原件及复印件；
- 反映残情及面容的彩色5寸照片2张、1寸证件照5张；
- 定点医院诊断证明及出院证明；
- 相关的工伤诊断资料（包括：医院诊断证明书、住院病历、出院小结、X光、CT等检验资料），重要的仪检报告单（如：MRI、ECT）等医疗资料。

八、劳动能力复查鉴定

伤残鉴定是对职工工伤医疗期满、伤情相对稳定时的伤残情况进行的鉴定，伤残鉴定一旦按照正常程序确定下来，除了职业病所致的某些特殊规定外，一般都不再发生变化。但是人的生命机体会不断发生变化，同时医学科学也在不断发展，某些看似稳定的伤情可能出现新的病变，或者过去无法治愈的疾病现在可以得到有效的治疗，甚至是某些现在还不能有效治疗的疾病，将来可能获得突破。随医疗技术不断发展，经进一步治疗后职工的伤情有可能会得到改善，这带来伤残等级变化的结果，因此需要进行劳动能力复查鉴定。劳动能力复查鉴定是指在劳动能力鉴定意见作出之日起 1 年后，工伤职工或其直系亲属、其所在单位或者经办机构认为残情发生变化，向劳动能力鉴定委员会提出复查鉴定申请，劳动能力鉴定委员会依据国家标准对其进行鉴定，作出劳动能力鉴定意见。该鉴定意见是调整受伤职工工伤待遇的依据。

九、伤残鉴定异议

根据《工伤保险条例》的规定，劳动能力鉴定由设区的市级劳动能力鉴定委员会作出；对该鉴定意见不服的，可以在收到鉴定意见之日起 15 日内向省、自治区、直辖市劳动能力鉴定委员会提出再次鉴定申请。省、自治区、直辖市劳动能力鉴定委员会作出的劳动能力鉴定意见为最终结论。

在劳动能力鉴定中设立两级鉴定的形式，主要是为了给申请人提供再次鉴定的救济渠道。因为在劳动能力鉴定工作中有可能会出现鉴定的有失公允或者申请人主观认为鉴定的结论不客观公正的情况，给申请人提供再次鉴定的机会，不仅体现了劳动能力鉴定从程序上的科学性，也体现了劳动能力鉴定工作的公正性。

申请人对鉴定意见不服的，可以在收到鉴定意见之日起 15 日内向省、自治区、直辖市劳动能力鉴定委员会提出再次鉴定申请，这是一个时效性规定。如果申请人超过了 15 日才向上一级劳动能力鉴定委员会提出申请，上级劳动能力鉴定委员会可以以超过时效为由不予受理。同时，劳动能力鉴定委员会的鉴定意见是不可诉的。

第六节　工伤保险待遇

工伤保险待遇也叫工伤伤残待遇，是指职工因工发生暂时或永久人身健康或生命损害的一种补救和补偿，其作用是使伤残者的医疗、生活得到保障，使工亡者的遗属的基本生活得到保障。工伤保险待遇的高低，项目的多少，取决于国家或该地区的经济发展水平和人们的社会生活水平。

工伤保险待遇主要内容包括医疗康复待遇、伤残待遇和死亡赔偿待遇。医疗康复待遇包括治疗费、医药费、住院费用，以及在规定的治疗期内的工资待遇。伤残待遇包括一至十级工伤伤残职工的一次性伤残补助金；需要护理的，还可以享受生活护理费；需要安装辅助器具的，由基金支付费用。死亡待遇包括丧葬补助金、供养亲属抚恤金，一次性工亡补助金。

根据劳动者的工伤伤残等级，《工伤保险条例》对应相应的伤残等级规定了不同的伤残待遇：

一、一级至四级伤残待遇

职工因工致残被鉴定为一级至四级伤残的，保留劳动关系，退出工作岗位，享受以下待遇：

1. 从工伤保险基金按伤残等级支付一次性伤残补助金，标准为：一级伤残为27个月的本人工资，二级伤残为25个月的本人工资，三级伤残为23个月的本人工资，四级伤残为21个月的本人工资。

2. 从工伤保险基金按月支付伤残津贴，标准为：一级伤残为本人工资的90%，二级伤残为本人工资的85%，三级伤残为本人工资的80%，四级伤残为本人工资的75%。伤残津贴实际金额低于当地最低工资标准的，由工伤保险基金补足差额。

3. 工伤职工达到退休年龄并办理退休手续后，停发伤残津贴，享受基本养老保险待遇。基本养老保险待遇低于伤残津贴的，由工伤保险基金补足差额。

职工因工致残被鉴定为一级至四级伤残的，由用人单位和职工个人以伤残津贴为基数，缴纳基本医疗保险费。

二、五级至六级伤残待遇

职工因工致残被鉴定为五级、六级伤残的，享受以下待遇：

1. 从工伤保险基金按伤残等级支付一次性伤残补助金，标准为：五级伤残为18个月的本人工资，六级伤残为16个月的本人工资。

2. 保留与用人单位的劳动关系，由用人单位安排适当工作。难以安排工作的，由用人单位按月发给伤残津贴，标准为：五级伤残为本人工资的70%，六级伤残为本人工资的60%，并由用人单位按照规定为其缴纳应缴纳的各项社会保险费。伤残津贴实际金额低于当地最低工资标准的，由用人单位补足差额。

经工伤职工本人提出，该职工可以与用人单位解除或者终止劳动关系，由用人单位支付一次性工伤医疗补助金和伤残就业补助金，具体标准由省、自治区、直辖市人民政府规定。

三、七级至十级伤残待遇

职工因工致残被鉴定为七级至十级伤残的，享受以下待遇：

1. 从工伤保险基金按伤残等级支付一次性伤残补助金，标准为：七级伤残为13个月的本人工资，八级伤残为11个月的本人工资，九级伤残为9个月的本人工资，十级伤残为7个月的本人工资。

2. 劳动合同期满终止，或者职工本人提出解除劳动合同的，由用人单位支付一次性工伤医疗补助金和伤残就业补助金，具体办法由省、自治区、直辖市人民政府规定。

根据《辽宁省工伤保险实施办法》（［2005］第187号）第18条规定：五级、六级伤残的工伤职工本人提出与用人单位解除或者终止劳动关系的，由用人单位支付一次性工伤医疗补助金和一次性伤残就业补助金，同时终止工伤保险关系。一次性工伤医疗补助金支付标准按照所在市上年度职工月平均工资计算，其中五级为16个月，六级为14个月；一次性伤残就业补助金按照工伤职工本人月工资计算，不得低于所在市月最低工资标准，其中五级为28个月，六级为24个月。

七级至十级伤残的工伤职工劳动合同期满终止或者本人提出解除劳动合同的，由用人单位支付一次性工伤医疗补助金和一次性伤残就业补助金，同时终止工伤保险关系。一次性工伤医疗补助金的支付标准按照所在市上年度职工月平均工资计算，其中七级为12个月，八级为10个月，九级为8个月，十级为6个月；一次性伤残就业补助金的支付标准按照工伤职工本人月工资计算，不得低于所在市月最低工资标准，其中七级为20个月，八级为16个月，九级为12个月，十级为8个月。

2010年12月20日，国务院第136次常务会议通过了《国务院关于修改〈工伤保险条例〉的决定》，其中对以上规定进行了修改：“经工伤职工本人提出，该职工可以与用人单位解除或者终止劳动关系，由工伤保险基金支付一次性工伤医疗补助金，由用人单位支付一次性伤残就业补助金。一次性工伤医疗补助金和一次性伤残就业补助金的具体标准由省、自治区、直辖市人民政府规定。”即一次性工伤医疗补助金改由工伤保险基金支付，企业只支付一次性伤残就业补助金，这减轻了企业的负担。

四、职工因工死亡及因公外出下落不明的待遇

职工因工死亡，其直系亲属按照下列规定从工伤保险基金领取丧葬补助金、供养亲属抚恤金和一次性工亡补助金。

1. 丧葬补助金为 6 个月的统筹地区上年度职工月平均工资。

2. 供养亲属抚恤金按照职工本人工资的一定比例发给由因工死亡职工生前提供主要生活来源、无劳动能力的亲属。标准为：配偶每月 40%，其他亲属每人每月 30%，孤寡老人或者孤儿每人每月在上述标准的基础上增加 10%。核定的各供养亲属的抚恤金之和不应高于因工死亡职工生前的工资。供养亲属的具体范围由国务院劳动保障行政部门规定。

3. 一次性工亡补助金标准为上一年度全国城镇居民人均可支配收入的 20 倍。

职工因公外出期间因意外事故下落不明的，从事故发生当月起 3 个月内工资照发，从第 4 个月起停发工资，由工伤保险基金向其供养亲属按月支付供养亲属抚恤金。生活有困难的，可以预支一次性工亡补助金的 50%。职工经人民法院宣告死亡的，按照职工因工死亡的规定处理。

五、停工留薪期的工伤待遇

停工留薪期是指职工因工负伤、患职业病需要接受工伤医疗而暂停工作，由用人单位继续发给原工资福利待遇的一段期间。停工留薪期一般不超过 12 个月，伤情严重或者情况特殊，经劳动能力鉴定委员会确认，可以适当延长，但延长不得超过 12 个月。在停工留薪期内，原工资福利待遇不变，由所在单位按月支付。工伤职工评定伤残等级后，停发原待遇，按照《工伤保险条例》的有关规定享受伤残待遇。工伤职工在停工留薪期满后仍需治疗的，工伤医疗待遇继续享受。生活不能自理的工伤职工在停工留薪期需要护理的，由所在单位负责。

六、生活护理费待遇

生活护理费是指工伤职工经评残并经劳动能力鉴定委员会确认需要生活护理的，由工伤保险经办机构从工伤保险基金中按月支付生活护理补助的费用。生活护理费按照生活完全不能自理、生活大部分不能自理或者生活部分不能自理3个不同等级支付，其标准分别为统筹地区上年度职工月平均工资的50%、40%或者30%。

七、停止工伤待遇

根据《工伤保险条例》第42条的规定，工伤职工有下列情形之一的，停止享受工伤保险待遇：丧失享受待遇条件的；拒不接受劳动能力鉴定的；拒绝治疗的；被判刑正在收监执行的。

八、用人单位未参加工伤保险的工伤待遇

用人单位未参加工伤保险的，职工因工作遭受事故伤害或者患职业病，应按照什么标准享受工伤待遇，所需费用谁负责支付?

根据《工伤保险条例》第60条的规定，用人单位依照本条例规定应当参加工伤保险而未参加的，由社会保险行政部门责令改正；未参加工伤保险期间用人单位职工发生工伤的，由该用人单位按照本条例规定的工伤保险待遇项目和标准支付费用。用人单位对于参保和未参保职工的所负责任是一样的，只不过责任承担的方式不同，用人单位如果应缴纳而未缴纳工伤保险费，就要承担受伤职工工伤待遇的全部责任，同时保证参保和未参保职工在发生工伤时，享有工伤待遇的标准一致。

九、对工伤认定及工伤待遇异议的救济

工伤职工或者其近亲属对经办机构核定的工伤保险待遇有异议的，申请工伤认定的职工或者其近亲属、该职工所在单位对工伤认定申请不予受理的决定不服的，以及申请工伤认定的职工或者其近亲属、该职工所在单位对工伤认定结论不服的，有关单位或者个人可以依法申请行政复议，也可以依法向人民法院提起行政诉讼。社会保险行政部门作出认定为工伤的决定后发生行政复议、行政诉讼的，行政复议和行政诉讼期间不停止支付工伤职工治疗

工伤的医疗费用。

十、非法用工单位劳动者伤残、死亡的伤残鉴定

非法用工单位（无营业执照或者未经依法登记、备案的单位以及被依法吊销营业执照或者撤销登记、备案的单位）的职工遭受事故伤害或者患职业病，或者用工单位使用童工造成其伤残、死亡的。伤残职工或死亡职工的直系亲属、伤残童工或死亡童工的直系亲属都可以依法向单位所在设区市劳动能力鉴定委员会申请劳动能力鉴定，由用工单位按照劳动能力鉴定委员会确定的伤残等级和《非法用工单位伤亡人员一次性赔偿办法》（劳动和社会保障部［2003］第 19 号令）的规定标准支付一次性赔偿金。用工单位拒绝支付一次性赔偿的，劳动保障行政部门应责令其限期改正，拒不改正的由劳动保障监察部门按照《劳动保障监察条例》（国务院［2004］第 423 号令）第 30 条规定依法处理。

非法用工单位与伤残职工或死亡职工的直系亲属、伤残童工或死亡童工的直系亲属就一次性赔偿数额发生争议，提起劳动仲裁申请的，各级劳动争议仲裁委员会依照《劳动争议仲裁调解法》的规定，严格在法定的期限内立案受理，依法处理。需要确定伤残等级的，由劳动仲裁申请人持劳动争议仲裁委员会立案通知书到单位所在设区市劳动能力鉴定委员会申请伤残等级鉴定。

第七节　道路交通事故赔偿和工伤待遇的兼得与竞合

在职工工作中或者上下班途中，发生交通事故，就会出现交通事故与工伤重合的问题。当事人能否或者应否得到交通事故和工伤双份赔偿，是法律理论界和司法实际中都有争议的问题。具体操作全国各省市也不尽相同，具体有两种模式：

一、足额赔偿模式

北京、山东、新疆等省区在贯彻《工伤保险条例》由交通事故造成的工伤赔偿案中，受害者家属不仅能得到交通事故赔偿，还可以获得足额的工伤保险金的双份赔偿。

二、补充赔偿模式

四川、云南等少数省区均实行的是“补充赔偿”模式，工伤保险金将根据交通事故赔偿金额被扣减或抵消。

原劳动部1996年制定的《企业职工工伤保险试行办法》第28条规定，由于交通事故引起的工伤，应当首先按照《道路交通事故处理办法》及有关规定处理。交通事故赔偿已给付了医疗费、丧葬费、护理费、残疾用具费、误工工资的，企业或者工伤保险经办机构不再支付相应补偿（交通事故赔偿的误工工资相当于工伤津贴）。但交通事故赔偿给付的死亡补偿费或者残疾生活补助费低于工伤保险的一次性工亡补助金或者一次性伤残补助金的，由企业或者工伤保险经办机构补足差额部分，即“补充赔偿”模式。

国务院于2003年颁布的《工伤保险条例》删除了《企业职工工伤保险试行办法》中有关工伤“补充赔偿”模式内容。只是在条例第37条规定，职工因工死亡，其直系亲属可以从工伤保险基金中领取丧葬补助金和一次性工亡补助金等。四川省政府关于《工伤保险条例》的实施意见中明确规定，车祸肇事者赔过的应予以扣减。[1]

因此，关于在上下班途中发生交通事故，同时又符合工伤认定标准而认定为工伤的情形，到底该如何操作，迫切需要有关部门尽快出台规定予以明确。否则可能导致实务中的同案不同处理模式的尴尬局面，不利于工伤保险社会作用的发挥。

---

〔1〕 杜雪、亢颖：《交通事故人身损害赔偿指南》，电子科技大学出版社2008年版，第29页。

第七章　诈病和造作病鉴定

在损伤鉴定中，还有一类损伤是当事人往往基于特定目的自伤或有意的他伤所形成，包括诈伤和造作伤。

第一节　诈病鉴定

一、诈病的概念

诈病是指身体健康的人为了达到某种目的，假装或伪装患有某种疾病。[1]可见于伤害案件、意外事件的受害人或行为人。最常见的是伪装精神病，其他的有伪盲、伪装弱视、伪聋等。

广义的诈病还包括夸大病情。所谓夸大病情是指本身患有某种疾病，或者受到外力作用后身体有损伤，但是程度比较轻微，而当事人为了诉讼的目的，极力夸大疾病或者损伤，小病伪装成大病、重病，轻伤伪装成严重损伤，较轻的功能障碍伪装成严重功能障碍。夸大病情在活体鉴定中很常见，被害人希望通过夸大病情来加重自己损伤的程度，从而达到报复、惩罚对方的目的。

最典型的诈病是伪装精神病，常见的有伪装精神分裂症、躁狂抑郁性精神病、癔病、精神发育不全、癫痫等。伪装精神病之鉴别相当困难，鉴别伪装精神病的方法有多种，如使用测谎器、脑电描记等方法；也有人提出用心理学方法，例如连续不断地提问的方法，以使诈病者处于困惑不安或心不在

---

[1] 王有民主编：《法医实务教程》，陕西人民出版社 2007 年版，第 217 页。

焉的状态，从而使其暴露；还有心理测验的方法及麻醉分析等方法。实践证明，最基本的方法仍是临床观察的方法。因此，对有些疑似诈病者应办理住院，由有经验的专业医师亲自进行长时间的观察，充分掌握诈病者各方面的资料，加以分析判断，最后作出结论。

诈病的目的主要有以下几个方面：获得高额赔偿或劳保福利，比如通过诈病提高伤残鉴定等级，从而获得更多的赔偿；加重对方的惩罚，比如通过诈病使本来只是轻伤鉴定为重伤，本来只是轻微伤鉴定为重伤，这样都会加大对加害人的惩罚；达到为自己减刑、缓刑的目的，比如，通过诈病，使加害人的身体亦获得较重的损伤的鉴定结果，从而达到工伤或防卫的状态，由此实现减刑、缓刑等目的。

二、诈病的特点

诈病之伪装往往来自于诈病者本人的医学知识、过去患病的经历，也有模仿他人患病之表现的，表现出以下特点：

1. 诈病的表现富有表演色彩，往往呈现过分的夸张和矫揉造作，有人形容诈病者，“瞎”得比盲人还瞎，“聋”得比聋人还聋，“震颤”得比帕金森氏病还厉害。

2. 诈病者往往乐于述说自己的痛苦和不幸，并且讲得很详细，但往往主观症状多，缺乏可供检查的客观体征。如果症状是发作性的，则多有间歇期，即发作后往往有一个短暂的无症状期，如在白天发作，夜间往往无症状而安静入睡。

3. 绝大多数诈病者对医师检查不合作，不服从检查和治疗，对暗示疗法不产生效果。

4. 伪造、涂改病历及医学文件是伪装者惯用的手段。伪装精神病者更多的是由亲人或朋友协助，向医生提供虚假的陈述，加上伪装者的努力，使门诊医生有可能写不出真实的病历和诊断证明。

5. 有许多伪诈是在医务人员的帮助下进行的。主要手段是为当事人提供虚假病历、虚假报告单、虚假影像学资料片等。

6. 被检人原来就有某种病或某种功能障碍，本与外伤无关，但却试图说成是外伤的结果，从而达到加重损伤程度的目的。

由此可见，诈病者往往有目的明确，症状相似，病情特殊，表现混乱，病史牵强附会，身体检查欠合作等表现。诈病表现的形式多种多样，一般包括伪装头痛、伪聋、伪盲、伪装瘫痪、伪装精神病、伪装抽搐、为装失语，等等。

三、诈病的司法鉴定

对诈病的司法鉴定应注意以下方面：

1. 了解案情。首先应了解诈病的动机和目的。这一点，往往从案情调查中可以发现。有时委托单位会首先向鉴定人提出自己的怀疑，必要时可以向有关单位调查了解，对于揭露诈病意义非常重大。2006 年 10 月 1 日，某女因生意与人发生争执，半年后，其提供医院病历，称受伤造成癫痫，要求法医鉴定。病历记载其住院期间癫痫大发作两次，诊断为：外伤性癫痫。鉴定人阅其伤后头颅 CT 未发现明显异常，体格检查未发现明显伤痕，体表无碰撞痕迹，舌无咬伤。[1]鉴定人在查询病情时态度诚恳、认真，听其言，观其行。病人详细叙述了受伤过程，称头部受伤是他人在平土地上倒拖双腿时形成，自己一直用双手在脑后护头，头部向前勾起。癫痫在医院住院期间发生，在上厕所时有预感，急速奔回病房，在病床上发作。丈夫述其在家中多次发生，每次均在床上发作，有次正在洗澡时大喊要发病，冲回床上发作。鉴定人结合其伤后头颅 CT 未发现明显异常，体格检查未发现明显伤痕，体表无碰撞痕迹，舌无咬伤的情况，认为其病程不符合癫痫的发生、发展规律，耐心地与病人谈心，得知其 3 年前因致他人重伤几乎获刑，立即与法院取得联系，发现 3 年前即有癫痫样发作，当时经司法精神病鉴定为癔症（癫痫样发作）；在掌握了充分、详实的证据后，法医果断地排除了癫痫。此案是利用损伤与疾病之间的关系，伪造外伤性癫痫诈病的典型病例。

2. 慎重对待送检医学文件。应仔细审查，如有怀疑并且条件许可时可重新检查 CT 片、X 线片等，或进行必要的调查。

3. 应用先进仪器检测。应当使用先进的检测手段如 MRI、CT、X 线、肌电图、脑电图、诱发电位等作为司法鉴定的辅助检查，以增加鉴定意见的可靠性。

4. 应与专科医生讨论。遇到专科问题应请教有关专家，增加鉴定意见的

---

〔1〕 王玉祥、郑国民："诈病的法医学鉴定 4 例"，载《刑事技术》2012 年第 1 期。

准确性。

5. 注意收集鉴定证据。收集到必要的证据是揭穿诈病者的重要手段。2007 年 6 月，万某因纠纷与人打架，致左膝部骨折，4 个月后要求鉴定。病历记载：患者左膝受伤后肿痛 1 小时。X 线片示：左胫骨平台骨折，无移位。给予石膏固定等治疗。诊断：左胫骨平台骨折。检验见：拄杖跛行，左下肢未见明显伤痕，拒绝活动，拒绝触诊。[1]鉴定过程中，鉴定人发现被鉴定人陈述不真实，遂嘱其进行左下肢功能恢复性锻炼。被鉴定人离开鉴定机构后，扔掉拐杖，大步流星，鉴定人发现后立即进行录像。在多次拒绝检查后，法医播放该录像，万某无言以对，表示愿意配合检查。因此，把握好时机和分寸，暗示或适度揭露诈病行为对进行真实的鉴定是非常有效的。

第二节　造作病（伤）鉴定

一、造作病的概念

造作病是指为了达到某种目的，自己或授意他人对自己身体造成伤害的，或故意夸大、改变原有伤情。[2]造作伤具有显而易见的症状和体征、多在其本人手容易达到的区域、在某种特殊部位造成损伤以表明是在特定情况下受伤、自伤者一般不会愿意冒生命危险或变成残疾。

造作伤属自伤，因而显示自伤的种种特征；但自伤他助者，由于是授意别人在自己身体上造作损伤的，可能超越自伤范畴，但仍然具备造作伤的一些基本特点，如损伤比较轻微，不在要害部位，不会损伤重要脏器，不会危及生命，多为切创等，这些和他杀损伤有本质的区别。

一般来说，造作伤均较轻微，但亦有达到重伤害程度的，如残毁肢体等，称为自残。自残往往发生在一些特定环境，有特定的目的，如战争期间士兵为逃避上前线，服刑犯人为达到保外就医的目的，等等。自残者往往采用超乎常人的手段，如战争期间用枪打断自己的腿造成残废，以逃避上前线；犯人为达到保外就医或提前出狱的目的，其方法和手段更是五花八门，轻者吞

[1] 王玉祥、郑国民："诈病的法医学鉴定 4 例"，载《刑事技术》2012 年第 1 期。

[2] 王有民主编：《法医实务教程》，陕西人民出版社 2007 年版，第 218 页。

服铁钉、水果刀，重者砸断或折断胳膊，等等。

精神病人的自伤行为是一种特殊情况，这种自伤可能达到非常残忍的程度，往往出乎常人想象，如用手指把自己的眼球抠出来等。精神病人的自伤不属于造作伤。需鉴定的造作伤，多以假案形式出现。如监守自盗者伪装被人打伤，伪装被人抢劫，在自己大腿内侧皮肤造作抓伤伪称被某人强奸，等等。

当事人造作伤的目的有以下几类：

诬陷他人。比如为了达到指控他人猥亵或强奸的目的，故意抓伤自己的身体；为了敲诈钱财而自伤，从而诬陷对方，借此机会向对方敲诈部分钱财。

转移对自己的怀疑。比如监守自盗者损伤自己的身体后谎称被人所伤，以达到转移对自己的怀疑的目的；为了贪污公款或盗窃公共财物而伪装被抢劫，声称在自卫搏斗中被“犯罪分子”损伤了自己的身体。

逃避追查。比如在看守所、拘留所、劳改队、监狱内的在押犯、犯罪嫌疑人，为了逃避审问或者骗取保外就医而自伤身体。

骗取荣誉。比如谎称在伤害的过程中进行了英勇搏斗，从而换取荣誉；还有的是为了骗取荣誉而平时就假装积极，当取得领导信任后，自伤后假报是与坏人作斗争的时候受的伤。此种情况的多见于部队的战士。

骗取钱财。有些人为了骗取劳保、福利、赔偿、休假等，而故意自伤，声称是意外性伤害。

二、造作伤的表现及特点

1. 有一定目的。如杀人后造作损伤，谎报自卫；贪污自盗公款后造作损伤伪装被抢；为骗取荣誉、信任而伪装与坏人搏斗；诬陷他人谋杀、强奸等。所以相当一部分造作伤以假案形式出现。作案人往往以受害者面目出现，鉴定人应保持清醒头脑，除对案情和现场仔细勘察、研究外，尤应对损伤特征、程度、部位加以注意。

2. 多为机械性损伤。造作伤多使用机械性损伤的方法，尤以切器造成的切、划伤多见，亦有使用刺器者，砍创罕见。有相当部分造作伤使用土块、石块造作钝器伤，大多为皮肤擦伤或皮下出血。偶可见到使用刺器造作损伤者，大多损伤皮肤、肌肉。用火器造作损伤，因缺乏医学知识或因不慎，也可造成重伤甚至导致死亡。

3. 损伤多较轻、不损及要害部位。无论使用何种致伤工具造作损伤，大都损伤轻微，不在致命部位，不损伤重要器官，更不会危及生命，这一点和造作者本人的目的是相适应的。例如，谎报被枪，自述被人用一重物打昏，但检查时仅见肩部轻微表皮擦伤。

4. 损伤部位多在自己双手可及部位。造作损伤多见于头顶、胸部、腹部及上下肢体，均为自己双手可达到之处，面部、颈部及手腕部少见，背部的可能性很小。自伤他助的情况则比较复杂，但亦不难根据其他特点加以判断。由于目的不同，损伤也可以在某些特定部位。如声称自卫者，损伤多位于前臂；谎报被强奸，损伤多位于大腿的内侧及会阴部；等等。

5. 切创比较多见。造作伤往往是数条表浅的切创平行排列在一起。可以想象，此种损伤之形成，往往只能在身体静止不动的情况下，进行连续的切、划方能形成。而在搏斗时，除非极特殊情况，是很难形成的。另外，造作伤可以表现出试探性损伤的特点，即在切创起始处，可见数条表浅平行排列的小切创，也称为犹豫创或试切伤。刺伤也会有这种表现，其特点为数个极表浅的小刺创。

6. 衣服的检查对造作伤的认定有不可忽略的意义。造作伤者在造作损伤时，一般不会通过衣服造作损伤，因为他要看到损伤的部位，以免危及生命。有时自伤者先在身体上造作损伤而后再在衣服上造作破口。所以检查者应注意衣服上有无损伤，如果有，和身体上损伤是否一次形成，同时观察衣服破损部位、长度、方向、性质等是否与身体的损伤相符合。

7. 在伤害案件鉴定中，造作伤常以逃避刑事责任，加重损伤程度，或反诬他人、恶意索赔为目的，不愿意也不需要威胁自己的生命或者给自己造成严重伤害。因此，造作伤程度一般是刚刚超过轻伤的下限，与标准的条文密切相关。造作伤的参与人在一定程度上了解鉴定标准的内容，也清楚造作伤具有较强的欺骗性，常常能蒙蔽鉴定人得到较为理想的鉴定意见。造作伤往往是在得知原始损伤构不成轻伤或者获悉对方的损伤达到轻伤后开始造作，与原始损伤有一定的时间间隔。

三、造作伤的司法鉴定

造作伤的鉴定，除了对损伤加以评价外，还应结合其他方面情况，如案情、现场等，综合加以评定。

1. 案情调查。在调查造作伤的时候一定要抓住问题的主要矛盾，一定要找准造作伤的目的和企图。通过伤者的亲属、亲友、邻居、同事、知情人等进行调查，了解事情发生的因果关系。还应了解调查伤者在伤前和伤后的言语、行为有无异常、对损伤是如何处理的，有无去医院看过医生等。应详细地、反复地询问伤者受伤的全过程，包括受伤的时间、地点、在场人、“凶手”是一人还是多人，“凶手”的相貌特征、双方站的位置关系、凶器种类及打击的部位、次数，有无抵抗伤等，对问话中有疑问的地方要进行追问和反复的提问，对伤者的陈述要注意有无矛盾的地方，有无过分的夸大、前后颠倒、不合逻辑性的地方，并要注意对十分关键的地方有无含糊其辞和企图蒙混过关的迹象。

2. 现场勘察。详细观察和记录现场情况，观察有无搏斗痕迹、血痕分布特点，收集各种物证（包括指纹、血痕、足迹等）。最好让当事人在现场表演当时受伤的情况，即所谓“事件的重演”，这种方法往往很有效。如果现场还保留的话，尽量亲自去现场看看，主要是看现场有无搏斗的情况、物品陈列是否整齐，血迹的分布情况和血滴血染的特征，有无凶器留在现场，凶器上的血迹是何血型，并要注意有无指纹、脚印和其他的遗留物等。

3. 损伤检验。观察损伤，推测可能的致伤工具。对伤者除要进行损伤的检验之外，同时也要进行必要的一些临床检查，认为有必要时也可进行一些特殊仪器的检查、生化检查、物证检查等。要对损伤检查时要注意检查损伤的分布情况、形态、性状、程度、方向、大小、有无平行的痕迹、有无试刀伤，对裂创还要注意检查创缘、创壁、创底、创角、有无组织间桥等特征。并应该注意有无人为故意破坏伤口和扩大伤口的情况。如果双方都有伤时，还要注意检查两个人的伤有无共同性，是否是同一个器具造成的，因为在司法实践中确实也碰到过，把他人致死后自己又造作伤，佯称是遭受侵害后而无奈，进行自卫时过当将人杀死的。

对于火器伤的鉴定检查，一定要检查出射击的距离，是接触射击还是伸入射击，要判别出近距离、远距离、跳弹伤、子弹的坠落伤等。尽可能地找到弹头和弹壳，并将子弹头和弹壳伤的痕迹进行鉴定，结合手枪做统一认定的鉴定。用枪做造作伤时，多为近距离的垂直射击，射入口周围可能有火药的烟灰、火药的颗粒。接触射击时，气体在皮下爆炸，造成星芒状的或者十字形的射击入口。利用枪支进行造作伤的在远距离是无法实施的。

4. 收集物证。例如致伤器械、血衣、血痕、药品或毒品等。对收集到的物证一定要作物证检验，有时候对确定案情和有价值。例如，造作伤的行为人声称自己的伤是“凶手”给造成的，并讲“凶手”也受了伤，流了血等，如果在现场伤的血迹化验皆是伤者一个人的血型时，就可以证明伤者所说的情况有假。

5. 客观分析病历资料。在全面占有病历资料的基础上，客观分析首次病程、病程记录、护理记录、手术记录、麻醉记录、医嘱、各种检验检查单等资料是相互印证还是存在矛盾。

诈病和造作病的检验的客观性、科学性、准确性，对于正确对待伤者，正确适用法律具有重要意义。

第八章　交通事故人身损害司法鉴定

根据国际通用的标准，每百户家庭拥有16辆小轿车的城市，就可以认为进入了“汽车时代”，中国有许多城市已进入汽车社会。目前全球汽车保有量约为10亿辆，中国占据了其中的10%。中国的汽车保有量已经超过日本，成为仅次于美国（2010年2.4亿辆）的世界第二大汽车保有国。业内预计，2020年我国汽车保有量将突破2亿辆。[1]

毋庸置疑，我们在享受汽车带来的高速和便利的同时，也面临着巨大的危险。每年，我国发生的交通事故造成了大量的人员伤亡和财产损失。数据显示，2007年，全国共发生道路交通事故327 209起，造成81 649人死亡、380 442人受伤，直接财产损失12亿元。2008年，全国共发生道路交通车故265 204起，造成73 484人死亡、304 919人受伤，直接财产损失10亿余元。[2] 2011年，在严格禁止酒驾后，汽车保有量达到1.04亿辆的中国，有6.2万人死于车祸。而汽车保有量在7000多万辆的日本，车祸死亡人数只有区区4611人。汽车保有量2.85亿辆，大大超过美国，车祸死亡人数只有4.2万人。[3]

我国每年均会发生巨量的交通事故，这不仅导致了每年高达几十亿元的巨额财产损失，而且导致了每年数以几十万计人员受伤，其中又有相当一部分的受伤人员身体留下了终身的残疾。在交通事故的调解和诉讼程序中，对受伤人员身体伤残程度的司法鉴定是其中最重要的证据之一，是法院判定损

---

〔1〕“中国汽车保有量破一亿成第二大汽车保有国”，载 http://auto.people.com.cn/GB/16583918.html。

〔2〕王旭东：《交通事故赔偿争议处理法律依据与案例指导》，中国法制出版社2009年版。

〔3〕肖欢欢等：“我国交通事故死亡人数世界第一”，载《广州日报》2012年3月1日第3版。

害赔偿数额的基本依据。

第一节　概述

公安部交通管理局日前提供的数据显示，截至 2011 年 11 月，我国机动车保有量达 2. 23 亿辆，汽车保有量达 1. 04 亿辆，大中城市中汽车保有量达到 100 万辆以上的城市数量达 14 个。其中，以个人名义注册登记的私家汽车保有量达到 7748 万辆，占汽车总量的 74. 17%，占汽车保有总量的主要部分。世界卫生组织和世界银行推出的《世界预防道路交通伤害报告》则称，2002 年，中国一共有 25 万人死于道路交通事故，死亡率为 19（即每 10 万人中有 19 人 死亡）。[1]

中国交通意外死亡数字居全球之冠，难怪有人惊呼："中国的道路是世界上最危险的。"中国的道路为何是世界上最危险的？数字显示，按发生事故原因分析，驾驶员违章占 70% ~80%，机动车机械故障原因小于 5%，道路及相关设施占 1%，行人违章占 15%。显见的事实是，中国道路最危险应主要归咎为驾驶员的违章操作。[2]

2011 年 12 月 31 日，国务院安全生产委员会办公室发布了《道路交通安全"十二五"规划》。规划提出到 2015 年要力争实现全国道路交通事故万车死亡率不超过 2. 2，下降 1. 0 以上。规划提出，到 2015 年，道路交通安全工作机制健全，责任体系完善，法规规章进一步完善，基础条件明显改善，监管能力和保障能力明显提升，全民交通安全意识明显增强，道路交通安全形势总体平稳，道路交通事故死伤人数有所减少，重特大交通事故和万车死亡率明显下降。力争实现：全国道路交通事故万车死亡率不超过 2. 2，下降 1. 0 以上；营运车辆肇事导致的一次死亡 10 人以上特大交通事故下降 15% 以上。[3]

---

〔1〕 佩登等：《世界预防道路交通伤害报告》，刘光远译，人民卫生出版社 2004 年版，第 188 页。

〔2〕 王石川："中国交通事故死亡率全球第一"，载 http://biz. cn. yahoo. com/051019/16/d9sg. html。

〔3〕 国务院安全生产委员会办公室："道路交通安全'十二五'规划"，载 http://www. aqsc. cn/101805/101881/233328. html。

一、交通事故

根据《中华人民共和国道路交通安全法》第119条第5项规定："交通事故"，是指车辆在道路上因过错或者意外造成的人身伤亡或者财产损失的事件。其中"道路"，是指公路、城市道路和虽在单位管辖范围但允许社会机动车通行的地方，包括广场、公共停车场等用于公众通行的场所；"车辆"，是指机动车和非机动车；"机动车"，是指以动力装置驱动或者牵引，上道路行驶的供人员乘用或者用于运送物品以及进行工程专项作业的轮式车辆；"非机动车"，是指以人力或者畜力驱动，上道路行驶的交通工具，以及虽有动力装置驱动但设计最高时速、空车质量、外形尺寸符合有关国家标准的残疾人机动轮椅车、电动自行车等交通工具。

原《道路交通事故处理办法》第2条规定："交通事故"是指车辆驾驶人员、行人、乘车人以及其他车道路上进行与交通有关活动的人员，因违反《中华人民共和国道路交通管理条例》和其他道路交通管理法规、规章的行为、过失造成人员伤亡或者财产损失的事故。相对于《道路交通事故处理办法》新法中所称的"交通事故概念"的变化体现在：

1. 按照旧法，部分乡村自建公路因不属公路主管部门验收认定的公共道路而排除在道路外。《道路交通安全法》中规定的道路是指公路、城市街道和虽在单位管辖范围但允许社会机动车通行的地方，包括广场、公共停车场等用于公众通行的场所，也就包括了乡村自建公路，因而扩大了道路交通事故的范围。

2. 按照旧法，道路交通事故不包括不可抗力造成的交通事故；现行《道路交通安全法》中，交通事故不仅是由特定的人员违反交通管理法规造成的，也可以是地震、台风、山洪、雷击等不可抗拒的自然灾害造成的。

并不是所有车辆造成的财物和人身损害都属于道路交通事故，交通事故包括道路交通事故和非道路交通事故，非道路交通事故主要包括：

- 汽车和机械专用车辆在施工现场或厂矿、企业内部所发生的事故；
- 参加体育竞赛的车辆在体育场地所发生的事故；
- 封闭式住宅小区内楼群之间的路面上发生的事故；
- 利用交通自杀或制造撞车事件；
- 断路施工而且未竣工或已竣工未移交公安交通部门管理的路段；

● 其他不属于道路交通事故的情况。

对于非道路交通事故的处理办法，《道路交通安全法》第 77 条规定，车辆在道路以外通行时发生的事故，公安机关交通管理部门接到报案的，参照本法有关规定办理。《道路交通安全法实施条例》第 97 条第 1 款规定，车辆在道路以外发生交通事故，公安机关交通管理部门接到报案的，参照《道路交通安全法》和本条例的规定处理。《交通事故处理程序规定》第 2 条第 2 款明确规定，车辆在道路以外通行时发生的事故，公安机关交通管理部门接到报案的，参照本规定处理。因此，非道路交通事故应当参照道路交通事故进行处理。

但实际上对于非道路交通事故，交警部门一般不制作事故责任认定书。当事人要求赔偿可向有管辖权的法院起诉。原告有义务向法院提供事故是由于肇事方的原因造成的证据。证据可以是人证、物证、书证以及视听资料等。

二、交通事故司法鉴定

交通事故司法鉴定至今未见法律法规中明确的概念界定，本书认为，交通事故司法鉴定是指为了解决交通事故案件中某些专门性问题，指派或者委托具有司法鉴定资质的司法鉴定机构，并由该司法鉴定机构委派具有司法鉴定资格的鉴定人员，对交通事故中涉及的事故成因、人身伤亡、车辆性能及损失以及事故相关的痕迹、物证等进行科学检验，并出具鉴定意见供司法部门使用或参考的法科学活动。交通事故发生后，有时交警部门为了对事故的定性、责任划分，需要对事故车辆的安全技术状况、事故诱发原因进行鉴定；有时法院对当事人的伤残状况、车辆损失状况进行裁决前，需要做鉴定；有时当事人想了解自己的伤残状况、车辆损失状况、车辆的安全技术状况等，也需要鉴定。近年来，随着道路交通事故损害赔偿纠纷逐年成倍增长，素有“证据之王”之称的鉴定结果，在这一系列纠纷的处理中起着举足轻重的作用，事故责任认定或伤残等级认定直接影响着赔偿数额甚至影响着刑事责任的认定。

交通事故司法鉴定有以下常见的 3 类 16 种：

（一）交通事故人身鉴定

1. 交通事故尸体检验。交通事故尸体检验是对交通事故致死人员的尸体进行的检验活动，由公安机关的法医完成。尸体检验分为尸表检验和解剖检验。尸表检验是对交通事故致死尸体表面伤痕的例行检验，通过检验确认案件性质，证明死者体表伤痕是交通事故所致结果，查明死亡原因，分析死者伤痕成伤机制为还原交通事故服务。解剖检验主要用于以下情况：一是肇逃案，通过解剖尸体确定侦破方向，为破案提供证据；二是多车碰撞、碾轧尸体，寻找最先撞击车辆，确认直接致死原因；三是死因不明确尸体查清死亡原因。

2. 交通事故受伤人员轻重伤鉴定。交通事故受伤人员轻重伤鉴定是对交通事故致伤人员进行致伤原因和伤势状况的检验鉴定，并按《人体损伤程度鉴定标准》鉴定确定属于轻伤还是重伤。该标准由公安部、司法部、国家安全部、最高人民法院、最高人民检察院于 2013 年 8 月 30 日发布，于 2014 年 1 月 1 日起实施。此类鉴定一般针对涉嫌交通肇事罪的交通事故致伤人员，尤其是重特大交通事故案件，这些案件可能需要对肇事的直接责任人追究刑事责任，轻重伤鉴定意见就是对责任人定罪和量刑的关键证据。

我国《刑法》第 133 条规定："违反交通运输管理法规，因而发生重大事故，致人重伤、死亡或者使公私财产遭受重大损失的，处三年以下有期徒刑或者拘役；交通运输肇事后逃逸或者有其他特别恶劣情节的，处三年以上七年以下有期徒刑；因逃逸致人死亡的，处七年以上有期徒刑。"为了更好地理解和适用该法条，最高人民法院于 2000 年 11 月 21 日颁布实施了《关于审理交通肇事刑事案件具体应用法律若干问题的解释》（法释［2000］33 号）。根据该解释，有下列情形之一的，处三年以下有期徒刑或拘役：死亡一人或者重伤三人以上，负事故全部或者主要责任的；死亡三人以上，负事故同等责任的；造成公共财产或者他人财产直接损失，负事故全部或者主要责任，无能力赔偿数额在三十万元以上的。由此可见，交通肇事罪的定罪基准点有两个：一个是受伤人的损伤程度，另一个是肇事者的责任比例。死亡一人的肇事者负事故全部或者主要责任、死亡三人的肇事者负事故同等责任、致三人以上重伤的肇事者负事故全部或者主要责任均要被追究交通肇事罪的刑事责任。

交通肇事致一人以上重伤，负事故全部或者主要责任，并具有下列情形之一的，以交通肇事罪定罪处罚：酒后、吸食毒品后驾驶机动车辆的；无驾驶资格驾驶机动车辆的；明知是安全装置不全或者安全机件失灵的机动车辆而驾驶的；明知是无牌证或者已报废的机动车辆而驾驶的；严重超载驾驶的；

为逃避法律追究逃离事故现场的。

也就是说，在交通事故中肇事者有以上行为的，对受害人必须进行“轻重伤”鉴定。这种鉴定是定罪依据。由于以上所列行为均是严重的危及他人人身安全的违法行为，因此只要造成一人以上重伤，并负事故全部或者主要责任即为交通肇事罪。

根据解释（法释［2000］33号），以下情形属于“有其他特别恶劣情节”，法定刑升格，处三年以上七年以下有期徒刑：死亡二人以上或者重伤五人以上，负事故全部或者主要责任的；死亡六人以上，负事故同等责任的；造成公共财产或者他人财产直接损失，负事故全部或者主要责任，无能力赔偿数额在六十万元以上的。

综上所述，在交通事故的处理中，除肇事者的责任比例外，被害人的损伤程度是否达到重伤或死亡，是定罪量刑的重要证据。

3. 受伤人员成伤机制鉴定。通过人体损伤检验确定损伤部位与交通事故伤害后果的因果关系，主要为分析事故原因，排除非交通事故因素，调解损害赔偿提供依据，对交通事故伤害对象伤情有疑问或当事人对伤害后果有争议可进行成伤机制鉴定。

4. 受伤人员伤残评定。交通事故受伤人员治疗终结后，当事人认为因交通事故致残需按残疾索赔的，作为举证需要可委托司法鉴定机构作残疾等级评定，当事人双方选择由交管部门调解，伤者治疗终结后可作伤残评定。进行伤残评定时，可以由交管部门委托鉴定或者案件立案后，由法院通过抽签的方式委托鉴定机构进行鉴定。伤残评定结果是交通事故调解或诉讼的重要证据，是当事人获得赔偿额的计算依据。

5. 酒精含量检验。我国《刑法修正案（八）》规定了危险驾驶罪：“在道路上驾驶机动车追逐竞驶，情节恶劣的，或者在道路上醉酒驾驶机动车的，处拘役，并处罚金。”交通肇事罪中也有“酒驾”的规定，因此，对肇事者进行酒精含量检验就是一项非常重要的工作。根据国家标准《车辆驾驶人员血液、呼气酒精含量阈值与检验》（中华人民共和国国家质量监督检查检疫总局中国国家标准化管理委员会）（GB/T19522－2004）的规定：车辆驾驶人员血液中的酒精含量大于或者等于20mg/100ml，小于80mg/100ml的驾驶行为为饮酒驾车；车辆驾驶人员血液中的酒精含量大于或者等于80mg/100ml的驾驶行为为醉酒驾车。对涉嫌酒后驾车的人员拒绝配合呼气酒精含量检验和血液酒精含量检验的，以呼出酒精含量探测器被动探测到的呼气酒精定性结果，作为醉酒驾车的依据。

车辆驾驶人有下列情形之一须检验体内血液酒精含量：交通事故致人死亡；交通事故致人重伤；交通事故致伤3人以上；交通事故有恶劣影响；车辆驾驶人有酒后驾车嫌疑；一方当事人怀疑或指控另一方当事人饮酒；车辆驾驶人擅自离开现场，24小时内返回或被抓获；交警发现车辆驾驶人有饮酒驾车嫌疑或醉酒驾驶自行车、三轮车、电动三轮车、残疾人机动轮椅车等嫌疑；车辆驾驶人对酒精呼吸测试结果有异议，或测试结果超过醉酒临界值。

（二）交通事故车辆鉴定

1. 车辆安全性能检验。安全性能检测：专门检测在用汽车是否符合安全标准和防止公害法规有关规定，执行监督任务，目的在于确保汽车具有符合要求的外观、良好的安全性能和符合污染物排放标准的排放性能，以强化汽车的安全管理。检测的基本内容包括：制动、侧滑、转向、灯光、异响、磨损、变形、裂纹等。交通事故检验的车辆包括：交通死亡事故的车辆；交通事故致人重伤或伤3人以上的车辆；交通事故造成恶劣社会影响的车辆；机动车无牌证或未按规定参加年度检验的车辆；交通事故车辆类型不明确的车辆；根据案情需对事故车辆检验、鉴定的其他车辆。

2. 事故车辆机械故障鉴定。因车辆灯光、制动、转向等安全装置故障发生交通事故的须作机件故障鉴定，交通事故车辆类型不明须作车辆定型鉴定。通过车辆特定部位拆解检查寻找车辆故障，查明故障原因，用以区别人为责任和机械故障，借以确定为责任事故或意外事件。

3. 车辆定型鉴定。凡肇事车辆类型不明确的应作车辆定型鉴定，以明确确定肇事车辆的类型，尤其是对于肇事逃逸的车辆的追逃，确定车辆的类型，对于寻找肇事车辆，缩小搜寻范围，尽快侦破案件是非常必要的。

4. 车辆肇事瞬间速度鉴定。根据车辆的刹车痕迹，车辆的破坏程度，车辆的质量等相关因素，对车辆肇事瞬间的速度就行鉴定，计算出肇事瞬间速度，为案件的责任认定提供依据。对于在限速道路上肇事、责任不明的案件，该项鉴定是非常必要的。

5. 维修期间的鉴定。根据《最高人民法院关于交通事故中的财产损失是否包括被损车辆停运损失问题的批复》（法释［1999］5号），正在从事货物运输或旅客运输中的车辆修复期间产生的经济损失属于责任方赔偿范围，据此，维修期间的车辆停运损失明确为一个法定的赔偿项目，但维修的合理期间是审判中认定的难点。由于停运损失是一个鉴定的范围，而鉴定机构根据当事人的申请来作出鉴定，未必知道车辆具体的维修时间，因此大多数鉴定机构以当事人提供的维修时间为准。这就带来了另一问题，维修多长时间是合理的？即便是营运车辆，如果当事人怠于维修，而让另一方支付停运损失的话，对另一方当事人是不公平的。实践中有车型为普通桑塔纳、车辆损失为2000元的案例，由于申请人提供的维修时间是15天，鉴定的停运损失为3000元。鉴定意见出来后，当事人反映非常强烈，认为正常维修只需要3天就够了。审理中法院向有关维修单位作了咨询，认为正常的维修时间应当以7天为宜。经调解，最终没有采信鉴定意见，考虑到不可预见的因素，酌定维修时间为10天，判决后双方服判息诉。一般来说，车辆的停运损失是一种鉴定，停运的合理期间是另一种鉴定，但如果让当事人做两种鉴定，无疑会增加成本，并延长诉讼周期。本书认为，鉴定机构不应只根据申请人提供的材料作出鉴定意见，而应当根据车辆的损失情况，根据事故发生地或车辆维修地的维修水平、市场供求情况来综合确定合理的维修期间，从而得到鉴定意见。这里面有两个问题，一是没有当事人委托，鉴定机构是否有权决定合理时间；二是由于鉴定机构不仅限于本地区执业，异地的鉴定机构不易了解本地的维修市场。关于第一个问题，本书认为鉴定机构有权对停运时间作出处理，既然进行鉴定，而合理的时间是停运损失重要的组成部分，只有根据合理的停运时间才能做出合理的停运损失鉴定，因此确定合理的停运时间是停运损失鉴定题中的应有之意，不必单独进行停运期间的鉴定。第二个问题不是主要问题。在实践中，委托外地鉴定机构的案例很少，本地的鉴定机构基本满足了需要。万一确定有必要委托外地单位鉴定机构，鉴定机构可以通过实地调查、委托调查等途径了解到相应的情况，仍然可以作出准确的鉴定意见。

6. 停运损失鉴定。根据最高人民法院法释［1999］5号司法解释，运营车辆因事故造成停运的损失属于法定的赔偿项目，但如果当事人主张其他时间的停运损失，并提供了相应的司法鉴定书，是否可以得到法院的支持？这里面主要存在两种情况：一是交警部门暂扣车辆的期间造成的停运损失是否属于赔偿范围，这一问题没有相应的法律规定，实践中人民法院也有赔与不赔的不同判例。根据，《道路交通安全法》第72条第2款规定，交警部门在处理事故时，因收集证据的需要，有权扣留事故车辆。由此可以看出，交警部门之所以扣留车辆，不是为了自身利益，而是为了理清事故双方的责任，不暂扣无以查清。因此暂扣的损失属于当事人的客观损失，应当有责任人按照此比例负担，这也符合侵权法的理论。司法解释仅仅规定了维修期间的停运损失应当赔偿，未对暂扣车辆期间作出规定，只能说明司法解释并未穷尽侵权赔偿的范围，但二者之间并无矛盾，不能说司法解释没有明确规定的项目就不能赔偿。司法解释虽然没有明确，但根据法律规定，事故确已造成当事人客观损失的，也应当由责任人依法赔偿。根据最高人民法院《关于审理道路交通事故损害赔偿案件适用法律若干问题的解析》（法释［2012］19 号）第 15 条第 3 款规定："依法从事货物运输、旅客运输等经营性活动的车辆，因无法从事相应经营活动所产生的合理停运损失，属于赔偿范围。"由此这一问题得以明确。二是当事人申请人民法院采取财产保全措施期间的扣押问题。这一类不能一概而论，因为财产保全是申请人为避免执行困难，不得已采取的救急措施，被申请人可以通过提供担保、主动履行等方式减少损失，但恶意诉讼、恶意保全的除外。当事人申请的保全金额，可能与人民法院实际支持的数额有所出入，但只要不是相差太多，应当认为是合理的申请。被申请人怠于提供担保的，损失应当由被申请人自负。当事人无力提供担保的情况比较复杂，但如果申请人的申请没有错误，损失仍然应当由被申请人负担。本书认为，人民法院依当事人申请采取扣押措施期间的停运损失以不支持为原则，以支持为例外。

7. 车辆损失的鉴定。实践中鉴定机构作出的车辆损失的鉴定是根据价格主管部门等单位联合下发的文件制作的，鉴定书的格式通常为封面、鉴定意见、维修明细表，鉴定意见中包含人工费。这种鉴定实际上是以维修费的概念替换了车辆损失的概念。理想意义上的车辆损失应当这样定义：在事故开始时车辆的价值与车辆被拖运至维修单位时车辆价值的差值中与事故有关的部分。这一概念包含了车辆的有形损失和无形损失，也排除了与事故无关的因素。因施救造成必要的车辆损失，比如因抢救伤员或车上的贵重物品、危险品对车辆进行的必要的切割，因运输对车辆造成的不能克服的损坏，都属于车辆损失的范围。所谓有形损失，是指车辆恢复原状后不被市场认同的损失，类似于车辆的精神损失，或者说类似于车辆的名誉权损失。我们知道，车辆经过维修后，哪怕更换再好的配件，价格都会因发生过事故而打折扣，因此无形损失是客观存在的。车辆的损失与维修费是虽有联系但又根本不同的两个概念。因车辆的新旧、更换配件的新旧以及配件与几件的配合情况不同，维修质量的好坏也有所不同，新车的维修费接近车辆的实际损失，旧车的维修费与车辆损失差距较大。旧车如果更换好的配件，配合又好，维修费可能超过车辆损失的价值；新车如果不能使用合适的配件，即使维修完毕也不能达到原先的质量水平。对一些价值较高或具有特殊意义的车辆来说，无形损失可能是其主要的损失，维修费是远远不能代替的。以维修费代替车辆损失，实属不得已而为之，但这与当前人们对车辆的无形损失重视不够具有直接关系。鉴定机构应当在鉴定时考虑到车辆的有形损失和无形损失，在鉴定书中体现这两种损失，这样才符合车辆损失的实际情况。

（三）交通事故物证检验

1. 痕迹鉴定。通过提取交通事故相关的接触痕迹比对、化验等检验手段，确定车、物、人是否有碰撞、刮蹭、碾轧等关系；不能确定肇事车辆，可通过整体分离痕迹鉴定确认脱落物质与车辆、物体、人体之间的关联关系；事故车辆轮胎有爆裂，可通过轮胎痕迹鉴定确认轮胎爆胎原因；夜间发生事故且车灯损坏，可做灯光开启冷热光源鉴定，来确定车辆发生事故瞬间的开启和关闭。

2. 指纹鉴定。在一些交通事故案件中，有时难以确定车辆驾驶人，为了防止冒名顶替驾驶人，可以进行指纹鉴定。比如在肇事车辆的方向盘上提取指纹与嫌疑人进行比对，以解决车辆驾驶人不确定交通事故案，进而确定车辆肇事时的真正驾驶人。

3. 微量物质鉴定。通过对现场勘验的微量物质成分检验，或者对肇事嫌疑车辆上的微量物质进行成分分析，确定该物质与交通事故关系，用以寻找、确定肇事车辆。常见微量物质有油漆、纤维、塑料、橡胶、油脂等。这类鉴定是确定肇事逃逸车辆的有效证据。

4. 物证鉴定。法医对交通事故现场提取的人体毛发、血液、皮肉组织等样品，通过检验作出结论可为办案确认驾驶人或确定死者身份及认定人体与车辆或物体接触提供证据，用以寻找、确定肇事车辆。该证据尤其对肇事逃逸案件极为关键。

第二节 交通事故受伤人员伤残评定

交通事故受伤人员伤残是指因道路交通事故损伤所致的人体残废。包括精神的、生理功能的和解剖结构的异常及其导致的生活、工作和社会活动能力不同程度丧失。在客观检验的基础上，由具有资质的鉴定人对道路交通事故受伤人员的伤残等级进行评价确定的过程就是交通事故受伤人员伤残评定，也叫交通事故伤残鉴定。交通事故致伤的人员必然对其工作能力、社交能力、生活能力造成不同程度的影响，如果超过一定的限度就构成了“伤残”，该鉴定是受伤人员获得民事赔偿数额的主要依据。

一、伤残评定的标准及等级划分

目前我国交通事故受伤人员的伤残评定标准是《道路交通事故受伤人员伤残评定》（GB18667－2002）。该标准是在充分总结吸收 1992 年公安部发布的中华人民共和国公共安全行业标准《道路交通事故受伤人员伤残评定》（GA35－1992）执行的经验和国内外研究成果基础上形成的。该标准进一步完善了伤残等级 10 级分类法，在全面规范人体伤残程度的同时，还建立了多等级伤残和肢体功能丧失的综合计算数学方法，引入了肩关节复合体的概念并建立了功能丧失的计算方法，为解决多处伤残和肢体功能丧失的计算及肩胛带伤残的评定问题提供了依据。

该标准根据道路交通事故受伤人员的伤残状况，将受伤人员伤残程度划分为十级，从第Ⅰ级（100%）到第Ⅹ级（10%），每级相差 10%。伤残等级划分依据为：

Ⅰ级伤残划分依据：

a. 日常生活完全不能自理；

b. 意识消失；

c. 各种活动均受到限制而卧床；

d. 社会交往完全丧失。

Ⅱ级伤残划分依据：

a. 日常生活需要随时有人帮助；

b. 仅限于床上或椅上的活动；

c. 不能工作；

d. 社会交往极度困难。

Ⅲ级伤残划分依据：

a. 不能完全独立生活，需经常有人监护；

b. 仅限于室内的活动；

c. 明显职业受限；

d. 社会交往困难。

Ⅳ级伤残划分依据：

a. 日常生活能力严重受限，间或需要帮助；

b. 仅限于居住范围内的活动；

c. 职业种类受限；

d. 社会交往严重受限。

Ⅴ级伤残划分依据：

a. 日常生活能力部分受限，需要指导；

b. 仅限于就近的活动；

c. 需要明显减轻工作；

d. 社会交往贫乏。

Ⅵ级伤残划分依据：

a. 日常生活能力部分受限，但能部分代偿，部分日常生活需要帮助；

b. 各种活动降低；

c. 不能胜任原工作；

d. 社会交往狭窄。

Ⅶ级伤残划分依据：

a. 日常生活有关的活动能力严重受限；

b. 短暂活动不受限，长时间活动受限；
c. 不能从事复杂工作；
d. 社会交往能力降低。

Ⅷ级伤残划分依据：
a. 日常生活有关的活动能力部分受限；
b. 远距离活动受限；
c. 能从事复杂工作，但效率明显降低；
d. 社会交往受约束。

Ⅸ级伤残划分依据：
a. 日常活动能力大部分受限；
b. 工作和学习能力下降；
c. 社会交往能力部分受限。

Ⅹ级伤残划分依据为：
a. 日常活动能力轻度受限；
b. 工作和学习能力有所下降；
c. 社会交往能力轻度受限。

显然，仅仅有伤残等级划分是无法适用的，因此《道路交通事故受伤人员伤残评定》（中华人民共和国国家标准 GB18667－2002）总共用了346条款对颅脑、脊髓及周围神经、头面部、颈部、脊柱、胸部、腹部、盆部、肢体及皮肤所致的损伤进行了详细归类，根据损伤程度分属至十个伤残等级。[1]

二、特殊伤病关系处理原则

实践中会遇到这样的案例，受害人原来就患有疾病，因交通事故损伤后致使原有的伤残程度加重。这种情况下如何确定事故责任对双方有极大的影响。例如，伤者伤前即是一眼盲目（4级以上），因交通事故致健眼盲目（4级以上），由一眼盲变为双眼盲。如果强调以事故直接造成一眼盲作为评残依

[1] 中华人民共和国《道路交通事故受伤人员伤残评定》国家标准（GB18667－2002）。

据，则伤者应为八级残，这对伤者显然不利。如果强调以致残结局（双眼盲）为评残依据，则伤者应为三级残，又损害了加害方的利益。较为合理的办法是对伤者交通事故前、后的伤残等级分别进行评定，即伤者目前的实际残疾相当于道路交通事故三级残，而交通事故发生前伤者本身残疾相当于道路交通事故八级残。

按照《国际功能与疾病分类》，可将交通事故所致外伤在伤残后果中的作用大小分为没有作用、轻微作用、次要作用、同等作用、主要作用和完全作用等6种情况，并以参与度加以量化。

- 没有作用：交通事故所致外伤与伤残后果之间不存在因果关系，参与度拟为0%～4%；参考均值：0%；
- 轻微作用：交通事故所致外伤与伤残后果之间存在间接因果关系（诱因形式），参与度拟为5%～15%；参考均值：12.5%；
- 次要作用：交通事故所致外伤与伤残后果之间存在间接因果关系（辅因形式），参与度拟为16%～44%；参考均值：25%；
- 同等作用：交通事故所致外伤与伤残后果之间存在“临界型”因果关系，参与度拟为45%～55%；参考均值：50%；
- 主要作用：交通事故所致外伤与伤残后果之间存在直接因果关系（主因形式），参与度拟为56%～95%；参考均值：75%；
- 完全作用：交通事故所致外伤与伤残后果之间存在直接因果关系，参与度拟为96%～100%；参考均值：100%。

三、交通伤残等级鉴定原则及评定时机

评定原则：①伤残评定应以人体伤后治疗效果为依据，即经治疗后遗留下的后遗障碍程度。对于以原发性损伤及其并发症作为评定依据的，评定时应以损伤当时伤情为主，结合损伤的后果或者结局为辅，综合评定。②认真分析残疾与事故、损伤之间的关系，评定中对受伤当时的损伤部位、程度等也应当给予甄别，这是判明事故与损伤及后遗障碍之间因果关系的重要依据，是排除伤残者原有伤病的重要依据。③实事求是地评定。遵循实事求是的原则，坚持以致伤因素对人体直接造成的原发性损伤及由损伤引起的并发症或者后遗症为依据，全面分析，综合评定。

评定时机：应以事故直接所致的损伤或确因损伤所致的并发症治疗终结为准，对于伤者原有伤病因事故而诱发的症状加重，不应作为评定时机的限制条件。对治疗终结意见不一致时，可由办案机关组织有关专业人员进行鉴定，确定其是否治疗终结。确定评定时机的原则有：

- 肢体或组织器官缺失，临床治愈后即可进行评残。
- 颅脑器质性损伤致器质性精神障碍，经治疗 1 年后可进行评残。
- 颅脑及耳、眼损伤致听觉或视觉功能障碍，经治疗 6 个月后可进行评残。
- 颅脑及神经系统损伤所致的肢体运动功能障碍，经治疗 6 个月后进行评残。
- 面部瘢痕形成，影响面容的，经治疗 3 个月后可进行评残。
- 骨关节损伤，影响躯体负重或肢体运动功能的，经治疗 6 个月后可进行评残。

四、多等级伤残的综合计算

在交通事故中，经常遇到受害人多处受伤，每处伤均构成伤残等级，这些伤残级别或者相同或者不同，该标准对如何进行多等级伤残的综合计算进行了规定。

多等级伤残者的伤残赔偿根据伤残赔偿总额、赔偿责任系数、赔偿指数等，有以下公式：

$$C = C_t \times C_1 \times （I_h + \sum_{i=1}^{n} I_a，i）（\sum_{i=1}^{n} I_a，i \leqslant 1，2，3 \cdots\cdots n，多处伤残）$$

式中：C——伤残者的伤残实际赔偿额；

C_t——伤残赔偿总额；

C_1——赔偿责任系数，即赔偿义务主体对造成事故负有责任的程度，$0 \leqslant C1 \leqslant 1$；

I_h——伤残等级最高处的伤残赔偿指数，即多等级伤残者，最高伤残等级的赔偿比例，用百分比（%）表示；

I_a——伤残赔偿附加指数，即增加一处伤残所增加的赔偿比例，用百分比表示，$0 \leqslant Ia \leqslant 10\%$；

伤残赔偿指数是以伤残者的伤残程度比例作为伤残者的伤残赔偿比例。

$$I_h + \sum_{i=1}^{n} I_a \leqslant 100\%$$

五、交通事故受伤人员伤残鉴定机构

自《全国人民代表大会常务委员会关于司法鉴定管理问题的决定》（2005年2月28日第十届全国人民代表大会常务委员会第十四次会议通过）和司法部《司法鉴定机构登记管理办法》（2005年9月29日，司法部令第95号）、《司法鉴定人登记管理办法》（2005年9月29日，司法部令第96号）实施以来，什么是司法鉴定已经被严格定义。经过司法鉴定管理机构依法登记、获得司法鉴定资质的鉴定机构是唯一合法鉴定机构。国务院司法行政部门主管全国鉴定人和鉴定机构的登记管理工作。省级人民政府司法行政部门依照本决定的规定，负责对鉴定人和鉴定机构的登记、名册编制和公告。每年均在省级人民政府的司法厅网站上公布获得资质的鉴定人和鉴定机构名单。

六、交通事故受伤人员伤残鉴定委托主体

目前常见的做法是由交管部门作为委托人，出具司法鉴定委托书，委托鉴定机构对受伤人员进行伤残鉴定，交管部门再根据伤残鉴定结果进行调解。如果调解不成的，直接去有管辖权的法院起诉。但交通管理部门出具鉴定委托书时，一般会按照当事人的要求选择鉴定机构。受伤人员在处理交通事故时一般都要委托律师事务所，这就事实上是由当事人通过律师或律师事务所单方选择鉴定机构。这一规定避免了当事人都向司法机关提出鉴定申请的扎堆现象，在一定程度上提高了诉讼效率，具有一定的进步意义。但在当前信任危机、诚信缺乏的司法环境下，这一规定略显超前。按照通常理解，鉴定机构应当是不以盈利为目的的社会中介机构，但其中不以盈利为目的如何区分，又如何控制？律师事务所接受委托向鉴定机构申请鉴定，与当事人直接向鉴定机构申请鉴定有何不同？假如律师事务所与鉴定机构形成长期的业务往来，如何避免关系案、金钱案？这一规定虽然为当事人开辟了权利救济的另一渠道，但困难以保证其客观公正性而被对方当事人产生怀疑，当事人申

请重新鉴定的，仍应进行重新鉴定，反而为当事人增加了负担，拖延了时间。

实践中，另一种做法是由人民法院受理案件后，在初次开庭确认了责任的基础上，由人民法院通过抽签委托鉴定机构进行伤残鉴定。鉴定机构直接对委托法院负责，鉴定意见直接转交委托法院，当事人从委托法院处获取鉴定意见。这种方式比当事人通过交管部门单方委托进行的鉴定更容易让当事人接受，这是由人民法院的公信力和中立的司法地位所决定的。因此，委托单位应当以人民法院对外委托为主，交管部门委托为辅。

七、交通事故受伤人员司法鉴定项目

对鉴定机构提出伤残鉴定申请时，要提交具体的鉴定项目，对这些项目的鉴定意见是伤残鉴定意见书中体现的最主要的结论性意见，具体包括：

（一）伤残等级

由鉴定机构对受害人的损伤程度根据《道路交通事故受伤人员伤残评定》的标准，确定是否构成伤残、如果构成伤残其等级为几级。受害人有多处损伤的，对每处伤均评定伤残等级，理赔时按照多等级伤残的综合计算公式进行。伤残等级是计算伤残赔偿金和精神损害抚慰金的依据。

（二）用药合理性

由鉴定机构对受害人的医疗用药及治疗过程的针对性和合理性进行鉴定，目的是为了防止过度治疗或非针对性用药产生不合理的医疗费用。另外，根据机动车保险合同的约定和交强险条例的规定，保险公司支付的医疗费用限于医疗保险用药范围内的费用，超出支付范围内的费用由双方当事人承担。用药合理性是计算赔付医疗费的依据。

（三）陪护人数及期限

由鉴定机构对受害人受伤治疗期间是否需要陪护、陪护的人数、陪护期限等进行的鉴定。损伤程度不同，陪护的人数、期限也不同。有的受害人不需要陪护，有的需要一人陪护，有的需要二人陪护，有的需要半天陪护，有的需要全天陪护，有的需要住院期间陪护，有的出院后仍然需要陪护，有的需要终身陪护，但最长不超过20年。终身陪护中，有的需要终身一人陪护，有的需要终身四分之三人陪护，有的需要终身二分之一人陪护，有的需要终身四分之一人陪护。这项鉴定是计算陪护费的依据。

（四）合理休治期限

由鉴定机构对受害人因治疗损伤需要的休息和治疗时间进行的鉴定，也是对预后劳动能力恢复预期的鉴定。损伤不同，合理休治时间不同。有的人损伤较轻，休治几周即可，有的需要休治几个月，有的需要休治几年，有的终身无法恢复劳动能力。这项鉴定是确定误工费的依据。

（五）加强营养期限

由鉴定机构对受害人在治疗损伤期间是否需要加强营养、及加强营养的期限进行的鉴定。鉴定机构一般会根据医嘱及治疗过程、康复需要及实际年龄等情况综合分析，给出是否需要加强营养及期限的意见。本项鉴定是计算营养费的依据。

（六）后续治疗费

由鉴定机构对受害人是否需要后续治疗及后续治疗期限的费用、后续治疗期间的护理期限、误工期限等进行的鉴定。在实践中，这项费用属于医疗费的范围，可以在实际发生后主张，也可以进行后续治疗费鉴定后一并处理。本项鉴定是计算后续治疗费的依据。

（七）疾病参与度

如果受害人原本有明显的疾病史，交通事故受伤后病情加重，或者出现新的疾病，在无法确定加重的病情或新的病情与损伤的关系时，可以委托鉴定机构进行本项鉴定以确定交通事故对加重的病情或新的疾病的参与度。本项鉴定是确定对新发疾病和加重病情是否承担责任及承担责任比例的依据。具体可以分为：没有作用：参与度拟为0%～4%，参考均值为0%；轻微作用（诱因形式）：参与度拟为5%～15%，参考均值为12.5%；次要作用（辅因形式）：参与度拟为16%～44%，参考均值为25%；同等作用（“临界型”因果关系）：参与度拟为45%～55%，参考均值为50%；主要作用（主因形式）：参与度拟为56%～95%，参考均值为75%；完全作用（直接因果关系）：参与度拟为96%～100%，参考均值为100%。

第三节　交通事故受伤人员伤残赔偿项目

交通事故赔偿项目，是指交通事故当中肇事者给予受害者的赔偿所包含的项目，主要包括医疗费、误工费、护理费、交通费、住宿费、住院期间伙食补助费、营养费、残疾赔偿金、残疾辅助器具费、丧葬费、被扶养人生活费、死亡赔偿金、精神损害抚慰金、鉴定费及案件受理费。

一、医疗费

根据《最高人民法院关于审理人身损害赔偿案件适用法律若干问题的解释》第 19 条规定："医疗费根据医疗机构出具的医药费、住院费等收款凭证，结合病历和诊断证明等相关证据确定。赔偿义务人对治疗的必要性和合理性有异议的，应当承担相应的举证责任。

医疗费的赔偿数额，按照一审法庭辩论终结前实际发生的数额确定。器官功能恢复训练所必要的康复费、适当的整容费以及其他后续治疗费，赔偿权利人可以待实际发生后另行起诉。但根据医疗证明或者鉴定意见确定必然要发生的费用，可以与已经发生的医疗费一并予以赔偿。"

二、误工费

根据《最高人民法院关于审理人身损害赔偿案件适用法律若干问题的解释》第 20 条规定："误工费根据受害人的误工时间和收入状况确定。误工时间根据受害人接受治疗的医疗机构出具的证明确定。受害人因伤残持续误工的，误工时间可以计算至定残日前一天。

受害人有固定收入的，误工费按照实际减少的收入计算。受害人无固定收入的，按照起最近三年的平均收入计算；受害人不能举证证明其最近三年的平均收入状况的，可以参照受诉法院所在地相同或者相近行业上一年度职工的平均工资计算。"

三、护理费

根据《最高人民法院关于审理人身损害赔偿案件适用法律若干问题的解释》第 21 条规定："护理费根据护理人员的收入状况和护理人数、护理期限确定。

护理人员有收入的，参照误工费的规定计算；护理人员没有收入或者雇佣护工的，参照当地护工从事同等级别护理的劳动报酬标准计算。护理人员原则上为一人，但医疗机构或者鉴定机构有明确意见的，可以参照确定护理人员人数。

护理期限应计算至受害人恢复生活自理能力时为止。受害人因残疾不能恢复生活自理能力的，可以根据其年龄、健康状况等因素确定合理的护理期限，但最长不超过二十年。

受害人定残后的护理，应当根据其护理依赖程度并结合配置残疾辅助器具的情况确定护理级别。”

四、交通费

根据《最高人民法院关于审理人身损害赔偿案件适用法律若干问题的解释》第22条规定：“交通费根据受害人及其必要的陪护人员因就医或者转院治疗实际发生的费用计算。交通费应当以正式票据为凭；有关凭据应当与就医地点、时间、人数、次数相符合。”

五、住宿费

外地就医、配置残疾辅助器具、伤残、死亡亲属参加交通事故处理、办理丧葬事宜等住宿费以国家机关一般工作人员出差住宿标准乘以住宿天数确定。

六、住院伙食补助费

根据《最高人民法院关于审理人身损害赔偿案件适用法律若干问题的解释》第23条规定：“住院伙食补助费可以根据当地国家机关一般工作人员的出差伙食补助标准予以确定。

受害人确有必要到外地治疗，因客观原因不能住院，受害人本人极其陪护人员实际发生的住宿费和伙食费，其合理部分应予赔偿。”

住院伙食补助费以国家机关一般工作人员出差伙食补助费标准乘以住院天数计算。

七、营养费

根据《最高人民法院关于审理人身损害赔偿案件适用法律若干问题的解释》第24条规定：“营养费根据受害人伤残情况参照司法鉴定机构的意见确定。”

八、残疾赔偿金

根据《最高人民法院关于审理人身损害赔偿案件适用法律若干问题的解释》第 25 条规定：“残疾赔偿金根据受害人丧失劳动能力程度或者伤残等级，按照受诉法院所在地上一年度城镇居民人均可支配收入或者农村居民人均纯收入标准，自定残之日起按二十年计算。但六十周岁以上的，年龄每增加一岁减少一年；七十五周岁以上的，按五年计算。

受害人因伤残但实际收入没有减少，或者伤残等级较轻但造成职业妨害严重影响其劳动就业的，可以对残疾赔偿金作相应调整。”

残疾赔偿金的计算标准有两种，即按照城镇居民人均可支配收入和农村居民人均收入标准。两种标准的赔偿金额相差非常大，一般可能达到 1.5 倍。现在法院的做法一般是根据受害人的经常居住地来判定适用具体标准。城镇户口的都按照城镇标准；而农村户口的则要考虑有没有连续一年以上在城镇工作、生活、居住，如果能够证明其连续一年以上在城镇工作、生活、居住的，可以按照城镇标准计算。如果主张在城镇标准计算残疾赔偿金，首先要搜集证据，证明受害人在城镇工作、居住的事实。对于死亡赔偿金的计算也是如此。

九、残疾辅助器具费

根据《最高人民法院关于审理人身损害赔偿案件适用法律若干问题的解释》第 26 条规定：“残疾辅助器具费按照普通适用器具的合理费用标准计算。伤情有特殊需求的，可以参照辅助器具配置机构的意见确定相应的合理费用标准。辅助器具的更换周期和赔偿期限参照配置机构、鉴定机构的意见确定。”

十、丧葬费

根据《最高人民法院关于审理人身损害赔偿案件适用法律若干问题的解释》第 27 条规定：“丧葬费按照受诉法院所在地上一年度职工月平均工资标准，以六个月总额计算。”

十一、被扶养人生活费

根据《最高人民法院关于审理人身损害赔偿案件适用法律若干问题的解释》第28条规定："被扶养人生活费根据扶养人丧失劳动能力的程度，按照受诉法院所在地上一年度城镇居民人均消费性支出和农村居民人均年生活消费支出标准计算。被扶养人为未成年人的，计算至十八周岁；被扶养人无劳动能力又无其他生活来源的，计算二十年。但六十周岁以上的，年龄每增加一岁减少一年；七十五周岁以上的，按五年计算。

被扶养人是指受害人依法应当承担扶养义务的未成年人或者丧失劳动能力又无其他生活来源的成年近亲属。被扶养人还有其他扶养人的，赔偿义务人只赔偿受害人依法应当承担的部分。被扶养人有数人的，年赔偿总额不超过上一年度城镇居民人均消费性支出额或者农村居民人均年生活消费支出额。"

根据《最高人民法院关于适用〈中华人民共和国侵权责任法〉若干问题的通知》第4条规定："人民法院适用侵权责任法审理民事纠纷案件，如受害人有被抚养人的，应当依据《最高人民法院关于审理人身损害赔偿案件适用法律若干问题的解释》第二十八条的规定，将被抚养人生活费计入残疾赔偿金或死亡赔偿金。"因此，被抚养人生活费这部分不另外计算。

十二、死亡赔偿金

根据《最高人民法院关于审理人身损害赔偿案件适用法律若干问题的解释》第29条规定："死亡赔偿金按照受诉法院所在地上一年度城镇居民人均可支配收入或者农村居民人均纯收入标准，按二十年计算。但六十周岁以上的，年龄每增加一岁减少一年；七十五周岁以上的，按五年计算。"

实践中，有时会出现受害人不配合治疗导致病情加重、受害人受伤后诱发原有疾病、受害人受伤与医院错误治疗结合导致死亡等情形。此时，作为事故责任方不能仅局限于提出异议，应当书面向法院提出因果关系鉴定申请，包括死亡、受伤与事故无关的因果关系鉴定，交通事故参与度鉴定，后者是在交通事故和其他原因结合导致某一损害后果时鉴定交通事故对损害后果的原因力大小。如果无法鉴定或事故责任方未申请鉴定，则法院将根据举证责任分担原则酌情作出判决。

十三、精神损害抚慰金

根据《最高人民法院关于审理人身损害赔偿案件适用法律若干问题的解释》第 18 条规定："受害人或者死者近亲属遭受精神损害，赔偿权利人向人民法院请求赔偿精神损害抚慰金的，适用《最高人民法院关于确定民事侵权精神损害赔偿责任若干问题的解释》予以确定。精神损害抚慰金的请求权，不得让与或者继承。但赔偿义务人已经以书面方式承诺给予金钱赔偿，或者赔偿权利人已经向人民法院起诉的除外。"

根据《侵权责任法》第 22 条规定："侵害他人人身权益，造成严重精神损害的，被侵权人可以请求精神损害赔偿。"司法实践中，精神损害抚慰金的赔偿以构成伤残等级为原则，以不构成伤残等级赔付精神损害抚慰金为例外。

十四、鉴定费及案件受理费

案件诉讼过程中，包含受害人伤残鉴定在内的必要的司法鉴定产生的费用和起诉时原告垫付的案件受理费，按照责任比例和判罚结果，由原被告双方按比例承担，目前承保的保险公司不承担此项费用。这在实践中的争议也比较大。《机动车交通事故强制保险条款》第 10 条规定："下列损失和费用，交强险不负责赔偿和垫付：……（四）因交通事故产生的仲裁或者诉讼费用以及其他相关费用。"这一条往往成为在案件中保险公司不予承担诉讼费和鉴定费的抗辩依据。本书认为保险公司的抗辩是不能成立的。在道路交通事故中受害者因投保人的侵害造成了人身和财产的损失，为了更好地弥补自身的损失，受害者在伤情严重的情况下会对自己的伤情做伤残等级鉴定，这一费用归根到底是由于投保人的侵害行为造成的，属于受害者财产损失的范围，理应由投保人承担。《保险法》第 66 条规定："责任保险的被保险人因给第三者造成损害的保险事故而被提起仲裁或者诉讼的，被保险人支付的仲裁或者诉讼费用以及其他必要的、合理的费用，除合同另有约定外，由保险人承担。"该条虽然允许合同当事人约定诉讼费用由谁承担，并以此约定优先。但是该约定只能适用于保险合同的当事人，交强险是法定险，因此，该约定对受害者没有任何的约束力。国务院《诉讼费用交纳办法》第 29 条第 1 款规定："诉讼费用由败诉方负担，胜诉方自愿承担的除外。"在投保人和保险人之间，在交强险范围内保险人承担的是法定赔偿责任，作为败诉方理应承担受害者的鉴定费和案件受理费。在第三者商业险的范围内，保险公司承担的合同责任、保险人承担的赔偿责任是一种替代赔偿责任，因此投保人因侵害行为给受害者造成的人身和财产损失应由保险公司承担。另外《保险法》和《诉讼费用交纳办法》是一般法和特别法的关系，《诉讼费用交纳办法》作为特别法要优先适用。因此，保险公司作为被告方和法定的赔偿义务主体，应承担原告方即交通事故受害者的鉴定费用和案件受理费。

交通事故赔偿项目基本与医疗纠纷赔偿项目相同，所不同的是，一般情况下肇事的车辆都投有车辆保险，至少投有交强险。交强险是法定险，目的是为了在汽车时代更好地保护交通事故死伤者，防止因肇事者没有赔付能力而使受害人不能得到救治。《道路交通安全法》第 17 条规定："国家实行机动车第三者责任强制保险制度。"第 76 条规定："机动车发生交通事故造成人身伤亡、财产损失的，由保险公司在机动车第三者责任强制保险责任限额范围内予以赔偿；不足的部分，机动车之间发生交通事故的，由有过错的一方承担赔偿责任；双方都有过错的，按照各自过错的比例分担责任；机动车与非机动车驾驶人、行人之间发生交通事故，非机动车驾驶人、行人没有过错的，由机动车一方承担赔偿责任；有证据证明非机动车驾驶人、行人有过错的，根据过错程度适当减轻机动车一方的赔偿责任；机动车一方没有过错的，承担不超过百分之十的赔偿责任。"第 98 条规定："机动车所有人、管理人未按照国家规定投保机动车第三者责任强制保险的，由公安机关交通管理部门扣留车辆至依照规定投保后，并处依照规定投保最低责任限额应缴纳的保险费的二倍罚款。"

《机动车交通事故责任强制保险条例》第 2 条规定："在中华人民共和国境内道路上行驶的机动车的所有人或者管理人，应当依照《中华人民共和国道路交通安全法》的规定投保机动车交通事故责任强制保险。"

所以，发生交通事故致人伤亡时，以上赔偿项目下除鉴定费和案件受理费以外的费用，涉及的赔偿款项首先由肇事车辆交强险的承保公司在交强险的范围内承担，交强险是不分事故责任比例的。交强险赔付不足的部分，如果肇事车辆有商业保险的，有商业保险承保公司按照事故责任比例从商业险的限额内承担。

对于精神损害抚慰金，交强险在其额度范围内是否可以支付？最高人民法院《关于交强险中精神损害抚慰金赔偿问题的复函》（［2008］民一他字第

25 号复函）中解释：《机动车交通事故责任强制保险条例》第 3 条规定的“人身伤亡”所造成的损害包括财产损害和精神损害。精神损害赔偿与物资损害赔偿在强制责任保险限额中的赔偿次序，请求权人有权进行选择。请求权人选择优先赔偿精神损害，对物资损害赔偿不足部分由商业第三者责任险赔偿。由此可见，精神损害抚慰金可以在交强险额度内支付，但却不属于商业险的支付范围，因此，当事人诉讼时，如果赔付额度超过交强险的限额的，可以提出精神损害抚慰金优先由交强险支付的诉讼请求，以保障其合法权益。

第四节　道路交通事故人身损害赔偿诉讼时效

所谓时效，就是指法律确认某种事实状态持续存在一定期间便产生一定法律效果。时效法律制度分为两种，一为取得时效，也称占有时效；二是诉讼时效。我国法律中没有取得时效的规定。

诉讼时效，是指权利人于一定期间内不行使请求人民法院保护其民事权利的请求权，就丧失该请求权的法律制度。也就是说，权利人虽然享有要求义务人履行义务的权利，但权利人应当在法律规定的期间内行使，否则权利人就丧失了该请求权。

司法实践中，人们对于道路交通事故损害赔偿案件的诉讼时效期间一般没有争议，都认同涉及人身损害适用 1 年的特殊诉讼时效，涉及财产损害适用 2 年的普通诉讼时效。但是，对于道路交通事故人身损害赔偿案件的诉讼时效期间从何时起算，争议还是比较大的，法官们的观点和做法很不一致，主要有：事故发生之日、事故认定书送达之日、治疗终结或伤残评定或调解终结之日等几种观点。不管从何日计算，一定要尽快起诉，绝对不可拖延。[1]

但是，过了诉讼时效并不等于权利本身消灭，如果侵权人同意给付而受害人接受的，不受诉讼时效的限制。

---

〔1〕 蒋利玮：《道路交通事故索赔指南》，中国法制出版社 2008 年版，第 226 页。

第九章 医疗纠纷人身损害司法鉴定

近年来，随着我国医疗技术水平的不断提高，人民群众的健康水平有了很大程度的改善。但是随之而来的医疗纠纷也呈逐年上升趋势，医患矛盾日渐突出，赔偿的数额也越来越大。可以说医疗纠纷处理不好会严重干扰医院正常的医疗秩序，已经成为医院十分棘手的一大难题。出现医疗纠纷时，如果医患双方不能协商解决的话，进行司法鉴定就是必由途径。

第一节 医疗纠纷概述

医疗纠纷的出现确实是一件令人痛心的事，无论从医方还是患者都是不愿意看到的，作为救死扶伤的医方最终可能成为被告方，实感委屈；作为患者，本来是为了治病，却由于医疗过错或医疗事故导致了不必要的损害，也感到难以接受。在新形势下，医疗制度的改革正在进行，如何防范医疗纠纷，保障医患双方的合法权益，创造宽松和谐的就医环境，是急需解决的问题之一。

一、医疗纠纷的概念

学界对医疗纠纷的明确概念直到目前为止尚无统一的认识，大多数学者认为，医疗纠纷，是指医患双方对医疗后果及其原因产生分歧而向卫生行政部门或者司法部门提请处理的纠纷，集中表现为诊疗护理等医疗活动中是否存在医疗损害、医疗损害程度、双方责任等。它的主体为医患双方，客体为生命健康权或者身体权，其发生于诊疗护理活动中。

二、医疗纠纷的产生原因

医疗纠纷毕竟是一种过失行为，产生的原因也是多方面的，既有医方的原因，也有患者的原因，同时还有社会因素。

（一）医方因素

一些医院存在管理缺陷，主要表现为：有些医务人员服务态度差，对病人缺乏耐心细致的解释工作，患者对此怨声载道；大型检查的滥用，医疗费用的大幅度增加，超出患者的负担能力；医疗质量和医疗安全问题突出，医务人员法律意识比较淡薄，卫生法律、法规、规章和规范等执行不力，行为不太规范；部分医生道德滑坡，收取红包回扣，医院和医生的高尚形象在部分患者的心目中逐渐退化，甚至丑化，医患之间缺乏信任，医患关系空前紧张等。基于上述原因，一旦出现问题，患者很容易将所有矛盾都集中在医院的管理人员和医务人员身上。

（二）患方因素

一是把医患双方信任关系视为单纯的买卖关系。患者片面的认为既然已经付费，医院就理应提供令人满意的就医环境、服务措施、治疗技术。一旦这些要求不能得到满足或不尽如人意，就极易诱发患方非理性的维权行为。二是患者缺乏医学常识，即使掌握一些医学知识，也是比较肤浅，甚至可能是错误的。一旦治疗方案结果不甚理想，或感到自己的尊严和权利没有得到足够的尊重和保障时，就迁怒于医护人员和医院，从而引发医患纠纷。三是病人和家属期望值过高。特别是病情恶化或死亡时，患方在精神上和经济上难以承受巨大压力，有些病人或家属会情绪激动、急躁，与医务人员发生过激行为甚至引发暴力事件。四是一些患者丧失了起码的道德规范，以恶意敲诈医方获取不正当利益为手段；有的患者或者家属对医护人员小题大做、无理取闹、出言不逊；有的无视法律，对医护人员大打出手甚至残害医务人员等。

（三）社会因素

我国正处在体制改革的转轨时期，医疗保健制度还不够完善，部分贫困群众无法承受较高的医疗费用，缺乏健康保障。医疗卫生资源分布不均且严重不公平，卫生资源大部分集中在城市，而农村人口众多，却只享受较少的卫生资源。社会地位高低不同，享受医疗保健制度不同，导致部分人群心理上不平衡，使得矛盾更容易激化，医疗机构也成为不满者泄愤的窗口，这也是现阶段医疗纠纷多发的一个原因。虽然卫生行政部门有一支专门从事卫生监督的力量，但这支力量的素质还不适应对医院监管的需要，医疗服务监管基本上靠医院自己。这样，自律能力较强的医院，由于管理水平高，能够保证服务质量，自觉维护群众的利益。反之，就可能造成一系列混乱，引发医患矛盾。另外，在医疗纠纷报道中，某些媒体在引导社会舆论、客观公正地报道事实方面缺乏职业道德，常常自觉或不自觉地起到了推波助澜的作用，有的甚至成为某些别有企图的患者用来向院方施加压力的工具，加深了社会公众对医院的不信任、不理解和不满意。

三、医疗纠纷的特点

（一）目的性

绝大多数的医疗纠纷都是以患者获得经济补偿为目的，带有明确的经济目的性，有的患者多次到医院哄闹，甚至拒绝出院、拒绝交费、设灵堂、摆尸体等，均是为了一定的经济目的。

（二）社会性

医院是社会的窗口，在当前提倡构建社会主义和谐社会的大形势下，医院也提出了建设新型的和谐医院的目标。一旦发生医疗纠纷，为避免在社会上产生消极影响，即使医院没有过错，也往往采取调解的方式以求息事宁人。这无形中助长了一些不正之风，使有些患者认为只要一闹，钱财就到，形成了恶性循环，社会上甚至流传有“要想富，做手术，做完手术告大夫”的不良顺口溜，由此可见一斑。

（三）利益性

一方面，医院公益性质逐步弱化，更偏重于经济效益，这在一定程度上给患者的心理造成了不良影响。有些医院由于利益之争内部关系不和谐，导致工作上互相扯皮推诿，互相配合欠佳，使得患者的利益没有得到充分的尊重和保护，直接导致医患矛盾的发生。另一方面，患者本身法律意识不断增强，在出现纠纷时也要求有一定的经济和精神赔偿。这样医院的利益和患者的利益之间就出现了矛盾，一旦没有协调解决好，就会使原有的矛盾更加激化。

（四）复杂性

在医疗纠纷的处理过程中，不仅有医务人员和患者及家属的参与，还有新闻媒体、医疗鉴定单位、法院甚至社会上一些不法分子（医闹）的参与，这无疑增加了医疗纠纷处理的难度，使其变得更加复杂化。如果处理不当，不仅影响医院的正常工作秩序，而且会激化医患双方的矛盾。

第二节　医疗纠纷鉴定

发生医疗纠纷后，如果双方不能协商解决，在进行理性的维权时，医疗纠纷鉴定就是必经程序。

一、医疗纠纷司法鉴定概念

医疗纠纷司法鉴定，是指在医疗纠纷的诉讼中，人民法院依据职权或应任何一方当事人的请求，委派具有专门知识、才能或者特别经验的人，对案件中涉及的某些专门性问题进行检验、鉴别和判断，从而为诉讼案件的公正裁判提供科学依据而从事的一项诉讼活动。

医疗纠纷的司法鉴定，我国目前实行"二元制"鉴定模式，包括人民法院委托各级医学会进行的医疗事故技术鉴定和人民法院对外委托司法鉴定机构名册入册的机构进行的医疗过错、损害后果及因果关系的医疗损害赔偿司法鉴定。但两种鉴定的法律依据、鉴定程序、鉴定内容具有显著差异，这些区别又直接影响着对医学事实和法律事实的认定。

二、医疗事故技术鉴定与医疗损害司法鉴定的异同

（一）医疗事故的概念

国务院2002年4月4日公布的《医疗事故处理条例》第2条规定："本条所称的医疗事故，是指医疗机构及其医务人员在医疗活动中，违反医疗卫生管理法律、行政法规、部门规章和诊疗护理规范、常规，过失造成患者人身损害的事故。"它具有以下特点：医疗事故主体是医疗机构、医务人员；主观方面是过失，排除了医疗故意行为引起的患者人身损害；客观方面是造成人身损害。

医学会对于医疗事故技术鉴定拥有专属权，在《医疗事故处理条例》第

20 条有明确规定：需要进行医疗事故技术鉴定的，由双方当事人共同委托负责医疗事故技术鉴定工作的医学会组织鉴定。《最高人民法院关于参照〈医疗事故处理条例〉审理医疗纠纷民事案件的通知》第 2 条也规定：人民法院在民事审理中决定进行医疗事故鉴定的，交由《医疗事故处理条例》规定的医学会鉴定。

（二）医疗纠纷司法鉴定与医疗事故技术鉴定的相同点

医疗纠纷司法鉴定与医疗事故技术鉴定都是对医疗过程中的医疗技术问题及其发生的后果进行鉴定；鉴定人都是依法取得相应执业资格的高级专业技术人员，具有良好的业务素质和执业品德；鉴定程序基本相同；鉴定人的回避原则基本相同。

（三）医疗损害司法鉴定与医疗事故技术鉴定的不同点

1. 鉴定的法律、法规依据不同。医疗损害司法鉴定的主要法律依据则是《民事诉讼法》、全国人民代表大会常务委员会《关于司法鉴定管理问题的决定》、《最高人民法院关于参照〈医疗事故处理条例〉审理医疗纠纷民事案件的通知》以及司法鉴定相应的部门规章和技术性规范。属于因医疗事故以外的原因引起的其他医疗赔偿纠纷的，适用《民法通则》、《最高人民法院关于审理人身损害赔偿案件适用法律若干问题的解释》（法释［2003］20 号）的规定。

而医疗事故技术鉴定的法律（法规）依据是《医疗事故处理条例》及相关配套的卫生法规，同时参照现行有效的医疗卫生管理法律、行政法规、部门规章和诊疗护理规范、常规。

2. 机构设置和人员组成不同。医疗损害司法鉴定机构具有司法鉴定机构资质，其人员组成是司法鉴定机构接受委托指派或者聘请具有专门知识的有鉴定人资格的自然人，鉴定机构和鉴定人均应当符合《全国人大常委会关于司法鉴定若干问题的决定》所规定的条件。

医疗事故技术鉴定的鉴定机构是医学会，设区的市级地方医学会和省、自治区、直辖市直接管辖的县、市地方医学会负责组织首次医疗事故技术鉴定工作。中华医学会负责组织疑难、复杂并在全国有重大影响的医疗事故争议的技术鉴定工作，其人员组成是采用随机抽取的方式，在医学会的主持下，由医学双方在医学会组建的专家库中，随机抽取相关专业的若干专家，组成专家鉴定组负责该案的鉴定。

3. 鉴定主体及时限不同。医疗损害司法鉴定主体是由司法鉴定机构执业的司法鉴定人以个人负责直接进行鉴定，遇到疑难问题可向临床医学专家咨询，或聘请临床医学专家参加鉴定。鉴定人制作鉴定文书并在鉴定文书上签名，鉴定意见个人负责，鉴定人要承担出庭质证的义务。医疗事故技术鉴定主体由负责组织医疗事故技术鉴定工作的医学会组织专家鉴定组进行。鉴定意见采用合议制，是按照少数服从多数的原则作出的，专家鉴定组成员无须在鉴定书上签章和出庭质证。

负责组织医疗事故鉴定的医学会自接到有关医疗事故鉴定的材料、书面陈述及答辩之日起 45 日内组织鉴定并出具医疗事故鉴定书。而司法鉴定机构应当在与委托人签订医疗损害司法鉴定委托书之日起 30 个工作日内完成鉴定。鉴定事项涉及复杂、疑难、特殊的技术问题或者检验过程需要较长时间的，经本机构负责人批准，完成鉴定的时间可以延长，延长时间一般不得超过 30 个工作日。

4. 鉴定的委托和启动程序不同。医疗损害司法鉴定，委托鉴定的是司法机关，启动决定权在司法机关。按照《人民法院对外委托司法鉴定管理规定》组织鉴定。法院在案件的审理中，有权决定是否实施司法鉴定，只要法院认为有必要，就可以由法定的鉴定机构进行鉴定；当事人向法院申请鉴定，经人民法院同意后，由双方当事人协商确定有鉴定资质的鉴定机构、鉴定人员，协商不成的，由人民法院指定。

根据《医疗事故处理条例》，医疗事故技术鉴定的委托和启动程序有两种：第一种启动方式是发生在有医疗事故争议的行政处理过程中，“卫生行政部门接到医疗机构关于重大医疗过失行为的报告或者医疗事故争议当事人要求处理医疗事故的申请后，对需要进行医疗事故鉴定的，应当交由负责医疗事故技术鉴定工作的医学会组织鉴定”，因此是由卫生行政部门决定并启动的；第二种启动方式是由医患双方共同决定并启动，“医患双方协商后共同启动解决医疗事故争议，需要进行医疗事故技术鉴定的，由双方当事人共同委托负责医疗事故技术鉴定工作的医学会组织鉴定”。

5. 鉴定所需材料的收集与提供方式不同。医疗损害司法鉴定所需材料较医疗事故技术鉴定更为广泛，除了发生纠纷的医院方所有病史资料及检验原件外，还需要与本案有关的被鉴定人在其他医院的病史资料，且这些材料必须是由人民法院提供的；而医疗事故技术鉴定所需的材料通常是由医患双方直接提供的。

6. 鉴定的方法和手段不同。医疗损害司法鉴定，司法鉴定人应用医学理论和技术认定医疗纠纷事实，根据法医学因果关系原则，法学过错理论和卫生法律法规进行分析判定，最终认定医疗行为有无过错及医疗行为与损害结果之间有无因果关系。

医疗事故技术鉴定，专家鉴定组依照医疗卫生管理法律、行政法规、部门规章和诊疗护理规范、常规，运用医学科学原理和专业知识进行鉴定，最终认定是否为医疗事故；若为医疗事故，则确定医疗事故等级及医疗过失行为责任程度。

7. 鉴定内容及其鉴定意见的作用不同。医疗损害司法鉴定，是判定医疗机构在医疗护理过程中有无过错，过错与不良医疗后果之间有无因果关系，以及医疗过错在医疗后果中的参与度，医疗过错所致损伤程度及伤残程度的鉴定。该鉴定为司法机关审理医疗纠纷，确定赔偿责任或者确立医疗事故罪刑事责任提供判案证据。而医疗事故鉴定内容主要包括：医疗行为是否违反医疗卫生管理法律、行政法规、部门规章和诊疗护理规范、常规；医疗行为与人身损害后果之间是否存在因果关系；医疗行为在医疗事故损害后果中的责任程度、医疗事故等级、对医疗事故患者的医疗护理医学建议等内容。[1]

医疗事故鉴定意见作为证据在法庭质证时，双方当事人可以自由表达赞成或反对意见，但不能申请人民法院传唤鉴定专家到庭接受质询。而质证医疗损害司法鉴定意见时，不服结论一方可以申请人民法院传唤司法鉴定人到庭接受质询，司法鉴定人应当按照司法机关或者仲裁机构的要求按时出庭。司法鉴定人出庭时，应当依法客观、公正、实事求是地回答与司法鉴定相关的问题。

综上所述，两者根本区别在于：医疗事故技术鉴定是对医患双方所争议的医疗行为判断是否医疗事故；医疗损害司法鉴定是判定医疗机构在医疗护理过程中有无过错，过错与不良医疗后果之间有无因果关系。因此，医疗损害司法鉴定与医疗事故技术鉴定者之间构成逻辑上的包容关系，有些过错未达到医疗事故定性标准，但事实已给患者造成了损害，这种情况，医疗损害

---

〔1〕 李洪奇："医疗事故技术鉴定与医疗损害司法鉴定的区别"，载 http://www.law-lib.com/lw/lw_ view.asp? no =7771。

司法鉴定即可能解决这个问题。

三、医疗损害司法鉴定任务

为诉讼的调解或者审判提供以下科学证据：不良医疗后果发生的原因；医疗诊疗护理过程中是否确有过失或者过错；医疗护理过错与不良医疗后果之同是否存在因果关系；鉴定诊疗护理过失或者过错在不良医疗后果发生中的相关程度（原因比例）；涉及医疗事故责任罪或者非法行医时的医疗纠纷司法鉴定，必须依照我国刑法和刑事诉讼法的有关规定，对其做认定或者否定的鉴定，并提出认定或者否定的技术方面的依据；伤残等级、后续医疗费用的鉴定，以及医疗费用的审查鉴定。

第三节　医疗损害司法鉴定的依据

一、医疗纠纷司法鉴定的法律依据

在司法实践中，根据患方当事人不同的指控、诉讼请求，医疗纠纷一般有如下三种民事救济途径：

1. 患者方当事人指控经治医院（或医疗机构）存在医疗事故的，进入行政程序，根据国务院《医疗事故处理条例》，由医学会进行医疗事故鉴定，明确是否构成医疗事故、构成哪级事故、相关责任程度、对应伤残等级，并进行相应的处理（包括赔偿等）。

2. 患者方当事人诉请医疗过失民事侵权损害赔偿的，根据《中华人民共和国民法通则》第 119 条："侵害公民身体造成伤害的，应当赔偿医疗费、因误工减少的收入、残废者生活补助费等费用……进入司法诉讼程序，由人民法院依法委托司法鉴定部门进行医疗损害司法鉴定，明确医疗过程中有无不足之处（过失、过错），有无不良后果，医疗的不足之处与不良后果之间有无因果关系及何种因果关系等，并对伤残程度进行鉴定，由人民法院根据当事人受到的实际损失进行判决或调解。"

3. 医患双方当事人中的一方违约（违反医疗服务合同）的，由人民法院根据《中华人民共和国合同法》进行审理。

二、医疗损害司法鉴定的医学依据

医疗纠纷产生的原因一般包括以下几个方面：①经治医师业务、技术水平不高，导致对疾病的诊断不准确，治疗不得当；②经治医院或医疗机构管理不善，医护人员责任心不强，包括输液、注射或配方失误、纱布或手术器械遗留在伤口内，护理不当等；③偶合现象；④其他原因，包括医疗器械产品质量问题、个体差异、难以避免的并发症等。

临床上并发症（包括手术并发症）可分为两种：一是可以预见或避免的并发症；二是难以避免的并发症。对于可以避免的并发症而言，要求医务人员必须予以高度注意，采取积极有效的防止措施，应该是可以防止并发症的发生的；对于难以避免的并发症而言，任何医院、在任何情况下实行该种治疗，尽管医务人员尽到高度注意义务，但仍有可能发生。

三、鉴定依据标准

无论哪种鉴定，如果涉及人身伤残的，都要对伤残等级进行鉴定，这是赔偿的主要依据和证据。医疗事故鉴定依据的标准是《医疗事故处理条例》和《医疗事故分级标准（试行）》（中华人民共和国卫生部令第 32 号）。根据《条例》的规定，医疗事故分为四级：一级医疗事故，造成患者死亡、重度残疾的；二级医疗事故，造成患者中度残疾、器官组织损伤导致严重功能障碍的；三级医疗事故，造成患者轻度残疾、器官组织损伤导致一般功能障碍的；四级医疗事故，造成患者明显人身损害的其他后果的。根据《医疗事故分级标准（试行）》的规定，将医疗事故又进一步细化，从一级乙等至三级戊等对应伤残等级一至十级。具体包括：

（一）一级医疗事故：系指造成患者死亡、重度残疾。

1. 一级甲等医疗事故：死亡。

2. 一级乙等医疗事故：重要器官缺失或功能完全丧失，其他器官不能代偿，存在特殊医疗依赖，生活完全不能自理。

（二）二级医疗事故：系指造成患者中度残疾、器官组织损伤导致严重功能障碍。

1. 二级甲等医疗事故：器官缺失或功能完全丧失，其他器官不能代偿，可能存在特殊医疗依赖，或生活大部分不能自理。

2. 二级乙等医疗事故：存在器官缺失、严重缺损、严重畸形情形之一，有严重功能障碍，可能存在特殊医疗依赖，或生活大部分不能自理。

3. 二级丙等医疗事故：存在器官缺失、严重缺损、明显畸形情形之一，有严重功能障碍，可能存在特殊医疗依赖，或生活部分不能自理。

4. 二级丁等医疗事故：存在器官缺失、大部分缺损、畸形情形之一，有严重功能障碍，可能存在一般医疗依赖，生活能自理。

（三）三级医疗事故：系指造成患者轻度残疾、器官组织损伤导致一般功能障碍。

1. 三级甲等医疗事故：存在器官缺失、大部分缺损、畸形情形之一，有较重功能障碍，可能存在一般医疗依赖，生活能自理。

2. 三级乙等医疗事故：器官大部分缺损或畸形，有中度功能障碍，可能存在一般医疗依赖，生活能自理。

3. 三级丙等医疗事故：器官大部分缺损或畸形，有轻度功能障碍，可能存在一般医疗依赖，生活能自理。

4. 三级丁等医疗事故：器官部分缺损或畸形，有轻度功能障碍，无医疗依赖，生活能自理。

5. 三级戊等医疗事故：器官部分缺损或畸形，有轻微功能障碍，无医疗依赖，生活能自理。

（四）四级医疗事故：系指造成患者明显人身损害的其他后果的医疗事故。

由此可见，构成造成患者明显人身损害四级医疗事故，按照《医疗事故分级标准（试行）》的规定是不构成伤残的。构成一级甲等医疗事故造成患者死亡，应当赔偿的项目及标准又是否应当适用《解释》的规定未见明确的规定。《条例》第 49 条规定："医疗事故赔偿，应当考虑下列因素，确定具体赔偿数额：医疗事故等级；医疗过失行为在医疗事故损害后果中的责任程度；医疗事故损害后果与患者原有疾病状况之间的关系。但不属于医疗事故的，医疗机构不承担赔偿责任。"

医疗损害司法鉴定依据的标准是《道路交通事故受伤人员伤残评定标准》（中华人民共和国国家标准 GB 18667－2002）或者《职工工伤与职业病致残程度鉴定标准》（GB/T 16180－2006），这两个标准均将身体伤残划分为十个等级。相比较而言，《条例》的标准要严苛的多，有的医疗过错按照《条例》

的规定可能不构成医疗事故，医疗机构不承担赔偿责任，因为医疗事故的认定适用的是严格的过错责任原则；而如果适用《道路交通事故受伤人员伤残评定标准》（中华人民共和国国家标准 GB 18667－2002）或者《职工工伤与职业病致残程度鉴定标准》（GB/T 16180－2006），由于适用的是非严格的过错责任原则，就可能需要承担赔偿责任。在《医疗事故分级标准（试行）》规定的四级医疗事故中的损害项目，依据该标准是不构成伤残的；但依据《道路交通事故受伤人员伤残评定标准》（中华人民共和国国家标准 GB 18667－2002）或者《职工工伤与职业病致残程度鉴定标准》（GB/T 16180－2006）是可能构成伤残等级的。即使构成医疗事故，在具体计算赔偿数额时，医疗事故考虑的因素又比较多，因此一般来说既是构成医疗事故，相对于医疗损害赔偿而言，获得赔偿也比较少。

四、医疗纠纷赔偿项目

医疗事故的赔偿项目和标准由《条例》第 50 条至 52 条规定，实行一次性结算，由承担医疗事故责任的医疗机构支付。“参加医疗事故处理的患者近亲属所需交通费、误工费、住宿费，参照本条例第 50 条的有关规定计算，计算费用的人数不超过 2 人。医疗事故造成患者死亡的，参加丧葬活动的患者的配偶和直系亲属所需交通费、误工费、住宿费，参照本条例第 50 条的有关规定计算，计算费用的人数不超过 2 人。”具体包括：

1. 医疗费。按照医疗事故对患者造成的人身损害进行治疗所发生的医疗费用计算，凭据支付，但不包括原发病医疗费用。结案后确实需要继续治疗的，按照基本医疗费用支付。

2. 误工费。患者有固定收入的，按照本人因误工减少的固定收入计算，对收入高于医疗事故发生地上一年度职工年平均工资 3 倍以上的，按照 3 倍计算；无固定收入的，按照医疗事故发生地上一年度职工年平均工资计算。

3. 住院伙食补助费。按照医疗事故发生地国家机关一般工作人员的出差伙食补助标准计算。

4. 陪护费。患者住院期间需要专人陪护的，按照医疗事故发生地上一年度职工年平均工资计算。

5. 残疾生活补助费。根据伤残等级，按照医疗事故发生地居民年平均生活费计算，自定残之月起最长赔偿 30 年；但是，60 周岁以上的，不超过 15

年；70 周岁以上的，不超过 5 年。

6. 残疾用具费。因残疾需要配置补偿功能器具的，凭医疗机构证明，按照普及型器具的费用计算。

7. 丧葬费。按照医疗事故发生地规定的丧葬费补助标准计算。

8. 被扶养人生活费。以死者生前或者残疾者丧失劳动能力前实际扶养且没有劳动能力的人为限，按照其户籍所在地或者居所地居民最低生活保障标准计算。对不满 16 周岁的，扶养到 16 周岁。对年满 16 周岁但无劳动能力的，扶养 20 年；但是，60 周岁以上的，不超过 15 年；70 周岁以上的，不超过 5 年。

9. 交通费。按照患者实际必需的交通费用计算，凭据支付。

10. 住宿费。按照医疗事故发生地国家机关一般工作人员的出差住宿补助标准计算，凭据支付。

11. 精神损害抚慰金。按照医疗事故发生地居民年平均生活费计算。造成患者死亡的，赔偿年限最长不超过 6 年；造成患者残疾的，赔偿年限最长不超过 3 年。

医疗损害赔偿的项目和标准由《解释》进行了规定：受害人遭受人身损害，因就医治疗支出的各项费用以及因误工减少的收入，包括医疗费、误工费、护理费、交通费、住宿费、住院伙食补助费、必要的营养费，赔偿义务人应当予以赔偿。受害人因伤致残的，其因增加生活上需要所支出的必要费用以及因丧失劳动能力导致的收入损失，包括残疾赔偿金、残疾辅助器具费、被扶养人生活费，以及因康复护理、继续治疗实际发生的必要的康复费、护理费、后续治疗费，赔偿义务人也应当予以赔偿。受害人死亡的，赔偿义务人除应当根据抢救治疗情况赔偿以上的相关费用外，还应当赔偿丧葬费、被扶养人生活费、死亡补偿费以及受害人亲属办理丧葬事宜支出的交通费、住宿费和误工损失等其他合理费用。具体包括：

1. 医疗费。根据医疗机构出具的医药费、住院费等收款凭证，结合病历和诊断证明等相关证据确定。赔偿义务人对治疗的必要性和合理性有异议的，应当承担相应的举证责任。医疗费的赔偿数额，按照一审法庭辩论终结前实际发生的数额确定。器官功能恢复训练所必要的康复费、适当的整容费以及其他后续治疗费，赔偿权利人可以待实际发生后另行起诉。但根据医疗证明或者鉴定意见确定必然发生的费用，可以与已经发生的医疗费一并予以赔偿。

2. 误工费。根据受害人的误工时间和收入状况确定。误工时间根据受害人接受治疗的医疗机构出具的证明确定。受害人因伤致残持续误工的，误工时间可以计算至定残日前一天。受害人有固定收入的，误工费按照实际减少的收入计算。受害人无固定收入的，按照其最近 3 年的平均收入计算；受害人不能举证证明其最近 3 年的平均收入状况的，可以参照受诉法院所在地相同或者相近行业上 1 年度职工的平均工资计算。

3. 护理费。根据护理人员的收入状况和护理人数、护理期限确定。护理人员有收入的，参照误工费的规定计算；护理人员没有收入或者雇佣护工的，参照当地护工从事同等级别护理的劳务报酬标准计算。护理人员原则上为一人，但医疗机构或者鉴定机构有明确意见的，可以参照确定护理人员人数。护理期限应计算至受害人恢复生活自理能力时止。受害人因残疾不能恢复生活自理能力的，可以根据其年龄、健康状况等因素确定合理的护理期限，但最长不超过 20 年。受害人定残后的护理，应当根据其护理依赖程度并结合配制残疾辅助器具的情况确定护理级别。

4. 交通费。根据受害人及其必要的陪护人员因就医或者转院治疗实际发生的费用计算。交通费应当以正式票据为凭；有关凭据应当与就医地点、时间、人数、次数相符合。

5. 住院伙食补助费。可以参照当地国家机关一般工作人员的出差伙食补助标准予以确定。受害人确有必要到外地治疗，因客观原因不能住院，受害人本人及其陪护人员实际发生的住宿费和伙食费，其合理部分应予赔偿。

6. 营养费。根据受害人伤残情况参照医疗机构的意见确定。

7. 残疾赔偿金。根据受害人丧失劳动能力程度或者伤残等级，按照受诉法院所在地上一年度城镇居民人均可支配收入或者农村居民人均纯收入标准，自定残之日起按 20 年计算。但 60 周岁以上的，年龄每增加 1 岁减少 1 年；75 周岁以上的，按 5 年计算。受害人因伤致残但实际收入没有减少，或者伤残等级较轻但造成职业妨害严重影响其劳动就业的，可以对残疾赔偿金作相应调整。

8. 残疾辅助器具费。按照普通适用器具的合理费用标准计算。伤情有特殊需要的，可以参照辅助器具配制机构的意见确定相应的合理费用标准。辅助器具的更换周期和赔偿期限参照配制机构的意见确定。

9. 被扶养人生活费。根据扶养人丧失劳动能力程度，按照受诉法院所在地上一年度城镇居民人均消费性支出和农村居民人均年生活消费支出标准计算。被扶养人为未成年人的，计算至18周岁；被扶养人无劳动能力又无其他生活来源的，计算20年。但60周岁以上的，年龄每增加1岁减少1年；75周岁以上的，按5年计算。被扶养人是指受害人依法应当承担扶养义务的未成年人或者丧失劳动能力又无其他生活来源的成年近亲属。被扶养人还有其他扶养人的，赔偿义务人只赔偿受害人依法应当负担的部分。被扶养人有数人的，年赔偿总额累计不超过上一年度城镇居民人均消费性支出额或者农村居民人均年生活消费支出额。

10. 死亡赔偿金。按照受诉法院所在地上一年度城镇居民人均可支配收入或者农村居民人均纯收入标准，按20年计算。但60周岁以上的，年龄每增加1岁减少1年；75周岁以上的，按5年计算。丧葬费按照受诉法院所在地上一年度职工月平均工资标准，以6个月总额计算。

11. 精神损害抚慰金。受害人或者死者近亲属遭受精神损害，赔偿权利人向人民法院请求赔偿精神损害抚慰金的，适用《最高人民法院关于确定民事侵权精神损害赔偿责任若干问题的解释》予以确定。精神损害抚慰金的请求权，不得让与或者继承。但赔偿义务人已经以书面方式承诺给予金钱赔偿，或者赔偿权利人已经向人民法院起诉的除外。

12. 超期给付。超过确定的护理期限、辅助器具费给付年限或者残疾赔偿金给付年限，赔偿权利人向人民法院起诉请求继续给付护理费、辅助器具费或者残疾赔偿金的，人民法院应予受理。赔偿权利人确需继续护理、配制辅助器具，或者没有劳动能力和生活来源的，人民法院应当判令赔偿义务人继续给付相关费用5至10年。

关于上述费用的给付方式，赔偿义务人请求以定期金方式给付残疾赔偿金、被扶养人生活费、残疾辅助器具费的，应当提供相应的担保。人民法院可以根据赔偿义务人的给付能力和提供担保的情况，确定以定期金方式给付相关费用。但一审法庭辩论终结前已经发生的费用、死亡赔偿金以及精神损害抚慰金，应当一次性给付。

第四节　对医疗事故鉴定和医疗损害司法鉴定的选择权

目前我国医疗损害纠纷的鉴定有医疗事故鉴定和医疗损害司法鉴定两种

方式，由于两种鉴定直接影响对医学事实和法律事实的认定，其鉴定意见决定着整个案件的责任认定和赔偿计算，因此，实践中当事人对两种鉴定的选择往往不一致。作为患者一方，为追求更多的经济赔偿和出于对医疗事故鉴定公正性的不信任，往往选择比较中立的医疗损害司法鉴定；而医方则更倾向于选择医疗事故鉴定，原因在于医疗事故鉴定的标准严苛，很多医疗过错行为不构成医疗事故。而根据《条例》第49条的规定，如果不构成医疗事故，医疗机构不承担赔偿责任，即使构成医疗事故需要承担一定的行政责任，其赔偿金额也相对较小。

一、一个真实的案例——医疗事故鉴定和医疗损害司法鉴定的困惑

2007年2月13日，河南中烟工业公司的李阿强因其女儿李晨语时常鼻塞打呼噜而在郑州市儿童医院进行了腺样体切除手术。但手术仅仅进行10分钟就开始了抢救，最终昏迷11天后4岁的患者经全力抢救虽然苏醒了，却成了一个“脑萎缩”残疾儿。

2007年8月6日，李阿强作为法定代理人以民事侵权损害赔偿为由向郑州市金水区人民法院立案起诉郑州儿童医院。诉讼中李阿强申请进行医疗损害司法鉴定，但被告儿童医院却提出要求进行医疗事故鉴定。对此僵局，法院起初以被告要求进行医疗事故鉴定、法院有医疗损害纠纷必须进行医疗事故鉴定为由作出中止诉讼的决定，并要求原告配合医疗事故鉴定。出于对医疗事故鉴定公正性的不信任，原告坚决不同意进行医疗事故鉴定，案件一度陷入僵局。最终由于原告的坚持和不懈努力，法院组织原告、被告选定湖北同济法医学司法鉴定中心进行了司法鉴定。

依据鉴定意见，2009年4月3日一审法院判决被告郑州市儿童医院于判决生效后十日内赔偿原告医疗费、住院伙食补助费、营养费、护理费、鉴定费、交通费、精神损失费以及后续治疗费、后续治疗期间的护理费等费用。2009年9月4日，郑州市中级人民法院终审驳回被告郑州市儿童医院上诉请求，维持原判。〔1〕

本案是一起典型的医疗纠纷，其中涉及当事人对医疗事故鉴定和医疗损

〔1〕 史晨生：“医疗损害索赔做医疗鉴定还是司法鉴定？”，载《中国产经新闻》2008年3月9日。

害司法鉴定的选择。由于当事人对鉴定的种类、机构、程序、依据等争议非常大，致使案件的鉴定多次陷入僵局，从立案到终审判决用了将近两年的时间，诉讼成本极大。因为鉴定意见有很强的证据价值，所以当事人双方均从自身利益出发，各自选择符合自己诉讼目的的鉴定方式，鉴定争议的出现是不可避免的。合理解决医疗纠纷实现司法公正和社会和谐，必然要求对当事人医疗事故鉴定和医疗损害司法鉴定选择权的进一步尊重及合理的规制。

二、当事人对医疗事故鉴定和医疗损害司法鉴定的选择权

医疗纠纷的鉴定意见决定着整个案件的责任认定和赔偿计算，是最重要的证据之一，直接影响案件的审理结果。两种鉴定意见都属于民事诉讼中的合法证据，都可以被人民法院采信为定案依据。显然，在医疗损害赔偿纠纷中，当事人可以选择医疗事故鉴定或医疗损害司法鉴定。但当事人究竟选择哪种鉴定，取决于案由和当事人的诉讼请求。

（一）趋利避害的诉讼目的促使当事人行使鉴定选择权

追求最大的诉讼利益、趋利避害是诉讼当事人的必然选择，受害方希望追求最多的赔偿、最快的效率和客观公正的结果；加害方当然希望能避重就轻、减轻赔偿责任、降低赔偿金额。目前，法院审理医疗事故引起的医疗赔偿纠纷的主要依据是《医疗事故处理条例》（以下简称《条例》）以是否构成医疗事故作为承担行政责任和民事赔偿责任的依据；而《最高人民法院关于审理人身损害赔偿案件适用法律若干问题的解释》（法释［2003］20号）是审理医疗损害赔偿的法律依据，一般医疗损害赔偿属医疗行为过错造成的人身损害，需要考虑过失参与度、责任程度、损害结果、因果关系等因素。对比《条例》和《解释》不难发现，按医疗事故确定的民事赔偿数额一般比医疗损害赔偿数额低得多。因此，在实践中医患双方究竟选择哪种鉴定往往不能达成一致。作为患者一方，为了追求更多的经济赔偿和快捷的诉讼结果以及出于对医学会组织的医疗事故鉴定公正性的不信任，往往选择中立的医疗损害司法鉴定；而医方则更倾向于选择医疗事故鉴定，原因就是医疗事故鉴定的标准严苛，很多医疗过失行为不构成医疗事故，即使构成医疗事故需要承担一定的行政责任，赔偿金额也相对较小。在这种情况下，就会出现当事人对医疗事故鉴定和医疗损害司法鉴定选择权的冲突，这是当事人趋利避害的诉讼目的的必然结果，尊重和规制鉴定选择权是合理解决医疗纠纷实现司

法公正和社会和谐的必然要求。

（二）鉴定选择权实质上是当事人诉权选择的体现

民法通说认为，所谓诉权是指当事人请求人民法院对其民事财产权和人身权进行司法保护的权利。诉权是当事人进行民事诉讼的基本权利，当事人有了诉权，才能向人民法院提出保护其民事权益的请求，才能有诉。诉权有程序意义上的诉权和实体意义上的诉权。前者是指当事人在程序上向法院请求行使审判权，以保护自己合法民事权益的一种权利。正是因为程序意义上诉权的存在，民事诉讼程序的启动才成为可能。而后者是指当事人请求法院通过审判强制实现其民事实体权益的权利，这种权利是基于民事实体法的规定产生的，当事人行使诉权的最终目的是为了保护自己的民事实体权益。二者又是一个统一体的两个方面，有着密切的联系。当事人行使程序意义上的诉权，其目的在于实现实体意义上的诉权。如果当事人没有程序意义上的诉权，实体意义上的诉权就无从实现。二者是互相依赖，密不可分的，程序意义上的诉权是实体意义上诉权的形式和手段，实体意义上的诉权是程序意义上的诉权的现实内容和目的。[1]

关于当事人对医疗事故鉴定和医疗损害司法鉴定的选择权的法律规制，我国的《民事诉讼法》从法律程序上规定了当事人医疗损害纠纷中程序意义上的诉权，当事人可以通过诉讼，请求人民法院解决医疗过程中的侵权纠纷；而《民法通则》、《解释》、《条例》等虽然都对公民的身体权、健康权、生命权进行了法律保护，在法律层面上保证了当事人的实体意义上的诉权，但它们保护的角度和侧重点有所不同。《民法通则》从宏观上对公民人身权的保护作出了规定；《解释》则从民事角度细化了《民法通则》中关于人身权保护的具体规定；而《条例》却不仅从民事的角度对公民人身权的保护作出了规定，而且从行政法的视角对医疗机构的行政责任也进行了规制。两种诉权相辅相成，既保证了患者在接受诊疗活动过程中人身权不受违法损害，也促使医方在从事治疗活动的过程中，必须遵守相应的法律、法规和医疗技术规范，最大限度的保障公民的人身权不受侵害。

在医疗损害赔偿纠纷中，当事人程序意义上的诉权是一致的，但实体意义上的诉权却不尽相同，当事人对医疗事故鉴定和医疗损害司法鉴定的选择，

---

〔1〕 张卫平：《民事诉讼法》，高等教育出版社2006年版，第28～37页。

实质上是诉权选择和处分的体现。当事人如果选择《民法通则》和《解释》规定的诉权，就必然要选择医疗损害司法鉴定；与此相反，如果当事人选择《民法通则》和《条例》规定的诉权，则必须选择医疗事故鉴定。由此可见，当事人行使鉴定选择权实质上是对实体意义上的诉权的选择和处分的具体体现。

（三）允许当事人行使鉴定选择权符合现代诉讼基本原则

当事人有权选择和处分自己的诉权即诉权自由原则是民事诉讼当事人意思自治原则的体现，是最重要的现代民事诉讼原则之一。具体到在医疗损害赔偿纠纷中，当事人有权选择普通医疗损害赔偿主张权利，也有权以医疗事故赔偿进行诉讼。这是当事人自由行使诉权的体现。在不违反国家法律禁止性规定的情况下，人民法院也应当尊重当事人对诉权的选择。选择不同的诉讼，必然要选择进行不同的鉴定。

尊重和保障当事人的诉权选择权，在我国其他法律中已有明文规定。例如《合同法》第122条规定，因当事人一方的违约行为，侵害对方人身、财产权益的，受损害方有权选择依照本法要求其承担违约责任或者依照其他法律要求其承担侵权责任。这就是对违约之诉和侵权之诉的诉权选择权的典型例证。

由此可见，尽管迄今为止还没有医疗损害赔偿纠纷中诉权选择的明文规定，但也未见禁止性的规定，允许当事人自由行使这种选择权，不仅符合现代民事诉讼的基本原则，也有利于保障诉讼顺利进行，提高司法效率；否则会导致因为当事人双方的鉴定选择不一致，致使案件陷入久拖不决的尴尬境地。

三、法院对医疗事故鉴定和医疗损害司法鉴定选择权的规制

在医疗纠纷的救济程序中，由于需要对纠纷中涉及的一些专门性问题进行科学的分析、理性的判断，所以由鉴定人对相关内容进行鉴定、获取相应的证据供裁判适用，是法院审理医疗纠纷案件的必要程序。在诉讼过程中，一方面既要尊重当事人的鉴定选择权，另一方面又要适度规制鉴定选择权，以提高司法效率并防止滥用选择权浪费司法资源，实现现代法治建设的应有之义。

（一）法院对鉴定选择权的充分释明义务

依据现有的法律法规，在立案环节，法院从案由的角度履行充分的释明义务，是促使当事人行使和规制鉴定选择权的前提。与医疗纠纷有关的案由，分为医疗事故赔偿纠纷和医疗损害赔偿纠纷两类，原告以医疗事故赔偿纠纷起诉到人民法院的，属于因医疗事故引起的医疗赔偿纠纷，显然必须做医疗事故鉴定；原告以一般的医疗损害赔偿纠纷起诉的，属于因医疗事故以外的其他原因引起的其他医疗赔偿纠纷，则应该做医疗损害司法鉴定。[1]因此，法院应当在立案环节，从案由的角度，对当事人充分说明两种诉讼的区别，履行充分的释明义务，促使当事人进行选择，并形成书面记录，防止当事人滥用选择权或因选择不明导致诉累。

（二）法院应尊重当事人的鉴定选择权

医疗事故鉴定并非医疗损害赔偿的前置程序。司法实践中，患者在未作医疗鉴定之前诉至法院要求医院赔偿时，有的法院以未有鉴定意见为由拒绝受理。而当今的“二元制”鉴定模式下，司法鉴定机构是不直接受理公民个人的医疗损害司法鉴定的。即使患者通过律师事务所进行委托鉴定，但因为司法鉴定是非经法院而启动的，同样面临着在诉讼中鉴定意见不被采信的风险。在这种情况下，当事人只能通过请求医疗行政管理机构启动医疗事故鉴定。由此，先进行医疗事故鉴定事实上成了某些法院医疗损害赔偿诉讼的前置程序。作为民事纠纷，受害人不能就其与医疗机构之间的侵权损害赔偿纠纷直接向人民法院提起诉讼，而被医疗事故鉴定的前置程序不公正地限制了诉权，这完全违背了现代诉讼的基本原则。

“诉权自由”、“不告不理”、“法院居中裁判”均为现代民事诉讼最重要的诉讼原则。法院尊重和保障当事人的诉权选择权，从而保证当事人的鉴定选择权是法院维护当事人合法权益的应有之义。当事人不诉医疗事故，不追究是否构成医疗事故，也不以医疗事故请求赔偿，就没必要做医疗事故鉴定；与此同时，当事人选择以一般的医疗损害赔偿纠纷起诉的，则应当进行医疗损害司法鉴定。法院应当保障和尊重当事人的选择权。

---

〔1〕 郎建勇：“医疗纠纷要选择司法鉴定还是医疗事故鉴定”，载 http://www.66law.cn/channel/lawarticle/2010-08-05/5593.aspx。

（三）法院应当规制当事人的鉴定选择权

如前文所述，法院应当尊重当事人的诉权选择权，并保障当事人的鉴定选择权，但为了防止当事人选择权的滥用、提高司法效率，维护双方当事人的合法权益，法院在充分履行了释明义务的前提下，适当规制当事人的选择权是完全必要的。本书认为，尊重当事人的选择权符合现代诉讼理念，但这种选择在同一个诉中只能行使一次，不能反复、更不得随意变更选择。也就是说，当事人一旦行使了选择权，非经证明有胁迫或重大误解的情况下，不得改变已作出的选择。这样既保护了当事人的诉权，尊重了当事人的选择权，也防止了选择权的滥用，有利于提高效率，最大限度的维护双方当事人的合法权益。

总之，在我国目前医疗赔偿纠纷的“二元制”诉讼和鉴定模式下，当事人有权按照自己的意愿行使诉权，有权按照自己的意愿行使鉴定选择权，法院应当在履行充分的释明义务的前提下，尊重和保护当事人的选择权，但同时应当对当事人的鉴定选择权予以适度规制，以提高诉讼效率，维护双方当事人的合法权益。

第五节 《侵权责任法》对医疗纠纷的规制

按照我国民法理论，医疗损害属于一般侵权行为，应当适用过错责任原则（民法通则第106条第2款）。但2002年国务院颁布《医疗事故处理条例》中规定了医疗事故鉴定制度，按照《条例》第49条的规定，医疗机构承担赔偿责任，须以构成医疗事故为责任成立要件，经医疗事故鉴定委员会鉴定不构成医疗事故的，医疗机构不承担赔偿责任。这就导致了医疗纠纷中的两大问题，即两个“二元化”问题：一是鉴定的二元化，既有医学会的医疗事故技术鉴定，又有面向社会的关于医疗过错的医疗损害司法鉴定；二是法律适用的二元化，既有适用《医疗事故处理条例》确定损害赔偿项目和数额的，又有适用《民法通则》和最高人民法院《关于审理人身损害赔偿案件适用法律若干问题的解释》的规定确定损害赔偿项目和数额的。有的法院甚至错误的将医疗事故鉴定作为医疗纠纷的前置程序，导致当事人的合法权益受到损害。这种二元体制，导致在实践中出现医院过错较重，患者损失较大，由于被鉴定为医疗事故而适用《条例》的规定，受害人所获得赔偿金较低；反之，未经鉴定甚至经鉴定不构成医疗事故的，医方过错较轻，患者损害较小，不构成医疗事故但有医疗过错，却适用《民法通则》第106条第2款关于过错责任的规定，并按照《解释》规定的计算标准，受害人所获得赔偿金额反而较高。二元体制破坏了国家法制的统一，影响了法律的权威性和严肃性。对此，《侵权责任法》进行了规制。

一、医疗损害侵权责任

《中华人民共和国侵权责任法》（以下简称《侵权责任法》）于2010年7月1日正式施行，对医疗损害责任作了专章规定，在一定程度上解决了当前存在的问题。《侵权责任法》第54条规定，患者在诊疗活动中受到损害，医疗机构及其医务人员有过错的，由医疗机构承担赔偿责任。侵权责任法虽然没有明确规定医疗损害赔偿范围和标准，但根据下位法服从上位法的原则，原来处理医疗纠纷的《医疗事故处理条例》不再适用。侵权责任法的颁布实施，解决了司法实践中赔偿标准"二元化"的问题，不再区分医疗事故和非医疗事故，统一适用侵权责任法关于赔偿范围和标准的规定。

《侵权责任法》明确规定两种情况需要承担赔偿责任。一种是过错赔偿责任，另一种是无过错赔偿。对于医疗侵权责任来说，过错赔偿包括：诊疗活动有过错、医疗告知不足和未尽到相应诊疗义务。首先，诊疗活动包括诊疗行为和非诊疗行为。诊疗行为过错是指医疗机构及医务人员从事病情的检验、诊断、治疗方法的选择，治疗措施的执行，病情发展过程的追踪以及术后照护等医疗行为，不符合当时既存的医疗专业知识或技术水准的过失诊疗行为；非诊疗行为过错是指因医疗机构的设施有瑕疵导致患者摔伤、自残、自杀；因医疗机构管理有瑕疵导致损害如抱错婴儿；医务人员的故意伤害行为；非法行医等。[1]对以上的行为医疗机构所应当承担的侵权赔偿责任。该责任适用过错责任原则，证明医疗机构及医务人员的医疗损害责任的构成要件，须由原告即受害患者一方承担举证责任，即使是医疗过失要件的举证责任也由受害患者一方负担。医疗损害侵权责任的构成要件如下：法定医疗机构及其医务人员的诊疗行为；患者有损害结果，且该损害结果必须具有客观性、真

〔1〕 孙东东："解读《侵权责任法》之医疗侵权责任"，载 http://medicine.people.com.cn/GB/11989228.html。

实性、确定性；诊疗行为与损害结果之间有因果关系；医疗机构及其医务人员的有过错。《侵权责任法》第 54 条对医疗过错损害责任做了明确规定。

其次，告知不足，实际上是保护患者的知情同意权。《侵权责任法》第 55 条也做出了明确的界定："医务人员在诊疗活动中应当向患者说明病情和医疗措施。需要实施手术、特殊检查、特殊治疗的，医务人员应当及时向患者说明医疗风险、替代医疗方案等情况，并取得其书面同意；不宜向患者说明的，应当向患者的近亲属说明，并取得其书面同意。医务人员未尽到前款义务，造成患者损害的，医疗机构应当承担赔偿责任。"医务人员的告知义务是其法定义务，患者有知情同意权和自我决定权。这不仅体现了健康权益，还体现了自我决定的人格利益和人格尊严。告知的内容包括病情、措施（包括有无替代方法）、风险，确实不宜向患者告知的应当向其近亲属告知。侵害患者知情同意权侵权责任的构成要件包括：未依法履行告知义务，包含故意的不愿告知、过失的没有告知，并产生损害事实，同时要证明损害结果与未告知有因果关系。此外，应注意防止患者滥用知情同意权，保护医务人员的自由裁量权，真正维护患者的合法权益。因此必须对患者的知情同意权加以限制，具体如下：医务人员履行了告知义务，但患者拒绝或放弃知情同意权，如放弃继续诊疗的决定、故意怠慢做出是否同意的决定等，不能认定医务人员侵害其知情同意权；基于公共利益的强制医疗行为如传染病防治、精神病人强制医疗、吸毒人员强制医疗戒毒等；医务人员履行说明义务的自由裁量行为如医务人员在诊疗过程中履行说明义务时，向患者告知的内容、对象、时机、方式等具有一定的选择权。同时，为了抢救危重患者，在能取得患者或者其近亲属意见的，经医疗机构负责人或者授权的负责人批准，可以立即实施相应的医疗措施。这是对告知义务的补充性规定，医疗机构及其医务人员在符合紧急医疗规范的情况下实施的医疗措施，造成患者出现一些不良后果，不应当承担法律责任。

再次，未尽到相应诊疗义务。《侵权责任法》第 57 条规定："医务人员在诊疗活动中未尽到与当时的医疗水平相应的诊疗义务，造成患者损害的，医疗机构应当承担赔偿责任。"医务人员在从事医疗活动中，应当对患者尽到应有的谨慎和注意，以免造成患者受到不应有的损害。医务人员的注意义务是最基本的义务。要求医务人员在诊疗活动中积极履行其应尽的职责，对其实施的每一个环节所具有的危险性加以注意。医务人员有义务具备相同时间、地域等客观条件下医务人员通常所应具备的医学知识和技术；有义务在诊疗活动中做出最佳合理的判断，这些都应当是医疗人员注意义务的内容。

最后，在过错责任的基础上，《侵权责任法》第58条规定了过错推定责任，在符合法条列举的情形，造成患者损害时，直接推定医疗机构有过错。具体包括：违反法律、行政法规、规章等有关诊疗规范的规定的；隐匿或者拒绝提供与纠纷有关的医学文书及有关资料的；伪造或者销毁医学文书及有关资料的。凡具备第58条列举的三种情形之一时，应当“推定医疗机构有过错”。此所谓“推定”，应当解释为“不可推翻的推定”，而与通常所谓“推定”允许以反证加以推翻不同。在诉讼中，对于责任构成的医疗违法行为、损害事实以及因果关系的证明，由受害患者一方负责证明。在此基础上实行过错推定，将医疗过失的举证责任全部归之于医疗机构，医疗机构一方认为自己不存在医疗过失，须举证证明自己的主张成立，否则应当承担赔偿责任。

《侵权责任法》第24条规定了无过错责任：“受害人和行为人对损害的发生都没有过错的，可以根据实际情况，由双方分担损失。”也就是说，即使医院的医疗行为没有过错，但是患者有明显的人身损害的，本着公平原则照顾弱势群体，医院也得对患者进行一定的补偿。

除了过错赔偿责任和无过错赔偿责任以外，还有不承担责任和减轻责任的有关规定。《侵权责任法》第三章规定了不承担责任和减轻责任的情形，包括：被侵权人对损害的发生也有过错的，可以减轻侵权人的责任；损害是因受害人故意造成的，行为人不承担责任；损害是因第三人造成的，第三人应当承担侵权责任；因不可抗力造成他人损害的，不承担责任；因正当防卫造成损害的，不承担责任。正当防卫超过必要的限度，造成不应有的损害的，正当防卫人应当承担适当的责任；因紧急避险造成损害的，由引起险情发生的人承担责任。如果危险是由自然原因引起的，紧急避险人不承担责任或者给予适当补偿。紧急避险采取措施不当或者超过必要的限度，造成不应有的损害的，紧急避险人应当承担适当的责任。这些不承担责任和可以减轻责任的一般性的规定无疑适用于医疗损害侵权纠纷。

《侵权责任法》第60条中又对医疗损害侵权行为中可以不承担赔偿的三种情况进行了进一步明确规定：“患者有损害，因下列情形之一的，医疗机构不承担赔偿责任：患者或者其近亲属不配合医疗机构进行符合诊疗规范的诊疗；医务人员在抢救生命垂危的患者等紧急情况下已经尽到合理诊疗义务；

限于当时的医疗水平难以诊疗。”患者或者其近亲属不配合诊疗的常见情形主要包括：缺乏医疗卫生常识，经详细解释仍无效而主动不配合的；不如实提供病史；不配合检查；不遵守医嘱；不服从医院管理等行为。医务人员在抢救生命垂危的患者等紧急情况下已经尽到合理诊疗义务是指医务人员只要按照紧急救治措施的医疗操作规范实施诊疗行为，虽然没有按照平常规定尽到注意义务，也应当免责。限于当时的医疗水平难以诊疗是指当时的医疗水平为相对意义上的概念，即指本地区、本部门的，而非绝对意义上的。不得用现在的医疗科学技术认定过去的医疗行为是否有过错。

《侵权责任法》第 59 条对医院使用有缺陷的药品、消毒药剂、医疗器械等非医院原因（间接责任）造成患者损害的责任承担方式也进行了明确的规定：“因药品、消毒药剂、医疗器械的缺陷，或者输入不合格的血液造成患者损害的，患者可以向生产者或者血液提供机构请求赔偿，也可以向医疗机构请求赔偿。患者向医疗机构请求赔偿的，医疗机构赔偿后，有权向负有责任的生产者或者血液提供机构追偿。”使用合格的医疗产品是医院的基本义务，由于医疗器械和医疗产品的缺陷导致患者的损害，《侵权责任法》赋予了患者请求选择权。因为医疗机构更清楚产品的来源，在采购产品过程中没有尽到必要的注意义务，是对患者权利的最大保护；同时，由于医疗器械或医疗产品的缺陷是导致损害的直接原因，因此，又赋予了医疗机构应有的追偿权。质量缺陷是指产品存在危及人身、他人财产安全的不合理危险，药品、消毒药剂、医疗器械质量缺陷的认定以不合理危险为基础标准，强制性标准为辅助标准。药品、消毒药剂、医疗器械质量缺陷主要包括：设计缺陷即产品设计本身存在缺陷；质量缺陷即产品制造过程中出现问题导致的缺陷；指示缺陷即产品的生产和销售者未提供真实完整、符合要求的使用和警示说明。医疗机构对所使用药品、消毒药剂、医疗器械质量应尽的合理注意义务：严格执行进货检查验收制度，验明产品合格证明和其他标识，统一进货渠道，避免购进伪劣产品，不得使用已禁止使用或过期淘汰产品，不得伪造、冒用产地、厂名、厂址、认证标志等质量标志，不得在产品中掺杂使假，建立进货档案以及其他使用管理制度。

《侵权行为法》第 63 条还对过度诊疗行为作出了禁止性的规定，由此造成患者的损失，应当承担赔偿责任：“医务人员应当根据患者的病情实施合理的诊疗行为，不得采取过度检查等不必要的诊疗行为。医疗机构违反前款规定，应当退回不必要诊疗的费用，造成患者其他损害的，还应当承担赔偿责任。”此所谓“过度诊疗行为”，相当于国外所谓“过度医疗”和“保护性医疗”。自90年代以来，过度诊疗行为逐渐成为影响和谐社会建设的严重社会问题。医疗过程中应当坚持适度检查和治疗，应当符合患者病情的实际需求，采用便捷、经济的方式，达到诊疗效果，既不过分，也不欠缺。医务人员对患者采取过度诊疗行为，其动因有二：一是意图规避医疗损害责任。此与90年代以来医患关系紧张有关。二是为了获得经济利益。医院往往有内部规定，医生可以从所诊治患者的各种检查交费中获得一定比例的分成。本章主要制度设计，基本体现了“切实保护患者的合法权益，也要保护医务人员的合法权益，促进医学科学的进步和医药卫生事业的发展”的政策目的，相信其实施可以缓和医患关系的紧张，在一定程度上发挥克服过度诊疗行为的效用。但如不能从医院管理体制上彻底禁止、禁绝医院内部关于医生就各种检查、诊疗费用分成之所谓奖励措施，则仍不可能真正解决“过度诊疗行为”这一严重社会问题。

《侵权责任法》第62条对患者的隐私保护也作了规定：“医疗机构及其医务人员应当对患者的隐私保密。泄露患者隐私或者未经患者同意公开其病历资料，造成患者损害的，应当承担侵权责任。”隐私是不愿意让别人知道的事情，主要包括身体秘密、私人空间、私人生活等。隐私权是自然人享有的对其个人的、与公共利益无关的个人信息、私人生活和私有领域进行支配的人格权。在医疗活动中，患者拥有保护自己有关身体秘密、私人空间、私人生活等信息不受外来侵犯的权利。侵犯患者隐私权的情形主要包括超出诊疗需要的知情范围刺探患者的隐私，故意泄露、公开、传播、侵扰患者的隐私，以非诊疗需要知悉患者的隐私，直接侵入患者的身体侵犯其隐私，未经患者同意允许实习生观摩，未经患者同意公开其病历等有关资料等。但从法理上对患者隐私权还有限制的情形：公共利益的限制，如传染病防治、精神病人的监护医疗等；与患者本人有密切关系的第三人利益限制，如医保部门；来自医务人员为治疗疾病需要的知情权的限制；特定情形下对患者疾病隐私权的限制，如对轻生患者的危机干预等。

最后，《侵权责任法》中明确了医疗损害赔偿诉讼的责任主体是医疗机构。医务人员获得医疗机构的授权在相应的岗位执业、工作，其行为属于职务行为，对外由医疗机构统一承担相关责任，但是医疗机构可以根据内部管理制度、奖惩制度等对其工作人员进行内部追责和处罚。

二、医疗损害侵权责任的承担方式

《侵权责任法》第15条明确规定了8种侵权责任的承担方式，但是对于医疗损害侵权来说，主要适用的是其中1种：赔偿损失。《侵权责任法》对如何赔偿损失、赔偿哪些方面的损失在第16条有明确的规定："侵害他人造成人身损害的，应当赔偿医疗费、护理费、交通费等为治疗和康复支出的合理费用，以及因误工减少的收入。造成残疾的，还应当赔偿残疾生活辅助具费和残疾赔偿金。造成死亡的，还应当赔偿丧葬费和死亡赔偿金。"第22条规定："侵害他人人身权益，造成他人严重精神损害的，被侵权人可以请求精神损害赔偿。"也就是说，医疗人事损害侵权赔偿的项目包括：医疗费、护理费、交通费、误工费、精神损害赔偿费，造成残疾的要赔偿残疾生活辅助具费和残疾赔偿金，造成死亡的要赔偿丧葬费和死亡赔偿金。各项目的具体计算方式目前还没有相应的司法解释（应当参照《最高人民法院关于审理人身损害赔偿案件适用法律若干问题的解释》中有关项目的计算方式来计算）。

另外，《侵权责任法》第25条对赔偿的支付方式也进行了明确规定："损害发生后，当事人可以协商赔偿费用的支付方式。协商不一致的，赔偿费用应当一次性支付；一次性支付确有困难的，可以分期支付，但应当提供相应的担保。"

三、《侵权责任法》下的医疗损害司法鉴定

根据《医疗事故处理条例》，是否构成医疗事故需要通过医学会的医疗事故技术鉴定来确定，从而确定医疗机构是否应该承担赔偿责任。然而众所周知，医疗事故鉴定是由医学会组织专家进行的"秘密"鉴定，鉴定意见也没有负责人签字，这种鉴定是难有公信力的。而根据《侵权责任法》，医疗机构承担赔偿责任的前提条件并不要求一定要构成医疗事故，所以就无需进行医疗事故的技术鉴定。《医疗事故处理条例》作为国务院颁布的行政法规，是下位法、旧法，而《侵权责任法》是全国人大常委会通过的法律，是上位法、新法，根据上位法优于下位法、新法优于旧法的法律适用原则，对上述存在的冲突应该适用《侵权责任法》的相关规定。

医疗鉴定在医疗损害赔偿案件中有着十分重要的作用，因为医疗纠纷案

件具有高度的专业性，医疗行为是否有过错，作为法官一般不具备这个判断能力，只有具备专业知识的专家才能作出判断，他们的鉴定意见往往决定了案件的结果。《医疗事故处理条例》为解决医疗事故鉴定体制问题，设立了由医学会组织进行医疗事故技术鉴定的体制。在实践中，依据现行医疗事故鉴定办法，患者在申请医疗事故鉴定时，要求写出对医院在诊疗过程中存在的过错等进行说明的陈述材料，然而患者大多无医疗知识，无力书写该材料；然而，参与鉴定的专家、学者都是鉴定专家库中的备选人员，与医疗机构、医务人员有着千丝万缕的关系，难免使患者对鉴定意见的公正性产生合理怀疑。而在医疗纠纷诉讼中，围绕着要不要鉴定、由谁鉴定、是否重新鉴定往往成为医患双方反复争执的焦点问题，实践中，法院判案的依据多数是采信医学会的鉴定，但如果医学会的医疗事故技术鉴定不科学、不公正，则可能导致患者的合法权益受不到应有的保护。因此，对于鉴定二元化的问题，最高人民法院关于适用《中华人民共和国侵权责任法》若干问题的通知（法发[2010] 23 号）第 3 条明确规定：人民法院适用侵权责任法审理民事纠纷案件，根据当事人的申请或者依职权决定进行医疗损害鉴定的，按照《全国人民代表大会常务委员会关于司法鉴定管理问题的决定》、《人民法院对外委托司法鉴定管理规定》及国家有关部门的规定组织鉴定。由此可见，医疗损害司法鉴定将与医疗事故鉴定合法并存，当事人可以择一进行诉请。

四、《侵权责任法》下举证责任的重新分配

在《侵权责任法》颁布之前，医疗损害纠纷的举证责任，根据最高人民法院《民事诉讼证据规定》第 4 条第 1 款（八）项的规定，因医疗行为引起的侵权诉讼，医疗机构要对医疗行为与损害结果之间不存在因果关系及不存在医疗过错承担举证责任，也就是常说的举证责任倒置，并在实践中被广泛使用。但在《侵权责任法》第 54 条和第 58 条中，则规定的是由患者就医疗机构的过错承担举证责任，如患者不能证明医疗机构有过错或违反法律、行政法规、规章以及其他有关诊疗规范的规定，就要承担举证不能的不利后果。而对医疗行为与损害结果之间是否存在因果关系的举证责任，《侵权责任法》对此未作具体规定。这种举证责任部分重新分配、部分没有做出具体规定的制度，如何在审判实践中适用，将会成为棘手的难题。因此，本书建议最高法院的司法解释对医疗举证问题作出更为明确的规定。

五、《侵权责任法》下的精神损害赔偿

我国现行民事法律对于精神损害赔偿没有明确规定，正在审议中的国家赔偿法修订草案确立了精神损害赔偿制度，但仅限于行政法领域。司法实践中由最高人民法院《关于确定民事侵权精神损害赔偿责任若干问题的解释》来规范，并已经有了不少案例。侵权责任法第22条规定，侵害他人人身权益，造成他人严重精神损害的，被侵权人可以请求精神损害赔偿。这是《侵权责任法》的一个亮点，是我国在现行法律中第一次明确规定了精神损害赔偿。这一规定，一是把精神损害赔偿严格限制在侵害人身权益上，侵害人身权益包括侵害生命权、健康权、名誉权、隐私权等，但不包含财产权。二是界定了什么情况下构成精神损害，《侵权责任法》用了“严重精神损害”这个词。

第十章　司法精神病鉴定

第一节　司法精神病学概念

司法精神病学（Forensic psychiatry）是国外所通用的法庭精神病学（Forensic psychiatry）或者法律精神病学（Legal psychiatry）两个术语的中文译名，是以涉及刑法、民法通则及其诉讼法等有关法律的精神疾病课题作为研究对象，是服务于法律的涉及精神医学、法学等学科的边缘学科。[1] 司法精神病学是精神病学和法学的一个交叉学科，是精神病学近年来所形成并为大家所确认的一个独立的新专业。狭义的司法精神病学所包括的法律问题涉及范围较小，仅局限于探讨精神疾病的责任能力和行为能力评价，以及强制性医疗等。而广义的司法精神病学则涉及广泛的法律事务，包括责任能力、行为能力评价以及司法精神病学的某些特殊问题，如对危险性评价问题，监狱精神病问题等。

司法精神病学是以涉及法律的精神病学问题作为研究对象，主要研究司法精神病鉴定的规律、各类精神病人作案特点、涉及到法律的各种精神疾病的临床特点、疾病诊断、治疗、愈后推测以及精神疾病对行为人的各种法定能力的影响等问题。

司法精神病鉴定是医学鉴定的重要组成部分，是公安、司法机关在办理案件的过程中、因怀疑案件有关人员患有某种精神疾病可能影响其责任能力或行为能力等法定能力时，受司法机关委托，由鉴定人对其进行精神状况等项检查、鉴定的过程。

---

〔1〕 师建国主编：《临床实用精神病学》，科学出版社 2009 年版。

第二节　司法精神病鉴定的主要任务

有鉴定资质的鉴定人，应用临床精神病学知识（法医精神病学知识）、技术和经验，对涉及法律问题又患有或者怀疑息有精神疾病的人进行精神状态的检查、分析、诊断，判断其精神状态与法律的关系，这个过程被称为司法精神病学或者法医精神病学鉴定。

根据我国刑法和刑事诉讼法的规定，司法精神病鉴定的中心任务是判明被鉴定人是否有精神疾病和是否有刑事责任能力。目前主要有以下的具体鉴定任务：

1. 对怀疑有精神病的犯罪嫌疑人或刑事被告人，确认其行为当时的精神状态，是否有精神疾病。依据此种精神疾病与犯罪行为的因果关系，来确认其有无刑事责任能力。

2. 对怀疑有精神病的刑事受害人的鉴定，这主要包括两种情况：一是对与他人发生性行为的妇女进行鉴定，判断她在发生性行为时，是否有精神病，以帮助司法部门确定男性的性行为是否属于强奸行为。二是在某种特定事件（如被打、迫害、严重虐待或颅脑损伤等）之后精神失常的，对其进行鉴定，并确定这种精神障碍与该事件的关系，以帮助司法部门正确认定事件的结果。

此外，还包括对刑事案件中被告人诉讼能力的鉴定，对证人作证能力的鉴定，对无实据的自首者与控告者的司法精神病鉴定等。

凡是精神病涉及到法律问题的都要作司法鉴定，这是多部法律中都有过明确规定的。在以前的司法实践中，无论是侦查机关还是司法机关等，在办案过程中碰到精神病人与案件有关系的，无论是被告人、原告人、继承人、证人、犯人、犯罪嫌疑人、被关押审查的一切人员都是按法律规定进行司法精神病鉴定。

精神医学是一门专业性极强的学科，只要没有受过这方面专业培训或从事具体的临床实践工作，即使是从事精神病防治工作的，但临床实践不满5年，不具有精神病学专业中级以上职称的，也是不具备鉴定资格的。建立从事司法精神病鉴定的资格准入制度是非常必要的，能为鉴定的科学性、合法性提供基本的保障。

第三节 《刑法》关于精神病鉴定的规定

新中国第一部刑法是1979年7月1日第五届全国人民代表大会第二次会议上通过的，1997年又重新作了修订。

一、1979年《刑法》关于精神病人犯罪的处罚规定

1979年《刑法》第15条：“精神病人在不能辨认或者不能控制自己行为的时候造成危害结果的，不负刑事责任；但是应当指令他的亲属或者监护人严加看管和医疗。

间歇性的精神病人在精神正常的时候犯罪，应当负刑事责任。

醉酒的人犯罪，应当负刑事责任。”

在该条法律条文中存在以下几个问题：

1. 如何认定精神病人是否不能辨认或者不能控制自己的行为的问题。对于这个问题的解决主要是依靠精神病医学专家的鉴定，再结合办案中的调查取证这两个方面来认定。

2. 如何认定精神病人是否有辨认自己行为的能力的问题。对于精神病人如果丧失了判断能力和自我保护能力，不知其行为后果的，可以认定为不能辨认自己行为的人；对于比较重要的事物或者比较重大的行为缺乏判断能力和自我保护能力，并且不能预见其行为后果的，可以认定为不能完全辨认自己行为的人。

3. 该条法律中专门规定了对醉酒后的人犯罪要负刑事责任，这条规定是与国际相接轨的，世界上大多数的国家基本上是这样规定的。但在司法实践中有一些特殊情况是不能与法律规定相套用的，即该条规定的是一般醉酒的情况，对于一些特殊性醉酒是不适用的，如病理性醉酒、复杂性醉酒。

根据1979年《刑法》第15条的规定，对醉酒人的刑事犯罪皆予以处罚。主要是因为饮酒是个人行为，是自愿的，酒后失态的道理是人人皆知的，大量的饮酒有自我放纵的故意。但病理性醉酒是与普通醉酒完全不同的。病理性醉酒的人在通常情况下是不饮酒的，也就是说这种人根本不会饮酒，也就更不存在酒癖的问题。这种人当少量饮酒后，即出现一种严重的醉酒反应，也就是对酒精的一种急性过敏反应，这也是一种急性中毒反应。中毒后表现

有严重的意识障碍，伴有幻觉，错觉及片刻的妄想等精神症状，最后导致对周围的事物、环境、人物的歪曲判断，可能出现各种各样的暴力行为，导致各种犯罪后果。这种严重后果是中毒者在中毒后因丧失了辨认能力和控制行为所造成的，不属于行为人的故意和过失，无主观要件，不构成犯罪。因此，我国一贯对于病理性醉酒的人犯罪都按无责任能力进行处理的，世界各国也是如此。

对于病理性醉酒的鉴定要结合广泛的调查材料，进行现场勘验，充分掌握案情，了解案发的全过程，并对行为人进行严密的观察和客观检查。

4. 在该法条中有间歇性精神病人犯罪的规定。间歇性精神病人在精神正常时犯罪应负刑事责任。这种精神病人所出现的精神症状时好时坏，有时清醒有时意识不清楚，在病程中有明显的间歇期。

“间歇性精神病”不是一个临床医学诊断名词，在精神医学上根本不存在这个疾病诊断名称，这是个法学上的用语。但在精神医学上确实有这类疾病，在临床表现中有明显的间歇性发作，在不发作时临床症状可以完全缓解，精神表现完全正常，人格完整，社会功能和普通人一样。例如情感性精神病、周期性精神病等，这些精神病在法学上称之为间歇性精神病。

5. 1979 年刑法第 15 条所强调的辨认能力是非常重要的一个条件，辨认能力只有达到完全丧失的程度才属于不负刑事责任的。刑事责任能力中的辨认能力，是指行为人具备对自己行为在刑法上的意义、性质、作用、后果的分辨认识能力。辨认能力是一个法学上的用语，即行为人有能力认识自己的行为是否违法和合法，在法律上是禁止的还是不禁止的。

6. 控制能力也是一个法学术语，是指行为人具备选择自己实施或不实施为刑法所禁止的行为能力，即行为人知道自己的行为是刑法所禁止的，即使在任何变化的情况下都能控制住自己不去触犯法律，此即称之为有良好的控制能力。

总之，对于精神病人所实施的犯罪，在鉴定的时候应该把辨认能力和控制能力放在一起来讨论，一般不要分割开来。一个行为人完全丧失辨认能力时，就无所谓控制能力如何了；如果他的辨认能力正常，他的控制能力则可以是正常的，也可以是减弱的甚至是丧失的。

在刑法学上把刑事责任分为有和无两种，后来在 1997 年刑法修订后又分为有、部分和无三级。在以前的刑法中虽然分为有和无二级，但在司法实践中并没有完全按规定操作，因为二分法是脱离实际的。在大量长期的司法实践中，精神病学专家一直是三分法，也被司法审判所认可了，因此在刑法修订的时候，便改为三分法。

三分法中的无责任能力，是行为完全丧失了辨认能力或控制能力的结果；完全责任能力，是行为人没有丧失辨认能力或控制能力的结果；而尚未完全丧失辨认或控制自己行为能力的精神病人犯罪的，应当从轻或减轻处罚。

对于精神病人犯罪后的司法精神病鉴定中，无责任能力或完全责任能力这两种都比较容易评定，不太好掌握的就是限定责任能力这一种。对鉴定意见发生争议时，焦点也大多是集中在这个限定责任能力上。实践中，只有非常清楚的认为行为人就是没有完全丧失辨认能力或控制能力的情况下，才可以实事求是的用部分责任能力（也叫限制责任能力或限定责任能力）。

二、1997 年《刑法》关于精神病人犯罪的处罚规定

1997 年《刑法》第 18 条规定："精神病人在不能辨认或者控制自己行为的时候造成危害结果，经法定程序鉴定确认的，不负刑事责任，但是应当责令他的亲属或者监护人严加看管和医疗；在必要的时候，由政府强制医疗。

间歇性的精神病人在精神正常的时候犯罪，应当负刑事责任。

尚未完全丧失辨认或者控制自己行为能力的精神病人犯罪的，应当负刑事责任，但是可以从轻或者减轻处罚。

醉酒的人犯罪，应当负刑事责任。"

修改后的刑法第 18 条内容与 1979《刑法》第 15 条相比有了较大变动。首先是允许了精神病人犯罪在责任能力的鉴定中的三分法。这是一个突破，能以文字的形式在刑法典上固定下来，更显示出法律的严谨性，严肃性。这种实事求是的规定使广大的执法者"有法可依"。1979 刑法第 15 条就没有这种规定。在 1997 刑法修改中，对原第 15 条作了较大改动，使这个三分法真正的合法化。该条文中还规定了"经法定程序鉴定确认的"，这种规定主要是解决与刑诉法接轨的问题，也是为了解决在司法实践中鉴定混乱的问题。

第四节　《刑事诉讼法》关于精神病鉴定的规定

我国《刑事诉讼法》于 1979 年 7 月 1 日第五届全国人民代表大会第二次

会议通过，1980 年 1 月 1 日起施行。根据 1996 年 3 月 17 日第八届全国人民代表大会第四次会议《关于修改〈中华人民共和国刑事诉讼法〉的决定》第一次修订，根据 2012 年 3 月 14 日第十一届全国人民代表大会第五次会议《关于修改〈中华人民共和国刑事诉讼法〉的决定》第二次修订，新《刑事诉讼法》于 2013 年 1 月 1 日起实施。

一、1979 年《刑事诉讼法》对司法鉴定的规定

1979 年《刑事诉讼法》第 88 条规定："为了查明案情，需要解决案件中某些专门性问题的时候，应当指派、聘请有专门知识的人进行鉴定。"

该法第 89 条规定："鉴定人进行鉴定后，应当写出鉴定结论，并签名。"

该法第 90 条规定："用作证据的鉴定结论应当告知被告人。如果被告人提出申请，可以补充鉴定或者更新鉴定。"

以上三条规定指的是所有的刑事案件的鉴定，当然也完全适用于精神病的医学鉴定。

为了查明案情，解决专门性问题，这种规定适用于办案程序中的各个环节。侦查阶段如果碰到了某些专门性问题时，例如行为人的杀人动机不明，在审问时发现有精神不正常时，即可申请作精神病医学鉴定。在起诉环节及审判环节中需要也可以申请作精神病医学鉴定。

二、1996 年《刑事诉讼法》对司法精神病鉴定的规定

《刑事诉讼法》于 1996 午 3 月 17 日第八届全国人民代表大会第四次会议作了修订。修订后的刑诉法中，对于精神病的医学鉴定有了明确的法律条款，给刑事案件的诉讼带来了极大方便。

该法第 48 条规定："凡是知道案件情况的人，都有作证的义务。生理上、精神上有缺陷或者年幼，不能辨别是非。不能正确表达的人，不能作证人。"

该条所规定的是证人的资格和条件，对于精神上有缺陷的人是不能作为证人的，因为某些精神病人不能辨别是非，不能正确表达事情的真实意思，所以规定这种人属于无作证能力的人。当然对于证人是否具有作证能力是要先经过精神病医学鉴定来作出评价的。

该法第 119 条规定："为了查明案情，需要解决案件中某些专门性问题的时候，应当指派、聘请有专门知识的人进行鉴定。"第 120 条："鉴定人进行

鉴定后，应当写出鉴定结论，并且签名。对人身伤害的医学鉴定有争议需要重新鉴定或者对精神病的医学鉴定，由省级人民政府指定的医院进行。鉴定人进行鉴定后，应当写出鉴定结论，并且由鉴定人签名，医院加盖公章。鉴定人故意作虚假鉴定的，应当承担法律责任。”第121条：“侦查机关应当将用作证据的鉴定结论告知犯罪嫌疑人、被害人。如果犯罪嫌疑人、被害人提出申请，可以补充鉴定或者重新鉴定。”第122条：“对犯罪嫌疑人作精神病鉴定的期间不计入办案期限。”

各地公安机关、检察机关、审判机关和司法机关等政法机关，如果出于案件办理的需要，必须委托省级人民政府指定的医院对行为人进行精神状态鉴定时，原来委托精神病鉴定委员会的鉴定内容，同样的适用于省级人民政府指定的医院。原来各地精神病鉴定委员会所能解决的鉴定项目内容，现在的省级人民政府所指定的医院同样也应该给予解决。

三、2013年《刑事诉讼法》对司法精神病鉴定的规定

《刑事诉讼法》于2012年3月14日第十一届全国人民代表大会第五次会议进行了第二次修订，新法于2013年1月1日起实施。

新刑诉法第48条将“鉴定意见”规定为法定证据种类之一，取代了原来的“鉴定结论”。

新刑诉法第60条：“凡是知道案件情况的人，都有作证的义务。生理上、精神上有缺陷或者年幼，不能辨别是非、不能正确表达的人，不能作证人。”

新刑诉法第144条：“为了查明案情，需要解决案件中某些专门性问题的时候，应当指派、聘请有专门知识的人进行鉴定。”

新刑诉法第145条：“鉴定人进行鉴定后，应当写出鉴定意见，并且签名。鉴定人故意作虚假鉴定的，应当承担法律责任。”

新刑诉法第146条：“侦查机关应当将用作证据的鉴定意见告知犯罪嫌疑人、被害人。如果犯罪嫌疑人、被害人提出申请，可以补充鉴定或者重新鉴定。”

新刑诉法第147条：“对犯罪嫌疑人作精神病鉴定的期间不计入办案期限。”

以上相关规定与1996年刑诉法的规定大致相同，但亦有新的变化。

首先，新刑诉法将“鉴定结论”改为“鉴定意见”，这种修改是值得肯

定的。因为从证据理论分类来看，鉴定报告属于言辞证据，具有一定的主观色彩。在实践中，不同的鉴定人因其知识水平、经验能力、所用技术和设备等的不同，对同一专门技术问题有可能给出不同的看法。而在中国，结论一词具有强烈的终局性和排他性，因此把鉴定报告作为具有终局性和排他性的"结论"，作为这种特殊证据的名称，似有不妥。2005 年全国人大常委会制定的《关于司法鉴定管理问题的决定》已将诉讼法规定的"鉴定结论"修改为"鉴定意见"，新刑诉法亦作了以上修改，实现了法律上的对接。

其次，新刑诉法删去了 1996 年刑诉法第 120 条第 2 款关于人身伤害重新鉴定和精神病鉴定由省级人民政府指定的医院进行的规定，但却没有具体规定该两种鉴定的鉴定主体。全国人大常委会制定的《关于司法鉴定管理问题的决定》（以下简称《决定》）明确规定，法医类（含法医临床、法医精神病）司法鉴定机构和司法鉴定人由司法行政部门统一进行登记管理、名册编制和公告。新刑诉法删去 1996 年《刑事诉讼法》第 120 条中第 2 款规定，解决了立法层面的冲突，避免了在司法层面司法机关的无所适从，防止由于这种立法上相互矛盾的规定造成的多头鉴定、重复鉴定以致使诉讼久拖不决的现象时有发生。《决定》同时还规定："国务院司法行政部门主管全国鉴定人和鉴定机构的登记管理工作。省级人民政府司法行政部门依照本决定的规定，负责对鉴定人和鉴定机构的登记、名册编制和公告。"通过这一规定可以看出，对鉴定机构、鉴定人进行登记、注册、名册公告等是司法行政部门的法定职责。

因此应当认为：今后关于人身伤害重新鉴定和精神病鉴定由经司法行政机构认定取得司法鉴定资格的鉴定机构进行。

新刑诉法关于精神病司法鉴定的修订是巨大的，在第五编特别程序中设了专门的一章，专门规定了"依法不负刑事责任的精神病人的强制医疗程序"，这种特别程序的规定，对于特定情况下防止精神病人继续危害社会具有极大的进步意义。

新刑诉法第 284 条规定："实施暴力行为，危害公共安全或者严重危害公民人身安全，经法定程序鉴定依法不负刑事责任的精神病人，有继续危害社会可能的，可以予以强制医疗。"

新刑诉法第 285 条规定："根据本章规定对精神病人强制医疗的，由人民法院决定。"

公安机关发现精神病人符合强制医疗条件的，应当出具强制医疗意见书，移送人民检察院。对于公安机关移送的或者在审查起诉过程中发现的精神病人符合强制医疗条件的，人民检察院应当向人民法院提出强制医疗的申请。人民法院在审理案件过程中发现被告人符合强制医疗条件的，可以作出强制医疗的决定。

对实施暴力行为的精神病人，在人民法院决定强制医疗前，公安机关可以采取临时的保护性约束措施。

新刑诉法第 286 条规定："人民法院受理强制医疗的申请后，应当组成合议庭进行审理。"

人民法院审理强制医疗案件，应当通知被申请人或者被告人的法定代理人到场。被申请人或者被告人没有委托诉讼代理人的，人民法院应当通知法律援助机构指派律师为其提供法律帮助。

新刑诉法第 287 条规定："人民法院经审理，对于被申请人或者被告人符合强制医疗条件的，应当在一个月以内作出强制医疗的决定。"

被决定强制医疗的人、被害人及其法定代理人、近亲属对强制医疗决定不服的，可以向上一级人民法院申请复议。

新刑诉法第 288 条规定："强制医疗机构应当定期对被强制医疗的人进行诊断评估。对于已不具有人身危险性，不需要继续强制医疗的，应当及时提出解除意见，报决定强制医疗的人民法院批准。"

被强制医疗的人及其近亲属有权申请解除强制医疗。

新刑诉法第 289 条规定："人民检察院对强制医疗的决定和执行实行监督。"

由上述规定可以看出，新刑诉法对强制医疗进行了全面的司法化改造。强制医疗是限制公民人身自由的措施，司法化非常必要。在此之前由于没有法律规定，检察机关监督业务并未涉及这一领域，现在按照新刑诉法，检察机关将对强制医疗进行全程监督。

通过严格的审判程序来决定当事人是否需要强制医疗，并赋予被强制者或其近亲属以相应的救济措施，特别程序中规定提供法律援助、对轻质治疗不服可申请复议、当事人及近亲属有权申请解除强制医疗等内容，都充分体现了法律对精神病人权益的有力保障。明确公安机关对符合强制医疗条件的精神病人，写强制医疗意见书，检察机关提出申请，由法院作出是否强制医疗的决定。以上规定均具有很强的操作性，基本上解决了防止精神病人继续危害社会的强制治疗问题。

除此以外，新刑诉法还对鉴定人及其近亲属的人身保护、鉴定人出庭作证等问题进行了完善，有利于鉴定人更好地完成鉴定工作，消除疑虑，参加法庭质证，更好地发挥鉴定意见的证据作用。

四、刑事诉讼中的“被不精神病”问题

2013年的刑事诉讼法的规定解决了精神病人的强制监护和危害预防问题，但对精神病鉴定的启动问题并未进行完善的规制。事实上，“被不精神病”在刑事诉讼中并不少见。精神病鉴定的启动权如果完全掌握在公安、检察机关手中，即便犯罪嫌疑人、被告人行为异常，公安、检察机关也可能基于其可能造成的严重后果和部分群众的情绪等原因，选择不启动鉴定程序，导致犯罪嫌疑人、被告人“被不精神病”并最终对其处以刑罚。这种做法不仅难以实现诉讼程序的正义，也可能无法保障精神病人合法权益。下文仅以两则案例加以说明：

2006年6月18日至7月2日，上诉人邱兴华与其妻何冉风先后两次到陕西省汉阴县铁瓦殿道观抽签还愿。其间，因邱兴华擅自移动道观内两块石碑而与道观管理人员宋道成发生争执，加之邱兴华认为道观主持熊万成有调戏其妻的行为，由此心生愤怒，遂产生杀人灭庙之恶念。7月14日深夜，邱兴华趁道观内管理人员和香客熟睡之机，持一把砍柴用的弯刀和木棒分别到各寝室向熊万成等10人头部各砍数刀，致10人死亡。次日天亮后，邱兴华将作案工具弯刀、斧头等物放入火炉及柴堆上，放火燃烧后逃离现场。7月31日上午，邱兴华窜至湖北省随州市曾都区万福店农场魏义凯家，以帮魏义凯家补盆子和合伙做干鱼生意为名，骗取魏的信任。当天吃完晚饭后趁其家人休息之机，用斧头和弯刀向魏义凯、魏妻徐开秀、魏之女魏金梅的头部连砍数刀，将三人砍伤后，抢得现金1302元。魏义凯因抢救无效，于9月9日死亡，徐开秀、魏金梅经鉴定系重伤。8月1日凌晨，邱兴华乘K357次列车返回安康，8月19日潜逃回家时被公安机关抓获归案。

2006年10月19日，安康中院审理后当庭作出一审判决：以故意杀人罪和抢劫罪数罪并罚，决定判处邱兴华死刑，剥夺政治权利终身；并处没收个人财产5000元。一审宣判后，邱兴华不服当庭表示要上诉；11月31日，上

诉期满的最后一天，邱兴华递交了上诉状。[1]

2006 年 12 月 8 日，陕西省高院对此案进行了二审。在庭审中，法庭主要围绕此案两大争议焦点：即对犯罪的原因的认定和是否采纳“司法精神病”鉴定申请而展开，控辩双方在法庭上进行了激烈辩论。邱兴华的辩护律师张桦当庭提出请求对邱兴华进行司法精神病鉴定的要求，但因其未提交出有说服力的证据，未得到法庭的采纳。

2006 年 12 月 10 日，何兵、龙卫球等 5 名法学家以公开信的形式，吁请司法机关立即对邱兴华进行司法精神病鉴定，并质疑目前将是否进行鉴定的决定权（即司法鉴定启动权），绝对地赋予检察官、法官，是“极其危险的”。专家们希望通过邱案推动这一制度更趋完善。

陕西省高院慎重研究后做出终审裁定认为，邱兴华故意杀人目的明确，且杀人后多次躲过公安机关的围捕，证明其是在有意识地逃避打击。在侦查、起诉阶段的多次讯问和一、二审法院审判中，其对杀人、抢劫的动机、原因、手段及现场情况均作了前后一致的供述，回答问题切题，思维清晰，无反常的精神表现。综上，足以证实上诉人邱兴华故意杀人、抢劫犯罪时具有完全的辨认和控制自己行为的能力，故对辩护人要求对邱兴华进行司法精神鉴定的意见不予采纳。原审判决认定上诉人的犯罪事实清楚，证据确实充分，定罪准确，量刑适当，审判程序合法。故依照《中华人民共和国刑事诉讼法》有关规定作出驳回上诉，维持原判的终审裁定。

本案被认为是有利于推动我国司法精神病鉴定制度发展的典型案例。不论鉴定结果证明邱兴华是不是患有精神病，有没有刑事责任能力，法院最终没有启动司法精神病鉴定，这从程序上讲没有体现法律的公平、正义，也表明了现行司法精神病鉴定制度的缺陷。因此，细化司法精神病鉴定启动条件，将是该制度完善的重点。

正确的适用精神病鉴定程序，有利于使当事人认罪服判，有利于对社会大众的法治教育。2012 年判决的薄谷开来故意杀人案中，在案件审查起诉阶段，薄谷开来聘请的律师向检察机关提出了对薄谷开来案发时的精神状态进行司法精神医学鉴定的申请。检察机关经审查，依法委托上海市精神卫生中

---

〔1〕 陈春平、王培民:“邱兴华杀人案律师将申请精神病鉴定”，载 http://news. china. com/zh_cn/domestic/945/20061206/13792650. html。

心司法鉴定所对其进行鉴定。[1] 专家鉴定组在查阅病历、讯问笔录、证人证言，与被鉴定人薄谷开来单独交谈并进行讨论分析后认为，薄谷开来曾先后因“慢性失眠症”、“焦虑抑郁状态”、“偏执状态”等接受过治疗，使用过抗焦虑抑郁、镇静催眠药物，甚至合并使用过抗精神病药物治疗，但疗效并不持久，并且对镇静催眠药物也形成了一定的躯体和心理依赖，并致精神障碍。但是，被鉴定人本次作案有明确目的和现实动机，作案之前经过了预谋准备，如向他人索要并存放毒药、策划将被害人带到重庆、安排作案地点等，对作案环境辨认良好，也存在较强的自我保护意识。综上，被鉴定人薄谷开来对本次作案行为性质和后果的辨认能力完整，控制能力削弱，应评定其具有完全刑事责任能力。

2012 年 8 月 20 日，安徽省合肥市中级人民法院对被告人薄谷开来、张晓军故意杀人案作出一审判决，认定薄谷开来犯故意杀人罪，判处死刑，缓期二年执行，剥夺政治权利终身；张晓军犯故意杀人罪，判处有期徒刑九年。合肥市中级人民法院认为，被告人薄谷开来伙同被告人张晓军采用投毒的方法杀害他人，其行为均已构成故意杀人罪。薄谷开来犯罪情节恶劣，后果严重，且在共同犯罪中起主要作用，系主犯，论罪应当判处死刑。鉴于本案被害人尼尔·伍德对薄谷开来之子薄某某使用威胁言辞，使双方矛盾激化；司法鉴定意见表明，薄谷开来有完全刑事责任能力，但患有精神障碍，对本次作案行为性质和后果的辨认能力完整，控制能力削弱；薄谷开来在归案后向有关部门提供他人违纪违法线索，为有关案件的查处起到了积极作用；薄谷开来当庭认罪、悔罪，故对薄谷开来判处死刑，可不立即执行。张晓军在共同犯罪中受薄谷开来指使，起帮助作用，系从犯，且归案后如实供述了主要犯罪事实，并当庭认罪、悔罪，对其可减轻处罚。合肥市中级人民法院在充分考虑控辩双方意见的基础上，依法作出上述判决。判决结果宣布后，审判长询问被告人是否上诉，薄谷开来和张晓军当庭表示不上诉。法庭向被告人、公诉人、诉讼代理人、辩护人送达刑事判决书。[2]

---

[1] 李斌、杨维汉：“法律的尊严不容践踏——薄谷开来、张晓军涉嫌故意杀人案庭审纪实”，载 http://paper. people. com. cn/rmrb/html/2012 - 08/11/nw. D110000renmrb_ 20120811_ 6 - 04. htm。

[2] 李斌、杨维汉：“薄谷开来、张晓军故意杀人案一审宣判”，载 http://news. xinhuanet. com/legal/2012 - 08/20/c_ 112780986. htm。

第五节 《民法通则》关于精神病鉴定的规定

《民法通则》第13条规定："不能辨认自己行为的精神病人是无民事行为能力人，由他的法定代理人代理其民事活动。不能完全辨认自己行为的精神病人是限制民事行为能力人，可以进行与他的精神健康状况相适应的民事活动；其他民事活动由他的法定代理人代理，或者征得他的法定代理人的同意。"

对自己的行为完全不能辨认的为无民事行为能力的人。这种完全不能辨认是指没有对自己的行为及周围事物的判断能力，对自我保护能力也是没有的。不能完全辨认自己行为的精神病人是限制民事行为能力的人，是指这类精神病人对自己的行为、周围事物、所发生的重大事件等不能完全理解，有些比较简单的民事活动是可以参加的。

《民法通则》第14条规定："无民事行为能力人、限制民事行为能力人的监护人是他的法定代理人。"

《民法通则》第19条规定："精神病人的利害关系人，可以向人民法院申请宣告精神病人为无民事行为能力人或者限制民事行为能力人。

被人民法院宣告为无民事行为能力人或者限制民事行为能力人的，根据他健康恢复的状况，经本人或者利害关系人申请，人民法院可以宣告他为限制民事行为能力人或者完全民事行为能力人。"

精神病人有无民事行为能力并不是精神病人自己说了算的问题，也不是精神病人的亲属讲了就算数的问题，必须经过人民法院宣告才能有效，只有得到法律的认可才有法律效力。并不是什么法院的宣布都生效，宣布该精神病人为无民事行为能力或限制民事行为能力的法院，必须是该精神病人的户口所在地的法院。

当地法院在宣布该精神病人属于无民事行为能力的人或限制民事行为能力的人之前，必须经过有权（有资格）受理精神病医学鉴定的机关接受委托，并经精神病学专家的鉴定。

法院对于宣告被监护人为完全民事行为能力人时，也得聘请有资格的精神病医学专家进行鉴定。专家认为被监护人精神完全正常，有完全民事行为能力的，应出具精神病医学鉴定书；法院根据鉴定意见，再结合其他的有关证据，最终予以宣布。

第六节　《民事诉讼法》关于精神病鉴定的规定

我国《民事诉讼法》中同样有关于司法精神病鉴定的规定，主要体现在司法鉴定的程序和对当事人行为能力方面的认定。

一、我国《民事诉讼法》的相关规定

《民事诉讼法》第72条规定；“人民法院对专门性问题认为需要鉴定的，应当交由法定鉴定部门鉴定；没有法定鉴定部门的，由人民法院指定的鉴定部门鉴定。

鉴定部门及其指定的鉴定人有权了解进行鉴定所需要的案件材料，必要时可以询问当事人、证人。

鉴定部门和鉴定人应当提出书面鉴定结论，在鉴定书上签名或者盖章，鉴定人鉴定的，应当由鉴定人所在单位加盖印章，证明鉴定人身份。”

该条规定是泛指的一切司法鉴定，包括法医学鉴定、精神病学鉴定、司法会计鉴定、司法物理学鉴定、司法痕迹学鉴定、司法文字鉴定等。

第170条：“申请认定公民无民事行为能力或者限制民事行为能力，由其近亲属或者其他利害关系人向该公民住所地基层人民法院提出。申请书应当写明该公民无民事行为能力或者限制民事行为能力的事实和根据。”

第171条：“人民法院受理申请后，必要时应当对被请求认定为无民事行为能力或者限制民事行为能力的公民进行鉴定。申请人已提供鉴定结论的，应当对鉴定结论进行审查。”

在申请宣告一个精神病人为无民事行为能力或者限制民事行为能力时，申请主体是该被申请人的利害关系人、近亲属，如果没有近亲属的其单位也可以作为申请人。无论是其近亲属或其他利害关系人，都应提供一些证明材料。因为是民事案件，诉讼人自己可以取证和举证。精神病医学鉴定书也是一个比较重要的证据材料。但在以前这种精神病医学鉴定只能是由侦查机关、检察机关、审判机关和司法机关书面委托方可以受理，鉴定机构从来不受理个人委托。在鉴定机关作出鉴定意见后，对鉴定意见也从不交给被鉴定人或其近亲属，一般都是交给委托机关，即使交给被鉴定人时，也是密封后由被

鉴定人代交给委托机关。总之在以前凡是涉及到法律问题的精神病司法鉴定，各类鉴定机构只对组织单位或政府部门委托，不接受个人委托鉴定。

二、民事诉讼中的“被精神病”问题

与刑事诉讼中常见的“被不精神病”不同，民事诉讼中更为常见的是“被精神病”的问题。“被精神病”通常表现为不该收治的个人可以被轻而易举地送进精神病院进行隔离治疗，医院只对支付医疗费的人负责，住院期间没有任何纠错机制，投诉、申诉、起诉皆无门。“该收治不收治，不该收治被收治”是目前中国精神卫生领域存在的两大问题。相比之下，“不该收治被收治”比“该收治不收治”的问题更严重、更迫切，因为后者只是部分精神病患者的权利没得到保障，而前者则让每个公民的基本人身权利都受到了威胁。众所周知，精神病院采取的是封闭式管理，对于精神病人来说，这是治病的需要，但对于正常人来说，比起坐监牢，其境遇也好不到哪里去。如果随便就可以将一个人以“精神病人”的名义剥夺自由与权利，其后果有多可怕不言而喻。精神病院普遍存在“谁送来谁接走”的“行规”，即使本来具备了出院条件，其即使有精神病，也已经康复了，患者要求出院而医院也要求由送治人办理出院。又鉴于精神病医院的封闭管理，因此事实上来说，患者只要被送进来，就基本上失去了人身自由和自行离开医院的机会。

司法实践中，当事人基于特定的目的，如夫妻矛盾、夫妻财产纷争、有兄弟或近亲属争财等，通过特定的程序，使原本精神正常的人被认定为精神病人，从而对其进行强制隔离治疗，并认定为无民事行为能力人。尽管起因各不相同，当有很多人“被精神病”，应当值得认真反思。

朱金红系江苏省南通市三余镇人，南京大学毕业。2000 年 9 月赴日本结婚、生子，后一直侨居日本。2007 年，因受金融危机影响，朱金红失业回国，于是准备收回原先由母亲唐某代为经营管理的北京、上海、南通三处房产，总价值 600 余万元。然而从这一年起，“朱金红得了精神病”的消息开始从其母唐某的口中传出。2010 年 3 月 5 日，她再次从日本回国，3 月 8 日，她被强行送到南通市第四人民医院治疗精神疾患。在朱入院次日，其母唐某就向南通市崇川区法院提起诉讼，要求认定“朱金红无民事行为能力”，以期将朱金红名下所有财产交由自己打理。此案由于没有司法精神病鉴定意见，并因唐某等人中途退庭而以撤诉处理。[1]这是一起典型的“被精神病”案例，事实上的怪相是：只要是近亲属将一个“被精神病”人送进精神病院，不但不会因“非法拘禁”而受到法律惩处，有时还会被理解成是“人道主义”行为，被披上了华丽的外衣。

由于精神病是一种特殊疾病，目前来说还没有精确的仪器进行指标性诊断，只能凭借病史和临床表现进行诊断，精神医学还只是一种经验医学。人的精神正常与不正常是一个连续变化的过程，曾有精神病学专家提过一个“灰色理论”，如果将人的精神正常比作白色，精神不正常比作黑色，那么在白色与黑色之间存在一个巨大的缓冲区域，即灰色区。社会中有很多人都散落在这一区域内，这就更要求精神病医生对患者进行判断的准确性。大多数精神病人确实会认为自己无病，但是，精神病医生绝对不能因此而对由各种原因被送入院的人先入为主地做出“有病推定”。精神病医生要确立“无病推定”的原则，特别是对有家庭矛盾、社会因素这样的“前因”的，精神病医师更应当慎之又慎。精神病医院收治病人也应当有严格的确诊程序和收治条件，不能只要家属送治就“照单全收”。非经精神病诊断、认定、收治程序进行严格的限制、非经合法的正当的程序与合法的有权的裁决，公民有不被认为是精神病人的权利。

对于精神病人送治，目前的怪状是许多应该送治的，家属却不予送治，而不该送治的，却因种种精神病之外的原因，被强制送到了精神病院。对精神病人的送治属于监护的一项内容。“监护”是权利也是义务，如果该送不送，精神病人损害了他人权益，监护人将会承担监护不力的责任；如果不该送的送了，被送治人根本就是正常的人，则送治人和医院应当承担侵权责任。

我国《民法通则》与《民事诉讼法》规定，成为无民事行为人或者限制民事行为人必须具备以下三个条件：患有精神病；须经利害关系人申请；须经法院宣告。法院宣告后的法律后果有两个，一是受宣告之人成为无行为能力人或者限制行为能力人；二是应设置监护人作为法定代理人补充其行为能力、管理和处分其财产。我国法律规定的行为能力包括了财产能力和人身能力，如果精神病人一旦被法院宣告无行为能力，则意味着其人身上的行为能

〔1〕 郭敬波、陈高龙：“‘被精神病’频发凸现认定过程存在三大‘病’”，载 http://news.xinhuanet.com/politics/2010-09/20/c_12587879_3.htm。

力和财产上的行为能力全部被法律剥夺或否定，而且甚至殃及其人身权等。所以，法学界一直有人主张废除行为能力宣告制度，而代之以“监护登记”制度。但就“法律宣告”制度来说，其目的仍然是为了保护精神病人的合法权益。法律规定监护人除为被监护人的利益外，不得处理被监护人的财产，对被监护人造成财产损失的，应当赔偿损失。自然人被宣告为无民事行为能力或限制民事行为能力人之后，其行为能力处于一时的中止或受限制的状态，而并非终止。当其智力或精神障碍事由排除，具有辨认事物的能力时，经本人或者利害关系人申请，由人民法院做出新判决或者撤销原判决，宣告其为限制民事行为能力人或完全民事行为能力人。

第七节　精神疾病相关法律责任能力

责任能力是反映行为人对自己的违法行为后果承担法律责任的能力，它是行为能力在保护性法律关系中的特殊表现形式，与行为能力是一致的。法律责任能力可以分为刑事责任能力和民事责任能力。

刑事责任能力，是指行为人能够正确认识自己行为的性质、意义、作用和后果，并能依据这种认识而有意识地选择和控制自己的行为，从而对自己所实施的刑法所禁止的危害社会的行为承担刑事责任的能力。理论上将刑事责任能力分为辨认能力和控制能力两方面。实务中的刑事责任能力主要体现为对危害行为承担法律后果的能力，包括受审能力和服刑能力。

辨认能力是指行为人对行为的是非、善恶、美丑及其危害社会的分辨及认识能力，即行为人在实施危害社会的行为当时是否意识自己的行为的危害性，是否预见行为的后果及理解犯罪性质等。正常人能辨别行为的合法与违法，能预见行为对自身和他人造成危害结果。但是，精神病人受精神疾病的影响，作案往往无明确的目的，动机也是病理性的，不知作案危害结果，如果在幻觉、妄想支配下，精神分裂症病人可能杀害无辜的路人。

控制能力是指行为人具备不实施或实施为刑法所禁止的行为的能力，即行为人控制和调节自己行为的能力。控制能力受意志及情绪的影响。在判断控制能力障碍时，需要综合考虑行为人的社会功能、生活功能、自知力和自我保护状态受损程度。

行为辨认能力与控制能力有着密切的联系。辨认能力是控制能力存在的前提，辨认能力丧失的人其控制能力也不存在；辨认能力存在或者削弱的前提下，才有必要确认控制能力。具备刑事责任能力者才可以成为犯罪主体并被追究刑事责任。

精神病人刑事责任能力可以分为完全刑事责任能力、部分（或限定）刑事责任能力、无刑事责任能力。判断刑事责任能力，必须同时具备医学要件和法学要件。医学要件是指被鉴定人所患精神疾病的性质、程度，是否处于发病期，以及有关的临床诊断；法学要件是指行为人辨认和控制自己行为的能力，两者缺一不可。

受审能力即刑事诉讼中被告人的诉讼能力。被告人的受审能力除对控告有提出辩解的能力外，还有行使国家赋予刑事被告人在诉讼中其他权利的能力。这些权利包括可以在诉讼中使用本民族的语言、文字；在被逮捕或搜查时有权要求对方出示逮捕证或搜查证；在询问时有权拒绝回答与案件无关的问题；可以核对讯问笔录；可以申请审判人员、书记员、检察人员、鉴定人、翻译人员回避；有权经审判长同意向证人、鉴定人或其他被告人发问；有权对控诉进行反驳，并参与当事人辩论，也可聘请辩护人为自己辩护；有权作最后陈述，有权对法庭判决声明不服提出上诉。〔1〕精神病人不理解诉讼过程中的基本的权利，就无法保障其合法权益，或者权益受到侵害时无法实施检举控告。

服刑能力又称承受刑罚能力。刑事诉讼中的被告人或已经判决的正在服刑人员，能够通过承受法庭对其处以剥夺部分权益的惩罚，认识到自己所实施的犯罪行为的性质、危害程度、危害结果，理解刑罚的性质、目的和意义的生理及心理条件。〔2〕有些精神病人由于病理性精神活动的干扰或精神缺陷，丧失了对刑罚意义的理解，即使这类人在监禁场所中遵守监规、服从管教，往往也不能通过刑罚达到惩罚犯罪、教育本人和预防犯罪的目的，这类人便为无服刑能力人。对已被确认为对自己所实施的危害行为具有完全刑事责任能力或者限制刑事责任能力，但却又因精神障碍而无服刑能力的犯罪人，应由司法部门根据其所患精神病的类型、性质和预后等因素，参考鉴定人的建议，在判决之后，或正在服刑期间，将其送往政府治安部门开办的精神病

〔1〕 何伋等：《神经精神病学辞典》，中国中医药出版社 1998 年版，第 356 页。

〔2〕 刘家兴等主编：《北京大学法学百科全书》，北京大学出版社 2001 年版，第 139 页。

人收容管理医院或监狱设立的精神病犯监管医院等特设精神卫生机构监管医疗，直至服刑能力恢复。重性精神病或智力严重受损的病人，对自己的罪行不能理解，服刑不能对其行为及思想进行矫正，让其服刑或继续服刑没有意义。

第八节　司法精神病鉴定的启动

司法精神病鉴定意见不仅要对被鉴定人的精神状态作出鉴定，而且要评定被鉴定人的责任能力状况。司法工作人员也十分依赖鉴定人的评定结果，大多数情况下是直接采用这一结果而不用说明任何理由，因此常常导致对司法公正的怀疑，许多人甚至认为司法精神鉴定意见是“免罪护照”，“免死金牌”，也是“杀人令牌”！而司法精神病鉴定的启动程序或者启动权的配置则是该项制度的根本。

“邱兴华特大杀人案”中，陕西省高院对辩护人要求对邱兴华进行司法精神鉴定的意见不予采纳，直接认定被告人邱兴华的精神状态正常，决定判处被告人邱兴华死刑，剥夺政治权利终身，并执行了死刑。与此相反，2006 年发生于上海的“奥迪车连撞 9 人案”，公安机关最终根据司法精神病鉴定意见对犯罪嫌疑人作出撤销案件处理，引起一片质疑声。2006 年 5 月 24 日，一辆黑龙江牌号的奥迪 A6 轿车在上海闸市区交通违法后逃逸，在先后撞倒 4 名警察和多位行人、碰撞 8 辆车后，被警方拦截。案发后，经血样检测，未检出肇事男子李伟血液中含有酒精成分。公安机关最初认定，李伟因害怕车辆套牌被发现，因而突然启动车辆逃窜。后来，专案组提请华东政法学院司法鉴定中心对肇事驾驶员李伟进行精神司法鉴定。经鉴定，李伟案发时妄想阵发，对本案无刑事责任能力。经查，案发当日 12 时许，李伟在驾车途中幻觉被人骑摩托车追杀。13 时许，当李伟在江宁路附近用手机拨打电话时，被值勤交警拦下检查。此时一名男子驾驶摩托车恰好停在交警身后，李伟幻觉该男子是“跟踪”他的人，于是开车逃跑。在逃跑途中，李伟驾驶的黑色奥迪接连撞倒驾驶警用摩托车的民警和行人。[1] 最终的鉴定意见虽然被委托机关黄浦

〔1〕 杨洁：“奥迪车连撞 9 人缘于司机幻觉 司法鉴定绝无私情”，载 http://news.sohu.com/20060818/n244861459.shtm。

公安分局认可，但案件性质如此严重，未经过完整的刑事诉讼程序，在当今公安司法机关的公信力薄弱的情势下，案件处理处于初始阶段就戛然而止。该案启动了司法精神鉴定程序，免除了犯罪嫌疑人的罪责，处理结果引起非议。“邱兴华特大杀人案”，辩护人申请了司法精神鉴定，没有被批准，最后被告人被处以死刑，也引起重大非议。

司法精神病鉴定是对犯罪嫌疑人承担刑事责任能力的一种鉴定意见，是我国刑事诉讼法明确规定的证据种类之一，在我国有着较强的证明力，在很大程度上影响甚至左右着案件的审判结果。如果一个人经精神病司法鉴定确认其对自己的行为有辨认和控制能力，那么，他必将被追究刑事责任，甚至被剥夺生命；相反，依法不能追究其刑事责任。司法精神病鉴定的正确适用，既能防止犯罪嫌疑人逃避法律的制裁，也可以避免使真正的精神病患者受到有罪追究。司法精神病鉴定的启动程序是该鉴定的前提和基础，对此，我国刑事诉讼中关于司法精神病鉴定启动权的配置尚值得探讨。

一、我国司法精神病鉴定启动制度的规定

专业细化的今天对于法官来说“大量地依赖鉴定人看来似乎是唯一可选择的方式”〔1〕，而依赖鉴定人的前提是鉴定程序的启动。由于鉴定意见是从诉讼程序中获得的证据，鉴定程序的启动就一定有相应的制度安排。然而，从我国现行有关司法精神病鉴定启动的规定来看，启动权完全配置予公、检、法国家机关。2013年1月1日实施的《刑事诉讼法》第144条规定：“为查明案情中某些专门性问题的时候，应当指派、聘请有专门知识的人进行鉴定。”第146条规定：“侦查机关应当将用作证据的鉴定意见告知犯罪嫌疑人、被害人。如果犯罪嫌疑人、被害人提出申请，可以补充鉴定或重新鉴定。”由此可见，司法精神病鉴定完全是作为一种公权力出现的，公安机关、检察机关可以以侦查为由直接自行启动司法精神病鉴定，当事人仅有补充鉴定或重新鉴定的申请权，是否被许可，不得而知；进入审判程序当事人只有鉴定申请权，法院对于是否进行司法鉴定有着最终决定权。这种规定，排除了案件辩方的初次司法鉴定启动权，这无疑导致控辩双方权利的不均衡，审判结果也很难

〔1〕［美］理查德·A. 波斯纳：《联邦法院：挑战与改革》，邓海平译，中国政法大学出版社2002年版，第287页。

得到当事人的信服。

二、两大法系司法精神病鉴定启动制度的规定

他山之石，可以攻玉。在此不妨对两大法系相关司法精神病鉴定制度予以学习、借鉴，相信可以对我国司法精神病鉴定启动制度的完善有所帮助。

（一）英美法系

英美法系国家长期采用对抗制模式，这种以当事人为主的诉讼模式使得司法精神病鉴定的启动权掌握在双方当事人手中，而鉴定意见仅仅作为专家证言为一方当事人服务，这样控辩双方都有委托专家证人出庭作证的权利，因此在英美法系国家启动司法精神病鉴定非常自由。与此同时，法官在审理案件时认为案情需要请专家帮助时，也可以依职权启动司法精神病鉴定。

虽然英美法系完全尊重了当事人的意见，双方当事人对司法精神病启动权拥有充分的自由，但是由于专家证人为当事人一方自主委托，其证言往往有利于委托方，这样很容易造成诉讼资源的浪费，同时也使那些因无力聘请专家证人的当事人面临败诉的风险。对此，英美法系也作出一些有益的修改，通过为审理法官配置启动权来控制当事人滥用权利。以美国为例，当事人在有对专家证人绝对自由选择权的情况下，也允许法官依职权启动司法精神病鉴定。《美国联邦证据规则》第706条（a）规定：“法庭可以自行决定或根据当事人的申请，作出一项指令以说明为什么不能指定专家证人的原因，也可以要求当事人提名。法庭可以指定经当事人同意的任何专家证人，也可以根据自己的选择指定专家证人。”该条属于法院选任专家证人的权限。[1]

（二）大陆法系

大陆法系由于受职权主义的影响，使得司法精神病鉴定启动权完全由司法机构所垄断。以法国为例，法官对于司法精神病鉴定有启动的决定权，而控辩双方当事人只享有鉴定的申请权。《法国刑事诉讼法典》第156条规定：“任何预审法官或审判法官，在案件出现技术方面的问题时，可以根据检察院的要求，或者依自己的职权，或者依一方当事人的请求进行鉴定。”这样，体现了检察院与当事人在司法精神病鉴定启动权上有着充分的对等性，从而保证程序的公正性。而对于双方当事人未提起鉴定申请时，法官可以依职权自

---

〔1〕 StePhen C. Mckasson, Carol A. Richards, *Speaking As An Expert*, 1998, p. 11.

主启动，不受任何人的干涉。

大陆法系的职权主义将司法精神病鉴定作为调查取证权的延伸，完全成为公权力的一种。由于鉴定机构一般为政府设立，是相对独立的第三方，能够保证鉴定意见的相对中立性；但与此同时，大陆法系所牺牲的是当事人的诉讼权利，以及可能带来法官过于依赖鉴定意见的局面。

通过以上两大法系关于司法精神病鉴定启动权制度的对比，可以看出两大法系在司法精神病鉴定程序的启动方面均各有利弊，但是，他们有一个共同的特点便是保持控辩双方力量的均衡。英美法系控辩双方均有司法精神病鉴定的启动权，大陆法系虽然将鉴定启动权交予法官，但控辩双方当事人均享有相同的申请权，这样，使得控辩双方在权利上始终处于平衡状态，不因一方权利过大而使另一方始终处于被动状态。

三、我国司法精神病鉴定启动制度存在的问题

对比我国与两大法系的司法精神病鉴定启动权的规定很容易看出，我国既不像英美法系国家那样将鉴定启动权平等的赋予双方当事人，也不像大陆法系那样只赋予法官，而是将司法鉴定启动权交予公安机关、检察机关和法院，控辩双方权利明显失衡，因此很难保障辩方当事人的合法权利。本书认为这样的制度存在以下诟病：

第一，当事人不享有初次鉴定启动权，仅有申请补充鉴定和重新鉴定的救济性权利。那么，当侦查机关怠于行使职权，不对可能有精神病的当事人进行鉴定时，当事人便完全失去了维护自己权益的机会，也就可能出现“被不精神病”的现象。况且该申请补充鉴定和重新鉴定的权利又没有其他法律予以保障，当事人仅剩的申请权也可能被公权力所吞噬，最终成为一种空谈。这样，当事人完全失去了通过司法鉴定请求救济的机会，有损诉讼程序正义。

第二，公安机关、检察机关、法院三方均独立享有司法精神病鉴定的启动权，法律又没有对鉴定次数作出限制，且三方互不干涉，缺乏互相监督和制约，诉讼资源被严重浪费。由于司法精神病鉴定的专业性很强，因此只要有异议，各有权机关往往会不断进行重复鉴定。同时，控辩双方的对立以及辩方当事人初次鉴定启动权的缺失，使得当事人会利用补充鉴定的机会来寻求有利于自身的鉴定结果。这些因素均会导致诉讼进程的延误，诉讼资源的浪费以及鉴定机构公信力的下降。

四、完善我国司法精神病鉴定启动权的构想

两大法系在长期实践过程中，相互借鉴彼此优势，逐渐趋向相互融合的态势。在此过程中，我国也应积极借鉴两大法系有益之处，逐步完善我国司法精神病鉴定制度。本书认为，在有关司法精神病鉴定启动制度中，可以作如下完善：

第一，将司法精神病鉴定初次启动权赋予辩方当事人。控辩双方在进入审判阶段前，侦查机关一直享有自行鉴定启动权，而作为被告的犯罪嫌疑人或是被害人连申请鉴定的权利都没有，只有残存的申请重新鉴定权，这就造成了控辩双方权利悬殊。因此，为了平衡控辩两方的权利，最重要的就是要赋予当事人司法精神病鉴定启动权。本书认为，目前可以通过限制法官司法精神病鉴定启动的决定权来有条件地赋予当事人部分司法鉴定启动权。比如规定，申请精神病司法鉴定的当事人有证据证明其有较大的患有精神疾病的可能性时，法官应当同意申请人的鉴定请求，这种证据包括当事人实施侵害行为前曾患有精神病、进行过精神病治疗、有精神病家族病史等。这样一来，不仅限制了法官的启动决定权，而且有条件的将司法精神病鉴定的启动权部分地赋予当事人，有利于维护当事人的诉权，更利于当事人认裁服判。

第二，法院配置司法精神病重新鉴定权和补充鉴定权。控辩双方进入审判阶段将鉴定意见作为证据提交后，法官主持质证对证据材料进行审查，当质证后双方鉴定意见有冲突且使法官难以采信任何一方鉴定意见时，法官享有重新启动鉴定的权利。或者，在案件审理过程中，如果法官认为有的专门性问题仍然需要鉴定时，法官可以依职权启动补充鉴定，以便查明事实，作出正确的决断。

第三，适当限制司法鉴定次数，以提高诉讼效率。实践中，由于再鉴定没有严格的控制条件，只要有一方对鉴定意见有异议或法院认为需要，均可启动再鉴定程序。由此造成多次鉴定，反复鉴定，有的案件在一个阶段就经过很多次鉴定，一定程度上影响了诉讼效率。对此本人曾提出过“建立我国司法鉴定三级（次）鉴定终结制度”的建议。[1]本人认为，在刑事诉讼中，

---

〔1〕 王瑞恒、徐荣：“我国司法鉴定三级（次）鉴定终结制度的构想”，载《中国司法鉴定》2007年第5期。

侦查、起诉、审判的每一个阶段以三次鉴定为限。由于每个阶段都有最多三次的鉴定权，整个诉讼程序结束后，有争议的鉴定意见也可以得到比较合理的解决，同时也防止出现多次重复鉴定的局面。当然，三级（次）鉴定终结制并不是每一阶段必经三次鉴定，而是每一诉讼阶段最多进行三次鉴定。按照此规定，既充分地救济了当事人，又防止了鉴定启动权的滥用。

第四，建立强制鉴定制度，将司法精神病鉴定纳入强制鉴定的范畴。2013 年《刑事诉讼法》第 144 条规定："为了查明案情，需要解决案件中某些专门性问题的时候，应当指派、聘请有专门知识的人进行鉴定。"这条规定有一些强制鉴定意味，但是由于"某些专门性问题"的表述过于宽泛，并没有事实上形成强制鉴定的制度。为了防止公安机关、检察机关的不作为以及法官自由裁量权的过大而影响案件的公正性，我国应当建立强制鉴定制度。比如有以下事项时，公安机关、检察机关、法院应当决定进行司法鉴定：①死亡原因；②人体损伤程度；③当事人犯罪时以及审判阶段的精神状况；④当事人犯罪时真实年龄有争议的；⑤其他需要通过专业知识得出结论的情形。在这种制度下，司法精神病鉴定不再具有选择性，而演变成了一种职责，从而有效地防止公安机关、检察机关的不作为，也限制了法官的自由裁量权。

总之，我国现阶段公安机关、检察机关、法院垄断司法精神病启动权的做法存在着一系列诉讼程序上的瑕疵，继而导致当事人对法院判决结果的不信服。这就需要从制度上对司法精神病鉴定启动权予以完善，把权利回归当事人，用当事人看得见的程序正义来增强对司法公正的信任。

第十一章　亲子鉴定

亲子鉴定（identification in disputed paternity）原指用医学及人类学等学科的理论和技术来判断疑似父母与子女（特别是父子之间）是否存在生物学亲生血缘关系，因其常与财产继承权或子女抚养责任有关，故称为亲子鉴定。在婚姻关系存续期间出生的子女就与父母之间形成父母子女关系，子女出生时的父母就是其生身父母，这是基于一种事实推定，这种父母其实可以成为社会学父母，但并不一定就是其生物学父母。亲子鉴定的目的其实就是确证子女的生物学父母，尤其是生物学父亲。随着亲子鉴定技术的发展，目前从被检测的对象上看，已不再局限于父母与子女两代的个体，对直系间、旁系间、隔代间、甚至相隔数代间也能作鉴定。

第一节　亲子鉴定的发展历程

一直以来，人们从朴素的心理出发，都认为血液当中具有某种物质体现着遗传性，通过滴血认亲可以进行亲子鉴定。滴血认亲的事例最早见于三国，滴骨验亲法就是将生者的血液滴在死人的骨骸上，若血液能渗透入骨则断定生者与死者有血源关系，否则就没有。也有将血滴在水盆之中，以血是否相融来认定亲子关系。三国时期的吴国人谢承所撰的《会稽先贤传》就记载有以弟血滴兄骨骸之上认领长兄尸骨的事例；《南史·豫章王综传》也记载有以子之血滴于父骨之上验亲的事例；至宋代，著名法医学家宋慈将滴骨验亲法收入《洗冤集录》中。从现代的观点来看，这种方法并不科学，但开创了用血型鉴别血源关系的先河。

在电视剧《大宋提刑官》里就曾有滴骨认亲法这样的剧情：玉娘的丈夫

被人杀死，宋慈查出真相，认为玉娘的父亲和魁就是元凶，原来和魁并不是玉娘的亲生父亲。在公堂上，宋慈找来玉娘亲生父亲的骸骨，以滴骨法检验。玉娘刺破手指，指血很快渗入骸骨中，因而确认玉娘与死者有血缘关系。宋慈通过验证和魁父女并无血缘之亲的事实，进而破获了李府连环案，使得和魁伏法。

1900 年 Landsteiner 发现了 ABO 血型，血型血清学遗传规律为亲子鉴定提供了科学依据。但仅 ABO 血型远不能达到亲子鉴定的要求。但这种遗传规律可以“否定”亲子关系，但不能“认定”亲子关系，其认定的概率非常低。

血型是人类的遗传性状之一，遵循孟德尔的遗传定律，子女的血型基因必定来自父母。因此血型可以作为一种遗传标记，可以用于亲子鉴定。

1924 年 Bernstein 提出三复等位基因学说，即认为在决定 ABO 血型遗传基因座位上，存在 A、B、O 三个等位基因，A 和 B 基因是显性基因，O 基因是隐性基因。而每个个体的一对染色体的相应座位上各被一个基因占据，因此，一对染色体两个基因座位上可有六种组合形成的基因，即六种基因型。对于 A 型血的个体，其基因型可以为 AA、AO 两种；B 型血的个体可以是 BB 和 BO 两种基因型；而 AB 型血个体只有 AB 型基因；O 型血个体是 OO 型基因。每个个体只有两个基因，一个来自父亲，另一个来自母亲，并随染色体传给下一代。如果已知父母血型，就可估计出子女可能和不可能的血型；同样，已知母亲和孩子的血型，也可以推测其生父可能和不可能的血型（见下表）。如果案件中嫌疑父亲的血型不是孩子生父应具有的血型，就可判定嫌疑父亲不是孩子的生物学父亲；如果嫌疑父亲具有其生物学父亲的血型，则该检验结果不能排除嫌疑父亲是孩子的生物学父亲，至于可能性有多大，还需计算其概率，但根据 ABO 血型鉴定亲子关系其认定的概率很低。

表 9-1 双亲和子女之间 ABO 血型遗传的关系

配偶血型	子女可能的血型	子女不可能的血型
A×A	A 和 O	B 和 AB
A×B	A、B、和 AB	无
A×AB	A、B 和 AB	O
A×O	A 和 O	B 和 AB
B×B	B 和 O	A 和 AB
B×AB	A、B 和 AB	O
B×O	B 和 O	A 和 AB
AB×AB	A、B 和 AB	O
AB×O	A 和 B	AB 和 O
O×O	O	A、B 和 AB

1953 年《自然》杂志刊登了 DNA（脱氧核糖核酸，生物基本遗传物质）双螺旋结构的论文后，DNA 研究真正进入全世界的视野。DNA 作为遗传物质严格遵循遗传规律。之后随着红细胞其他血型的发现，准确率也随之提高。自从发现了人类白细胞抗原（HLA）及 DNA 才实现了亲子鉴定技术的飞跃。我国从 80 年代开始将白细胞（HLA）分型用于亲权鉴定，大大提高了否定父权的几率，联合测定红细胞血型，亲权否定的几率可达 97.21%；再联合检测几种血清型与红细胞酶型，可达 98.95%。

1985 年，英国遗传学家 Jeefreys 建立 DNA 指纹技术，不但大大地提高了否定亲权的几率，而且还可以肯定父权，使得父权鉴定由否定走向了认定。由于基因组中的 VNTR 位点的高度多态性特征，极大地提高了认定和排除亲权关系的概率，而且从遗传物质 DNA 分子自身的个体特征来分析判断亲子关系，不受基因表达异常的干扰，实现了法医亲权鉴定技术的飞跃，使亲子鉴定由原来的只能否定或不能排除进入肯定的坦途。DNA 分型鉴定亲权关系还可用于尸体，早孕期胎儿等的亲子鉴定。早孕期（6~8 周）活检取绒毛术的建立及 DNA 分析认定父权的发展，对那些在被性攻击后怀孕的已婚妇女具有重要意义，以便决定受孕胎儿的存留问题，开拓了亲子鉴定的应用领域。如今，随着 DNA 鉴定技术的发展，直系亲属之间、旁系血亲之间、隔代甚至隔数代人之间均可以进行亲子鉴定。

1918 年，俄国十月革命期间，沙皇尼古拉二世和他的家人被处以极刑。行刑队击毙了他们以后，在尸体上泼洒硫酸，以致尸体无法辨认，并把他们掩埋在一条公路下的浅坑内。此后，他们的残骸一直去向不明。

1991 年 7 月，在俄国叶卡特琳堡附近的一座浅墓穴内发现了 9 具骸骨。他们极有可能就是末代沙皇和他的家人以及仆从，但由于骸骨面颅破坏严重，常规面部识别技术根本无法识别。

俄国联邦首席法医师求助于英国法庭科学服务部对骸骨进行 DNA 分析以识别骸骨身份，从每具骨架中钻取骨粉提取到 DNA，经检测发现 9 具骸骨中有一对夫妻和他们的三个孩子。他们是不是沙皇和皇后以及他们的三个孩子呢？

研究人员从每具骨架中提取线粒体 DNA 进行测序，然后对罗曼诺夫家庭的母系后代的血液样本进行了测序。爱丁堡公爵，即英国女王伊丽莎白的丈夫菲利普亲王，是亚历山德拉皇后母系直系后裔的曾外甥，因此与他的血液样本测序结果的比较可以证实孩子间的同胞关系及与皇后家族的母系关系。在这次检测的 740 个碱基中，菲利普亲王与假定的皇后及 3 个孩子的序列完全匹配。

为了进一步核实残骸的沙皇身份，他们又挖掘了尼古拉二世兄弟乔治·罗曼诺夫公爵的骸骨，并由军方 DNA 鉴定实验室检验，结果证实这些骸骨确是沙皇尼古拉二世和他的家庭成员。随后，这几具骸骨被以与皇室家族相衬的葬礼安葬在红场。

本章主要以现今的 DNA 亲子鉴定技术为依据进行相关的论述。

第二节 亲子鉴定的原理

亲子鉴定就是通过遗传标记的检验与分析来判断父母与子女是否具有生物学亲子关系。DNA 是生物的基本遗传物质，人类的染色体是由 DNA 构成的，每个人体细胞有 23 对（46 条）成对的染色体，其分别来自父亲和母亲。丈夫的精子和妻子的卵子各自提供的 23 条染色体，通过受精后结合后相互配对，构成了 23 对（46 条）孩子的染色体。但每一个人的染色体必然也只能来自其父母，这是亲子鉴定的基本依据。同时，在循环往复的生命延续过程中，遗传物质的传递是符合一定的遗传规律的，这种最基本的遗传规律就是孟德尔遗传定律。

由于人体约有 30 亿个核苷酸构成整个染色体系统，而且在生殖细胞形成前的互换和组合是随机的，所以世界上没有任何两个人具有完全相同的30亿个核苷酸的组成序列，这就是人的遗传多态性。进行DNA亲子鉴定时没有必要也不可能将被鉴定个体的全部30亿个核苷酸进行检测，而是选取有代表性的、多态性信息含量高的区域进行鉴定。采用一定的技术手段，将被检验个体的遗传信息显示出来，与疑似父母或相关个体（如叔父、伯父、祖父；姨母、舅舅、外祖母等）的遗传信息进行比对，通过计算后认定其亲权关系的概率，从而达到亲子鉴定的结果。

传统的血清方法能检测红细胞血型、白细胞血型、血清型和红细胞酶型等，这些遗传学标志为蛋白质（包括糖蛋白）或多肽，容易失活而导致检材得不到理想的检验结果。此外，这些遗传标志均为基因编码的产物，多态信息含量有限，不能反映DNA编码区的多态性。因此，其应用价值有限。DNA亲子鉴定测试与传统的血液测试有很大的不同。它可以在不同的样本上进行测试，包括血液，腮腔细胞，组织细胞样本和精液样本。血液型号，例如A型、B型、O型或RH型，在人群中的运用比较普遍，用来分辨每一个人的血缘关系不如DNA亲子鉴定测试有效。除了同卵双胞胎外，每人的DNA是独一无二的。由于它是这样独特，就好像指纹一样，用于亲子鉴定，DNA是最为有效的方法。

近年来，人类基因组研究的进展日新月异，而分子生物学技术也不断完善，随着基因组研究向各学科的不断渗透，DNA鉴定技术也进展到了前所未有的高度，从最初的DNA指纹图技术到VNTRs检验技术再到STRs检验技术，现今又出现了SNPs检验技术以及DNA芯片技术，检验的遗传基因位点越来越多、检验所需的时间越来越短、检验的检材越来越广、亲权关系概率越来越高，同时对陈旧性检材的检验成功率也不断提高，几千年前的陈旧骨骼也被用作鉴定样本的报道层出不穷。〔1〕〔2〕

〔1〕 夏胜为："DNA检验曹操墓真伪"，载http：//tech. ifeng. com/discovery/geography/detail_2010_09/17/2543350_0. shtml。

〔2〕 "河北宣化对22具战国人骨进行骨DNA检测"，载http：//www. people. com. cn/h/2012/0607/c25408－2115931765. html。

第三节　适用于亲子鉴定的检样

传统的亲子鉴定检样以血液为主，通过检验各种血型、酶型等进行。随着现代生物技术的快速发展，法医学 DNA 亲子鉴定技术也得到了长足的发展，适于亲子鉴定的检样范围也大大的扩大了。

一、血液

人体的血液样本毫无疑问是最适合的检样之一。血液样本既包括液态血样，也包括固态干血迹血痕。血液是广义结缔组织的一种，成分包括血细胞和血浆两大部分。血细胞包括红细胞、白细胞和血小板，其中只有白细胞内还用 DNA。实验证明，干血迹的红细胞虽已经破裂，但白细胞能保持完整性，因此，干血迹亦是进行亲子鉴定的良好检材。自然条件下放置十多年的干血迹成功进行亲子鉴定的案例并不少见。血液经过冷冻后，红细胞破裂，但白细胞仍然能保持完整，因此，血液经过长期冷冻保藏后也是良好的鉴定检样。

二、唾液斑及口腔拭子

唾液斑是唾液干燥后形成的斑痕。被检验人用过的烟蒂、手帕、口罩、瓜子皮、果核甚至喝过水的茶杯上都会遗留唾液斑，口香糖、牙刷上也有大量的口腔上皮细胞。唾液斑能够含有大量的口腔上皮细胞，可以用来进行 DNA 鉴定。

采集口腔拭子一般是经过当事人同意的，采集时拿棉花棒于口腔内右颊部接触并慢慢旋转 20 次，拿出另一棉花棒并重复以上步骤于口腔内左颊部接触并慢慢旋转 20 次，采集完成后，放入干净信封内自然干燥，不要经日照、热风吹。这样采集的一支棉棒，依照现今的鉴定技术其 DNA 含量足以进行几百次上千次的亲子鉴定检验。

三、毛发

毛发由角蛋白组成，抗腐败耐损伤稳定性强，是腐败尸体通过亲子鉴定进行身源认定的理想材料。毛发 DNA 检验有两个方面，如果是带有毛囊的毛发，毛囊中含有丰富的活性细胞里具有遗传物质，通过核基因组 DNA 鉴定可以进行亲子鉴定，毛干中含有线粒体DNA，可以通过对线粒体DNA进行测序，完成亲子鉴定，但线粒体DNA的鉴定概率较低。如果当事人同意的，可以拔取其头发、睫毛、腋毛、体毛等，现今的鉴定技术，单根带毛囊的毛发即可完成亲子鉴定。拔下的毛发放入已做好标记的信封内即可送检。

四、精斑

精液干燥后形成的精斑，由于精子中含有DNA也是亲子鉴定的良好检材，毫无疑问液态精液也可。精斑是仅次于血痕的常见法医物证，民事和刑事案件都经常遇到。强奸或猥亵行为常需检验精斑。精斑多存在于罪犯或受害人的衣、裤、犯罪现场的地上、被褥、纸张、毛巾、手帕及女性外阴部或大腿内侧等处。

五、骨骼牙齿类

骨骼牙齿是进行DNA亲子鉴定的良好检材，在特殊案件中，比如空难、海难、爆炸等案件中，或者在白骨化尸体的检验中，会遇到这类检样，在骨松质以及牙髓中，保留有大量的可用于DNA亲子鉴定的细胞成分。

六、软组织类

常见的软组织比如肌肉、皮肤、手术切除物、胎儿流产物、病理切片等均可作为检样使用。在爆炸、分尸灭迹、交通肇事等案件中，有时会涉及到对案件中有关人与动物的肌肉、脏器组织碎块的检验。在强奸、杀人、殴斗等案件中，也会遇到皮肉组织嵌在对方的指甲缝中。在某些亲子鉴定案件中，还有胎儿流产组织需要进行鉴定。

七、其他检样

胎儿羊水、排泄物类（尿液、粪便）等由于包括大量的上皮细胞，内含大量的DNA，亦可作为检样使用。

第四节　亲子鉴定的法律适用

传统的亲子鉴定主要是进行父权鉴定，就是对疑似父亲与被鉴定子女的生物学血缘关系的鉴定。血缘关系是我国婚姻家庭的基本社会关系，而父子关系则是最重要的支柱性的血缘关系，我国的传统历来把父子血缘关系看的畸重，人们从古到今一直为是否具有父子关系不断演绎并纠结，把是否具有父子关系当作基本的道德底线和人格尊严。亲子鉴定涉及离婚、子女抚养、家庭财产分割等多种法律纠纷。在DNA鉴定技术诞生之前，由于鉴定技术所限，利用血型鉴定等技术只能“否认”父权关系，而不能“认定”父权关系，或者说“认定”父权关系的概率极低，因此，除了否定父权关系的鉴定以外，基本上不会引起相应的法律后果。事实上，采用非DNA鉴定技术，在不能排除亲权关系的鉴定中，仍有一部分不具有生物学的父子关系，只不过是当时的鉴定技术无能为力而已。

一、有条件适用

1985年第一代DNA鉴定技术诞生后，亲子鉴定进入了遗传基因鉴定时代，表现为亲权关系认定概率提高，可以达到99.9%以上，由于其认定概率达到了足以说服人们接受这种0.1%的偶然鉴定误差，因此这种技术不但可以“否定”亲权关系，而且可以“认定”亲权关系。我国学界也积极开展了相关的研究，并运用到了具体的案例中，由此引发的亲子鉴定的法律价值就是不得不面对的问题了。

1987年6月15日最高人民法院首次以《关于人民法院在审判工作中能否采用人类白细胞抗原作亲子鉴定问题的批复》（法（研）复［1987］20号）对上海市高级人民法院的请示进行了批复：“关于人民法院在审判工作中能否采用人类白细胞抗原（HLA）作亲子关系鉴定的问题，根据近几年来审判实践中试用此项技术的经验，参考卫生部及上海市中心血站所提供的意见，同意你院采用此项技术进行亲子关系的鉴定。鉴于亲子鉴定关系到夫妻双方、子女和他人的人身关系和财产关系，是一项严肃的工作。因此，对要求作亲子关系鉴定的案件，应从保护妇女、儿童的合法权益，有利于增进团结和防止矛盾激化出发，区别情况，慎重对待。对于双方当事人同意作亲子鉴定的，一般应予准许；一方当事人要求作亲子鉴定的，或者子女已超过三周岁的，应视具体情况，从严掌握，对其中必须作亲子鉴定的，也要做好当事人及有关人员的思想工作。”

人民法院对于亲子关系的确认，要进行调查研究，尽力收集其他证据。

对亲子鉴定意见，仅作为鉴别亲子关系的证据之一，一定要与案件其他证据相印证，综合分析，作出正确的判断。此批复中体现了以下的精神：

（一）从严鉴定自愿鉴定原则

当事人自愿原则。亲子鉴定是公民的一种人身权，受宪法和法律的保护，是否亲子鉴定，是公民对人身权的一种处分；亲子鉴定还涉及到社会的稳定和婚姻家庭的稳定和人们之间亲情关系的变化，对双方自愿要求作亲子鉴定的，一般允许。

从严掌握的原则。亲子鉴定涉及到婚姻家庭、财产、名誉等多方面问题，应从有利于建设和睦家庭，有利于社会稳定，有利于子女成长的方面出发，一方当事人要求作亲子鉴定的，或者子女已超过三岁的，应视具体情况，从严掌握。对其中必须作亲子鉴定的，也要做好当事人及有关人员的思想工作。

（二）结果有条件应用

保护妇女儿童利益，维护家庭和谐稳定的原则出发，区别对待。对亲子关系的确认不能唯亲子鉴定意见，要进行调查研究，尽力收集其他证据。对亲子鉴定意见，仅作为鉴别亲子关系的证据之一，一定要与本案其他证据相印证，综合分析，综合判断。

二、支持适用

随着社会的发展，人们的思维观念、婚姻观念在转变，非婚男女性关系、同居和婚外情现象不断上升，从而导致非婚生子女数量的增加。根据我国相关法律的规定，非婚生子女与婚生子女具有同样的继承权。由此引发的抚养、监护和继承等诉讼案件越来越多，此类案件中亲子鉴定已成为常见的重要证据，它对案件的判决具有至关重要的作用。而且，经过十多年的发展，亲子鉴定的技术更加完善，鉴定亲权概率进一步提高，但对于拒绝进行亲子鉴定的案例该如何处理？为此，1998 年最高人民法院《关于确认非婚生子女生父中男方拒作亲子鉴定如何处理的答复》（法明传第 208 号）中明确规定：“在确认非婚生子女案件中，应当由原告承担举证责任，被告（男方）如果否认原告证明的结论，应提供相应的证据，若其不能证明自己不是非婚生子女的生父，法庭认为有必要的，可以要求其进行亲子鉴定。如果被告拒绝作亲子鉴定的，法庭可以根据查证属实并排除第三人为非婚生子女生父的证据，推定原告的诉讼请求成立。”

我国《婚姻法》第25条明确规定："非婚生子女享有与婚生子女同等的权利，任何人不得加以危害和歧视。不直接抚养非婚生子女的生父和生母，应当负担子女的生活费和教育费，直至子女能独立生活为止。"由于非婚生子女无法适用拟制血亲的推定，所以根据《最高人民法院关于确认非婚生子女生父中男方拒作亲子鉴定如何处理的答复》解释，如果被告拒绝作亲子鉴定的，法庭可以根据查证属实并排除第三人为非婚生子女生父的证据，推定原告的诉讼请求成立。因涉及身份关系，做亲子鉴定原则上应当以双方自愿为原则，但是，如果非婚生子女以及与其共同生活的父母一方有证据证明另一方为非婚生子女的生父或者生母，且非婚生子女本人尚未成年，须得到抚养和教育的，另一方不能提供足以推翻亲子关系的证据，又拒绝做亲子鉴定的，应当推定其亲子关系成立。

随着人们道德伦理观念的变化及社会的发展，社会上试婚、非法同居、包二奶、婚外性行为现象日益增多，非婚生子女呈上升趋势。非婚生子女的生父推卸责任、逃避对非婚生子女的抚养教育义务，甚至基于自身利益的考虑不愿公开承认非婚生子女的现象较为普遍。这就给非婚生子女带来各种各样的问题，在社会受歧视、上户口难、无经济来源、走上犯罪道路，等等。非婚生子女的不断增加，成为一个愈演愈烈的社会问题。非婚生子女的出生是其父母的过错造成的，非婚生子女本身是无辜的，但是最终却由无辜的孩子承担了本不应该由其承担的后果。办理一个案件的过程其实是经历一段很复杂也很艰难的心理路程，情、理、法不断的融合，不断的梳理，最终又难以取舍的过程，值此，期望法律对非婚生子女保护能日渐完善，而且也希望，为人父母的和即将为人父母的人们能更多的考虑自己肩负的社会责任和家庭责任，严格约束自己的行为。

综上所述，此时亲子鉴定基本上确立了在民事诉讼中的法律地位和适用价值。

三、推定适用

2011年7月4日，最高人民法院《关于适用〈中华人民共和国婚姻法〉若干问题的解释（三）》（法释［2011］18号）第2条规定："夫妻一方向人民法院起诉请求确认亲子关系不存在，并已提供必要证据予以证明，另一方没有相反证据又拒绝做亲子鉴定的，人民法院可以推定请求确认亲子关系不存在一方的主张成立。当事人一方起诉请求确认亲子关系，并提供必要证据予以证明，另一方没有相反证据又拒绝做亲子鉴定的，人民法院可以推定请求确认亲子关系一方的主张成立。”

该条从正反两方面确立了亲子鉴定的法律价值和法律地位，总的原则是推定适用。对亲子关系推定认定的规定符合社会常理，且便于实践操作。

亲子关系诉讼属于身份关系诉讼，主要包括否认婚生子女和认领非婚生子女的诉讼，即否认法律上的亲子关系或承认事实上的亲子关系。现代生物医学技术的发展，使得DNA鉴定技术被广泛用于子女与父母尤其是与父亲的血缘关系的证明。亲子鉴定技术简便易行，准确率较高，在诉讼中起到了极为重要的作用，全世界已经有120多个国家和地区采用DNA技术直接作为判案的依据。在处理有关亲子关系纠纷时，如果一方提供的证据能够形成合理的证据链条证明当事人之间可能存在或不存在亲子关系，另一方没有相反的证据又坚决不同意做亲子鉴定的，人民法院可以按照2002年4月1日开始施行的《最高人民法院关于民事诉讼证据的若干规定》第75条的规定做出处理，即可以推定请求否认亲子关系一方或者请求确认亲子关系一方的主张成立，而不配合法院进行亲子鉴定的一方要承担败诉的法律后果，因为无论如何在民事诉讼中人民法院是无法强制一方当事人进行亲子鉴定的。

四、亲子鉴定的法律后果

在婚姻关系存续期间，亲子鉴定的结果无外乎两种：其一是认定了亲子关系，这种情况下，承认事实上的亲子关系，毫无疑问法院判决由其生父承担相应的法律义务；其二是否定了亲子关系，即否认法律上的亲子关系，法院无法判决由其社会学父亲承担相应的法律义务。那么对于非生物学父亲的社会学父亲该不该予以赔偿呢？也就是说，在夫妻关系存续期间而与他人有私情并生出子女又经亲子鉴定确认的，其无过错方是否应当给予赔偿呢？其法律依据又是什么呢？

对于这个问题司法实践中也有不同判例，有的判例中由过错方给予社会学父亲一定的赔偿，有的判例判决社会学父亲不承担子女的抚养义务，但也不予判决给予赔偿，其理由就是没有法律明文规定。

本书认为，如果采信了否定的亲子鉴定意见，或者推定亲子关系不成立，则应当给予其社会学父亲赔偿。理由如下：

（一）基于立法本意的法理考量

《最高人民法院关于适用〈中华人民共和国婚姻法〉若干问题的解释（三）》第2条的规定："夫妻一方向人民法院起诉请求确认亲子关系不存在，并已提供必要证据予以证明，另一方没有相反证据又拒绝做亲子鉴定的，人民法院可以推定请求确认亲子关系不存在一方的主张成立。"本条的立法本意应当是在现代科技条件下，已经有能力进行准确的亲子鉴定，亲子鉴定无论从法律角度还是社会角度以及我国伦理家庭道德的角度又都是离婚诉讼中不得不面对的焦点问题，基于此，如果推定主张亲子关系不存在的主张成立的话，另一方必然是有过错的，有过错就应当有赔偿，过错方必然应当承担相应的过错责任，否则，没有任何制裁的条文就不会产生法律强制力和约束力。

《婚姻法》第4条规定："夫妻应当互相忠实，互相尊重，家庭成员间应当敬老爱幼，互相帮助，维护平等、和睦、文明的婚姻家庭关系。"由此可见，夫妻间相互忠实是基本的义务。既然一方违反了忠实义务并导致了无过错方抚养了本不应该抚养的子女，那么由此导致的离婚纠纷中，无过错方应当获得相应的赔偿。

《婚姻法》第46条规定："有下列情形之一，导致离婚的，无过错方有权请求赔偿：有重婚的；有配偶者与他人同居的；实施家庭暴力的；虐待、遗弃家庭成员的。"有判例认为，我国离婚损害赔偿仅限于以上四项，并不包括非生物学父亲的损害赔偿请求。对于本条该做怎样的解释呢？本书认为应当理解立法本意，对本条的第二项作适当的扩张解释："有配偶者与他人同居"而导致离婚的，应当给予赔偿，而同居的时间长短并未也无法作出具体规定，这主要是为了给予由于夫妻不忠而导致离婚的受害者的救助，也是对过错方的否定评价。而对于夫妻关系存续期间而与他人有私情并生出子女又经亲子鉴定确认的行为，当然应当包含在内，无论如何和他人有私情并生出子女而导致离婚的行为是严重的过错行为，其过错程度和危害性比"有配偶者与他人同居"更为甚，按照法律解释的原理，应当给予无过错方赔偿。

（二）基于伦理道德的考量

中国人的婚姻家庭观念是几千年形成的，血缘关系几乎是最重要的社会关系。由此形成的夫妻间相互忠诚的伦理道德是不容破坏的。如果夫妻不忠实的行为不给一定的制裁的话，何异于放纵搞婚外情，何异于鼓励第三者？这样必将动摇我国的传统家庭伦理道德观念。

（三）基于法律规定的考量

《中华人民共和国民法通则》第104条规定："婚姻、家庭、老人、母亲和儿童受法律保护。"第106条第2款规定："公民、法人由于过错侵害国家的、集体的财产，侵害他人财产、人身的，应当承担民事责任。"

《最高人民法院关于确定民事侵权精神损害赔偿责任若干问题的解释》第1条第1款第3项规定："自然人因人格尊严权遭受非法侵害，向人民法院起诉请求赔偿精神损害的，人民法院应当依法予以受理"；同时在第2款规定："违反社会公共利益、社会公德侵害他人隐私或者其他人格利益，受害人以侵权为由向人民法院起诉请求赔偿精神损害的，人民法院应当依法予以受理。"

如果确认或推定生物学父子关系不成立，那么其社会学父亲必然遭受极大的精神打击，这种打击非一般人所能感受的，但确实存在的。因此，应当对此种精神损害给予一定的赔偿。

（四）基于法律规则和原则冲突的法理考量

公序良俗的法律原则是我国民法的基本原则之一，任何法律规则的适用都不得违反法律的基本原则。"有规则从规则，没有规则从原则"是基本的法律适用准则。如果不对婚姻关系存续期间与他人有私情并生出子女又经亲子鉴定确认或推定的行为给予贬义的评价的话，无疑是与法律原则相悖的。况且，现行法律也没有排斥在这种情况下适用精神损害赔偿的规定。由于立法技术所限，法条不可能穷尽列举所有的应当适用精神损害赔偿的情形，根据立法精神和本意自由裁量体现一个正义法官对法律真意的解读，因此本书认为，法官完全可以基于以上的考虑裁定给予无过错方一定的赔偿。

第五节 亲子鉴定的民事应用

亲子鉴定在民事方面的应用非常广泛，通过亲子鉴定取得的证据无疑已经得到法律的认可，合法的证据也会被依法采信。但亲子鉴定毕竟是证据之一，其证据的证据效力、证明力、证据的质证等亦需要加以考虑。

一、亲子鉴定在民事领域的应用

亲子鉴定在民事领域中的应用最常见的有以下几类：

婚生子女亲缘关系的鉴定。以离婚诉讼中最为常见。离婚诉讼中涉及子女抚育责任或财产分割时，一方对子女的血缘关系提出异议，由此引起对有争议的婚生子女的亲缘关系的鉴定。

非婚生子女亲缘关系的鉴定。在遗产继承诉讼和离婚诉讼中经常出现。我国现行法律对非婚生子女给予同婚生子女同等的继承权，但由于是非婚生子女，所以常常引起身份异议，通过对非婚生子女亲缘关系的鉴定，为此类纠纷提供必要的证据。

串子寻亲案件中亲缘认定。孩子出生时，由于医院或家属的疏忽，使孩子在出生时就“张冠李戴”，由此引发民事纠纷。此类纠纷中亲子鉴定的结论无疑是重要的证据之一。

失散寻亲的鉴定。失散认亲或失散儿童的认领过程中进行的亲子鉴定也较为常见，由于失散多年单纯依靠主观辨认已经很难做到准确无误，进行亲子鉴定是必要的选择。

保险理赔纠纷中当事人身份的认定。由于被保险人意外死亡而且难以辨认，或者对受益人的身份有异议，由此引发纠纷，通过亲子鉴定可以提供直接的证据。

安家落户或移民时进行的亲缘认定。在户口迁移或移民时，需要根据有关部门或国家的规定，对随行子女进行亲子鉴定，以提供必要的亲缘关系的证据。

重大灾难性事故中死难人员的身源认定。发生重大灾难性事件比如空难、海难等时，亲子鉴定时认定身源的有效手段。对无名尸体的身源认定采用DNA 亲子鉴定的方法也是世界上公认的技术，2002 年发生在大连的“五七”空难就是通过 DNA 亲子鉴定的方法，使多个尸块和难以辨认的尸体得以实现身源认定。

二、民事纠纷中亲子鉴定的基本原则

亲子鉴定解决了以往困扰司法鉴定多年的“父权”问题，亲子鉴定解决了民事纠纷中有关父权的技术难题，同时也为非婚生子女的确认提供了科学的方法，维护了非婚生子女的合法权益。但也应该看到，亲子鉴定是一把双刃剑，“滥用”亲子鉴定也会带来负面影响。男方动辄怀疑婚生子女，寻求鉴定，既影响了一个或若干个家庭和睦而且稳定的关系，又不利于保护妇女儿童的合法权益。本书认为，要正确利用亲子鉴定技术，以利于解决民事纠纷，在进行亲子鉴定时，应坚持以下基本原则：

（一）当事人自愿原则

进行亲子鉴定，首先应征得当事人（一般为男、女方）同意，未成年子女满10周岁者，也应征求其意见。当事人拒绝鉴定的，应视具体情况，以及不鉴定可能产生的法律后果，从而作出合情合理的裁决。将婚姻关系存续期间所生子女推定为婚生子女乃是世界各国立法的通例。如法国民法典第312条规定："子女于婚姻关系中怀孕者，夫即取得父的资格，但夫如能证明自子女出生前第300日起至第80日止的期间，有远离他乡或某种生理上不能与妻同居的原因时，得否认其子女。"日本民法典第772条规定："妻子在婚姻期间怀孕生的子女，推定为丈夫的子女。"美国纽约州家庭法第175条规定："丈夫提起离婚诉讼的，如无相反证据，诉讼开始前出生的子女，都认为是婚生子女。"我国虽然没有法律的明文规定，但在实践中也实行了婚生子女推定制度。目前，个别当事人怀疑血亲，又恐影响婚姻关系，故以体检为名进行鉴定，或由父亲私下进行鉴定，这是不可取的，是不应该受理的，也是对他人权利的侵犯。

（二）委托鉴定原则

委托鉴定是指由人民法院委托，不得接受个人委托。由于鉴定结果直接影响到公民的身份权，这样既可以防止出现亲子鉴定"滥用"的现象，更好地保护合法的婚姻关系，又可以保障婚姻当事人尤其是未成年子女的合法权益，维护社会、家庭的稳定。对非婚生子女的认定，必须由法院委托鉴定，一方面更好地维护当事人的权益，另一方面对非婚生现象也可起到约束和谴责作用。在实践中，为了保护个人隐私，鉴定机构开展了个人直接委托，由当事人自己直接委托鉴定。其优点为通过肯定父权，解除丈夫疑虑，对家庭的稳定、和睦与幸福起积极的促进作用；弊端是当鉴定结果与被鉴定人意愿相违背时，极易激化矛盾，个别当事人可能借机报复。

（三）婚生否认鉴定原则

当事人否认婚生子女为自己亲生子女提起的诉讼，或子女否认非父母所生的诉讼，其所提供的证据事实，双方当事人均无异议时，可以不委托鉴定。对事实有争议，人民法院应委托鉴定。这有利于维护合法婚姻关系的稳定，有利于维护婚姻及当事人双方的尊严，特别有利于保护未成年子女的合法权益。贯彻这一原则，必须坚持否认权人先行举证；否则，法院过分依赖鉴定，必然造成婚生否认案件增加，而且难以取得足够的证据，不能形成证据链条，不利于进行公正的司法裁判。《婚姻法司法解释（三）》很好的适用了这一原则，当事人一方提供了“必要的证据”，证明其有怀疑子女身份的理由时，法院得启动亲子鉴定程序，而一方拒不进行亲子鉴定的，推定对方的主张成立。

三、民事纠纷中亲子鉴定结论的证据效力和审查判断

在证据法中，鉴定意见是一种证据的载体，它是鉴定人运用科学知识、原理和方法对案件中某些专门性问题进行分析、研究后做出的书面判断意见。它是通过科学的技术和方法，结合鉴定人的经验得出的肯定性结论，不受空间和时间的限制，亲子鉴定就是鉴定意见中的一种。鉴定意见有以下基本特征：其一，不仅叙述依鉴定材料所观察到的事实，还必须在分析这些事实的基础上，提出鉴别和判断的结论；其二，只应就某些应予查明的案件事实中某些专门性问题做出鉴别和判断，不应就法律问题做出结论；其三，它是依照法定程序产生的科学结论。[1]

所谓证据效力，是指作为证据的事实在诉讼中的有效性及其证明力的大小。亲子鉴定作为鉴定意见中的一种，是我国民事诉讼法所规定的法定证据种类之一，只要其符合法定程序，其证据资格当然是毫无疑义的。[2]然而，由于鉴定意见是基于一定的科学技术而做出的，在司法实践中往往会对它产生迷信。就亲子鉴定的鉴定意见而言，采用目前最先进的法医 DNA 技术，“认定”父权的概率最高可以达到99.99%以上，“否定”则为100%。[3]这样就更容易使人对其产生依赖性和盲目的迷信，唯亲子鉴定论，而不考虑其他相关的证据，这是对亲子鉴定鉴定意见认识上的一大误区。

本书认为，尽管亲子鉴定鉴定意见与其他证据相比，有其特殊性，但不能因此就认为它优越于其他证据，它仍然只是我国民事诉讼法所规定的法定证据种类之一。证据应具备客观性、相关性与合法性这三个基本特征，只有与其他相关证据相印证才可以作为定案证据予以采信。我国《民事诉讼法》

---

〔1〕 金友成：《民事诉讼制度改革研究》，中国法制出版社 2001 年版，第 112～119 页。

〔2〕 周伟：“法医鉴定结论的理解与采信”，载《中国刑事法杂志》2000 年第 5 期。

〔3〕 高树辉、王新淮：“STR 基因扫描技术在亲子鉴定中的应用”，载《中国公安大学学报》（自然科学版）2001 年第 5 期。

第63条规定，鉴定意见为7种法定证据种类之一，并且对于这些法定证据必须查证属实，才能作为认定事实的根据。第64条规定，人民法院应当按照法定程序，全面地、客观地审查核实证据。《最高人民法院关于民事诉讼证据的若干规定》第29条规定：审判人员对鉴定书，应审查委托人姓名或名称、委托鉴定的内容、材料；审查鉴定依据及使用的科学技术手段；审查对鉴定过程说明和对鉴定人资格的说明；审查是否有明确的鉴定意见和是否有鉴定人员及鉴定机构签名盖章。由此可见，对亲子鉴定意见毫无疑问也应进行全面审查后才可以采信。

由于亲子鉴定意见对案件的判决具有决定性的影响力，同时对它的审查也具有特殊性，在民事纠纷中，审查亲子鉴定鉴定意见的效力时，应注意以下几点：

1. 审查亲子鉴定鉴定意见的客观真实性。这是认定亲子鉴定鉴定意见证据效力的前提，在实践中，影响鉴定意见客观真实性的有主观和客观两个方面的因素。主观方面，如鉴定机构的资质、鉴定人的资格、鉴定人的能力与水平等；客观方面，如仪器设备、检验方法、检验程序等，这些都将影响亲子鉴定鉴定意见的客观真实性。本书认为，在审查亲子鉴定鉴定意见的客观真实性时，应该全面考虑各种主、客观因素可能对亲子鉴定鉴定意见的客观真实性的影响。

2. 审查亲子鉴定意见关联性。亲子鉴定是否与其他证据形成完整的证据链条，有无不符之处，在一个案件中，一般都有多种证据，在审查亲子鉴定鉴定意见证据的效力时，不能孤立地进行审查，必须把亲子鉴定鉴定意见同其他证据联系起来进行审查，互相印证，如果亲子鉴定鉴定意见与其他证据相矛盾，就不能草率地认定它的效力，应当进一步进行审查。只有亲子鉴定鉴定意见与其他证据形成证据链条时，才能认定其证据效力。

3. 审查亲子鉴定的检验方法。亲子鉴定的父权概率理论上不可能达到100%，只能无限趋近100%。父权概率是亲子鉴定意见的一个重要指标，它是指嫌疑父亲是生物学父亲的概率，采用不同的鉴定方法或采用相同方法而检验的项目不同，得出的父权概率就不同，甚至可能得出完全相反的结论。最早利用血清学的方法进行亲子鉴定时，父权概率只能达到60%~80%，所以，有部分用血清学方法检验“认定”有父子关系的案件，后来用法医DNA技术检验却是“否定”的结论。采用目前最先进的法医DNA技术，“认定”

父权的概率最高可以达到99.99%以上，但并不是每个“认定”的案件父权概率都能达到99.99%。父权概率的高低，取决于三个方面：其一，父－母－子三联体的检验优于只有父（母）－子的二联体。子女的遗传基因来自父母双方各一半，而且子代遗传基因的获得又符合孟德尔的遗传规律，所以比对父母子三方的遗传基因，得到的父权概率自然高于只有父（母）子双方的父权概率。在实践中，却常常只有父（母）子的单亲鉴定；其二，检验的遗传基因的数目，检验的数目越多，父权概率越高；其三，被检验遗传位点的多态性。检验位点的多态性越好，识别能力越强，鉴定的概率越高。

4. 对亲子鉴定鉴定意见的审查。在司法实践中，“否定”亲子关系的鉴定意见，以某某（父、母）与某某（子）之间的没有血缘关系最为常见，这种“否定”的鉴定意见从理论上讲是绝对的，是100%的否定。“认定”亲子关系的鉴定意见有以下几种说法：其一，某某（子）是某某人（父、母）所生。这个结论实际上将“认定”关系变成绝对的“认定”，不符合科学技术本身的理论；其二，某某（父、母）与某某（子）的遗传基因符合遗传规律。这个结论看起来比较含糊，实际上也是将“认定”关系绝对化了；其三，不排除某某（父、母）与某某（子）之间的亲子关系，父权概率为……。这种表述是最为科学的，因为“认定”在理论上是相对的，永远不可能达到100%。为了回避这一“瑕疵”或体现鉴定机构所谓的“权威性”，目前这种结论并没有完全被鉴定机构采用。事实上，即使使用前两种结论，也不可能达到100%的“认定”，这是技术本身的原理所决定的；而采用第三种结论，也不会降低鉴定的权威性。这种结论能否作为定案的证据，能否成为审判人员对案件事实认定的证据，审判人员应对全案证据进行综合审查判断后才能确定。

5. 根据人类学理论以及产科学理论进行辅助亲子鉴定。比如，运用人类学理论比较子女性状与双亲性状的相似程度，进行面相、身材、耳、鼻、眼、皮肤颜色等方面的特征对比。父母都是黄种人绝不会生出一个白种人或黑种人的子女，这是显而易见的道理。再比如，从父方的生育能力、母方的妊娠期来判断父代与子代之间有无亲子关系，若有充分依据证明有争论的男子在女方受孕期间根本就没有生育能力、生育机会，也可否定亲子关系。

综上所述，亲子鉴定技术的发展可以说是科学的进步，它解决了以往困扰司法鉴定多年的“父权”问题，解决了民事纠纷中有关父权的技术难题，但它仍然是证据的一种，并非绝对证据，并不能优越于其他证据，只有与其他相关证据相印证才可以作为定案证据予以采信。最高人民法院的司法解释也特别强调："人民法院对亲子关系的确认，要进行调查研究，尽力收集其他证据。""对亲子鉴定意见，仅作为鉴别亲子关系的证据之一，一定要与本案其他证据相印证，综合分析，做出正确判断。"由此可见，亲子鉴定意见虽然为审理民事纠纷提供了重要的证据，但不能代替审判人员对案件事实、适用法律的认定。亲子鉴定意见证据效力，必须经过审判人员开庭查证属实，并与案件其他相关的证据相互印证时，才能体现出来。

四、规范我国亲子鉴定

在我国涉及亲子鉴定的诉讼越来越多，亲子鉴定已成为目前司法鉴定中重要的一部分，而我国在亲子鉴定工作的司法建设、管理体系等方面都相对滞后，缺乏科学的规范和相应的制度。然而，事实上，亲子鉴定稍有不慎，就可能摧毁一个家庭、危害社会甚至导致法律纠纷，在刑事案件的鉴定中还有可能引发更为严重的后果，所以，从法律制度上规范亲子鉴定具有重要的实践意义。本书认为，目前急需开展如下几个方面的工作：

（一）建立省级亲子鉴定委员会制度

在各省建立亲子鉴定委员会，鉴定委员会应包括亲子鉴定技术专家、法律工作者、政府相关部门的人员，由他们具体认定、考核、指导该地区的亲子鉴定工作，对亲子鉴定意见进行复议，协调亲子鉴定中的各种矛盾。

（二）建立统一的亲子鉴定技术质量标准

1. 确立亲子关系的认定标准。以国际上通用的亲子关系概率（relative chance of paternity，RCP）≥99.73%作为最低的"认定"具有事实上的血缘关系的最低标准，低于此标准的，应增加遗传基因座的检验数目，以提高亲子关系概率。[1]

2. 确立亲子鉴定技术规范。包括用于亲子鉴定必须检验的遗传基因座目录、推荐基因座目录以及相应的基因频率数据库。

3. 建立必要的实验室管理及认证标准。一个有效的实验室的管理规则对技术鉴定是非常必要的，在亲子鉴定中，由于技术灵敏度非常高，很容易造

〔1〕 刘开会主编：《实用法医DNA检验学》，西安出版社2000年版，第54页。

成交叉污染，有效的实验室管理及认证标准对保证检验的准确性具有重要意义。

（三）制定亲子鉴定检验的相关程序

1. 确立送验委托程序。法定检验机关应建立送验委托程序，本书主张涉及刑事案件的亲子鉴定由公安、检察、法院等司法部门送检；涉及民事纠纷的亲子鉴定，一律由人民法院送检。

2. 确定检验方法。目前，在我国进行亲子鉴定有不同的方法，即使采用同一方法，如果检验的遗传基因数目或名称不同，可能得出截然相反的结论。建议有关部门应尽快召集专家、权威通过科学技术来确定检验方法、检验基因座的数目及名称。

3. 规范检验结论。在司法实践中，由于父权概率在理论上不可能达到100%，将鉴定意见表述不排除某某（父、母）与某某（子）之间的亲子关系，亲子关系概率为……。采用这种结论，既符合亲子鉴定的理论，也不会降低鉴定的权威性。[1]

4. 明确亲子鉴定失误应承担的责任。亲子鉴定关系到公民的身份权、当事人的隐私及被鉴定人的权益保障问题。将亲子鉴定失误时所应承担的责任以法律的形式明确下来，一方面能约束鉴定人，增强鉴定人的责任感和事业心，另一方面也使得对失误追究时有法可依，这种责任应分为民事责任、行政责任、刑事责任。综上所述，亲子鉴定技术的发展可以说是科学的进步，它解决了以往困扰司法鉴定多年的“父权”问题，为亲子关系的确认提供了科学的方法，但也应该看到，亲子鉴定是一把双刃剑，“滥用”亲子鉴定也会带来负面影响，使家庭不睦，产生社会不安定因素。亲子鉴定只有在必要的制度的规范下，才能趋利避害，更好地为法制建设服务。

五、亲子鉴定中对未成年人的权益保障

亲子关系诉讼中双方当事人往往纠缠于“谁是孩子的父亲”的问题，而对孩子会产生怎样的影响似乎被大人们忽略了，在法院的裁判中也很少从孩子的角度来看待亲子关系问题，未成年人的隐私权、名誉权等合法权益都未

---

〔1〕 程大霖主编：《个体识别和亲子鉴定理论与实践典型案例分析》，中国检察出版社2002年版，第105～135页。

得到考虑。因此，在此类案件中，应当更多的考虑对未成年人的权益保障。[1]

(一) 亲子鉴定中未成年人权益旁落

其实，在亲子关系诉讼中，对未成年人的负面影响是最大的。比如由亲子鉴定出的非婚生的孩子，一般被当作“野种”赶出原来家庭或作为“私生子”而徘徊在社会的边缘。非婚生的孩子在中国这样历史传统和世俗文化所营造的伦理氛围中名誉权受到严重侵害，对其今后的健康成长极为不利。又如在婚姻关系中，因为丈夫怀疑妻子的不忠而提出亲子鉴定，即使结果为亲生子女，也会导致夫妻感情不合，外人也会对孩子的身份产生猜忌和传言，会在孩子的心灵投下阴影。[2]

(二) 对国外亲子鉴定中未成年人权益保障的借鉴

纵观联合国公约和其他国家关于未成年人的相关规定，都重视对未成年人权益的保障。《儿童权利公约》第3条第1款规定，关于未成年人的一切行为，无论是由公私社会福利机构、法院、行政当局或立法机构执行，均应以未成年人的最大利益为一种首要考虑。条文中的“首要考虑”要求在处理有关未成年人事务时，包括立法、司法以及政策的制定和执行，首先要考虑未成年人的最大利益。[3] 儿童最大利益原则是针对未成年人这一特定群体的特殊保护，是处理未成年人事务的首要行为准则和纲领性条款。

许多国家也都在亲子法中明确了对未成年权益的保障。如美国亲子法的基本原则是以“子女最佳利益”为中心，美国最高法院在确认亲子关系的案件中，若知悉生父符合子女最佳利益时，法院承认亲子鉴定结果作为证据资料。相反，若子女不愿知悉生父，或知悉生父并不符合子女最佳利益之际，例如婚生亲子间虽无血缘关系，但具有亲子生活的事实与意思，且表见父母适切地履行父母的责任时，判例法运用衡平法原理，在法律上维持该婚生子女的地位，不得变更。再如法国法规定，亲子共同生活的事实或时间经过，亲子关系不问有无血缘联系均因此而确定，不能加以争执，以确保未成年人

---

[1] 陆文奕：“亲子关系诉讼中亲子鉴定适用问题初探”，载 http://www.a-court.gov.cn/platformData/infoplat/pub/no1court_2802/docs/200903/d_566022.html。

[2] 钱广荣：“亲子鉴定：科技维护家庭伦理存在的道德悖论”，载《伦理学研究》2006年第4期。

[3] 王雪梅：“未成年权利保障的最大利益原则研究”，载《环球法律评论》2002年冬季号。

能在稳定的环境下健康成长。[1]

（三）确立我国亲子鉴定的基本原则——优先保护未成年人利益

我国《未成年人保护法》第 3 条确定了最大限度保护未成年人利益的原则，规定“国家根据未成年人身心发展特点给予特殊、优先保护”。《批复》中也特别指出对于亲子鉴定案件，“应从保护妇女、儿童的合法权益出发”，慎重对待。因此，法院在处理涉及未成年人的亲子鉴定案件时，如果权益发生冲突，应该优先保护未成年人的权益。优先保护未成年人权益的原则与国际公约确定的儿童最大利益原则是相符合的，在做法上也可以借鉴国外的有益经验。具体而言，如果现存的亲子关系有利于未成年人的健康成长，而改变现在的亲子关系将会给未成年人今后的生活带来严重的不利后果时，则应慎用亲子鉴定程序，从保护未成年人权益出发，维持现存的亲子关系，不得变更。相反，如果亲子鉴定关系到未成年人的生存权、受教育权等基本权利，请求确认亲子关系存在的一方当事人申请亲子鉴定申请，只要该方当事人穷尽了举证能力，完成了行为意义上的举证责任，且其提供的证据已经达到高度盖然性的证明标准，法院就可以推定亲子关系的存在，为未成年人的权益保驾护航。

第六节　亲子鉴定的刑事应用

刑事领域中，DNA 鉴定主要是进行与犯罪嫌疑人比对的“同一认定”，即检验现场提取的检样与犯罪嫌疑人是否“同一”，从而达到认定或否定犯罪嫌疑人的目的（详见第十五章）。但 DNA 亲子鉴定也有用武之地，其主要作用体现在身源认定上，通过 DNA 亲子鉴定，确定待证检样的来源，进而为侦查破案提供证据或为诉讼提供证据。

一、亲子鉴定在刑事领域的应用

强奸致孕案的鉴定。这类案件主要涉及以下几种情况：其一是受害人为智障女，根据我国刑法的规定，由于智障人没有性防卫能力，以强奸罪论处。

---

〔1〕 程大霖：《个别识别和亲子鉴定理论与实践典型案例分析》，中国检察出版社 2002 年版，第 105 页。

受害怀孕后，通过 DNA 亲子鉴定锁定犯罪嫌疑人；其二是轮奸案件，有时候受害人在短时间内受到多个犯罪嫌疑人的性侵害而怀孕，通过 DNA 亲子鉴定为定罪、量刑提供证据；其三是受害人受到侵害后，犯罪嫌疑人拒不承认犯罪行为，通过 DNA 亲子鉴定提供相应的证据。

杀人碎尸案的鉴定。在杀人碎尸案件中，由于受害人被杀后又遭到了碎尸，往往案件发生后只找到部分尸块，而且尸块的发现地往往不在同一个地方，因此这类案件一般没有辨认条件。对于发现的尸块首先要认定是否来源于同一个被害人，其次通过 DNA 亲子鉴定的技术，与嫌疑被害人的父母或其他具有亲缘关系的人进行比对从而认定身源。身源的确认对于侦查破案往往是关键的一步。

爆炸案的鉴定。在爆炸案件中，很多受害人的尸体是不完整的，需要通过亲子鉴定为尸块找到“主人”，并进而认定身源。

群死群伤的责任事故案的鉴定。在这类案件中，有多名受害者，比如重大的火灾案件或重大交通事故案件中，受害人很多，但都缺乏辨认条件，通过 DNA 亲子鉴定认定身源已经在实践中广为采用。

无名尸体案的鉴定。司法实践中往往会遇到很多无名尸体的案件，为了缓解保存尸体的压力，往往要定期处理无名尸体。在处理前，留有鉴定检材，比如血液、肌肉等，并进行 DNA 鉴定，如果有符合条件的失踪人口申报，可以进行 DNA 亲子鉴定，从而认定身源。

高度腐败尸体案的鉴定。在高度腐败的尸体检验时，由于缺乏辨认条件，也可以通过 DNA 亲子鉴定进行身源认定，采用的检材往往是牙髓或骨髓，因为这类检材保存条件好，腐败的速度慢，检验成功率高。

白骨化案件的鉴定。由于死亡的时间久远，尸体已经完全腐烂，只剩下白骨化的骨骼，如果颅骨完整的话，可以通过颅像重合技术进行身源认定。目前更多的是采用 DNA 亲子鉴定的方法进行身源认定，用牙髓或骨髓作为检样，与失踪人口的具有血缘关系的人群进行比对从而认定身源。

二、刑事领域 DNA 亲子鉴定的检样

刑事领域用于亲子鉴定的检样除比民事领域的检样还要多，民事 DNA 亲子鉴定的检样如血液、唾液斑、毛发、精斑、骨骼、牙齿、肌肉、皮肤、手术切除物、胎儿流产物、病理切片、胎儿羊水、排泄物类等毫无疑问均可用

于刑事领域。但刑事领域的检样相对来说更为广泛，如脱落的头皮、衣领处脱落的上皮细胞、甚至汗液指纹等微量物证均可作为刑事领域 DNA 亲子鉴定的检样。鉴定技术与民事 DNA 亲子鉴定相同，但要求的灵敏度和认定概率更高。刑事领域的 DNA 鉴定更重要的是体现在现场物证和犯罪嫌疑人的“同一认定”上。

第三编 人体物证司法鉴定

来源于人体的很多物证，如血液、毛发、指甲、骨骼等等，均可成为案件的罪证，为案件的侦查、起诉和审判提供必不可少的证据。在司法实践中，传统的人体物证鉴定主要是进行血型鉴定，在血型鉴定中主要是进行 ABO 血型系统的检验鉴定，但传统的物证鉴定从证据学的角度而言，只能起到“否定”的作用，不能起到“认定”的作用。随着DNA 检验技术的出现，传统的人体物证 ABO 血型鉴定几乎已经被 DNA 鉴定所取代，本编主要以 DNA 物证鉴定为主进行介绍。

第十二章　人体物证鉴定概述

一、人体物证的概念及种类

物证是我国法律规定的证据种类之一。人体物证是指案件中提取的能以其生物属性证明它与受审查的人、事、物、时、空存在联系，从而能证明案件真实情况的、来源于人体的各种物质。

实践中常见的来源于人体的物证主要有血液（痕）、精液（斑）、混合斑、唾液（斑）、毛发、指（趾）甲、骨骼、牙齿、皮肉组织及脏器组织碎块等。此外，有的案件还会遇到汗液（斑）、尿液（斑）、粪便、羊水、胚胎组织、乳汁、恶露，等等。

二、人体物证的基本属性

人体物证属于诉讼证据中物证的范畴。因此它不仅具有客观存在性和与案件关联性等诉讼证据的基本特征，而且由于人体物证本身属于人体组织的一部分或者是其分泌物、排泄物，因此它还具有一些生物物质的特殊属性。

1. 人体物证来源于人体。它本身是人体的一部分或是其分泌物、排泄物，其许多生物学特性与其供体一致，这是利用人体物证认定犯罪嫌疑人的基础。

2. 人体物证主要以其生物学属性来证明其与受审查的人、事、物、时、空存在联系，从而证明案件的真实情况。如来自人体的血液（痕）、精液（斑）、唾液（斑）、毛发、指（趾）甲、骨骼、牙齿、皮肉组织等法医物证，通过血型、酶型、DNA 特性等生物属性，证明与嫌疑人是否有关系，通过 DNA 结构的特征来“认定”或“否定”犯罪嫌疑人，从而为揭露犯罪事实或澄清案件的某些情节提供证据。

3. 人体物证的生物属性对环境具有依赖性。人体物证含有蛋白质、核酸等有机大分子成分，在新鲜时，这些有机大分子往往保持其生物活性和一些能反映生物遗传规律的遗传特征；但构成法医物证的有机成分极易受物理、化学以及生物因素的破坏，致使其发生腐败变质等变化，从而失去其生物学特性，进而失去鉴定价值。

三、人体物证的作用

人体物证作为一种客观证据，对案件的侦破、诉讼具有重要意义，由于人体物证可能直接来源于犯罪嫌疑人，鉴定人体物证不仅可以为案件的侦察提供方向和线索，而且还可以直接“认定”犯罪嫌疑人。

1. 有助于确定侦查方向和范围。人体物证所处位置、形状、特征等，能够反映一定案情，特别是罪犯因被害人抵抗，或越墙、爬窗、破门而受伤时，现场上或被害人身上有时会遗留嫌疑人的血迹，能为案件侦破提供极为重要的线索。例如某杀人案，根据死者指甲缝内有血和皮肉组织，判断嫌疑人身体暴露部位有抓伤，注意查找受伤者，并且可对指甲缝内的血和皮肉组织进行鉴定，确认其是否是该嫌疑人的，而成为证明其是否犯罪的有力证据。

2. 有助于案件性质的判断。例如在现场上或女尸阴道内发现精液，可判断为强奸或强奸杀人案等。

3. 可为揭露、证实犯罪或排除嫌疑提供证据。例如在犯罪嫌疑人的衣物上发现血痕，经检验确定是死者的血，则可作为揭露和证实犯罪的证据。若不是死者的血，而是动物血或嫌疑人本人的血，则可能作为排除犯罪嫌疑的依据。

4. 为查明被害人身源提供依据。对案件中的碎尸块、无名尸体、高度腐败的尸体等，难以通过尸体容貌等特征鉴别身源时，可通过毛发、牙齿、骨骼、指甲等的检验，为认定死者身源提供证据。

5. 能够直接“认定”犯罪嫌疑人。随着法医物证技术特别是DNA鉴定技术的进步，比较现场法医物证与犯罪嫌疑人的DNA属性，完全可以达到“认定”犯罪嫌疑人的目的。尽管这种“认定”从理论上讲还是相对的“认定”，而不可能是绝对的“认定”，但由于个人识别率非常高（最高可以达到1/1016），还是普遍得到世界各国司法实践的认可。

四、人体物证鉴定

（一）人体物证鉴定

人体物证鉴定，主要是应用生物学、生物化学、遗传学、免疫学及其他与医学有关的技术，对来源于人体的组织或体液进行分析，提取其中的生物特性，并与现场或犯罪嫌疑人进行比对，从而为案件的侦破或诉讼提供证据的科学活动。

（二）法医物证鉴定的任务

法医物证技术的主要任务就是运用专门的科学技术方法对案件中各种可疑的法医物证进行发现、记录、提取、检验鉴定，从而为查明案件真实情况提供科学证据。法医物证鉴定既为刑事案件的侦查破案和诉讼服务，也为正确审理民事案件和行政诉讼案件服务。法医物证技术主要解决下列问题：

1. 对来自人体的法医物证解决个人识别问题。解决个人识别问题是法医物证技术最重要的任务。在凶杀、强奸、伤害、碎尸等案件中，无论在现场、凶器上、衣物上、犯罪嫌疑人或被害人的身体上发现的血痕、精液（斑）、毛发、皮肉或骨骼、脏器组织碎块等，必须通过检验，鉴定是否是某种斑迹或组织，是来自人体的还是来自动物体的。确定是来自人体的之后，就必须解决是来自谁的，或者是否是某个嫌疑人的，即对这些法医物证进行个人识别，也称个人同一认定。一般采取血清学方法，对上述法医物证进行血型检验，但由于血型型别相同的人很多，利用检测血型的方法只能排除嫌疑人，而不能“认定”嫌疑人。近年来，随着分子生物学突飞猛进的发展，DNA 分析技术被引入到法医物证鉴定领域中来，推动了法医物证技术的革命性进展，DNA 分析技术已成为人体法医物证个人识别的可靠技术手段。

2. 解决亲子鉴定问题。无论刑事案件或民事案件均可能涉及到亲子鉴定问题。鉴定父、母、子三者的各种血型，并进行遗传学分析是亲子鉴定的有效方法，不仅可为排除亲子关系提供依据，而且也可在一定程度上提供肯定亲子关系的依据。DNA 分析技术的应用，更为亲子鉴定获得十分准确的否定或肯定亲子关系结论成为可能。因为 DNA 本身是遗传物质，它决定着个体的遗传性状。子代 DNA 来自父母双方，一个染色体正常的个体由父亲、母亲各提供 50% 的遗传基因，且终生不变，因此 DNA 分析技术从根本上解决了亲子鉴定问题。

3. 对来自动物体的法医物证解决动物种属认定问题。如前所述，对案件中血液（痕）、毛、骨骼及组织碎块等物证，首先需要鉴别是来自人体还是动物体，即进行种属认定。如果确定其不是来自人体时，往往需要解决是来自何种动物的问题，即进行动物种属认定，可为案件澄清某些情节提供依据。

第十三章　血液及血痕物证鉴定

血液是广义结缔组织的一种，成分包括血细胞和血浆两大部分。血细胞是血液中的有形成分，它包括红细胞、白细胞和血小板。血液在体外干燥后形成的斑迹称为血痕（blood stains）。血痕检验是法医物证检验中最常见的。在凶杀、斗殴、抢劫、盗窃、碎尸、灾害事故等的现场、致伤物、受害人与嫌疑人的衣物上常能发现血痕。血痕检验可为案件的调查提供线索，为审判提供依据。

案件中的可疑血痕首先要经初步试验及确证试验证明是“血”，其次要经种属试验确证是“人血”，最后应当进一步鉴定该血痕是“谁的”血，即对血痕进行个人识别。常规的方法是首先进行红细胞血型检验，必要时再进行其他血型检验。同时需直接采集犯罪嫌疑人和被害人的血液测定其血型，以便与血痕血型检验结果进行比对，判断是否相同。如果相同，再通过 DNA 检验，进行个人识别。但对直接由人体采集的血液，自然不需要进行血的确证和种属试验，而直接测定其血型。对血液和血痕的血型检验是法医物证鉴定中重要的检验项目。

第一节　ABO 血型检验

血型是受遗传控制的人类血液的个人特征之一。早年所谓血型是指早期发现的红细胞血型，如 ABO 血型、MN 血型和 Rh 血型等。随着血型研究的不断进展，不仅新的红细胞血型系统越来越多地被发现，至今已发现红细胞 20 多个血型系统，而且从 20 世纪 50 年代中期起，相继发现白细胞、血清中某些蛋白质及血小板均具有型的差异。到了 20 世纪 60 年代，又发现了红细胞上几种酶也具有遗传多态性。因此，血型概念已不仅仅是狭义的红细胞血型，而是扩展为各种血液成分的遗传多态性标记，包括红细胞血型、白细胞血型、血小板型、酶型及血清型等。

ABO 血型是 1900 年由 Landsteiner 发现的人类第一个红细胞血型系统。它的发现奠定了血型学的基础。ABO 血型常见的表型有 A、B、O、AB 四种，主要血型抗原为 A、B、H，又称凝集原，位于红细胞膜上；天然抗体为抗 A、抗 B，存在于血清中。不同型别血液所具有不同的血型抗原和抗体。A、B、H 抗原于胎儿第五周至第六周左右就可以检出，出生后 6 ~ 18 个月抗原逐渐发育成熟，一般认为 2 ~ 4 岁便完全发育成熟，且终生不变。

血液的 ABO 血型检验方法有两种，通常用抗 A 和抗 B 两种血清（凝集素）来鉴别受检者红细胞抗原（凝集原）类型，称凝集原或抗原检出法；另一种方法是用已知 A 型和 B 型红细胞来鉴别受检者血清中的抗体类型，称凝集素检出法。这两种检验方法均可在小试管或玻璃板上进行。

第二节　血痕的鉴定

血痕检验需解决下列问题：送检检材是否是血；是人血还是动物血；人血则测定血型，必要时进行个人识别；其他检验，如出血量、出血时间及出血部位推断等。

血痕检验一般遵循以下程序：肉眼检查；预实验；确证试验；种属鉴定；血型、酶型及 DNA 检验；性别鉴定以及出血部位、出血量、血痕陈旧程度推断。

一、肉眼检查

现场血痕肉眼检查主要观察血痕的数量、分布、位置、大小、形状、范围、色泽以及它们与现场其他物品的相互关系等，借以推测案件的性质、发案时间、案件发生的过程、被害人与加害人双方的搏斗情况、位置关系、尸体被移动情况、加害方式以及加害人的行踪等，帮助调查人员重构案件的发生过程，为案件的侦破提供线索。

1. 血痕的颜色。新鲜血痕颜色鲜红，有光泽，随时间延长，逐渐变为暗红色，时间较长的血痕呈褐色或暗褐色，陈旧血痕呈灰褐色。血痕腐败则变成污绿色，若霉变则呈灰黑色或灰白色。观察血痕的颜色变化，有助于推断出血时间和血痕变质情况。

2. 血痕的形状。血痕的形状取决血量多少、附着的物体以及形成方式等因素。①滴落血痕。滴落血痕是血液由高处滴下形成的滴状血痕。可根据血滴形状分析血液滴落的速度、高度、方向、角度等。较缓慢而垂直滴落、高度在0.5 米以下的，血滴呈圆形、较小、边缘光滑，无溅出的小血点；如呈一定角度滴落，血痕呈椭圆形；行进中滴落的血滴，则一端光滑，另一端呈星芒状，并指向行进方向。中速度血滴，高度在 1 米以上时，血痕较大，周边呈锯齿状或星芒状，并有卫星状小血点。②喷溅状血痕。喷溅状血痕是由高速飞溅的血液形成的密集血点。速度越快，血点越细小。由一定角度喷溅形成的血痕，多呈感叹号状，叹号尖端的指向为喷溅方向。此类血痕多为动脉血管破裂形成，因动脉压较高，导致血液由破口飞溅而出。重复打击已出血的部位或挥动带血的凶器也能形成类似喷溅状血痕，但血点大小形状差别较大，多呈分散状，需仔细鉴别。③流注状血痕。流注状血痕是血液自高处流淌至低处，可形成上淡下浓，上细下粗，低端呈滴状的血痕。④擦拭状血痕。擦拭出血处或沾染血液的部位、擦蹭其他物体等均可形成浓淡不均、形状不一、界限不清的条片状血痕。⑤血印痕。血印痕是指沾染血液的手、凶器或踩踏血的鞋（脚），在现场、尸体或其他物体上留下的相应印痕的血迹。如凶器柄上的血印、地面上的血鞋（脚）印等。⑥血泊。血泊是出血量多而集中时所形成的血痕。血泊形状不一，量多少不等，多位于尸体下方或其周围，或伤后不能活动处。可根据血泊判断是杀人原始现场或分尸现场。根据血泊的大小、厚度计算出血量，有助于判断伤情和死因。

二、血痕预试验

预实验的目的是要从大量的可疑血迹中筛选除去不是血痕的检材。很多斑痕外观与血痕相似（如油漆、酱油、染料、铁锈、一些化学药品、蔬菜、植物汁与果汁斑等），肉眼难以区别，通过预试验，可迅速将大部分不是血痕的检材筛除，不再作进一步的检验。需要指出的是，预实验阴性反应的可疑血痕肯定不是血迹，但阳性检材也不一定是血迹，还要进一步进行确证检验。

联苯胺试验（benzidine test）迄今已使用近百年，自 1904 年 Adler 等建立这一方法以来，一直是大多数实验室首选的血痕预试验方法，该方法灵敏、简便、快速。

原理：血痕中的血红蛋白或正铁血红素具有过氧化物酶活性，能将过氧化氢分解，释放出新生态氧，后者将无色联苯胺氧化为联苯胺蓝。

方法：剪取或刮取微量检材置于白瓷反应板（或凹玻板）上，或将滤纸折叠后，用折角轻擦斑痕，展开滤纸。依次滴加冰醋酸，联苯胺无水乙醇饱和液，1~2 分钟后无蓝色反应的，再滴加 3% 过氧化氢，立即出现翠蓝色为阳性反应。

联苯胺试验阴性的检材，可排除是血痕的可能，不再作进一步的检验。

三、血痕确证试验

预实验阳性结果时，须进一步确证其是否是血痕。确证试验均是通过检验血红蛋白及其衍生物的存在而确定是否为血。因此其特异性很高，阳性结果可肯定是血。但一般灵敏度不高，阴性结果不能完全否定血的存在。如果血痕陈旧、被严重污染、腐败变质则难以获得阳性结果。

1. 血色原结晶试验（血色原结晶试验系由日本人高山所建立，故又称为高山结晶试验）（Takayama crystal test）。

原理：血红蛋白在碱性溶液中分解为正铁血红素和变性珠蛋白，在还原剂作用下，正铁血红素还原为血红素，后者与变性珠蛋白或其他含氮化合物（如吡啶、氨基酸等）结合，形成血色原结晶。

方法：剪取或刮取少量检材，置载玻片上，分离纤维或将血痕压碎，盖上盖片，加 1~2 滴高山试剂，镜检，若出现樱桃红色菊花状、星状或针状结晶为阳性反应。

检材加高山试剂后，若不出现结晶，可将载玻片置酒精灯上微微加热，或延长反应时间，可促进结晶形成。

微量新鲜血痕和存放条件较好的陈旧血痕均能形成典型结晶。污染严重和含量很少的血痕，不易形成结晶。经高温作用的血痕可形成颗粒状、大小、形态不一的非典型结晶，或仅出现樱桃红色而无结晶形成。

高山试剂久置失效，每次试验时应用对照血痕测试试剂，避免因试剂失效而产生假阴性结果。

2. 氯化血红素结晶试验。

原理：在酸的作用下，血红蛋白分解，产生正铁血红素，正铁血红素与氯离子反应生成氯化血红素结晶。

方法：剪取或刮取少量检材置于载玻片上，分离纤维或将血痕压碎，加氯化钠细末少许，盖上盖片，加1～2滴冰醋酸，酒精灯上微火加热，冷却后镜检，有褐色菱形结晶形成为阳性反应。真菌或细菌生长、水洗和过于陈旧的血痕常呈阴性反应。加热时温度太高（超过142℃）将会破坏血红素而不能形成结晶。

四、种属鉴定

血痕种属鉴定（species identification）的目的是确定血痕是否是人血。只有确定了血痕是人血痕，才需要进一步检测血痕的遗传标记，进行个人识别。

1. 环状沉淀反应（ring precipitation）。

原理：可溶性抗原与对应抗体在电解质存在的条件下，如果比例合适，发生特异性结合形成抗原抗体复合物，在抗原与抗血清的界面出现可见的白色沉淀环。

方法：于反应管中加入抗血清，将血痕浸出液用毛细吸管层叠于抗血清的上面，保持两液界面清晰，室温静置一小时内观察结果。若两液接触面出现白色沉淀环为阳性反应，无沉淀环形成为阴性反应。以已知人血痕浸液作阳性对照，检材无血痕部位的浸出液及生理盐水作为阴性对照。

2. 免疫胶体金层析试剂条检验法。免疫胶体金试剂条使用及携带都极为方便，出现结果快而且直观，一般不需要低温保存，该技术为血痕的确证检验提供了一个快速、灵敏的方法，是目前被广泛使用的一种方法。

免疫胶体金层析试剂条是结合抗原抗体的免疫学反应和层析原理制备而成的。目前，用以检测人血红蛋白的试剂条已经商品化，当被检溶液中含有胶体金标记抗体的对应抗原（人血红蛋白）时，抗体会识别抗原分子上相应的抗原决定簇并发生免疫结合反应，从而形成由胶体金粒子携带的抗体抗原复合物，在试剂条上部材料吸水张力的牵引下，胶体金粒子会向上扩散，当进入硝酸纤维素膜时，胶体金粒子在硝酸纤维素膜的孔径中发生层析，并先到达硝酸纤维素膜上点加了针对同一抗原的另一个抗体的位置（此处称为检测线），这样由胶体金粒子携带来的抗体抗原复合物中抗原分子上的抗原决定簇也会为此处它的对应抗体识别并结合，其结果便是在此处形成“胶体金携带的抗体＋抗原＋另一抗体”的夹心结构，并固定于此而显示胶体金的红色，故该法又称为夹心法。其余未反应的免疫胶体金粒子则继续层析，当到达点加了羊抗鼠 IgG 的位置时（此处为质控线），胶体金抗体会被其抗体结合而固定，从而在此处也出现红色，这种有两个红色标志的结果为阳性结果，是人血。若被检测溶液中无抗原物质或抗原物质含量极低无法足以使胶体金显出红色，则检测线处就不会有红色出现，但质控线处仍会有红色出现，这是阴性结果，不是人血。若无任何红色出现，则说明或是金标抗体或是羊抗鼠 IgG 失活，试剂条无效。

五、人血痕 ABO 血型检验

新鲜血痕，可用液 ABO 血型检验的方法，用凝集原检出法或凝集素检出法均可测定其血型。干血痕红细胞膜破裂，凝集素亦破坏，但细胞膜上的血型抗原比较稳定，耐干燥，如未经腐败、高温等破坏变质，则可长期保存下来，采用特殊方法仍可测定其血型。血痕 ABO 血型检测的方法有吸收试验、解离试验、混合凝集试验等。

六、ABO 血型鉴定的作用

ABO 血型的鉴定，对于案件的侦破及诉讼有很重要的意义，它的检验结果可以为侦察破案提供一个方向。比如在嫌疑人身上发现了血痕，经检验，如果与死者的血型不同，可以排除嫌疑人身上的血是死者的，为排除嫌疑人提供一个依据；如果与死者的血型相同，则不能认定嫌疑人身上的血就是死者的血，必须进一步进行 DNA 个人识别（参见第十五章人体物证 DNA 鉴定）。

血型是人类的遗传性状之一，遵循孟德尔的遗传定律，子女的血型基因必定来自父母。因此血型可以作为一种遗传标记，可以用于亲子鉴定。

第十四章　人体体液斑物证鉴定

第一节　精斑物证鉴定

精液（semen）及精斑（seminal stain）是仅次于血痕的常见法医物证，民事和刑事案件都经常遇到。强奸或猥亵行为常需检验精斑。精斑是精液干燥后形成的斑痕，多存在于罪犯或受害人的衣、裤、犯罪现场的地上、被褥、纸张、毛巾、手帕及女性外阴部或大腿内侧等处。在暗色织物上，浓厚的精斑呈灰白色浆糊状；稀薄的精斑在浅色织物上呈莞白色，手感发硬；新鲜精斑有特殊臭味。

一、精斑预试验

预试验的目的是筛选可疑精斑。预试验的方法比较简单、灵敏度高，但它检出的成分，都不是精斑特有的，预试验阳性结果仅提示斑痕可能是精斑，但不能确证精斑。

二、精斑确证试验

对于预实验呈阳性的可疑精斑应进一步进行确证实验，以确定是否是精斑，精斑确证试验是检验精液中的特有成分，其阳性结果可以确证精斑。

（一）精子检出法

检出精子是认定精斑最简便、最可靠的方法。精斑中的精子是相当稳定的，陈旧精斑也能查出精子，最长可达十多年。

（二）抗人精沉降环沉淀法

原理：用特异性抗人精液血清与可疑精斑检材浸液作抗原－抗体反应，

出现白色沉淀环为阳性反应，证明检材含有人精液。

（三）精浆前列腺特异性抗原 P30 的检测

P30 是人精浆中特有的蛋白成分，是由人类前列腺上皮细胞所分泌，存在于成年男性精液中的一类糖蛋白，分子量为 30 000 道尔顿，故名 P30。P30 具有高度的种属特异性和器官特异性，用琼脂双相扩散试验未从动物血清和精液、人血清、阴道分泌液、唾液、汗等多种体液及分泌液、组织器官浸液中测出 P30。

从精液中分离纯化出 P30 抗原，免疫动物，获得抗－P30 血清。目前国内已制备出了抗－P30 单克隆抗体。与粗制的抗人精液血清相比，抗－P30 血清与其他人体液、分泌液不发生交叉反应，可确证精斑。抗－P30 血清确证精斑的灵敏度和准确性均高于精子检出法，不受精液中有无精子的影响，也不受阴道液和唾液的干扰，能正确区别人类精斑与动物精斑，是目前确证人类精斑的最好方法。

第二节 混合斑的物证鉴定

通常所说的混合斑是指精液与阴道分泌液的混合斑，常见于强奸和其他一些性犯罪案件，在被害人体内或现场提取。由于阴道分泌液也含有血型物质或其他遗传标记，故从混合班中测出的遗传标记是阴道分泌液与精液中遗传标记的总和，并不一定代表精液的遗传标记。体内提取的混合斑不用确证，而现场提取的可疑混合斑检验时首先要确证检材是否为混合斑，如果为混合斑，检测时应采取对比推断、分离各成分检验等方法，以确定混合斑中精液的遗传标记。

一、混合斑的确证

混合斑可通过检测精液成分及阴道液成分确证。混合斑中精液的确证见精斑物证技术。

阴道分泌液中含大量阴道脱落的复层鳞状上皮细胞及阴道肽酶，有时含有细菌、阴道滴虫等。可用阴道脱落上皮细胞检查法确证，若在 HE 染色的斑痕浸液离心沉淀物涂片上查见脱落鳞状上皮细胞，该斑痕可能含有阴道液。若同时查见精子，证明为阴道分泌液与精液的混合斑。

二、混合斑 ABO 血型检验

精液与阴道分泌液混合斑所测出的遗传标记是精液与阴道液遗传标记的总和，故在鉴定性犯罪案件时，应取受害人和嫌疑人的血液（痕）、唾液（斑）等检材同时检测。具体包括：①用解离实验检验混合斑中存在的血型物质，和受害人的血型比对，除掉受害人的血型物质，来推测嫌疑人可能的血型。②用中和试验测定混合斑和受害人唾液（斑）的血型及分泌状态，进行对比分析，推测混合斑中精液的 ABO 血型。若混合斑中精液的 ABO 血型与嫌疑人的 ABO 血型不同，则否定嫌疑人；如相同，则不能否定。若受害者为非分泌型，则容易从混合斑中确定嫌疑人的血型；若受害者为分泌型，通过比对，在一定程度上可推断嫌疑人的血型。该受害人是 AB 强分泌型时无法推断精斑血型，不能为案件的分析与判断提供线索。

三、混合斑 DNA 检验

混合斑中含有男性和女性的细胞，是法医 DNA 鉴定的重要材料，通过基因鉴定技术，可以对混合斑中包含的男性遗传基因进行鉴定，从而完成个人识别。

第三节 唾液（斑）物证鉴定

唾液斑是唾液干燥后形成的斑痕。唾液（斑）检验是法医物证检验中经常遇到的。在犯罪现场，有时发现地面上留有痰迹或唾液斑。现场的烟蒂、手帕、口罩、瓜子皮、果核以及喝过水的茶杯上有时亦遗留有唾液斑。勘验现场时，必须注意寻找、收集。尸体皮肤及其他物体上的咬痕亦沾附有唾液斑。强奸及强奸杀人案件进行精斑检验时，经常需要提取有关人员及当事人的唾液进行检验，作为对照。

一、提取新鲜唾液及唾液斑时的注意事项

1. 采取新鲜唾液时，应先漱口，将纱布放入口中，浸湿后取出，立即放干燥通风处自然晾干，用干净纸包好，注明标志。若采取自然流出的唾液，应立即放水浴中煮沸，破坏唾液中的酶活性，以免酶破坏血型物质，然后置

温度为4℃的冰箱保存。

2. 现场发现可疑痰迹，应用生理盐水浸湿的纱布，擦取斑迹，转移晾干后包好，备检。

3. 烟蒂、瓜子皮、口罩、手帕等检材，应用镊子采集，不可直接用手触摸，以防汗液等污染。分泌型汗液中含有 ABH 物质，若检材被污染，可能影响唾液（斑）的 ABO 血型测定结果。

二、唾液斑 ABO 血型测定

用半定量中和试验测定唾液斑 ABO 血型。

三、唾液斑 DNA 鉴定

唾液斑内含有大量的口腔上皮细胞，可以用来进行 DNA 鉴定，通过 DNA 鉴定与嫌疑人比对，从而完成个人识别。

第十五章　人体物证 DNA 鉴定

第一节　概述

一、物证 DNA 检验技术发展简述

多年来“个人识别”一直是困扰法医物证学界的尖锐问题。所谓“个人识别”，就是应用分子生物学的方法，对犯罪现场遗留的法医物证（血迹、精斑、毛发、骨骼、牙齿等）与犯罪嫌疑人的样本进行比对，鉴定二者是否来源于同一个体或者说现场的法医物证是否为犯罪嫌疑人所留。传统的法医物证检验技术并不能达到“个人识别”的要求，比如对现场遗留血迹进行血型鉴定，得出现场某处血迹的血型为 A 型，对犯罪嫌疑人也进行血型鉴定，如果犯罪嫌疑人不是 A 型，当然可以排除犯罪嫌疑人，也就是“否定”。但如果血型相同，也是 A 型，由于在人群中 A 型血的普遍存在，只能是不排除的结论，并不能证明此 A 型血是彼 A 型血，也就是说不能“认定”；与此同时，如果被害人的血型也是 A 型，那么，现场遗留的 A 型血迹到底是犯罪嫌疑人所留还是被害人所留不得而知，无法完成“个人识别”。

1985 年英国的遗传学家 Jeffreys 等发明了 DNA 指纹图（DNA Fingerprints）技术，该技术改变了法医物证检验只能“否定”不能“认定”的历史。采用 DNA 指纹图技术，可以达到“认定”的目的。该技术的偶合概率（probability of matching）仅有 100 亿分之一，也就是说，随机采集人群的样本，进行 DNA 检验，每 100 亿人中有两个人的 DNA 指纹图谱可能相同，这个数字远远小于地球的现有人口总数，所以 DNA 指纹图谱理论上在地球的现有人口中没有两个人是相同的，具有不可重复性，但同卵双胞胎除外。这种高识别概率的鉴

定技术，完全可以实现“个人识别”，满足办案实践的要求。

1985 年，美国 Cetus 公司人类遗传学研究室 Mullis 等人首先创立了 PCR 技术。该技术根据 DNA 的特性，设定特定的引物，在体外酶的作用下，使目的 DNA 片段呈指数式增长，经过 25 个循环，目的 DNA 的量可以增加 100 万倍，所以具有很高的灵敏度。这对于现场微量检材的检验无疑是非常必要的，有时在犯罪现场只能提取到微量的生物检材（如一滴血迹、微量精斑、一个烟蒂、一根毛发、一枚不清晰的汗液指纹等），这些微量检材中的 DNA 经过提取后，采用 PCR 技术扩增、电泳分离后也可以进行个人识别。

微卫星（microsatellites）DNA 的发现，使法医物证 DNA 技术获得了更快的发展。微卫星 DNA 又叫短串联重复（shot tandem repeat，STR），重复单位 2～5bp，长度平均大小 200bp，在人体基因组中超过 3 万个，由于 STR 具有较高的多态性，适于进行个人识别，所以具有非常高的应用价值；同时 STR 位点长度比较短，不仅容易扩增，还适合多位点同时扩增，在目前应用最为普遍。美国的 Perkin－Elmer 公司和 Promega 公司现在都有商品化试剂盒，可以复合扩增 16 个 STR 位点。采用复合扩增的方法，不但提高了检验效率，而且提高了检材利用率。必须指出的是，STR 位点的检验，采用的是 PCR 技术。

目前物证 DNA 的检验内容已基本上囊括了所有传统法医物证检验的内容，有全面取代传统法医物证检验的趋势，并使法医物证检验结论由否定到认定，达到质的飞跃。“一个基因一条肽链”学说表明 DNA 决定了蛋白质的生物合成，从 DNA 水平比从传统的蛋白质水平检验更能科学地反映法医物证检验的本质。

二、用于 DNA 检验的法医物证的提取、送检和保存

法医物证 DNA 检验中，法医物证的科学提取、送检和保存是检验成功的基础，DNA 检验的灵敏度极高，所以在生物检材提取、送检及保存过程中，千万应防止污染，尤其是外来人源性污染，比如用手触摸检材等。检材越微量，越应防止外来人源性污染。

应分别包装、送检现场可疑检材及有关当事人血液（斑）或者毛发、烟头、口腔擦拭物等对照样本。不同的样品分别包装，每份检材应单独包装，不可混装，应根据现场可疑斑迹具体情况灵活运用不同的提取方法。现场的可疑斑迹最好连同载体一起提取送检，原物提取有困难，需要用转移法提取

时，用生理盐水或蒸馏水浸湿棉纱布擦取，检材越集中越好。提取阴道擦拭物时，应用小块纱布擦取。送检斑迹检材均应阴干，千万不能烤干；检材包装袋应密封透气，没有干燥的斑迹容易腐败发霉。对人工流产组织进行亲子鉴定时，应送检所有流产物；人工引产胎儿亲子鉴定时，送检胎儿脑组织等即可。肝素可抑 PCR 扩增反应，所以液体血不应使用肝素抗凝，而应使用枸橼酸钠（2.5%枸橼酸钠：血 =1∶4）。提取的检材应及时送检，不能及时送检的，阴干后室温干燥处保存即可，不可在冰箱中长期冷藏保存，冰箱湿度大，易腐败发霉；软组织应冷冻保存送检。

第二节　物证 DNA 鉴定的基础

一、细胞结构

细胞有原核细胞和真核细胞之分。原核细胞比真核细胞小，结构也简单得多，它除了表面的细胞膜以外，没有成形的细胞核，也没有其他细胞器；但有一个被称为染色体的环状 DNA 分子，它和 RNA、酶等组成一个基因转录翻译系统；此外，细胞质中还可含有一些小分子 DNA，称为质粒。真核细胞比原核细胞大，有细胞膜（植物细胞细胞膜外还有细胞壁）、细胞核（包括核膜、核质、染色质及核仁等）、细胞质和细胞器（线粒体等）。

二、细胞的遗传物质

高等动物由真核细胞组成，其遗传物质没有组织特异性（同一个体非经器官移植其自身的不同器官、组织的 DNA 结构相同）；但有个体、种属特异性。

除了癌症等少数病变及人为因素会引起 DNA 变化外，同一个生物体的各种体细胞中 DNA 含量及遗传潜能在一生中是不变的。生物体通过有丝分裂来实现细胞的增殖，单细胞生物以有丝分裂作为它们的繁殖方式，多细胞生物开始时也是一个细胞，即受精卵或合子，经过连续分裂、分化才成长为多细胞生物。有丝分裂期染色质卷曲折叠而成为在光学显微镜下可见的染色体，各种生物染色体数目都是恒定的。人体的每个体细胞有 23 对染色体，为双倍体，其中 22 对为常染色体，男女共有；另外一对决定性别，为性染色体，女性为 XX，男性为 XY。每对染色体中有一条来自父亲，另一条来自母亲。人的精子及卵子中仅 23 条染色体，为单倍体。

在真核细胞中，还分化形成细胞器，其中线粒体是最重要的细胞器之一，线粒体是细胞呼吸及能量代谢中心，含有 DNA 及核糖体，有自己的一套遗传系统，能按照自己的 DNA 信息编码合成一些蛋白质，组成线粒体的蛋白质约有 10% 就是由线粒体本身的 DNA 编码合成的。人类线粒体 DNA 为双链环状，含有 16 569 个碱基对，人类线粒体 DNA 在个体之间存在大量的序列差异，主要集中在 D 环区附近。线粒体 DNA 按母系遗传的方式遗传。

三、DNA 分子结构

真核细胞的 DNA 主要位于细胞核中，呈酸性，中文名为脱氧核糖核酸（deoxyribonucleic acid，DNA）。DNA 主要存在于细胞核内，线粒体和叶绿体中也有，是遗传信息的携带者。DNA 是由许多顺序排列的脱氧核苷酸组成，脱氧核苷酸是 DNA 的基本组成单位。每一脱氧核苷酸分子含有一个脱氧核糖分子、一个磷酸分子和一个含氮的碱基构成。多个脱氧核苷酸以磷酸二酯键共价相连而成长链的 DNA 分子。DNA 的碱基构成有 4 种，分别是：腺嘌呤（adenine，A）、鸟嘌呤（guanine，G）、胸腺嘧啶（thymine，T）、胞嘧啶（cytosine，C）。DNA 分子是双链的，但 2 条长链的走向是相反的，是反向平行的。人的 46 条染色体共有约 40 亿碱基对，碱基对在 DNA 分子上的排列组合数目是天文数字，它储藏无穷的遗传信息。

四、DNA 复制

1953 年 Watson 和 Crick 提出 DNA 双螺旋模型及 DNA 自我半保留式复制（Self – Semi – Conservative – Replication）学说。DNA 复制并不是原来的 DNA 分子产生一个新的 DNA 分子，而是 DNA 分子的 2 条链分开，每一条链都作为一个模板而配上一条新链，这样形成的 2 个 DNA 分子，每个都有一条旧链一条新链。

五、DNA 变性与复性

双链 DNA 加热至生理温度以上（接近 100℃）数分钟时，双链 DNA 链间氢键断裂，最后双链完全分开并成为无规线团，这一过程叫做 DNA 变性

（denaturation）或融解。变性后的 DNA 其脱氧核苷酸之间的共价键并没有断裂，链内共价键断裂叫降解。热变性的 DNA 缓慢冷却，已分开的互补链又可能重新缔合成双螺旋，这叫做复性（renaturation）。DNA 具有的变性和复性的特性，是 PCR 技术的基础。

六、DNA 多态性

DNA 多态性（DNA polymorphism）是指一定染色体一定部位 DNA 碱基长度或组成在人群中存在差异。

1. DNA 长度多态性。等位基因之间，由于 DNA 碱基序列由基本相同的首尾相连的串联重复单位的重复次数不同，引起碱基长度不同形成的多态性，称为 DNA 长度多态性（length polymorphism）。

2. DNA 序列多态性。DNA 序列多态性（sequence polymorphism）的形成与 DNA 碱基长度无关，主要与 DNA 某位点一个或多个脱氧核苷酸在不同个体中变异有关。DNA 序列多态性有时采用测序法直接检测各个位点的碱基差异，比如线粒体 DNA 测序；有时采用间接方法检验，比如 HLA DQa 采用特异性探针杂交法；ABO 基因型则采用酶切 ABO 等位基因扩增产物，由于酶切产物碱基长度不同而间接的显示由于碱基变异而引起的 DNA 序列多态性。HLA、PM、ABO、MN、酶基因型、血清型及线粒体测序等，均为 DNA 序列多态性，在法医物证 DNA 序列多态性检验中，线粒体 DNA 的序列多态性最为重要。

DNA 长度多态性及序列多态性两种分类法，较全面的概括了所有 DNA 多态性检验内容。从本质上讲，长度多态性与序列多态性一样，都是 DNA 序列不同，核心序列的重复次数不同，形成了长度多态性，长度不同序列当然不同。

第三节　物证 DNA 鉴定技术

一、DNA 指纹图技术

1985 年英国的遗传学家 Jeffreys 等发明了 DNA 指纹图（DNA Fingerprints）技术。DNA 指纹技术作为现代分子生物学发展的重大成就，已被成功地应用于法医物证检验、遗传连锁分析、生物物种筛选、遗传育种等研究领域。特别是在法医物证检验领域，DNA 指纹图技术的应用首次实现了物证检验从否定到认定的飞跃。通过十余年在实际案件鉴定中的应用，DNA 指纹技术在法医物证检验中的重要应用价值已为世人所公认。

DNA 指纹图技术作为第一代法医物证 DNA 技术，它虽然能达到“个人识别”的要求，但也存在很大的弊端。具体包括：①需要的检材量大通常最少需要 0.5μg 基因组 DNA，对于血迹，至少需要 3cm2。有时现场遗留的血迹非常少，由于在犯罪现场没有足够量的检材，使检验无法进行；②检验周期长从检材送到实验室到成功检验完毕，一般需要不间断工作 2 周，难以适应目前办案的要求；③DNA 探针采用放射性同位素标记由于使用同位素，所以在操作中对人体有危害，对环境也会造成较大污染；④对微量检材无能为力现场遗留的单根毛发、唾液斑（烟蒂）、尿斑、汗液指纹、指（趾）甲等法医物证都是法医 DNA 鉴定的重要检材，但由于它们所含的 DNA 非常微量，用 DNA 指纹图技术难以进行鉴定，而这些检材对案件的侦破和诉讼通常又具有不可替代的价值，所以该技术具有很大的局限性。目前该技术基本上已经被 PCR 方法所取代，所以不作详述。

二、PCR 技术及其在物证技术上的应用

PCR（Polymerase Chain Reaction）即聚合酶链反应的创立，是 20 世纪 80 年代分子生物学领域的一项革命性突破，被誉为分子生物学发展史上的又一里程碑。此项技术目前已广泛应用于分子生物学、医学、生物工程学、法医学、考古学等许多领域，对基因克隆、DNA 序列分析等现代分子生物学技术的发展也起了巨大的推动作用。

1. PCR 技术基本原理。PCR 原理类似于天然 DNA 的复制，主要是利用两个与 DNA 链互补并位于目的 DNA 两端的寡核苷酸作为引物，在体外经酶促反应合成特异的 DNA 片段，PCR 反应是模板变性，引物退火及引物延伸这三个步骤的重复循环，每循环一次，目的 DNA 的拷贝数增加一倍，所以目的 DNA 的拷贝数几乎呈几何级数增长，通过循环，提供足够量的目的 DNA 供分析使用。

整个 PCR 过程一般需要进行 25 轮左右的循环反应，其中每一步的转换均是通过温度的改变来控制。在最初的循环阶段，原始的 DNA 担负着起始模板

的作用，随着循环次数的递增，新合成的靶 DNA 急剧地增多而成为主要的模板。理论上，每分子 DNA 最终浓度增加到为 2 n（n 为循环次数），但根据实验观察，实际扩增效率由于种种因素的影响，通常比理论值有所降低。

2. PCR 技术的优点。与 DNA 指纹图技术相比，PCR 技术具有明显的优势。首先检验周期大大缩短，目前用最新的技术，分析十个样品的 DNA 数据，平均每个样品只需半个小时就可以完成；其次是灵敏度高，血液、血痕、精斑、骨骼、牙齿等常见检材毫无疑问可以检验，就连单根毛发、一个烟蒂、一枚汗液指纹、掐痕、咬痕都可以进行个人识别。最后，不采用同位素标记，对人没有危害，对环境污染小。

3. PCR 技术在物证技术上的应用。法医物证 DNA 分析技术的出现，使法医物证检验发生了一场革命。对于 DNA 分子量足够多的样品，可以采用 DNA 指纹图技术进行检验，但在实际案件检验中往往由于难以从现场法医物证中获得大量 DNA 样品而无法用 DNA 指纹图技术。PCR 技术的出现为解决这一难题提供了方法，选择与 DNA 多态区域两侧翼互补的序列作为引物，用 PCR 的方法能对微量 DNA 样品进行多态性分型。

目前，以 PCR 技术为基础的多个遗传标记系统已应用到物证技术学领域，归纳起来就是个人识别和亲子鉴定两个方面。

三、STR 位点检验

1. STR 位点概述。近年来，微卫星 DNA 在个人识别中受到重视。在人类基因组中，平均每 15Kb 就有一个微卫星 DNA，人类基因组中大约有 3 万个微卫星 DNA，微卫星 DNA 又叫短串联重复（sat tandem repeat STR），重复单位一般为 2 ~ 7bp，等位基因长度一般在 500bp 以下，是重要的 DNA 遗传标记。采用 PCR 技术对 STR 位点进行扩增，可以用于法医物证的个人识别和亲子鉴定。世界上很多国家均已建立了 STR 人群基础数据库，发达国家建立了 STR 罪犯数据库。

STR 等位基因构成一个 STR 等位基因由 5’、3’ 引物区，5’、3’ 侧链区及中心区（重复单位）构成，等位基因长度为这几个区域碱基数之和。引物区为保守区，不同个体碱基序列一般没有差异，只有中心区才具有多态性。不同 STR 位点的重复单位可相同或不同，同一 STR 位点每一重复单位碱基数及组成一般相同，有时也有差异。

2. STR 位点检验的优点。STR 有如下优点：①灵敏度高检材使用量少一次检验所需的 DNA 膜板量为 1ng 左右，采用复合扩增的方法，1ng DNA 可成功检验 9 个或 16 个 STR 位点；②适于腐败检材的检验 STR 核心序列（串联重复单位）小，一般为 2～7bp，等位基因长度 500bp 以下，较短，非常适用于实际案件中 DNA 腐败检材、严重降解的检材，只要目的 DNA 片段存在，就可以进行检验；③位点数多基因组 DNA 中有几万个 STR 位点，选择余地大；④可复合扩增，可复合扩增成功率高；⑤检验方法简便、检验时间短、没有放射性污染并可商品化、自动化；⑥与传统法医物证检验项目相比，个人识别率高，根据目前的报道，检验 16 个 STR 位点，个人识别率（discrimination probability，DP）可达到 $1 \sim 1/10^{16}$；⑦特异性强 STR 检验采用的是 PCR 技术，PCR 扩增的膜板 DNA 是基因组内多态性位点或性别决定基因，引物是依据目的 DNA 片段两侧的保守区内的 DNA 序列特异设计的，只能与特异的部位结合，因此引物的特异性决定了扩增片段的特异性。引物只能与人基因组 DNA 退火结合，检材中的动物、植物、细菌、真菌的 DNA 均不能扩增。

但 STR 检验也有容易污染、突变率高的缺点，用 STR 检验进行亲子鉴定时一定要慎重，两个以上 STR 同时排除才可否定亲子关系。

3. STR 复合扩增技术。由于各个 STR 位点扩增片段长度相近，扩增条件相似，可进行复合扩增（即多个位点在同一扩增体系中进行彼此独立、互不干扰的 PCR 扩增反应），这样就在提高扩增效率的同时，也提高了检材的利用率。复合扩增提高扩增效率，但如果复合扩增体系中各位点的扩增片段大小有交叉，则较难确定某一扩增片段究竟属于哪个等位基因，从而影响个体识别率的计算；另外，也对电泳的分辨率提出更高的要求，因为扩增片段长度有交叉的位点，其扩增片段可能相差仅 1 个 bp，甚至 bp 数相同，所以以往在 STR 复合扩增研究中，一般选用其扩增片段长度无交叉的位点，这无疑限制了 STR 复合扩增系统数目的增加，进而影响总的个体识别率的进一步提高。

荧光标记技术解决了这一难题。人们可以在不同位点的引物上标记不同的荧光物质，这些荧光物质在激光的激发下发出不同波长的光，它们能被检测器区分开来，应用这个原理就能使不同位点的扩增片段得以区分。人们还将荧光标记的分子量标准物加入每个需电泳的扩增样品中，因而通过计算机分析处理，可精确测定各扩增片段大小，避免了因电泳过程中谱带的漂移及检测过程中胶的变性而造成的片段对比困难。这种荧光标记引物及复合扩增

STR 位点片段大小的自动分析技术，目前已得到广泛运用。目前美国的 Perkin－Elmer 公司和 Promega 公司都有商品化试剂盒。采用 5 种荧光物质进行标记检测，可以复合扩增 16 个 STR 位点，在同一根毛细管中利用 310 型 DNA 测序仪（美国 PE 公司）进行检测，而且最新的 3100 型测序仪（美国 PE 公司）同时可以进行 16 根毛细管电泳，检验效率大大提高。采用复合扩增的方法，在一个反应中复合扩增 16 个 STR 位点，个体识别率（discrimination probability，DP）可达到 $1 \sim 1/10^{16}$。

采用荧光标记的 STR 复合扩增的方法，大大提高了灵敏度，血液、血痕、混合斑、唾液斑、骨骼、牙齿等常见检材毫无疑问可以检验，就连单根毛发、一个烟蒂、一枚汗液指纹、掐痕和咬痕都可以进行个人识别。

目前 STR 技术是应用最为普及和稳定的法医 DNA 检验技术，采用 STR 荧光标记复合扩增技术，可以大大提高检验效率，采用该方法已经在我国乃至全世界建立了 DNA 数据库，并在实践中为侦查破案起到积极作用。

四、线粒体 DNA 检验

（一）线粒体 DNA 结构。

人线粒体 DNA（mitochondrial DNA，mtDNA）位于线粒体内，为双链环状结构。1981 年 Anderson 等测定了完整的人线粒体 DNA 序列，共有 16 569bp，是目前通用的标准对照序列，是线粒体 DNA 序列多态性的检验基础。

（二）线粒体 DNA 特点。

1. mtDNA 呈母系遗传。在没有突变情况下，母系直系亲属不同个体之间 mtDNA 序列完全一样，除异质性（heteroplasmy）外，同一个体不同组织细胞的 mtDNA 序列一致。

2. 拷贝数多，处于“已扩增”状态。mtDNA 位于线粒体内，人体每个细胞平均有 100～1000 个线粒体。不同组织细胞，线粒体数量不同，成熟的卵母细胞有几千个线粒体，精子平均含有 50～100 个线粒体。体细胞核基因组 DNA 为双倍体（每个细胞有 2 个拷贝），mtDNA 为多倍体，多数线粒体内有多个拷贝 mtDNA，所以就每个细胞而言，mtDNA 拷贝数很多，处于“已扩增”状态。有时长度为 200～300bp STR 位点不能扩增成功，而 1 200bp 的 mtDNA 则可以成功，原因就是 mtDNA 拷贝数多。mtDNA 检验主要用于微量、陈旧、降解检材的检验，尤其是毛发、骨骼、牙齿、指（趾）甲等检材，对毛干、指（趾）甲等高度分化的检材，由于细胞核已退化，但线粒体却保留下来，当核 DNA 检验失败后，采用线粒体 DNA 检验有可能成功，所以线粒体 DNA 检验是 DNA 检验的最后一道防线。

3. 人类线粒体 DNA 是细胞核外的 DNA，它具有基因型单一、高拷贝数、高进化速度等特点，可以从无细胞形态的角质化法医物证检材如毛干、指甲中分离出来。对线粒体 DNA 的序列分析具有以下优点：①准确性。由于其单一的基因型，对线粒体 DNA 的序列分析可以避免对核 DNA 测序时遇到两条姊妹染色体为杂合子时的相互干扰，能够用 PCR 扩增片段直接测序法得到每一碱基位点的确切碱基，也避免了 DNA 指纹图检验中的谱带漂移现象和 PCR 扩增检验中可能出现的谱带丢失现象。②灵敏性。由于每一个人类细胞中含有成千上万的线粒体拷贝，相对于核 DNA 的检验，在相同检材的情况下，具有更高的检出率，本方法又是结合 PCR 技术，能够进行那些以往 DNA 技术无法解决的极微量检材的检验。

4. 对特殊检材的检验能力毛干、指甲等常见物证检材中，已无细胞形态，无法用以往的 DNA 检验方法进行检验，因为从毛干、指甲中可以分离出线粒体 DNA 分子碎片用于 PCR 扩增，随后进行测序检验，解决了法医物证检验中长期无法解决的难题，为腐败尸体的身源认定提供了一个可靠的方法。

5. 数字化测序法进行检验的结果，可以直接储存于计算机中，适合于案件并案侦破和数据库的建立。

五、SNP、基因芯片技术

（一）SNP 技术

随着分子生物学技术的飞速发展和人类基因组研究计划（human genome project，HGP）的顺利完成，作为边缘学科的法医物证 DNA 技术也取得了明显的进展，尤其是 SNP 技术作为最新的法医物证 DNA 技术具有广阔的应用前景。SNP 技术将成为继 RFLP（限制性片段长度多态性），微卫星 DNA 多态标记后的下一代分子遗传标记。

SNP 称为单核苷酸多态性（single nucleotide polymorphism，SNP），是指在染色体基因组水平上单个核苷酸的变异引起的 DNA 序列多态性，而其中最少一种等位基因在群体中的频率不小于 1%。在人体的许多等位基因中，单个碱基的变异、插入或缺失会引起阅读框架的变化，导致相应的氨基酸发生改变，进而引起蛋白质的变化。比如决定人类 ABO 血型的基因就是典型的 SNP 基因座。截止 2001 年 2 月，人类基因组已包含约 142 万个 SNP，这些基因座蕴涵着大量的信息，可以用于法医物证的个人识别和亲子鉴定。

SNP 作为一类普遍存在的遗传标记，具有以下特点：①密度高 SNP 在人类基因组的平均密度估计为 1/1000bp，在整个基因组的分布达 3 ×106 个，遗传距离为 2 ~3cM，密度比以 STR 为代表的微卫星标记更高，可以作为遗传标记进行使用。②富有代表性某些位于基因内部的 SNP 有可能直接影响蛋白质结构或表达水平，因此，它们可能代表疾病遗传机理中的某些作用因素。③遗传稳定性与微卫星等重复序列多态性标记相比，SNP 具有更高的遗传稳定性。④易实现分析的自动化 SNP 标记在人群中只有两种等位型（allele），故也称为双等位标记（biallelic marker）。这样在检测时只需一个“+/ -”或“全/无”的方式，而无须像微卫星 DNA 那样对片段的长度作出测量，这使得基于 SNP 的检测分析方法易实现自动化。

基于以上特点，SNP 用于法医物证学“个人识别”具有不可比拟的优势，但如何检测这种单个碱基的变异就成为关键，DNA 芯片技术正好可以满足要求。

随着基于 SNP 技术的法医物证检验的 DNA 芯片技术的成熟和发展，SNP 数据库必将代替 STR 数据库。目前国际上已经建立了多个人类基因组的 SNP 数据库，主要用于研究人类的起源、进化以及现代人群遗传变异的发展机理，而且为检测与疾病、尤其是肿瘤和复杂性疾病如糖尿病、肥胖症、高血压和老年痴呆症等相关的基因提供了基础。如 1998 年 9 月，美国国家生物技术情报中心（National Center for Biotechnology Information, NCBI）与美国国立人类基因组研究所（National Human Genome Research Institute）合作，在原有的人类基因组数据库的基础上，增设了 SNP 数据库，取名 dbSNP（the data base of SNP; http: //www. nchi. nlm. nih. gov/snp）。至 2001 年 8 月 29 日，该数据库已收集了 2 996 773 个 SNP 数据。随后，瑞典卡罗琳斯卡研究所基因组研究中心（Center for Genomics Research , Karolinska Institute ）设在英国的欧洲生物情报研究所（European Bioinformatics Institute）和在德国的欧洲分子生物学实验室（European Molecular Biology Laboratory）在德国 Interactiva 公司资助下，共同合作建立了欧洲的 SNP 数据库，定名为 HGBASE（human genic bi - allelic sequences data base; http: //hgbase. cgr. ki. se）。该数据库收录了 SNP 前后各

25 个核苷酸序列，对基因名称和 SNP 分别确定了 9 位数的 ID 号码，具有直观性和相对简捷等特点。至 2001 年 7 月 12 日，该数据库已收集了 531 850 个 SNP 数据。这些数据库无疑为法医物证 SNP 位点的筛选提供了很好的平台。随着 DNA 新技术的发展，以 SNP 数据库为代表的 DNA 数据库会应运而生，它必将会给法医物证 DNA 技术带来再一次技术革命。

（二）DNA 芯片技术

DNA 芯片（DNA chips）是用标记的探针与特定的 DNA 样品杂交，然后通过检测杂交信号的强弱判断样品中靶分子的数量。该技术把检验多个不同的多态性位点的多种探针固定于特殊载体上，当检材中 DNA 与该载体上探针分子杂交时，由于不同位点 DNA 可与相对应的探针同时特异性杂交，一次检验可以得到多个 DNA 位点多态性结果。由于固定 DNA 探针的特殊载体很小且附着很多种不同探针，类似计算机芯片，装载有无穷信息，所以叫做 DNA 芯片技术，又叫基因芯片（Gene chip）技术。DNA 芯片技术具有许多传统方法无可比拟的优点，表现在：①高通量、大规模由于可以在一块芯片上点加排列成千上万个 DNA 片段，因而能做到对它们同时进行分析、比较和研究；②快速高效在一张芯片上同时处理多个 SNP 位点，效率高，同时由于采用荧光标记技术，没有污染；③高灵敏度、高度自动化采用该方法解决了传统核酸印迹杂交技术复杂、自动化程度低、检测目的分子数量少、效率低的问题，而且由计算机全自动检测、扫描、分析，自动化程度高。

基因芯片检测技术的主要过程如下：第一，用生物素标记扩增后的靶序列或样品，然后再与芯片上大量的探针进行杂交；第二，用含链霉素的荧光素作为显色物质，图像的分析则用激光共聚焦显微镜或其他荧光显微镜对片基扫描，由计算机搜集荧光信号，并对每个点的荧光强度数字化后进行分析。由于完全正常的 Watson - Crick 配对双链与具有错配碱基的双链分子相比具有较高的热力学稳定性，所以前者的荧光强度要比后者强 5% ~35%。从这一点来说，该方法是具有一定特异性的，而且荧光信号的强度还与样品中靶分子含量呈一定的线性关系。因此基因芯片已广泛用于 SNP 检测和多态性分析等方面。

基于 SNP 技术的法医物证检验的 DNA 芯片可以按如下方法和步骤来制备和检测：①提取现场材料和嫌疑人的 DNA；②按相同条件进行 PCR 扩增现场材料和嫌疑人的特定基因座，扩增基因座的数目可以通过基因频率调查后以满足“个人识别”的要求为标准，扩增时分别引入不同的荧光染料等标记物质；③将 PCR 扩增的现场材料或嫌疑人的 DNA 片断藕连生物素；④藕连生物素的扩增 DNA 片断通过亲和素连接于芯片上；⑤芯片置入扫描仪等检测装置，分析实验结果，根据荧光强度比值，做出鉴定意见。由上述分析可见，采用 DNA 芯片技术进行 DNA 鉴定要比现在所用的方法简单得多，也快得多，一张 DNA 芯片可以同时分析大量 DNA 片段。法医物证检验所用的 DNA，是不表达的 DNA 片断，即内含子，只有这些内含子片断才会有高度的变异性，有较高的个体差异，体现出更高的个体识别率，目前学术界正在筛选用于个人识别的 SNP 位点，相信以 DNA 芯片技术为代表的下一代法医物证 DNA 技术很快就会到来。

六、DNA 数据库

DNA 数据库有两层含义：一是 DNA 基础数据库，包括位点染色体定位、各个人群等位基因频率、基因型频率、个人识别率、杂合度、偶合概率、H－W 平衡、人群比较研究以及同一条染色体上不同位点之间是否有连锁关系等，是物证技术学同一认定及亲子鉴定合理应用 DNA 检验的基础；二是 DNA 罪犯（犯罪）数据库，即把“罪犯”及现场检材等相关资料尤其是 DNA 数据（一般指多个 STR 位点基因型等）存储于计算机，便于比对查找。

DNA 罪犯（犯罪）数据库包括现场库和罪犯库。现场库就是犯罪现场提取的法医物证经过 DNA 检验后，存入计算机。这样一来可以实现串并案件，二来可以用于与嫌疑人比对。罪犯库包括在押罪犯的 DNA 数据和重点人口 DNA 数据，当在押罪犯释放后再次犯罪或重点人口犯罪时，进行比对可以直接提供犯罪嫌疑人。当然两个库不是截然分开的，也可以相互进行比对有可能直接查找犯罪嫌疑人。当有案件发生时，对现场采集法医物证进行 DNA 检测，分析结果与库内数据比较，如果两者完全吻合时，直接为侦察提供犯罪嫌疑人的线索；两者不吻合时，排除库内人员是犯罪嫌疑人，缩小侦察范围，提高破案效率。

英国是世界上 DNA 建库最早的国家。20 世纪 80 年代末英国法庭科学服务部（ForensicScienceService，FSS）就开始尝试用单位点探针分子杂交技术建立 DNA 数据库。到了 90 年代，STR 分型技术特别是荧光标记 STR 复合扩增技术及全自动 DNA 分型仪器的出现，为大规模建立 DNA 数据库带来了希望。1995 年 4 月，英国内政部颁布的样本提取条例成为大英法律，标志着 DNA 数据库建设的开始。2000 年，英国的 DNA 数据库已初具规模，共录入了 87 万组 DNA 数据。在办案实践中，破获了数万起案件，显示了惊人的威力。入库个体为犯罪嫌疑人及已审判有罪罪犯，提取样本为口腔擦拭物或带毛囊毛发各二份，一份建库用，一份冰箱保存，留作未来发展用。STR 位点选择为复合扩增 VWFA31/A、TH01. D8Sl179. D18S51. D21S11. FIBRA、Amelogenin 7 个位点，激光荧光仪检测。建库速度为每年 135，000 份样本，最终设想建立 5 百万份样本库（英国人口约为 6 千万）。

1990 年，美国 FBI 联合一些州和地方法庭科学实验室建立了 DNA 联合检索系统（CODIS）。1991 年，美国国会通过了关于建立 DNA 数据库的法案，使建立全美 DNA 数据库成为可能。1993 年到 1996 年间，该系统评估和推荐了 STR 基因座供 DNA 数据库试用，1997 年推荐了 13 个 STR 基因座，分别是 TH01、D21S11、D18S51、VWA、FIBRA、D8S1179、TPOX、CSF1PO、D16S539、D7S820、D13S317、D5S818、D3S1358，用于建设美国国家 DNA 数据库（Combined DNA index System CODIS）。截至 1996 年，已有 40 个州、46 个实验室参与了 CODIS；1998 年，50 个州、94 个实验室加入 CODIS；2000 年，有 50 个州、130 个实验室加入 CODIS 系统。CODIS 已储存样本数据为 394 000，分析样本数据为 446 000，收集样本数为 764 000。

1997 年，加拿大众院通过了《DNA 鉴定法》，授权加拿大皇家骑警建立 DNA 数据库。

由于现场库发挥效力较快、投资少，早在 1992 年，西班牙就开始建立现场 DNA 数据库，奥地利、荷兰也于 1997 年建立了自己的 DNA 数据库，葡萄牙、芬兰、挪威于 1998 年开始建 DNA 库。欧共体委员会还计划将各成员国建立的 DNA 数据库兼容、数据共享，以欧洲警察组织为基础建立欧洲 DNA 数据库。

在亚洲，日本情况与美国相似，已初步建立“犯罪 DNA 数据库”，中国香港特别行政区于 1999 年通过立法，正准备建立 DNA 数据库。

自 1996 年起，公安部物证鉴定中心就注意保存各地公安机关送检检材的 DNA 数据，到目前为止，已初步建成相当一部分案件的现场检材 DNA 数据库，并且已串并比对记录 106 条，涉及案件 174 起，为各地公安机关并案侦查、挤压余案，准确、快速、及时地侦破跨地区案件提供了科学依据。2000

年 11 月至 2002 年 5 月间，河北省秦皇岛市连续发生十余起强奸杀人案，经 DNA 数据库检索，证实为同一人所为，并先后检验 57 名嫌疑人，认定了犯罪嫌疑人叶国强，直接破获了秦皇岛市建国以来最大的一起系列案。

如果全国的 DNA 数据能够共享，建成了国家的犯罪 DNA 信息数据库，实际上就为违法犯罪编织了一个恢恢法网，不管是跨省市还是跨国家作案，只要留下蛛丝马迹，就会在这个法网中显露原形。全国犯罪 DNA 信息数据库的建立，是现代公安工作发展的需要，是维护社会治安秩序稳定的需要，而且是势在必行。

我国从 2004 年正式启动 DNA 数据库的建设，在全国司法系统推广 DNA 证据鉴定技术，建立全国联网的犯罪现场 DNA 证据数据库以及重点监控人群 DNA 数据库，对于大幅提高破案率、缩短结案时间具有重要意义。对于暴力性犯罪案件，约有 60% 遗留有生物学物证，尤其是强奸案件，约有 95% 遗留有生物学物证，可以进行 DNA 检测，达到直接确认或排除犯罪嫌疑人的目的。

2008 年全国刑事技术标准化技术委员会制订了法庭科学 DNA 数据库建设规范（标准编号：GB/T 21679 - 2008），为统一我国的 DNA 数据库建设起到积极的作用。

我国 DNA 数据库的基因座确定为 D3S1358、D5S818、D7S820、D8S1179、D13S317、D16S539、D18S51、D21S11、CSF1PO、TPOX、TH01、vWA、FGA 这 13 个核心基因座和 Amelogenin 基因座。与美国国家 DNA 数据库（Combined DNA index System CODIS）的基因座略有不同，我国的 DNA 数据库按照 DNA 信息的来源分为：前科库（convicted offender DNA database），即存储有违法犯罪人员的 DNA 分型数据及信息代码的 DNA 数据库；现场库（forensic casework sample DNA database），即存储有刑事案件现场检材的 DNA 分型数据及案件信息的 DNA 数据库；失踪人员库（miss people DNA database），即存储有失踪人员的父母或配偶和子女以及被怀疑为失踪人员的 DNA 分型数据及相关信息的 DNA 数据库。按照管理结构分为中央 DNA 数据库、省级 DNA 数据库、市级 DNA 数据库。中央 DNA 数据库负责接纳和管理省级 DNA 数据库输入的 DNA 分型数据及信息代码；接受各省级公安机关人工或自动查询比对，市级公安机关人工查询比对；中央机关所承办的案件作为一个独立单位，按相关标准要求将 DNA 分型数据和信息代码输入中央 DNA 数据库；省级 DNA

数据库负责接纳和管理市级 DNA 数据库输入的 DNA 分型数据及信息代码；定期把本省 DNA 数据库的 DNA 分型数据及信息代码传送给中央 DNA 数据库；接受全国各地公安机关的查询比对；按 GA/T383 - 2002 中的技术方法收集本地违法犯罪人员的 DNA 分型数据以及未破案件现场生物物证的 DNA 分型数据，并按相关标准要求输入省级 DNA 数据库；市级 DNA 数据库负责定期把市级库的 DNA 分型数据及信息代码传送给省级 DNA 数据库；按 GA/T383 - 2002 中的技术方法收集本地违法犯罪人员的 DNA 分型数据，以及未破案件现场生物物证的 DNA 分型数据，并按相关标准要求输入市级 DNA 数据库。

DNA 数据库具有以下功能：①查询犯罪嫌疑人。将现场的生物物证 DNA 分型数据与前科库里的 DNA 分型数据进行比较，查出某案件的犯罪嫌疑人；②串并案件。将现场的生物物证 DNA 分型数据与现场库里的 DNA 分型数据进行比较，可以串并案件；③查询失踪人员。将失踪人员（无名尸或丢失的孩子）的 DNA 分型数据或失踪人员家属（父母或配偶及子女）的 DNA 分型数据与失踪人员库里的 DNA 分型数据进行比较，根据遗传定律对双方的 DNA 基因型计算，可为无名尸找到身源，为丢失的孩子找到父母或为父母找到丢失的孩子。

第四节 刑事诉讼中物证 DNA 鉴定的应用

自从 20 世纪 80 年代 DNA 技术问世以来，改变了过去对生物物证的检验只能“否定”不能“认定”的历史。利用 DNA 鉴定技术，可以直接“认定”犯罪现场的血迹、精斑、毛发、唾液斑等生物检材是否为犯罪嫌疑人所留，从而为案件的侦破、诉讼提供有力的证据。目前，DNA 鉴定技术在生物物证检验中应用非常广泛，现场遗留的血迹、精斑、骨骼、肌肉、毛发、唾液斑、尿斑、指（趾）甲、汗液指纹等生物物证都是 DNA 鉴定的常见检材，DNA 鉴定意见是许多刑事案件的重要证据之一。

在诉讼中，鉴定意见是一种证据，它是鉴定人运用科学知识、原理和方法对案件中某些专门性问题进行分析、研究后作出的书面判断意见。它是通过科学的技术和方法，结合鉴定人的经验得出的肯定性结论，不受空间和时间的限制，DNA 鉴定是鉴定意见的一种。[1]

一、法医 DNA 鉴定的概念及在刑事诉讼中的应用

刑事诉讼中的 DNA 鉴定主要是指 DNA 的“同一认定”，即应用分子生物学的方法，对犯罪现场遗留的生物物证所含的 DNA 与犯罪嫌疑人的 DNA 样本进行比对，鉴定其 DNA 结构是否相同，从而对两种 DNA 是否来源于同一个体或者现场遗留的生物物证是否来源于犯罪嫌疑人作出评价，为案件的侦破、诉讼提供证据。目前，法医 DNA 鉴定意见是许多刑事案件的重要证据之一，该项技术在刑事诉讼中应用非常广泛，主要有以下几类：

（一）现场血迹的鉴定

在凶杀和伤害案件中，犯罪嫌疑人有时会受伤出血，血迹会遗留在犯罪现场。在法医 DNA 鉴定技术应用以前，只能进行血型检验，这种检验只能“否定”，不能“认定”，因为有许多人的血型相同；而法医 DNA 鉴定则可以达到“同一认定”的目的，只要有犯罪嫌疑人，就可以进行法医 DNA 比对，从而认定现场血迹是否为犯罪嫌疑人所留。

（二）精斑的鉴定

精斑是性犯罪案件中最常见、最直接的证据，通过对精斑和犯罪嫌疑人 DNA 的鉴定，可以直接“认定”或“否定”犯罪嫌疑人。

（三）现场毛发的鉴定

犯罪现场经常会遗留犯罪嫌疑人的毛发，包括阴毛、腋毛、头发，以强奸犯罪遗留阴毛最为常见，一根毛发就足以进行 DNA 个人同一认定。

（四）现场唾液斑的鉴定

最常见的唾液斑遗留在烟蒂上，犯罪嫌疑人在犯罪现场或外围吸烟，将烟蒂遗留下来，烟蒂上有微量的人体上皮细胞，内含 DNA，这种微量 DNA 足以进行个人同一认定。

（五）现场指纹的鉴定

有时犯罪现场遗留的指纹不清晰或特征点较少，从形态学上难以认定，则可以利用汗液指纹中的微量 DNA 进行个人同一认定。利用最新的荧光标记法医 DNA 技术，即使只有一枚指纹也可以达到个人同一认定的目的。

---

[1] 周伟：“法医鉴定结论的理解与采信”，载《中国刑事法杂志》2000 年第 5 期。

（六）对现场指甲的鉴定

指甲是法医检验中常见的检材，由于指甲中细胞核已解体，在法医学上经常检验线粒体 DNA。但线粒体 DNA 难以达到个人认定的要求，目前利用指甲中极其微量的核 DNA 进行个人认定已经获得成功。

二、DNA 鉴定的局限性

尽管 DNA 鉴定解决了困扰司法鉴定多年的、以生物检材进行人身同一认定的技术难题，但 DNA 鉴定技术本身存在着一定的局限性。DNA 鉴定意见如同其他鉴定意见一样，只是普通的证据，并非“铁证”，盲目迷信 DNA 鉴定，具有危险性。DNA 鉴定意见需要接受审查判断，而且要结合案件中的其他证据综合评断。

（一）技术自身的局限性

不同个体的 DNA 结构存在偶然重合的可能性。人体含有 46 条染色体，约 60 亿碱基对，DNA 鉴定并不是也不可能针对全部的 DNA 进行鉴定，这样做是不可能也是没有意义的，因为对人群而言，DNA 结构绝大部分是相同的。[1] DNA 鉴定只能选择 DNA 链上的某些特殊的具有多态性的基因位点进行鉴定，来代替对全部 DNA 结构的鉴定。经过鉴定，如果这些基因位点结构不同，为“否定”结论，就是说二者不是来自同一个体，或者说现场生物物证非犯罪嫌疑人所留，这种“否定”是绝对的否定，从概率上讲是 100% 的否定；如果相同，则是“认定”结论，对于“认定”结论，并不能绝对认为现场生物物证就是犯罪嫌疑人所留，因为从 DNA 鉴定技术理论上说，仅仅进行了某些基因位点的鉴定，只是某些基因位点的结构相同，而不是全部的 DNA 结构相同，所以还存在着二者某些基因位点结构的相同是由于偶然重合所致，而并非事实上来自同一个体的可能，在 DNA 鉴定技术中常用“偶合概率”（probability of coincidence）这个概念来衡量。

偶合概率表示在一定人群中随机取出两个个体，其 DNA 特定基因位点结构偶然相同的概率，对 DNA 鉴定而言，可以理解为现场物证与犯罪嫌疑人偶然重合的概率。这两个个体是人群中的随机个体，两者之间特定基因位点结构相同，但不是全部 DNA 的结构相同。之所以产生这种偶然重合，是由于在

---

〔1〕 刘开会主编：《实用法医 DNA 检验学》，西安出版社 2000 年版，第 45、79 页。

一定人群中，所有个体的全部基因组成了人群基因库（gene pool），在遗传进化过程中，一定时期内这个人群的基因库其总量是恒定的，每个人的基因均来源于这个人群的基因库，每个人的基因都是基因库中基因的随机组合，两个不同的个体获得了相同的基因组合，就形成“偶然重合”，其概率则称为“偶合概率”。就目前最新的 DNA 鉴定技术而言，这种“偶合概率”是非常低的，只有 $1/10^{16}$。[1]亦即在 10^{16} 个个体中才能找出两个偶然重合的个体，完全可以达到“同一认定”的要求，所以说 DNA 鉴定是值得信赖的，在实践中，通常用“同一认定率”（discrimination probability DP）来衡量 DNA“认定”的程度。同一认定率是 100% 与偶合概率的差，由于偶合概率非常低，所以同一认定率非常接近 100%。如上所述，DNA 鉴定意见“否定”的概率为 100%，是绝对的否定；而“同一认定”概率是 100% 与偶合概率的差，目前偶合概率最低可以达到 $1/10^{16}$，随着 DNA 鉴定技术的发展，偶合概率还会越来越小，这样同一认定概率就越来越接近 100%，但只能是无限接近 100%，而永远达不到 100%。两个无关个体偶然重合的概率虽然非常低，属于统计学上的小概率事件，根据统计学原理，小概率事件在有限次的试验中不会发生，但在无限次试验中小概率事件发生的概率却是 100%，也就是说，只要进行无限多次试验，终有一次，必然会出现“偶然重合”。由此可见，利用 DNA 技术进行大范围排查犯罪嫌疑人具有一定的危险性，嫌疑人的数量越多，危险性就越大。偶合概率与 DNA 鉴定意见的证据效力呈反相关关系，也就是说，“偶合概率”越低，“同一认定率”就越高，DNA 鉴定意见的证据效力就越大，反之则反。“偶合概率”的大小首先取决于被检验的基因位点的数目，检验的基因位点的数目越多，“偶合概率”就越低，“同一认定率”就越高。目前 DNA 鉴定的最新技术是荧光标记的短串联重复（Short Tandem Repeat STR）技术，利用该技术，可以同时检验 16 个 STR 位点，“偶合概率”就可以低达 $1/10^{16}$；其次“偶合概率”的大小还取决于个体基因型（个体特定基因位点的基因组成）在特定人群中的分布频率，不同基因型在不同人群中分布频率并不相同，如果被检个体的基因型是稀有少见的基因型，其“偶合概率”就低，反之则高。在采用无罪推定法律体系的国家，有所谓“ceiling”原理之

[1] 黄如欣等：“福建汉族群体 16 个 STR 基因座频率分布”，载《中国法医学杂志》2002 年第 4 期。

说，即在计算“同一认定率”时，采用不同人群中最高基因型频率，这样计算所得的“偶合概率”高，“同一认定率”低，有利于犯罪嫌疑人，是无罪推定的具体表现。[1]

（二）DNA 鉴定的高污染可能性

目前DNA鉴定的灵敏度非常高，通常一根带毛囊的毛发，足以进行数百次检验，甚至可以利用汗液指纹中所含的超微量 DNA 进行同一认定。[2] 高灵敏度对于微量现场检材的鉴定无疑是必要的，在犯罪现场有时遗留的生物物证极其微量，如果灵敏度低，鉴定难以获得成功，所以客观上要求不断提高灵敏度，以满足鉴定要求。但是，物极必反，正是由于 DNA 鉴定的高灵敏度，导致由于污染而出现错误结论的可能性大大增加，这种污染有以下几种情况：

第一，检材提取、保存、送验时形成的污染。在现场提取检材时，重复使用一套提取工具提取多处检材，没有执行严格的防止污染措施，形成检材之间的交叉污染，使本来不相同的检材变得一致；提取嫌疑人的样本过程中，或在保存、送验检材过程中，现场检材和嫌疑人的样本保存在一起或同时送验时，由于操作不规范，形成现场检材与嫌疑人样本之间的污染，这种污染是最直接最致命的，直接导致现场物证为嫌疑人所留的错误结论。

第二，检验鉴定过程中形成的DNA污染。这方面的污染主要来源于实验室的环境污染、检验所用的仪器的污染、药品的污染、技术人员操作过程中造成的污染等。这些污染是最不易被发现的，这些污染的存在，必然导致交叉污染，使事实上不“同一”的检材产生“同一”的假象，导致错误的鉴定意见。当然，并不能说，由于 DNA 鉴定的灵敏度非常高，所以每一个鉴定意见都不可信，实际上在一个合格的实验室，只要建立一套严格、完善的防止污染的措施和制度并认真执行，DNA 鉴定还是值得信赖的。在这种预防 DNA 污染的措施中，最为重要的一点是设立阳性和阴性对照检材并与物证检材同步检验，这种方法可以有效地监测检材、药品及仪器是否受到污染，所以对 DNA 鉴定意见的审查时，审查一个 DNA 鉴定实验室是否具有有效预防污染措施、个案检验时是否设立了阳性和阴性对照检材是非常重要的，只有严格地

---

[1] 刘开会主编：《实用法医 DNA 检验学》，西安出版社 2000 年版，第 45、79 页。

[2] 刘开会等：“汗潜指印 DNA 提取方法的初步研究”，载《刑事技术》2002 年第 3 期。

预防污染，排除检材受污染的可能性，防止由此产生的错误结论，才能得出正确的符合事实的鉴定意见。

三、DNA 鉴定意见的审查判断

在司法实践中，由于 DNA 鉴定可以直接“认定”犯罪嫌疑人，而且同一认定率非常高，因而使得一些司法人员对它产生迷信，认为它是“铁证”，对 DNA 鉴定产生无条件的依赖和盲目的迷信，认为只要 DNA 鉴定是“认定”的结论，其他证据都应该服从 DNA 鉴定意见的指向性，不但夸大了 DNA 鉴定意见的证据效力，忽略了对 DNA 鉴定意见的审查判断，而且忽视了其他证据的收集和利用，更有甚者，将 DNA 鉴定作为大范围排查犯罪嫌疑人的手段，这种过分依附 DNA 鉴定的做法不但增加了破案成本，实际上也是非常危险的，这是对刑事诉讼中 DNA 鉴定意见认识上的一大误区。由于有“偶然重合”的存在，“同一认定”概率等于 100% 与偶然重合率的差。但这种认定只能无限接近 100%，而永远不可能达到 100%，是有相对性的。

基于此，本书认为，尽管 DNA 鉴定意见与其他证据相比，有其特殊性，但也不能因此放弃对它进行严格的审查判断，更何况 DNA 鉴定本身还存在自身无法克服的局限性，所以更有必要对 DNA 鉴定意见进行审查判断。

（一）审查 DNA 鉴定的技术方法

检验方法的审查。法医 DNA 鉴定的“认定”准确率不能达到 100%，“认定”在理论上永远不可能达到 100%，只能无限接近 100%，也就是说，这种“认定”也可能是偶然重合所致，但偶然重合率极低，最低仅为千万分之一，“认定”概率等于 100% 与偶然重合率的差，由于认定概率非常接近 100%，所以也就认为是事实上的“认定”。虽然这种偶然重合的概率最低仅仅为千万分之一，但采用不同的鉴定方法或者即使采用相同方法但检验的遗传基因不同，得出的偶然重合率不同，偶然重合率的高低，取决于检验的遗传基因的数目，检验的数目越多，偶然重合率越低，“认定”概率越高。法医 DNA 鉴定的检验方法是影响鉴定意见真实客观性的关键。目前，荧光标记的法医 DNA 鉴定方法是世界公认的最为先进准确的方法，采用该方法检验 16 个遗传基因，同一认定概率非常高。认定概率的高低，取决于两个方面：其一，检验的遗传基因的数目。检验的数目越多，“同一认定”概率越高。作者认为，在司法实践中，刑事案件中法医 DNA 鉴定检验的遗传基因数目不得少于 16 个，否则不能保证法医 DNA 鉴定的真实性。其二，被检验遗传基因的在无关人群中的分布频率，罕见基因的认定价值高于常见基因。除检验方法外，还应对仪器设备、检验程序等进行全面审查，审查其对法医 DNA 鉴定意见的客观真实性的影响。

（二）审查法医 DNA 鉴定意见的客观真实性

审查法医 DNA 鉴定鉴定意见的客观真实性，是认定法医 DNA 鉴定鉴定意见证据效力的前提。在实践中，影响鉴定意见客观真实性的有主观和客观两个方面的因素。主观方面比如鉴定机构的资质、鉴定人的资格、鉴定人的能力与水平等，客观方面比如仪器设备、检验方法、检验程序等，这些都将影响法医 DNA 鉴定鉴定意见的客观真实性。本书认为，在审查法医 DNA 鉴定鉴定意见的客观真实性时，应该全面考虑各种主、客观因素可能对法医 DNA 鉴定鉴定意见的客观真实性的影响。

法医 DNA 鉴定技术，是依托于现代分子生物学技术而发展起来的，它通过对遗传基因进行调查比对，来判断现场遗留的生物物证是否为犯罪嫌疑人所留。法医 DNA 鉴定的“同一认定”概率非常接近 100%，“否定”则为 100%。由此可见，法医 DNA 鉴定的鉴定意见，其客观真实性是值得信赖的，而且法医 DNA 鉴定的鉴定意见是现场遗留生物物证是否为犯罪嫌疑人所留的客观反映，它的检验具有科学性、精确性，能客观真实地反映出被测对象的客观内在联系。

（三）审查法医 DNA 鉴定的合法性

法医 DNA 鉴定的结论，对案件的侦破及诉讼起到了关键作用。对法医 DNA 鉴定意见审查时，应审查鉴定机构的资质、鉴定人的资格能力和水平、检验程序、检验人是否违反了回避规定、证据的主体、形式以及收集提取证据的程序和手段等是否均符合法律的有关规定。对不具备合法性的证据，应根据我国的非法证据排除原则，进行谨慎审查，区别对待。

（四）审查法医 DNA 鉴定意见的充分性

尽管法医 DNA 鉴定的“同一认定”概率已非常接近 100% 这一极限水平，但还应考虑到不同鉴定人员会因不同知识水平、不同技术操作能力以及技术人员内在的工作作风、职业道德等主客观因素的影响，有可能使结论偏离事实甚至出现谬误。对充分性的审查，绝不能孤立地进行，应审查法医 DNA 鉴定鉴定意见是否与其他证据形成完整的证据链条，指向性是否一致，有无不符之处。在一个刑事案件中，一般都有多种证据，在审查法医 DNA 鉴定鉴定意见证据的效力时，不能孤立地进行审查，必须把法医 DNA 鉴定鉴定意见同其他证据联系起来进行审查，互相印证。如果法医 DNA 鉴定鉴定意见与其他证据相矛盾，就不能草率地认定它的效力，应当进一步进行审查；只有法医 DNA 鉴定鉴定意见与其他证据形成证据链条时，才能认定其证据效力。

在一个刑事案件中，一般都有多种证据，在审查 DNA 鉴定的证据效力时，不能孤立地进行审查，必须把 DNA 鉴定意见同其他证据联系起来进行审查，互相印证，如果 DNA 鉴定意见与其他证据相矛盾，就不能草率地认定它的效力。比如，某一凶杀案件的现场发现了两枚烟蒂，经 DNA 鉴定，其中一枚烟蒂上的微量上皮细胞中的 DNA 与被害人一致，“认定”为被害人所留；另一枚与被害人不一致，怀疑是犯罪嫌疑人所留。经排查，发现几名嫌疑人，通过 DNA 鉴定，“认定”该烟蒂为其中一名嫌疑人所留。这个结论无疑是非常重要的，但只有这一个证据并不能直接证明该嫌疑人就是真正的凶杀犯罪嫌疑人，只能证明该嫌疑人曾经来过犯罪现场。因为有以下几种情况可能导致嫌疑人的烟蒂遗留在现场：嫌疑人曾经有正当理由出入过犯罪现场，如串门、谈生意等，嫌疑人在现场抽烟后将烟蒂遗留在现场；DNA 偶然重合所致；有人故意栽赃陷害等。所以必须审查该鉴定意见与其他证据的关联性，如与犯罪嫌疑人的口供、证人证言、勘查笔录的结论是否一致，如果嫌疑人能提供案件发生前曾经到过犯罪现场的证明，并得到证实，该嫌疑人的嫌疑程度就会降低；如果有证人能证明该嫌疑人没有作案时间，嫌疑人的嫌疑程度也会降低；如果经现场勘查，获得的其他证据如足迹、指纹等与该嫌疑人不符时，也会降低其嫌疑程度。相反，如果其他证据不能降低或者相反增加了嫌疑程度，所有的证据指向性均一致，而且形成证据链条，就能认定 DNA 鉴定的证据效力，由此可见，DNA 鉴定意见只能是证据的一种，必须对它与其他证据的关联性进行深入审查，综合评断，才能正确适用 DNA 鉴定意见。

（五）审查 DNA 鉴定意见的规范性

鉴定意见是一种书面判断意见，DNA 鉴定书是鉴定意见的一种，鉴定书的内容应该予以规范，以符合 DNA 鉴定的技术规范。鉴定书应包括四部分，分别是序言、鉴定过程、鉴定意见和尾书。在序言中，应将鉴定部门、鉴定书种类、鉴定书编号、案件来源、送验单位、送验人、送验时间、简要案情、送验检材、鉴定要求、鉴定日期等阐述清楚。

鉴定过程应包括检验方法、仪器型号、检验所用试剂、检材的检验结果、阳性阴性对照检材的检验结果等内容，采用不同的检验方法、不同的检验仪器和试剂，所得的鉴定结果就不相同，将以上内容写入鉴定书不仅是为了进行复核时具有可重复性，而且检验方法和所使用的仪器设备直接影响鉴定的“同一认定率”，也就是说，直接影响 DNA 鉴定的证据效力。

根据检验结果进行分析判断后，得出的结论是鉴定意见。在实践中，“否定”的 DNA 鉴定意见，以某某检材非某某人（嫌疑人）所留最为常见，这种“否定”的”的结论则有以下两种说法：其一，某某检材为某某（嫌疑人）所留。这种结论实际上将“认定”关系变成绝对的“认定”，不符合 DNA 鉴定本身的技术特征，因为 DNA 鉴定的“认定”在理论上是相对的，永远不可能达到100%。但鉴定机构为了体现所谓的鉴定“权威性”或为了回避偶然重合这一“瑕疵”，目前较多地采用这种结论，这种绝对的认定结论不但是不科学的，而且严重夸大了 DNA 鉴定的证据效力。其二，不排除某某检材为某某（嫌疑人）所留，偶合概率（同一认定率）为……。这种表述是科学的，符合 DNA 鉴定的技术特征，本书主张采用这种结论，它既不会降低鉴定的权威性，又较好地体现了 DNA 鉴定意见“认定”的相对性与绝对性，客观、真实地体现了 DNA 鉴定意见的证据效力。

尾书包括检验人、复核人的职称、签名和印章，尾书也是我国《刑事诉讼法》所要求的必需内容。

只有符合 DNA 鉴定技术规范的鉴定意见，才能客观、真实地反映出 DNA 鉴定意见的证据效力，不会盲目夸大其证据效力，这样的鉴定意见，不但具有良好的重复性，更符合 DNA 鉴定的科学本质，是司法实践中 DNA 鉴定意见适用的必要条件。

四、法医 DNA 鉴定意见的采信

证据的采信是指获准进入诉讼程序的证据是否真实可靠，具有多大的证明价值，能否作为定案根据被法院判决所采用。要采信证据，就要对证据进行审查判断，既包括对单个证据的审查判断，也包括对一组证据乃至全案证

据的深入审查判断。[1]证据的采信功能是明确判决对证据可信度和证明力的要求，即什么样的证据足以作为定案的根据。本书认为，对证据的采信，应坚持以下采信标准：

（一）客观真实性标准

我国《刑事诉讼法》规定："以上证据必须经过查证属实，才能作为定案的根据。"换言之，在获准进入诉讼程序的证据中，如果经过审查发现某个证据不具备真实性，那么审判人员就不能采信该证据。同时，我国《刑事诉讼法》还规定："案件事实清楚，证据确实、充分，依据法律认定被告人有罪的，应当作出有罪判决。"这里所说的"证据确实"，就是证据的真实性。审查证据是否确实，就是审查证据的真实性。由此可见，对证据的真实性进行审查是把证据用作定案根据的必经程序；只有经审查属实的证据才能作为定案的根据；证据的客观性是证据真实性的前提，这种客观性包括证据必须在内容和形式上都具有客观性。所谓证据内容的客观性，是指证据的内容是对客观事物的反映，不是人的主观臆断或主观猜测，更不是基于某种宗教迷信的判断。所谓证据形式的客观性，是指证据必须具备客观存在的形式，能以某种方式为人们所感知，证据的真实客观性是证据采信的最根本的标准。

（二）充分性标准

对案件事实的认定，必须以具有充分证明力的证据为根据。作为定案根据的证据，不仅要具有内容的真实性，而且要具有证明的充分性；不仅要"证据确实"，而且要"证据充分"。所谓"证据充分"是指证据的证明力或价值足以证明案件中的待证事实。就案件中的某个事实来说，证据是否充分，是指一个证据或一组证据的证明价值是否足以证明该事实的存在或者不存在；就整个案件来说，证据是否充分，则是指案件中全部证据的证明价值是否足以证明案件的真实情况。对案件中的证据，审判人员不但要逐一审查其是否真实可靠，更为重要的要是通过与其他证据的互相印证，审查各种证据之间是否具有关联性，指向性是否一致，是否形成完整的证据链条。只有当全部证据对案件事实的证明达到"排除合理怀疑"的程度时，法院才可以判决被告人有罪。所谓的"排除合理怀疑"具有两层含义：第一，就每个证据而言，其证明内容中有没有值得怀疑之处；第二，就整个案件的证据组合而言，其

---

〔1〕何家弘："刑事证据的采纳标准与采信标准"，载《中国检察》2001 年第 10 期。

证明的结论中有没有值得怀疑之处。前者主要是对证据真实性的怀疑；后者主要是对证据充分性的怀疑。当然，这里所说的怀疑都是“合理怀疑”是有根据的怀疑，是符合逻辑的怀疑。

（三）合法性标准

证据必须在证据的主体、形式以及收集提取证据的程序和手段等方面都符合法律的有关规定，才能作为刑事诉讼中的证据。世界各国对证据的合法性都有明确的法律规定和要求；而对非法证据的采信，各国的作法并不相同。我国对非法证据的排除规则属于“区别对待说”，即在有些情况下要排除，在有些情况下可以不排除，而且法律赋予审判人员较大的自由裁量权。证据的主体、形式以及收集提取证据的程序和手段的合法性规定，是规范司法证明活动，特别是规范调查取证活动、维护司法公正、保障公民权益的重要手段。

综上所述，法医 DNA 鉴定解决了困扰司法鉴定多年的“认定”问题，解决了刑事诉讼中“同一认定”的技术难题，为刑事诉讼提了直接的证据。但它仍然是证据的一种，并非“铁证”，并不能优越于其他证据，只有与其他相关证据相印证才可以作为定案证据予以采信。法医 DNA 鉴定的证据效力，必须经过审判人员对全案证据进行综合审查，并与案件其他相关的证据相互印证，才能真正体现。

第十六章　指纹鉴定

指纹终生不变，人各不同，是伴随人的一生固定不变的个人标记，也是世界上公认的最重要的个体特征之一。随着指纹自动识别技术的不断发展，指纹已经不仅仅在刑事侦查中发挥重要作用，而且已经走进了每个人的日常生活，指纹考勤机、指纹锁被广泛装备于多个部门和场所。指纹的应用经历了古代漫长的无识别应用，到近代的人工鉴定应用，再到当代的智能比对应用的发展过程，指纹至今仍然是应用最广的、信息储存量最大的、提取和保存成本最低个人标记，发挥着重要作用。指纹的科学应用，在经济、金融、军事、社会管理等领域产生了深远的影响。

第一节　概述

一、指纹的概念

指纹，也称为手印，有广义狭义之分。狭义的指纹是指人的手指第一节手掌面皮肤上的乳突线花纹；广义的指纹则包括指头纹、指节纹和掌纹。指纹与指印在字面上有区别，即指纹是指手指第一节手掌面皮肤上的乳突线花纹，指印则是这个乳突线花纹留下的印痕，但是在司法实践中，约定俗成，指纹与指印的概念是通用的。指纹特征常用总体特征和局部特征进行描述。前者指人眼直接观察到的特征；后者是指纹上的节点，即由于纹路不连续、平滑、笔直而出现的中断、分叉、转折等，正是这些节点提供了确认指纹唯一性信息。两枚指纹总体特征可能相同，但局部特征绝不可能完全相同，据此可识别某人的身份。

人体皮肤是由表皮和真皮组成。手指、手掌表皮由表及里分别依次为角质层、透明层、颗粒层、生发层。真皮为结缔组织，上面与表皮的生发层相连，下面与皮下组织相连。真皮层有许多小乳头状隆突，形成真皮乳突层，乳突线在手指端按一定的规律排列，形成凸起的纹线叫乳突线。乳突纹线之间的凹陷纹线叫犁沟线，此外还有凹陷的褶纹、皱纹及伤疤、脱皮等。人的手掌、脚趾、脚掌上均有乳突花纹，而在手指上最为发达。

二、指纹特性

1. 唯一性。指纹的唯一性是保证指纹证据科学性基础。如果指纹证据所依据的“指纹特征”不具有唯一性，也就意味着指纹证据具有或然性，其科学性必然大大降低。因此，讨论指纹证据科学与否，关键是所依据的指纹特征是否具有唯一性。手指表面皮肤凸凹不平，形成各式各样纹路，这种唯一性表现为两个手指的指纹纹路图案、断点、交叉点等各不相同。早在 1892 年英国科学家高尔顿就预言地球上所有活着的人不会有两个人指纹完全一样，后来巴黎大学的教授用数学方法证实了这点。100 多年来各国指纹登记和指纹鉴定的实践既没有发现不同的人有完全相同的指纹，也没有发现一个人十指中有完全相同的指纹，即使是两个孪生子面貌可能十分相像，而指纹却指指相异，这就是指纹的特定性。

2. 稳定性。指纹的稳定性是保证指纹证据科学性的前提。显然，只有稳定的特征才能保证指纹证据的科学性，而非偶然性。研究表明：从胎儿 6 个月时指纹完全形成直到死亡，指纹的纹线类型、结构、统计特征的总体分布等始终没有明显变化。尽管随年龄增大，纹线会变粗，但花纹的形态结构、细节特征的总体布局等从生到死不发生实质性的变化，始终处于相对稳定的状态，体现了终生不变的特点。如果手指皮肤受伤，只要没有伤及真皮层，伤愈后纹线仍能恢复原状；即使伤及真皮层，伤愈后形成的疤痕虽破坏了纹线，但又形成新的稳定特征。

3. 触物留痕易于提取保存。人手接触了物体就会留下痕迹，这是因为手上附有汗液、油垢、灰尘等物质的缘故。特别是在案件现场，由于罪犯心理紧张，或犯罪行为需要付出较大力气，排汗量显著增加，手掌面上经常有一层薄薄的汗液。手指、手掌还往往从头发、面部等处带上微量油脂物质，当其触摸物体时，必然留下指纹的印痕，或者由于汗液的吸收而形成粉尘指纹。

这些指纹如果能够被及时发现并提取固定下来的话，可以作为人身识别的最好证据，而且，随着指纹的显现和提取技术的不断发展，各种条件下的指纹都可能被固定下来。将指纹提取后固定在指纹分类卡片上，就可以将其永久保存。近年来随着计算机技术的普及，利用计算机进行指纹保存，并实现了智能比对，使得指纹的应用发生了质的飞跃。

4. 纹线整齐易于分类。不同形态的纹线在指纹中排列整齐而有规律，可以对之从不同的角度进行分类，为利用指纹进行人身同一认定提供了方便条件。我国根据中心花纹系统的具体情况把指纹分为弓型纹、箕型纹、斗型纹几大类，与世界各国基本相同。而这三类指纹中的每一类又都可以具体划分为几个小的种类。这样的分类为指纹的识别工作提供了方便，也对指纹登记特别是单指指纹登记编制指纹分析式有实际意义。〔1〕

第二节　指纹的应用历程

指纹曾经在侦查领域被称为“证据之王”，是认定人身的有效的直接的证据。指纹的应用经历了几千年的漫长历史，但真正成为一门科学，却仅有一百多年的时间。中国是举世公认的利用指纹最早的国家。世界著名指纹史学家、德国的罗伯特·海因德尔早在1921年就指出：“中国的指纹术比传说中的基督降生要早，指纹的基本论述已有几百年了，与欧洲最古老的大学相比较，至少早500年。”〔2〕有资料表明，我国六千多年前的陶瓷上已经发现了指纹印迹；早在春秋战国时期，我国已熟练地将手印检验应用于办案侦查。指纹在西周称“质剂”、汉代叫“下手书”。距今两千七百多年的唐代又称为“指券”，当时已盛行于民间的契约当中，成为订立各种契约文书普遍采用的一种信据应用于经济活动和社会管理的各个方面，作为真实负责的表示。除民间契约外，指纹在分析断案中的应用也多有记载。在新疆吐鲁番出土的唐代贞观年间的古墓中发现了以全手印作为证明遗言文书的实物。

中国虽然是应用指纹最早的国家，但至今尚未发现早期对于指纹进行详细研究的专门论述。宋代黄庭坚文辑中写道：“今供状及文契亦有手指模样

---

〔1〕 徐立根：《物证技术学》，中国人民大学出版社2000年第2版，第77～81页。

〔2〕 任惠华：《中国侦查史》（古近代部分），中国检察出版社2004年版，第21页。

者，重以手模人罕相同，最易辨别真伪也。”[1] 但并未对此作出进一步说明。明代提出了指纹是胎生的，是一种先天的生理现象，但也未论及指纹的特定性。因此，可以说，中国古代捺印或画指券，仍带有一定的片面性和盲目性，尚未达到在发现指纹特性基础上的自觉应用的程度。指纹术自唐开始，作为一种文化形态，随着经济的交往，首先传播到了日本及东南亚的越南等地，很快成为当地的习俗。到19世纪七八十年代，欧洲学者对指纹进行了系统的研究。

1880年荷兰籍英国医生亨利·福尔兹（Henry Faulds）（1843年~1930年）在英国杂志《自然》上首次发表文章，提出指纹人各不同、生死不变，利用现场指纹可以鉴别罪犯。

1892年英国人斐兰茨·高尔顿（Francis Galton）对指纹作为证据进行个人识别的可行性进行了系统的研究。他发表了《指纹学》和《指纹分析法》专著，使指纹学正式成为一门学科。他推算，在大约60亿人口中才可能出现一个相同的指纹，所有活着的人不会有两个人的十指指纹完全相同。通过实际考察，父子之间、甚至双生子之间即使他们的相貌非常相似，但他们的指纹却各不相同。一个婴儿3~4个月就产生了指纹，至6个月形成了完整的指纹，直到终老的哪一天，指纹的形态结构、细节特征的总体布局等都无明显的变化，体现了终生不变的特点。

1896年，阿根廷成为西方第一个立法确定指纹鉴定为定案依据的国家；次年，印度警察总监会通过推行指纹技术的法案；1900年，亨利指纹分析法被英国承认，1901年开始在苏格兰正式使用；至1911年几乎所有的欧美大陆国家都实行了指纹技术，将其应用于与犯罪有关的档案记录中。

鸦片战争以后，指纹登记制度由帝国主义列强作为统治工具带入我国。1903年，我国最早在青岛市警察局采用了指纹识别技术。直到解放后，公安部于1955年编制了统一的“中国十指指纹分析法”，统一了全国对指纹的分析、储存和查对的管理方法，但这些都是采用人工比对的方法进行的。[2]

随着计算机的发展，20世纪60年代末，美国开始有人提出用计算机图像

---

〔1〕 任惠华：《中国侦查史（古近代部分）》，中国检察出版社2004年版，第22页。

〔2〕 王瑞恒、高野：“汗液指纹用于个人识别的研究进展”，载《辽宁警专学报》2004年第2期。

处理和模式识别方法进行指纹分析以代替人工比对。这就是自动指纹识别系统，英文简称为AFIS。[1]从80年代开始，我国北京、上海等大城市的公安科技部门也开始与高等学校合作研究指纹自动识别系统。北京市公安局刑事科学研究所与清华大学合作研制了简称为“CAFIS”的“清华指纹自动识别系统”，这是我国最早投入使用的指纹自动识别系统，目前已在我国多个省市公安厅（局）投入实战运行，这也标志着指纹识别进入了智能识别的发展阶段。

第三节 指纹的类型

指纹的类型，是以三个乳突线纹线系统的完备程度，“三角”出现的数目，中心花纹系统特点这三个条件作为分类依据的。依照我国现行的“十指指纹分类法”指纹可以分为下列三种基本类型：

一、弓形纹

弓形纹是两种纹线系统组合而成的，其上部由弓形线，下部由较平缓的弧形线或横直线组成，没有三角的出现。弓形纹又分为弧形纹和帐形纹两种。弧形纹的上部由平缓的弓形线组成，中心无支撑线；帐形纹的上部由弧度较大的弓形线组成，中心有一根或一根以上的支撑线。据调查统计，中国人弓形指纹的出现率最低，约占2.5%左右。它在指纹鉴定中具有良好的利用价值。

二、箕型纹

箕型纹是由三种纹线系统组合而成的，其中心花纹系统内部至少有一根以上的纹线是从一方流向另一方时，弯曲凸向指尖一侧而返回原方向箕型线。箕型纹一般有一个“三角”出现在三种纹线系统汇合处的左侧或右侧。箕型纹在中国人指纹上出现率约占总数的47.5%，是在指纹鉴定中常被利用的指纹类型。箕型纹又分为正箕型和反箕型两种类型。凡是箕口朝向小指一侧的

---

〔1〕 顾鸣：“古老的身份证，信息时代显身手——指纹识别史话”，载《电脑知识与技术》2007年第2期。

称为正箕，箕口朝向拇指一侧的称为反箕。

三、斗型纹

斗型纹是由三种纹线系统组合而成的，其中心花纹系统内部由一根以上的环形线、螺形线、曲形线组成，斗型纹一般都具有两个“三角”位于内部系部下端左侧与右侧，极少数斗型纹在指尖部位出现第三个“三角”。中国人的指纹占斗型纹者为最多，几乎为总数的50%，所以罪犯遗留斗型纹指纹的几率较高，是司法鉴定中常遇到的指纹类型。

实践应用中，根据指纹的表面形态，指纹的印记分为基本的三类：汗潜指纹、可见指纹和立体指纹。

最早被成功辨认出来的指纹都是那些可以明显看见的指纹，例如那些带着汗渍、血迹或其他介质，或者印在某些有可塑性表面（比方说蜡、橡胶泥）的，总之是那些可以被拍摄下来的指纹。不过，不久人们就发现在许多光滑表面上也可以留下或采集到很多无法通过肉眼清楚看到的指纹。

到目前为止，最常见的是汗潜指纹，眼睛一般看不出来。它们是由汗液形成，或者来自于手指本身的汗液，或者是因为手指与脸、手指和身体有皮脂腺的地方无意识地接触而沾到汗水。汗水中含有99%的水分，1%的是复杂的混合物，即使99%的汗水蒸发干了，1%的物质也能保留很长时间。

处理或提取汗潜指纹进行检验可以用各种各样的方法。最普通的方法是用金属粉末、非金属粉末以及磁粉进行显现，也可以用碘熏蒸或茚三酮显现。在渗透性的检材上，如纸张、厚硬纸板，较难提取，最好用碘熏法，碘可以和汗液中的油脂反应，或使用茚三酮反应，茚三酮可以和汗液中的氨基酸反应而显色。

可见指纹是最易辨认的那一种。因为手指沾有血迹、墨迹或其他相似方法留下的指纹。但是它们在犯罪现场很难找到。

立体指纹是在柔软的表面比如乳酪、肥皂或油灰面形成的指纹。

第四节 指纹的提取

指纹的提取是指纹鉴定的前提，包括现场指纹的显现与提取、活体指纹的捺印和尸体指纹的提取。

一、现场指纹的显现和提取

指纹的显现一般是通过对肉眼不可见的指纹进行“洗像显影”，从而使他们变得可用肉眼观察或拍照。发现指印需要耐心和经验。由于指纹细小，通常无色，不细心观察便很难发现；干净的手留在光洁平滑物体上的指纹更难发现。提取无色指印，首先应使其显现，尔后才能提取和鉴定分析。显现指印的方法很多，常用而简便易行的方法有以下几种。

粉末显现法。选择与物体表面颜色反差较大的金属或非金属粉末，利用指印具有低粘合度的特点，将无色指印变成加层的有色指印。操作方法是用软毛刷蘸少许粉末，轻轻弹刷柄，使粉末均匀地散落在指印上，然后抖掉或用刷尖轻轻拂去多余粉末，无色指印便可变成有色手印。常用的粉末有铝粉、铁粉、铜粉、石墨粉等，颗粒应以 500 目左右为宜。磁性指纹刷是更为先进的一种工具，用永久磁铁制成，使用铁粉或含有铁矿粉的粉末。操作时先将粉末均匀地撒在指印上再用磁性指纹刷吸去多余的粉末。好处是可以避免毛刷对指纹细节特征产生不利影响。

熏染法。对无色汗垢指印染色以达到显现目的，对于在纸板或木头等能吸水的物质表面，采用醺染法比较有效。最常用的物质是碘蒸气。碘属非金属元素，呈黑紫色结晶体，在常温下可以升华。操作方法是将疑有指印的纸张、塑料等与碘一起放入广口瓶中，封闭一定时间后，即可显现出清晰的紫红色指印。也可以通过加温，促使碘片迅速升华。办法是用酒精灯在瓶下微微加热。缺点是显现后的指印在常温下保存时间不长，碘便又会升华掉。弥补的办法是及时用拍照法、淀粉胶片法将其固定。

8 - 羟基喹啉法。该物质呈白色或淡黄色结晶粉末，沸点低。加温升华后可与汗液中的钠、钾、钙等 30 多种金属阳离子结合，生成各种荧光物质，用波长 253 纳米的短波紫外线照射，即可发生浅蓝色荧光而显现指印。此法适用于本身无荧光聚苯乙烯塑料，白灰墙和纸张上的汗垢指印。

人类皮肤上的潜指纹印能留存大约两个小时，这在一些强奸案中是比较重要的证据。通过使用表面涂有非常光亮物质的铜版纸这些潜指纹可以被采集到，用铜版纸密切接触可能留有指纹的皮肤后再对铜版纸进行正常的刷扫即可。另一种方法就是用磁性刷，利用磁粉在皮肤上直接刷扫也可以显现。

现今使用较多的“多波段光源”是近年来发明的一种新技术，实际上使用的是激光束，有控制的激光束直接照射潜指纹，会使不经任何处理的潜指纹立刻显现，利于发现指纹，当然，显现指纹后可以拍照提取或进一步用其他方法显现提取。

提取带有指印的实物。好处是便于对原有物证、痕迹的妥善保存；在实验室条件下便于更好的研究和提取。对于大型、笨重的物体上的有色指印，若有可能则采取分离、剥离的方法加以提取。

照相提取。这是常用的方法之一，优点在于：一是不会损伤指印及其受体；二是能够客观真实地反映出指印受体与周围环境和其他物品之间的关系。拍照单个指印以原指印大小为宜。

对那些不可能提取原物的指印，还可以采取胶带纸粘取的方法加以固定和提取。操作方法是：利用粉末法使无色指印加层显现后，用一块平展的透明胶纸贴在指印上，注意压实，防止起皱起泡，然后将胶纸从一端小心揭起，再贴在一张与指印颜色有反差的纸上，便告完成。对于白灰、烟黑等有色加层指印也可以用粘贴法提取和固定。

二、活体指纹捺印

活体指纹捺印相对比较简单，按照鉴定人员的要求，在专用纸张上捺印指纹即可。指纹的捺印应注意以下几点：其一应使用专用的印泥或印油，防止印泥或印油在手指上堆积，形成捺印指纹的模糊和不清晰。印泥和印油为红色、蓝色、黑色均可。其二是捺印指纹的顺序是以右手的食指、拇指、中指为依次顺序的，如果右手手指因特殊情况，指纹捺印不能满足要求时，可用左手的食指、拇指、中指依次代替，最好在指纹捺印中注明。其三在捺印过程中是将手指平放在要捺印的有关材料或文件上，从左至右用手指“滚动”捺印，即将手指从指头的一个边缘滚动到另一个边缘从而印上完整的指纹印，捺印的力大小要适度，这样指纹的纹路会清晰地留在材料或文件上，最好在捺印前确认印泥或印油在手指上遗留的程度。

三、尸体指纹提取

在实际工作中，对于尸体指纹的提取，通常有两种提取方法：油墨捺印法、拉直器提取法。但如果是腐败、水泡等尸体，或者被捆绑的尸体，手指极易僵硬变形、指肚干瘪、皱缩，提取条件差，用上述方法很难提取。对于这样的情况宜用银粉粘取法，效果较好。具体操作方法是：用酒精清洗尸体十指指纹，除去污垢；待清洗过的尸体十指指纹干燥后，用吸湿性好的银粉均匀刷在尸体十指指纹部位，刷粉不宜太薄、太厚要适度；银粉固定后用指纹胶带纸沿着指纹纹线方向粘取，粘取时，要使指纹胶与指肚充分接触，即可得到效果好不变形的银粉指印。用此方法，操作简便、省时省力、粘取效果好，不易破坏原物。

当一具尸体的尸僵消失之后，提取指纹是毫不困难的，然而，在尸僵未消失之前，死者的手指也许会死死的向着手心握紧，要提取指纹就不容易了。有时候将手部的肌腱切断，以利于扳直手指；但更省事的方法是将手腕向着前臂相反的方向扳，手指自然就伸直了。

如果是高度腐败的尸体，已经形成人皮手套的，可以用扫描仪扫描的方法提取：先将腐败皮指套用剪刀裁剪成单片皮肤，然后置于90%的酒精中浸泡脱水20~30分钟后，将该皮肤块正面涂上印墨油（如果肉眼可以观测出纹线可不涂墨油），使用两块玻璃载玻片夹持平整，后使用指纹胶带纸，将两块载玻片固定缠上，再将载玻片置于扫描仪上，校好扫描仪像素指标和指纹图像尺寸进行扫描，然后将图片反转，这样扫描出的指纹图像均能完整的反映出指纹的细节特征，如果使用皮肤背面（未涂墨）进行扫描效果更佳并且不用反转。

第五节　指纹的鉴定

指纹鉴定属于物证类鉴定的一种，是人身识别应用最广、使用最早、最可靠、最普遍的方法。指纹鉴定结论是鉴定人依据指纹鉴定技术方法，对与案件有关的指纹所作的分析、鉴别、判断和对比后作出的确定是否同一的鉴定意见。许多年来，它被无数司法实践活动证实是确定特定案件犯罪嫌疑人或者被害人的重要证据。

一、指纹鉴定的依据

指纹人各不同主要体现在乳突纹线的花纹种类和其中反映出的一些细节特征。指纹的检验、鉴定所利用的是乳突纹线及其所反映的某些细节特征。指纹采集时要保证捺印指纹不变形、完整、纹线反映清晰。如果在实践中，留取的指纹非常模糊，根本看不清乳突纹线，自然就不可能用于检验、鉴定，同样也就失去其应有的证据价值。

指纹中的细节特征主要有：小勾、小眼、小桥、小点、小棒、起点、终点、分歧、结合等。而分析指纹的类型主要依靠观察纹线流向特征、利用指纹三角特征、利用不同指纹类型在不同手指上的出现概率。实际操作中由于指纹提取技术的限制，现场指纹往往是不清楚的、甚至有些变形的，并且容易将粉末提取指纹时多余粉末附着而形成的假特征当作是纹线细节特征，使鉴定发生错误。

宣布两枚指纹相一致通常需要两者之间一定数量的细节特征符合点。国际上学者之间对究竟需要几个特征符合点才可以作出认定同一的结论的问题存在不同的看法。有的学者提出，这种特征符合点不能少于12个，但大多数指纹鉴定专家则认为，少于12个特征符合点也可以作出确信无疑的认定同一的鉴定结论。[1]1973年，国际鉴定协会的专家委员会经过3年工作得出了结论，认为在指纹鉴定中究竟需要具备多少个特征符合点才能作出认定同一的鉴定结论，应当根据指纹的具体情况来确定。事前为提出认定同一的鉴定结论规定一个最低的特征符合点数量，是不切实际的。评断现场指纹和指纹样本特征符合点总体在鉴定中的价值不仅和总体中的特征数量有关，而且和特征的质量有关。常见的特征对符合点总体中所要求的特征数量和罕见的相比也应当多一些。从我国指纹鉴定的实践来看，一般来说，8个特征符合点是必要的，如果特征质量较高，少于8个特征符合点也是可以的。

二、指纹比对中计算机智能化的应用

由于指纹采集、储存的数量越来越多，一个中等城市一般都有几十万枚重点人口和现场遗留指纹。为了破案将储存的指纹卡进行比对时，由于人工比对的效率低下，又容易发生遗漏的现象，所以从20世纪60年代开始各国就加强了自动化比对的研究，希望通过计算机进行自动比对，提高比对效率和准确度。

我国从1956年统一了全国十指纹编码方案后，各地都建起了指纹档案库，形成了健全的管理系统。在单指管理上，各地因地制宜，建起自己实用

---

〔1〕 张亮："指纹证据与DNA证据在刑侦中的综合应用"，载《广东公安科技》2007年第3期。

的分析方法和管理体系，在几十年刑侦实践中发挥了很大作用。但随着社会的发展，指纹存储量大大增加，原来的查询方法缓慢，加上流窜犯罪大幅度上升，指纹的异地查询工作极不适应需要。最为理想的是建起全国统一的编码方案和覆盖全国的指纹查询网络。这就需要指纹档案管理向高自动化、高效率发展。从 20 世纪 60 年代起，新兴的电子计算机技术进入指纹技术领域；到 70 年代，技术先进的国家已利用计算机管理指纹。我国从 80 年代初开始研究和引进计算机指纹自动化管理技术。

北京市公安局刑科所与清华大学自动化系合作，从 1981 年开始研究指纹自动化识别技术。在大量研究的基础上，从 1986 年底着手研制能适应大存量和与现场模糊残缺指印比对的 CAFIS 系统（中国指纹自动化识别系统），1989 年参加了北京市重大科技成果展，1992 年底正式投入使用。这套系统由 5 台 SGI40/25 工作站、13GB 磁盘组及相应的输入、输出设备构成。软件部分全部自行编制，所采用的识别特征与人工识别选取的细节特征一致，既可以达到同一认定目的，也便于专家人工干预和复核评断。这套系统已具有国际先进水平，又适合中国刑侦部门的实际情况。

随着计算机技术的飞速发展，指纹识别自动化愿望终于得以实现。利用计算机进行自动识别，主要取决于录入技术和识别比对技术。现在利用 CCD 技术或高清晰度扫描技术实现的自动录入，通过计算机处理后，在专用软件的支持下，能够实现自动比对。将重点人口的指纹和现场遗留指纹录入计算机后，形成指纹库，当案发现场采集的指纹，输入计算机后不但可以与重点人口进行比对，实现技术破案，而且可以通过与以往现场遗留的指纹比对进行串并案件。以前人工比对需要几十个甚至几百个工作日才能完成的任务，利用指纹自动识别系统几分钟就可以完成。

随着网络技术的完善和发展，将各地已有的指纹库并网运行，形成省级乃至全国指纹数据库，从而实现异地查询、比对，并进行个人人身认定。目前在我国公安系统已经装备了许多指纹库，每年利用指纹库破案近千起，指纹库已成为案件侦破的一个重要手段。

三、指纹自动识别的应用

依靠特征的唯一性，可以把一个人同他的指纹对应起来，通过比较他的指纹特征和预先保存的指纹特征，就可以验证他的真实身份。指纹识别系统通过特殊的光电转换设备和计算机图像处理技术，对活体指纹进行采集、分析和比对，可以自动、迅速、准确地鉴别出个人身份。系统一般主要包括对指纹图像采集、指纹图像处理、特征提取、特征值的比对与匹配等过程。现代电子集成制造技术使得指纹图像读取和处理设备小型化，同时飞速发展的个人计算机运算速度提供了在微机甚至单片机上可以进行指纹比对运算的可能，而优秀的指纹处理和比对算法保证了识别结果的准确性。在计算机系统中，指纹识别可以用于开机登录身份确认、远程网络数据库的访问权限及身份的确认；银行储蓄防冒领及通存通兑的加密方法；保险行业中投保人的身份确认；期货证券提款人的身份确认；医疗卫生系统中医疗保险人的身份确认，等等。如将指纹信息记录在特殊用途的卡上，通过现场比对，可以防止冒充等欺诈行为，例如信用卡、医疗卡、会议卡、储蓄卡、驾驶证、准考证、护照防伪等。

指纹识别技术是生物识别技术中最成熟的一个分支，也是应用领域最广的一项技术。多年来，人类一直运用所掌握的最新技术手段为指纹识别技术的商品化作着不懈的努力，自 20 世纪 70 年代起，随着计算机技术的发展及 CCD 图像采集技术的成熟，商品化的指纹鉴别仪开始出现。2000 年以来，伴随着全球信息产业的革新，指纹识别技术已经达到了较高水平，被广泛用于民用及工用市场。

指纹识别优点在于简洁、迅速、可操作性强，只需在识别版上一摁，就能立马识别身份。一般的指纹识别机都机身轻巧、安装方便、检测速度快，非常适合需要快速检测的地方，如公司考勤、学校考勤都是它发挥长处的地方。其缺点在于准确率不高，容易出现误差，机器容易损坏。目前指纹识别是应用最广泛的一种门禁技术，由于它以上的特点被广泛的用于简单的考勤。

指纹识别属于生物特征的一种，通过摄像头提取指纹图像，输入计算机，再通过一系列复杂的图像处理和模式识别算法对指纹进行识别，完成身份证过程，可广泛用于上下班指纹考勤，安全保密，防伪认证，公安刑事侦破、指纹门禁、银行、社会养老保险以及凡是需要用于身份认证的单位和部门。由于信息技术的发展以及金融安全、刑事侦察破案的要求等多方面的需要，传统的以密码为特征的身份认证技术越来越满足不了这些行业安全性的要求。在这种情况下，采用生物识别技术进行身份认证，是我国实施安全保密措施的必然要求。通过建立人体生物特征数据库，在公安、金融、军队等行业领域开始采用这项技术，能够保障国家经济、军事、国防、保密部门的安全以及公民财产、人身安全不受侵犯。指纹识别技术应用举例：

指纹付款：德国 IT Werke 公司研发的“指纹付款”软件，是一套只需“刷指纹”便可完成付账的新型软件。这种便捷的“刷指纹”付账服务已在德国西南部一些超市、酒吧甚至学校饭堂推广。要使用“指纹付款”业务，顾客只需让商家将自己的指纹取样，然后留下详细的银行账户信息和家庭地址，即可在消费时直接根据指纹辨认信息，进而在其银行账户上扣款。万一出现顾客提供账户的余额不足情况，商家可以根据顾客留下的地址追回消费款项。

指纹门禁：指纹门禁系统是采用高科技的数字图像处理、生物识别及相关技术，利用指纹来进行身份安全识别，为用户提供安全可靠的加密手段，用于门禁安全、进出人员识别控制的新一代门禁系统。指纹门禁系统以手指取代传统的钥匙，使用时只需将手指平放在指纹采集仪的采集窗口上，即可完成开锁任务，操作十分简便，消除了其他门禁系统（传统机械锁、密码锁、识别卡等）有可能被伪造、盗用、遗忘、破译等弊端。这种方式以手指取代传统的钥匙及现有的 IC、ID 卡功能，避免了传统机械锁、识别卡、密码锁等由于钥匙的丢失与盗用、识别卡的伪造或密码锁的破译所造成的损失。同时系统还具有屏幕汉字显示功能，从而增强门禁的防护措施，实现了安全管理的功能。

指纹考勤：指纹考勤系统实现人、地、时三者合一，解决了人情管理和考勤虚假等问题，为公司对职员的人事出勤进行公正合理并有效、科学地管理。这是继签名、打卡后技术含量更高、管理性更强的一种考勤方式。跟其他用指纹识别的设备一样，公司在使用前要对每一位员工的指纹信息进行采集。只要手指在指纹识别器上轻轻一按，指纹考勤器通过对比之前采集到的信息和数据库内的指纹信息，即可瞬间记录下员工的考勤信息。人体指纹有两大生物特征：人人不同和终生不变，并具有随身携带的便利性和不可仿冒的安全性，指纹生物识别技术正是利用这两大特点进行身份识别的，它具有快捷方便、准确可靠和安全保密的优点。工作人员不必保管和携带各种证件（如纸卡或 IC 卡等），只要轻轻一按，就可完成身份识别。指纹考勤机是利用人体手指生物识别技术，集成考勤软件的最先进的考勤设备。指纹考勤机可以 100% 杜绝员工代打卡现象，一次投入即无需再在考勤上支付其他费用，成本低。

第六节 指纹鉴定的局限性

虽然一百多年来，指纹已成为最重要的身份识别方式，国际法学界对指纹的识别准确度也坚信不疑。但是，由于现代社会存在不同的种族和生活环境，各个地区的人类指纹都存在很大的区别，全世界各个地区的技术水平也存在很大的差异。因此，随着基因生物技术鉴定水平的提高，人们越来越发现，指纹鉴定也不一定绝对正确，指纹识别有时也会出现误差，从而导致冤假错案的发生。

2004 年 5 月 11 日，西班牙马德里发生了一起恐怖袭击，火车爆炸，造成 191 人死亡、1741 受伤。而在这次爆炸案中，一名美国人因为指纹而被误认为嫌疑犯。

原来，爆炸发生后不久，西班牙警方在事发现场附近发现了一个蓝色塑料袋，里面装着与爆炸案相关的爆炸物，口袋外表检测出数枚指纹。西班牙警方未能在本国的数据库中找到与这些指纹相符的资料，因此就将其发往美国，请美方协助调查。

同年 5 月 16 日，美国俄勒冈州波特兰市一位 37 岁的民事移民律师布兰登·梅非尔德因涉嫌与该案有关而被拘留。FBI 特工理查德·韦德宣称，梅非尔德的指纹与西班牙火车爆炸案现场发现的指纹雷同，因此他成了该案的犯罪嫌疑人。然而，在 5 月 21 日，西班牙警方却又查获另一枚嫌疑指纹，而这枚指纹与布兰登的并不符合。那么这些指纹究竟属于谁呢？西班牙警方和美国警方都十分困惑。这一问题给美国刚刚建立的全国指纹数据库提出了挑战。人们猛然醒悟到，指纹识别方式也存在不可忽视的缺陷。

一、指纹证据是一种间接证据

指纹属于物证，只能对案件事实起间接证明作用，它虽然有稳定和可靠的客观特征，但毕竟只是“哑巴”证据，所能证明的只能是案件事实的某些片段。即它只能证明嫌疑人是否接触过某一现场物体，而不能直接证明嫌疑人是否实施了犯罪。因此，它只有与其他证据结合起来，才能证明或否定某一犯罪事实的存在。

要证明嫌疑人实施了犯罪，除了指纹以外，还需要其他证据佐证，如同案人的指控或者缴获到赃物或是有收赃人的证词等。仅仅根据一个指纹就得出犯罪嫌疑人确实是真凶的判断有失严谨。首先，赖以评估鉴定结论客观性的统计学基础数据不充分，匹配标准不够客观和统一，削弱了鉴定结论的准确性和客观性；其次，在实际检验中，鉴定人员受心理因素的影响，可能将事实上同一的指纹认定为不同一，也可能将不同一的指纹认定同一；另外，鉴定程序的不规范甚至错误已经成为影响指纹鉴定效力的主要因素。规范的程序是鉴定有序开展的重要保证，是鉴定结论合法、科学、客观、公正的必然要求。〔1〕

在美国，甚至有联邦法官裁定，指纹证据是不可靠的，他将不再允许指纹检验员在他的法庭上作证证实被告的指纹是否与在犯罪现场采集到的指纹相符。无论这位法官的判决最终会遇到什么结果，对指纹证据的挑战将继续增多。而如果指纹失去其科学地位，其他诸如笔迹分析等证据也将受到责难。即使指纹鉴定技术本身是绝对可靠的，鉴定人员能力的不足也一样会导致识别错误。〔2〕

二、证据规制缺乏明确规定

所谓证据能力又称证据的可采性，是指某种证据资料在法律上允许作为证据的资格。而所谓证明力又称为证据价值，是指证据材料对于案件事实是否具有证明作用和作用程度。我国司法实践中对指纹证据能力及其证明力没有明确的规定，对指纹证据重要性及其证据能力的认识是人们在长期的司法实践中约定俗成的，缺乏证据规则的约束性。因此，在特定案件中其证据能力及证明力极有可能遭到质疑。〔3〕

三、指纹鉴定的证明力之争

对指纹鉴定证明力的认识有三种不同的观点：第一种观点认为，指纹鉴定是证据之王，只要鉴定结论表明现场遗留的指纹与犯罪嫌疑人的指纹为同

〔1〕 张文娟："审查逮捕阶段单独指纹证据应用情况的调查报告"，载《中国刑事法杂志》2005年第5期。

〔2〕 魏道培："指纹鉴定权威受到挑战"，载《检察风云》2006年第21期。

〔3〕 惠春喜、肖全才："浅析现场指纹的证明力"，载《警苑论坛》（甘肃警察职业学院学报）2006年第3期。

一，那么犯罪嫌疑人毫无疑问就是案件的真凶；第二种观点认为，单独的指纹鉴定虽然表明犯罪嫌疑人和案件有一定的关系，但由于没有其他相关证据，无法形成合理的证据链条，而且根据“独证不为证”原则，如果只有单独指纹，不能认定犯罪嫌疑人犯罪；第三种观点认为，上述两种观点都有失偏颇，对单独指纹鉴定应该区别看待。单独指纹证据在一般情况下不能作为定案依据，但如果符合以下三个条件即可推定指纹留痕人是案件的作案人：①在非公共场所的固定物上留有犯罪嫌疑人指纹的；②在现场多个位置留有犯罪嫌疑人指纹的；③犯罪嫌疑人有前科的。[1]而以上此类判断均依据于刑侦工作者多年的工作经验，有关规定不仅条文数量少，而且法律规定粗疏，其中关于证据能力的法律规定过于抽象和原则，因而造成对证据证明力的认定操作性差。根据单独的指纹证据，有人认为其只能证实犯罪嫌疑人曾到过现场，至于其有无具体的犯罪行为，只能保持合理的怀疑，但却无法证实；有人认为结合犯罪嫌疑人未到过现场的辩解、事主的报案陈述以及现场勘验笔录，可以形成完整的证据链条，说明犯罪嫌疑人实施了犯罪行为。对指纹鉴定的效力认定还要考察案发现场是公共场所还是私人住宅，指纹来源是现场的固定物还是流动物，犯罪嫌疑人是否可以通过合法方式进入现场等。

总之，指纹具有很高的人身同一认定的证据价值，尤其是在百年来的刑侦工作中对认定犯罪嫌疑人发挥了重要的证据作用，一度被视为铁证。但随着技术的发展和实践中案例的出现，近年来关于指纹证据的证明力受到挑战。特别是在单独指纹证据案件中，不同的认识将导致案件的不同处理情况。指纹鉴定科学性、客观性并不是绝对的，鉴定程序有待于进一步规范。尤其是我国未引入专家证人制度，控方往往在技术鉴定、技术力量、检验仪器、检材占有等方面占有绝对的优势，鉴于辩方人员的专业技术水平有限很难对指纹鉴定进行有效的质证，因此，在质证环节非常有必要允许辩方聘请技术鉴定专家提供帮助。另外，关于指纹的显现、提取、移送、交接等规则都应当具体而明确。指纹鉴定结论的审查判断，必须结合案内其他证据综合分析、对比研究。通过对鉴定结论与其他证据进行综合评判，既可以帮助发现鉴定结论自身存在的问题，也有利于发现鉴定结论与其他证据之间存在的矛盾，从而更好的发挥指纹鉴定结论的证明价值。

---

〔1〕 陈洪福：“浅谈指纹在法律文书中的证据价值”，载《森林公安》2001年第5期。

参考文献

专著:

1. 包建明:《"司法鉴定"杂谈——司法鉴定立法研究》,法律出版社2002年版。

2. 卞建林:《证据法学》,中国政法大学出版社2002年版。

3. 陈瑞华:《司法鉴定制度改革的主要课题》,中国政法大学出版社2000年版。

4. 杜志淳:《中国司法鉴定制度研究》,中国法制出版社2002年版。

5. 范方平:《建构统一司法鉴定管理体制的探索与实践》,中国政法大学出版社2005年版。

6. 何家弘:《司法鉴定导论》,法律出版社2000年版。

7. 何家弘主编:《证据学论坛》,中国检察出版社2006年版。

8. 李玉华:《司法鉴定的诉讼化》,中国公安大学出版社2006年版。

9. 马原:《司法鉴定法律分解适用集成》,人民法院出版社2003年版。

10. 孙业群:《司法鉴定制度改革研究》,法律出版社2002年版。

11. 徐景和:《司法鉴定制度改革探索》,人民检察出版社2006年版。

12. 邹明理:《司法鉴定法律精要与依据指引》,人民出版社2005年版。

13. 邹明理:《我国现行司法鉴定制度研究》,法律出版社2001年版。

14. 最高人民法院司法解释文库编写组:《司法鉴定司法解释及相关法律规范》,人民法院出版社2003年版。

15. 张军主编:《中国司法鉴定制度改革与完善研究》,中国政法大学出版社2008年版。

16. 杜志淳:《司法鉴定法立法研究》,法律出版社2011年版。

论文:

1. 江一山:“司法鉴定的证据属性与效能”,载何家弘主编:《证据学论坛》(第1卷),中国检察出版社2000年版。

2. 徐立根:“论鉴定”,载何家弘主编:《证据学论坛》(第1卷),中国检察出版社2000年版。

3. 宁松:“应当建立司法鉴定的法律援助制度——兼谈对‘弱势群体’诉讼权的保护”,载《中国司法鉴定》2004年第2期。

4. 樊崇义、陈永生:“司法鉴定制度改革与完善的最高追求”,载《中国司法鉴定》2002年第1期。

5. 樊崇义、陈永生:“我国刑事鉴定制度改革与完善”,载《中国刑事法杂志》2002年第4期。

6. 郭洁:“我国司法鉴定制度改革若干问题的思考”,载《辽宁大学学报》(哲学社会科学版)2002年第3期。

7. 何家弘:“外国法庭鉴定体制初探”,载《法学家》1995年第5期。

8. 何家弘、刘昊阳:“完善司法鉴定制度是科学证据时代的呼唤”,载《中国司法鉴定》2001年第1期。

9. 何颂跃:“司法鉴定的现状与存在的问题”,载《人民法院报》1999年5月19日。

10. 洪坚:“我国司法鉴定制度的改革与完善”,载《人民检察》2003年第2期。

11. 胡志强:“沉重的法医鉴定”,载《法制日报》2000年1月7日,第3版。

12. 黄辉:“我国司法鉴定制度改革初探”,载《人民检察》2001年第10期。

13. 贾治辉、柯昌林:“论我国司法鉴定援助制度”,载《江西公安专科学校学报》2006年第3期。

14. 刘沛奎、刘罡:“试论如何建立司法鉴定援助制度”,载《中国司法鉴定》2006年第3期。

15. 刘飏:“推进司法鉴定制度改革创新”,载《中国司法鉴定》2001年第10期。

16. 孙维萍："浅论我国的司法鉴定制度"，载《辽宁大学学报》(哲学社会科学版) 2001年第4期。

17. 王瑞恒："论刑事诉讼中DNA鉴定结论的证据效力"，载《辽宁警专学报》2007年第2期。

18. 王瑞恒："民事纠纷中亲子鉴定的基本原则"，载《北方论丛》2003年第6期。

19. 王瑞恒、任嫒嫒："我国刑事诉讼中司法精神病鉴定启动权配置探析"，载《中国司法鉴定》2010年第3期。

20. 王瑞恒、任嫒嫒："论当事人对医疗事故鉴定和医疗损害司法鉴定的选择权"，载《中国司法鉴定》2011年第2期。

21. 王瑞恒、任嫒嫒："司法鉴定援助人的权利、义务、责任分析"，载《中国司法鉴定》2009年第2期。

22. 王瑞恒、任嫒嫒："论提高司法鉴定公信力"，载《中国司法鉴定》2012年第4期。

23. 王瑞恒："论当事人对司法鉴定机构的选择权"，载《中国司法鉴定》2013年第2期。

24. 宋永政、王瑞恒："我国司法鉴定援助制度的构想"，载《理论界》2008年第9期。

25. 王瑞恒："规范我国亲子鉴定程序"，载《中国司法鉴定》2004年第1期。

26. 王瑞恒："汗液指纹用于个人识别的研究进展"，载《辽宁省警官高等学校学报》2004年第2期。

27. 王瑞恒："刑事诉讼中法医DNA鉴定证据的采信"，载《辽宁省警官高等学校学报》2005年第3期。

28. 王瑞恒："民事纠纷中亲子鉴定结论的审查判断及其证据效力"，载《沈阳工程学院学报》2006年第3期。

29. 王瑞恒、任嫒嫒："论我国法院对司法鉴定机构的'二次管理'"，载李学军主编：《证据学论坛》(第17卷)，法律出版社2012年版。

30. 王信贤："论中国政策过程中的部门关系——以《反垄断法》为例"，载《中国政治变革中的观念和利益》2012年版。

31. 王瑞恒："构建我国鉴定人出庭质证模式"，载《辽宁师范大学学报》2006 年第 5 期。

32. 王瑞恒："理性面对克隆人"，载《西北人口》2007 年第 1 期。

33. 王瑞恒："我国司法鉴定三级（次）鉴定终结制度的构想"，载《中国司法鉴定》2007 年第 5 期。

34. 王瑞恒："克隆人研究的法律控制"，载《西北人口》2008 年第 3 期。

35. 王瑞恒："法医 DNA 鉴定结论的局限性及审查判断"，载《辽宁警专学报》2008 年第 3 期。

36. 王申义、朱红凯："现行司法鉴定制度的主要问题及改革方向"，载《河南公安高等专科学校学报》2001 年第 1 期。

37. 王弦、刘世萍："建立新型司法鉴定制度和体系刍议"，载《天津成人高等学校联合学报》2002 年第 3 期。

38. 王晓禾："两大法系司法鉴定制度之比较与评析"，载《四川警官高等专科学校学报》2003 年第 4 期。

39. 王秀叶："如何构建科学高效的司法鉴定制度"，载《中国司法鉴定》2002 年第 3 期。

40. 王云海："日本司法鉴定制度的现状与改革"，载《法律科学》（西北政法学院学报）2003 年第 6 期。

41. 徐景波："当前司法鉴定制度改革若干问题研究"，载《中国司法鉴定》2003 年第 2 期。

42. 闫晓旭："英美司法鉴定制度简介"，载《中国司法鉴定》2002 年第 2 期。

43. 张虎、散琦："论司法鉴定制度与自由裁量权的关系"，载《湖北社会科学》2003 年第 5 期。

44. 张卫平："我国司法鉴定制度亟待完善——从一起命案三份鉴定谈起"，载《安庆师范学院学报》（社会科学版）2002 年第 1 期。

45. 张卫平："证据制度的完善与司法鉴定制度的改革"，载《中国司法鉴定》2004 年第 1 期。

46. 张学军："司法鉴定制度改革探析"，载《人大研究》2003 年第 8 期。

47. 赵黎："刑事诉讼司法鉴定制度分析"，载《渝州大学学报》（社科版）2001 年第 6 期。

48. 钟起锚、李春晓："对我国司法鉴定制度的思考"，载《人民司法》2003 年第 5 期。

49. 程军伟："司法鉴定的立法思考"，载《中国司法鉴定》2010 年第 4 期。

50. 杜志淳："正确理解积极执行《决定》促进司法鉴定改革健康发展"，载《中国司法鉴定》2005 年第 3 期。

51. 郭华："司法场域的鉴定管理权争夺与厮杀——以人大常委会《关于司法鉴定管理问题的决定》为中心"，载《华东政法学院学报》2005 年第 5 期。

52. 郭华："对我国国家级鉴定机构功能及意义的追问与反省——评我国国家级司法鉴定机构的遴选"，载《法学》2011 年第 4 期。

53. 郭华："论司法鉴定法的体系结构与框架安排"，载《法学》2009 年第 8 期。

54. 郭华："再论我国司法场域的鉴定管理权问题——全国人大常委会《关于司法鉴定管理问题的决定》实施后的展开"，载《中国司法》2006 年第 11 期。

55. 郭华："侦查机关所属鉴定机构和鉴定人备案登记问题的探讨"，载《中国司法鉴定》2009 年第 1 期。

56. 郭勤、施昌虬："完善我国刑事司法鉴定制度刍议"，载《公安学刊》2003 年第 2 期。

57. 霍宪丹："中国司法鉴定管理体制改革的实践与展望"，载《中国司法》2011 年第 1 期。

58. 纪念："重塑司法鉴定公信力的重要举措"，载《中国司法鉴定》2005 年第 4 期。

59. 金正帅："遏制部门利益膨胀以加快向公共行政转型"，载《现代农业科技》2007 年第 24 期。

60. 祁建建："完善统一司法鉴定管理体制的两个维度"，载《中国司法鉴定》2009 年第 4 期。

61. 邱丙辉、孙涓："我国司法鉴定立法现状及展望"，载《中国司法鉴定》2011 年第 6 期。

62. 盛学友："司法鉴定之惑"，载《法律与生活》2008 年第 22 期。

63. 孙熹："行政性垄断的法定意义及构成：《反垄断法》立法思考"，载《法制与社会》2007年第4期。

64. 王敏远、郭华："我国司法鉴定体制改革的检视与评价——《关于司法鉴定管理问题的决定》实施三年来的情况分析与评价"，载《中国司法》2008年第12期。

65. 王小华："试论我国司法鉴定的立法"，载《现代法学》1993年第1期。

66. 吴玉岭："部门利益之争为何频频发生"，载《决策》2006年第10期。

67. 徐静村、颜飞："司法鉴定统一立法要论"，载《中国司法鉴定》2009年第6期。

68. 许竟："一案引出两个鉴定结果 打官司成了'打鉴定'"，载《人民日报》2005年3月16日，第13版。

69. 邹明理："科学合理的司法鉴定体制是司法鉴定法治化的组织基础"，载《中国司法鉴定》2005年第2期。

后 记

2005年10月1日通过的全国人大常委会《关于司法鉴定管理问题的决定》实施8年多来，我国司法鉴定进入了快速发展时期，各种部门规章相继出台，司法鉴定表现出法制化、科学化、制度化的特点。

2013年《民事诉讼法》、《刑事诉讼法》的重新修订，对司法鉴定相关规定进行了大面积的修改，对未来司法鉴定的发展提出了更高的要求。但作为我国司法制度的重要组成部分，司法鉴定制度的建设不可能一蹴而就，要走的路还很漫长。长期以来积累的问题也不可能一夜之间全部理顺，司法鉴定制度的建设任重而道远。

作者曾经有5年的司法鉴定一线工作经历，在司法鉴定实践工作中就屡屡感受到规范我国司法鉴定工作的必要性和紧迫性。在高等院校的证据法学、司法鉴定学、法医学的教学过程中，随着理论的不断学习，作者对我国司法鉴定工作有了更深刻的认识和理解，近年来一直从事司法鉴定相关理论的研究，并主持省级以上科研课题10项，先后有司法鉴定方面的专业论文30余篇逐渐面世，目的就是探讨建立我国符合社会主义法治建设要求的新型司法鉴定制度。其中，有的制度是笔者首先提出并作了较为深刻的探讨的，如我国司法鉴定三级（次）鉴定终结制度、我国司法鉴定援助制度、我国司法鉴定管理制度等。

在写作过程中，作者结合自己多年来的实践、教学、科研心得，发挥专业所长，针对司法鉴定制度发展的现实情况和科学技术日新月异的特点，广泛参阅了前人的研究成果，并对近年来本人的一些论文进行了梳理、总结和再加工，交叉渗透了证据法学、法医学以及司法鉴定学的知识和理论，完成本著作。

本书是中国法学会2012年度部级法学研究课题项目［CLS（2012）D209］辽宁省社会科学规划基金项目（L12BX008）成果，本书获得大连市人民政府出版资助。

本书写作过程中，许多同仁提出了很多中肯的意见，在此一并深表谢意。拙作面世，书中难免有种种不妥之处，恳请大家批评指正。

王瑞恒

2013年3月15日